Richard Collier

Der General Gottes William Booth

Die Geschichte der Heilsarmee

Verlag der
St.-Johannis-Druckerei
C. Schweickhardt
Lahr-Dinglingen

CIP-Kurztitelaufnahme der Deutschen Bibliothek

Collier, Richard:
Der General Gottes William Booth: d. Geschichte d. Heilsarmee / Richard Collier. [Aus d. Engl. übers. von Hermann Thiemke]. – 2. Aufl., 6.–8. Tsd. – Lahr-Dinglingen: Verlag der St.-Johannis-Druckerei C. Schweickhardt, 1985.
(Edition C : C: Nr. 44: Paperback)
Einheitssacht.: General next to God ‹dt.›
ISBN 3-501-00110-X
NE: Edition C / C

ISBN 3 501 00110 X

Edition C-Paperback Nr. 55 344 (C 44)
2. Auflage, 6.–8. Tausend der deutschsprachigen Ausgabe
Aus dem Englischen übersetzt von Hermann Thiemke
Titel der englischen Originalausgabe: »General next to God«, Collins, London

Umschlagbild: Heilsarmee Köln
Gesamtherstellung:
St.-Johannis-Druckerei C. Schweickhardt, 7630 Lahr-Dinglingen
Printed in Germany 8705/1985

Inhalt

1865
«Liebling, ich habe meine Bestimmung gefunden!» 7

1865–1879
«Schieß, auch wenn die Flinte nicht geladen ist!» 37

1879–1882
Mit fliegenden Fahnen 59

1880–1884
«Schlag eine Fliege tot, und zwei werden zu ihrem Begräbnis kommen!» 83

1885
«Das bringt nicht einmal die Nachbarn auf die Beine . . .» 118

1885–1887
Wie weit ist die Welt? 144

1890
«Wenn der Himmel einfällt, werden wir Lerchen fangen . . .» 178

1891–1910
«Rettet Seelen, geht den Schlimmsten nach!» 214

1907–1928
«. . . denn jedes Land ist meines Vaters Land. . . » 243

1928
«Jetzt öffnet sich die Tür . . .» 276

Einige Angaben über die Heilsarmee 293

Was ist die Heilsarmee? 297

«Liebling! Ich habe meine Bestimmung gefunden»

1865

Safrangelbes Licht überflutete den Abendhimmel Ost-Londons. Ein hochgewachsener, schwarzbärtiger Mann in dunklem Gehrock, auf dem Kopf einen breitrandigen Hut, eilte mit schnellen Schritten der die Mile End Road herabströmenden Menge entgegen.

Vor der gelblichgrauen Fassade der Kneipe «Zum Blinden Bettler» blieb er stehen. Unter dem Arm zog er ein Buch hervor und begann, ganz unvermutet, mit lauter Stimme den ersten Vers einer Hymne herzusagen. Im nächsten Augenblick klebten von innen Gesichter an den Scheiben der Kneipe. Zerlumpte, ungewaschene Menschen drängten sich neugierig um den Fremden, der mit seiner über sechs Fuß hohen Gestalt inmitten der sperlingsgroßen Cockneys wie ein Riese wirkte. Sein blasses Adlergesicht mit der langen, geraden Nase und dem festen Kinn war beherrscht von einem Paar grauer, durchdringender Augen von einer fast furchterregenden Intensität des Blicks.

«Auch in Ost-London steht der Himmel offen für jedermann!» hörten sie ihn rufen, «für jeden, der einmal haltmachen und nachdenken und Christus als seinen persönlichen Heiland annehmen will!»

Aus der Kneipe kam als Antwort nur eine Salve von Spottreden und Flüchen, doch die um ihn Herumstehenden hörten wider Willen zu. Die Stimme des Predigers hatte den singenden, ungewohnten Tonfall der Midlands. Aber die Zuhörer spürten darin einen seltsamen neuen Klang: eine Liebe zu allen Menschen. Da kam aus den hinteren Reihen ein faules Ei geflogen. Es fand sein Ziel, und der Zauber war gebrochen. Die gelbe Sauce floß langsam an der bleichen Wange des Fremden herunter. Er hielt inne und betete. Dann zog er den Hut über die Augen und ging schnell davon nach Westen.

Es war die erste drückend heiße Juliwoche des Jahres 1865 – achtundzwanzig Jahre, nachdem Victoria zur Königin gekrönt worden war, vierzehn Jahre nach der von Prinz Albert im Hyde-Park veranstalteten großen Ausstellung – Hallen aus Gußeisen und Glas, die ein Gelände von mehr als 90 000 qm bedeckten – der Ausstellung, die England als die mächtigste Nation des Erdballs und London als den Brennpunkt der Welt bestätigt hatte. Aber für diesen Mann, Reverend William Booth, war London eine fremde, unbekannte Stadt. Sechzehn Jahre zuvor hatte er zwar in einem Pfandleihgeschäft als Lehrling, der darauf brannte, ein Prediger des Evangeliums zu werden, die Straßen südlich der Themse kennengelernt. Später hatte er eine Zeitlang dort gepredigt – und eine Braut gefunden. Aber die Straßen Ost-Londons, durch die er nun dahinschritt, waren für ihn und viele andere das reinste Ausland. Die reichen Kaufleute von Mayfair und Belgravia kannten sich in diesem Häuserlabyrinth, in dem eine halbe Million Seelen wohnten, ebensowenig aus wie William Booth.

Doch als der 36jährige Booth seiner im Westen gelegenen Wohnung zustrebte, kam ihm mit überwältigender Klarheit zum Bewußtsein, daß dieser Abend in seinem Leben eine Wende bedeutete. Er hatte einen Evangelisationsfeldzug in Derbyshire geplant. Doch das East London Service Committee, eine kleine Erweckungs-Mission, hatte den wandernden Evangelisten verpflichten wollen, eine Woche lang im nahen Whitechapel zu predigen, und so hatte er auf ihre dringenden Bitten hin den Derbyshire-Plan zurückgestellt. Aber warum sollte er überhaupt dorthin gehen? Gab es eine Gegend mit heils- und hilfsbedürftigeren Menschen als hier? War das nicht die Aufgabe, die Gott ihm stellte?

Mit gebeugten Schultern, die langen Arme schwingend, wühlte er sich mit ausgreifenden Schritten durch einen Haufen zerlumpter, schreiender, miteinander streitender Menschen. Streichholzhändler und Obstverkäuferinnen versperrten ihm den Weg. Irische Blumenmädchen, die nackten Füße mit Straßenschmutz beschmiert, umschmeichelten ihn verführerisch. Er drängte sich an den schwerfälligen, plumpen Gestalten der Arbeiter, an Frauen, die nur mit drekkigen Unterröcken bekleidet waren, vorbei. Kinder mit Wolfsgesichtern suchten zu seinen Füßen nach etwas Eßbarem und verschlangen gierig im grellen Licht der Lampen des Straßenmarktes verfaulte Pflaumen.

Heute abend war die schnurgerade Mile End Road ein Wirbel von

Licht und Farbe – das Licht flackerte von Kerzen, die in mächtigen Kohlrüben staken, es flackerte in fischschwanzartigen Flammen aus Gasbrennern über rohen Fleischstücken. Die mitleidlosen Strahlen enthüllten Bilder, die ein so sensibler Mensch wie Booth niemals vergessen konnte, und wieder zuckte ihm ein Gedanke durch den Sinn: Wo kannst du elendere Heiden finden als diese?

Er sah fünfjährige Kinder völlig betrunken vor den Türen der Kneipen liegen. Mütter gossen aus zerbrochenen weißen Töpfen ihren Babys Bier in die Kehlen. Vor manchen Schankräumen hieben Männer mit aschfarbenen Gesichtern in verbissenem Schweigen aufeinander ein, bis sie hintaumelten. Die Weiber sahen zu mit von tierischer Leidenschaft verzerrten Zügen und kreischten: «Hau zu! Hau zu!» Außerhalb des grellen Lichtkreises der Naphthalampen schlichen Männer verstohlen dahin und verhüllten mit blutgetränkten Taschentüchern die zitternden Körper von Hunden, die einen Kampf verloren hatten. Goldfinken, die man mit glühenden Nadeln geblendet hatte, damit sie besser singen sollten, zwitscherten in ihren zu engen Käfigen.

Die an diesem ganzen Schauspiel Beteiligten nahmen keinen Anstoß daran. Ost-London war ihre Welt. Als Kinder hatten sie sich ihr Spielzeug aus den Abfallhaufen zusammengesucht, etwa Heringsgerippe auf Bindfaden aufgezogen. Als Erwachsene nahmen sie ihre Mahlzeiten auf der Straße ein: das Frühstück bei dem Mann mit den gebackenen, heißen Kartoffeln, das Abendessen beim Würstchenverkäufer mit seinem schwarzbebänderten Hut und der weißen Schürze. Selbst um Mitternacht war Mile End Road noch hellwach; müde Kinder besorgten noch etwas für das Abendessen der Eltern: ein Dreieck Gloucesterkäse, frischen Tabak für Vaters Pfeife, mehr Bier.

Wenn der Käse rot angepinselt war, um so auszusehen wie der teure «Rote Doppel-Gloucester», beklagte sich keiner dieser Armen. Ebenso fanden sie sich mit andern Verfälschungen ab: auf der Straße verkaufte, mit Schwefelsäure versetzte Limonade, mit pulverisiertem Ton vermengtes Mehl, mit Grieß vermischter Kakao. Wenn zwei Farthings schon ein Wochenbudget umwerfen konnten, legte man nicht so großen Wert auf Qualität. Im Juli 1865 lebten in dieser Stadt von drei Millionen Einwohnern 100 000 Almosenempfänger. Drei regnerische Tage brachten 30 000 Straßenverkäufer dem Verhungern nahe.

Nachdem William Booth dreizehn Jahre als wandernder Methodistenprediger in Englands Proletariervierteln zugebracht hatte, war ihm die Armut nichts Unbekanntes mehr. Doch hier in London fühlte er, wie sein ganzes Herz in väterlicher Liebe für diese Menschen entbrannte.

Grimmig wie ein Jäger auf Safari setzte er trotz des Gedränges seinen Weg fort. Auf allen Seiten stießen ihn die Menschen: Yankee-Matrosen von den Schnellseglern mit teerbeschmierten Hosen, an deren Koppeln die Hirschfänger hingen, Soldaten auf Urlaub mit an der Brust offenen, scharlachroten Röcken, bärtige Juden, die alte Kleider verkauften, jugendliche Laufburschen in Schnürjacken mit Messingknöpfen und grünen Halstüchern, Straßenmädchen in mohnroten Garibaldiblusen. Der Lärm war ohrenbetäubend, eine wahre babylonische Sprachverwirrung. Blumenverkäufer priesen mit Stentorstimme ihre Ware an: «Alles wächst, alles blüht!» Aber sie waren kaum zu hören in dem Räderrasseln der Nachtdroschken oder dem langsamen Rumpeln der vom Bow-Kirchhof zurückkehrenden, leeren Leichenwagen. Sonngebräunte Italiener leierten aus ihren Drehorgeln die Melodien der «Traviata» heraus, die mit dem traurig klagenden «Swanee-River» des Balladensängers wetteiferten. Und über allem dröhnte weiter im Westen der tiefe Baß der Glocken der St.-Paul's-Kathedrale.

Eigentlich unglaublich: London war trotz seiner Größe in mancher Beziehung immer noch eine ländliche Stadt. Welches Bild würde sich vor den Augen eines Menschen entrollen, der vom über sechzig Meter hohen, glitzernden Turm des Crystal Palace nach Norden und Osten blickte? Eine weite Fläche, dicht besät mit rauchgeschwärzten, roten Backsteinhäusern, die sich nach Westen bis zur Bayswater Road erstreckte, jedoch nach Norden nicht weiter als bis nach Camden Town. Notting Hill, drei Meilen nordwestlich von Piccadilly gelegen, war noch unberührte Parklandschaft, wo die Torfstecher ihre Ware herholten. Milch wurde von Bäuerinnen, die saubere, weiße Strümpfe und Strohhauben trugen, von Straße zu Straße zum Verkauf ausgerufen. Wer früh aufstand, konnte sehen, wie die Männer ihre Viehherden, über denen der Atemdunst wie eine weiße Wolke stand, nach dem in der Nähe von St. Paul's abgehaltenen Fleischmarkt von Smithfield trieben.

Doch William Booth wußte es wohl: die Stadt gewann dauernd an Boden. Seit er das erste Mal die Füße auf ihre Straßen gesetzt hatte, war fast eine Million Menschen hereingeströmt, um die stinkenden Häuser und Gassen zu überfüllen. Viele davon waren Bauern, die das Land verlassen hatten. Ost-London war nur noch ein Zerrbild der Dörfer, die einst Namen getragen hatten wie Hackney, Stratford, Bethnal Green, Stepney, Bow und Bromley. Dort wohnten 290 Menschen auf 4000 Quadratmetern. Ein verbitterter, armer Teufel hatte es einen ungeheuren Dunghaufen genannt, auf dem die Reichen ihre Pilze züchteten. Für viele war es das ganze Jahr hindurch ein nie endender Kampf, um nach außen hin den Anschein bürgerlicher Wohlanständigkeit aufrechtzuerhalten: auf dem Fensterbrett ein billiger Resedastrauß in einer zerbrochenen Vase; Kattunvorhänge vor den Scheiben, damit man den Schmutz in der Wohnung nicht sehen sollte; unter der Uhr sauber eingerahmt die Heiratsurkunde.

Aber Tag für Tag verloren immer mehr Familien den Mut und gaben den Kampf auf. In den dunklen Gassen in der Nähe der Docks lagen die Kranken, die Sterbenden und oft auch die Toten nebeneinander auf dem blanken Fußboden der ungeheizten Räume, nur mit den Fetzen zerrissener Wolldecken zugedeckt. Die Wiegen ihrer Kinder waren Obstkörbe, ihre Windeln dieselben zerschlissenen Jacken, in denen die Gemeinde sie schließlich beerdigte. Die Wohnungen rochen nach Heringen, ungelüfteten Betten und der feuchten Luft nach dem Regenguß der letzten Woche. Die ganze Stadt war von Gestank erfüllt. So schnell William Booth an diesem Juliabend auch vorwärtsschritt, er konnte ihm nicht entgehen. Es war ein höllisches Gemisch von Gerüchen, die Viehhäute, in Terpentin getauchtes Brennholz, von Harn durchtränkte Manchesterhosen und undichte Gasrohre verbreiteten. Andere, dem empfindlichen Booth für immer unvergeßliche Dünste füllten die warme Sommerluft: Gin, Zwiebeln, Dung, im Fett schmurgelnde Fladen, das graue Seifenwasser, das in den steinernen Abwaschbecken plätscherte, und der aus drei Millionen Schornsteinen sich ringelnde Rauch.

Sogar die Themse, immer noch eine belebte öffentliche «Straße», wo in den verkehrsreichen Stunden zwanzig Flußdampfer emsig entlangfauchten – selbst die Themse führte den Spottnamen «die große Stänkerin». Fast 370 Kloaken entleerten sich in ihr gelbgraues Wasser. Zwischen Westminster und London Bridge streckte sich eine schwarze, klebrige Schlammbank hundert Fuß weit in die Fahrrinne vor. Der

Gestank war so unerträglich, daß im Sommer kein Parlamentsmitglied die Bibliothek des Unterhauses benutzen konnte.

Im nächsten Jahr würde die Cholera wieder zuschlagen, wie sie es seit 1832 schon dreimal getan hatte. Die ganze Nacht würden dann die Lichter in dem in Whitechapel gelegenen London-Hospital brennen und stummes Zeugnis davon ablegen, daß es wie immer die Armen waren, die den Hauptstoß der Krankheit aushalten mußten.

Um acht Uhr dieses Juliabends kam es William Booth mit schmerzlicher Klarheit zum Bewußtsein, daß in diesen 2000 Meilen der Londoner Straßen Tausende von Menschen lebten, deren Seelen unrettbar verloren waren.

Acht Meilen westlich von der Mile End Road, in Hammersmith, Shaftesbury Road 31, wartete Catherine Mumford Booth in großer Besorgnis auf die Rückkehr ihres Mannes. Mit ihren 36 Jahren war sie immer noch die sanfte, zart gebaute Frau mit leuchtenden, dunkelbraunen Augen und dem beweglichen Mund, in die sich Booth vor dreizehn Jahren sterblich verliebt hatte. Heute abend war sie voller Unruhe.

Vor vier Jahren hatte Booth, dessen Herz und Sinn sich immer mehr zu den der Kirche entfremdeten Massen der englischen Städte hingezogen fühlte, auf seine Stellung als methodistischer Prediger verzichtet. Seitdem war die Zukunft der Familie immer unsicherer geworden. Catherine war ja nicht nur für sie beide von Sorge erfüllt. Oben schliefen friedlich ihre sechs Kinder; der älteste Junge Bramwell war neun Jahre alt, die Jüngste, Marian, eben vierzehn Monate. Sie machten sich noch keine Gedanken darüber, wie man in einer hartherzigen Welt das tägliche Brot verdienen sollte.

Um Mitternacht – Catherine erinnerte sich später genau daran – wurde ein Schlüssel heftig in das knarrende Schloß gestoßen, und mit strahlenden Augen trat William in das Wohnzimmer. Die ersten Worte, die aus ihm herausbrachen, waren: «Liebling, ich habe meine Bestimmung gefunden, Gott hat mir heute meine Aufgabe gezeigt!» Als er das sagte, fühlte Catherine, wie eine kalte Hand nach ihrem Herzen griff.

In Wilford Meadows, einem grünen Streifen Weideland am Ufer des Trent, im Frühling übersät mit den goldenen Blüten der Krokusse, hatte William Booth als zehnjähriger Junge mit seinen Freunden «Soldat» gespielt und wie er später bekannte, war er meistens der Hauptmann gewesen. Diese schon so früh in Erscheinung tretende Begabung, andere Menschen zu führen, sollte ihn jedoch in dem folgenden Vierteljahrhundert völlig im Stich lassen. In dieser Zeitspanne seines Lebens war er ein vom Winde hin und her gewehtes Blatt, ein Mann, der danach suchte, ein Talent zu verwerten, dem er keinen Ausdruck zu geben vermochte.

In seiner Jugend war Angeln seine große Leidenschaft gewesen. Mit einem Band von Walter Scott auf den Knien pflegte er von fünf Uhr morgens an am Ufer des Trent zu hocken, immer hoffend, ein Fisch würde anbeißen. Aber seine sprichwörtliche Erfolglosigkeit führte dazu, daß ein alter Onkel jeweils feierlich einen mit einer schneeweißen Serviette bedeckten Teller in dem kleinen Vorraum des Boothschen Hauses aufstellte, bereit für einen Fang, der niemals eintraf.

William wurde am 10. April 1829 im Haus Nr. 12 am Nottintone Place als Sohn von Samuel und Mary Moss Booth geboren. Es war ein sechs Zimmer umfassender, roter Backsteinbau mit flachem Dach im Nottinghamer Vorort Sneinton. Von allem Anfang an war Armut für William nichts Unbekanntes geblieben. Als er erst dreizehn Jahre alt war, stand sein Vater, ein kleiner Bauunternehmer – William erinnerte sich seiner als eines auf Geld versessenen Mannes – vor dem geschäftlichen Ruin. Eine Hypothek mußte aufgenommen werden, und alle Pläne, William in Mr. Biddulphs Schule zu einem Gentleman erziehen zu lassen, fielen ins Wasser. Im Laufe des darauffolgenden Jahres war der Vater an den Folgen des Schicksalsschlages gestorben. Aber noch vor seinem Tod hatte er den Halbwüchsigen mit den schlenkernden Gliedmaßen zu einem Pfandleiher namens Francis Eames in die Lehre geschickt. Eames betrieb sein Geschäft in Goose Gate, wo die Ärmsten der Armen Nottinghams hausten.

Nach der siegreichen Schlacht von Waterloo hatte England wahre Hungerjahre durchzustehen: Jahre schlechter Ernten und noch schlimmerer Steuerlasten, als die ehrwürdigen Korngesetze, die die Interessen der Grundbesitzer auf Kosten der Armen schützen sollten, die Brotpreise hoch hielten und die Bäuche leer ließen. Als Junge hatte William zugesehen, wie hungernde Aufrührer das eiserne Gitter vor dem Haus seines Vaters aus den Sockeln rissen und sich mit den bewaffneten Soldaten herumschlugen. Er sah, wie zerlumpte Männer und Weiber die Scheiben der Bäckerläden einschlugen und – die Arme voller Brote – davonrannten. Der konservative Abgeordnete für Shrewsbury, Benjamin Disraeli, brach im Parlament in die Worte aus: «Ganz England ist in zwei Nationen zerrissen!»

Und nirgends trat die Wahrheit dieses Ausspruchs deutlicher zutage als in Nottingham selbst.

Die eine dieser Nationen, der Booth, als er zum Manne heranwuchs, in Liebe zugetan war, füllte die 8000 dichtgedrängten Häuser, wo die Strumpfweberei, die verbreitetste Heimarbeit, von der französischen Konkurrenz so hart getroffen war, daß die Weberinnen sich oft nur durch die Prostitution vor dem Hungertod retten konnten. Die andere Nation füllte die Tribünen an der Trentbrücke, um zuzusehen, wie William Lillywhite den neuen Wurfstil im Cricketmatch «Notts gegen All England» vorführte, wo um hundert Pfund gespielt wurde. Oder diese Leute drängten sich in den teuersten Logen der Mechanics' Hall, um die Schwedische Nachtigall Jenny Lind singen zu hören. Die soziale Bewegung des *Chartismus* glimmte unter der Asche. Sie war so genannt worden nach der «People's Charter», dem Freibrief des Volkes, in dem die kämpferischen Reformer eine Umbildung des Parlaments, billigeres Brot und das Wahlrecht für die arbeitende Bevölkerung forderten. So jung wie William Booth auch war, verstand er doch schon, wie wichtig diese Forderungen waren.

Denn in diesen Jahren zogen die drei goldglänzenden Messingkugeln – das Firmensymbol der Pfandleiher – wie ein Magnet ganze Familien an. Oft war die Pfandleihe der einzige Wall, der die Familie vor der Ausweisung schützte. Unter dem Zeichen der «schwingenden Klöße» lernte Booth mehr als bloß eine Axt, baumwollene Regenschirme und bedruckte Schals abzuschätzen, oder mit den schwarzen Kalikobeuteln voller Pfandscheine geschickt umzugehen. Wie aus einer Fibel lernte er kennen, was Armut den Leuten antun kann.

William war nun ein hochaufgeschossener Halbwüchsiger mit rabenschwarzem Haar und flammenden Augen. Doch seine religiöse Erziehung war, gelinde gesagt, sehr lückenhaft gewesen. Obgleich sein Vater Samuel aus Gründen der Wohlanständigkeit darauf bestand, daß William und seine Schwestern Ann, Mary und Emma regelmäßig den Gottesdienst besuchten, sah man ihn selbst nie in der Kirche. Mary Moss Booth, seine Mutter, die nach dem Tod ihres

Mannes in Goose Gate einen kleinen Posamentierladen übernahm, konnte da auch nicht viel helfen. «Sei gut, William», war ihre einzige Ermahnung, «und dann wird schon alles gut werden.»

Die Leute in Nottingham nannten ihn «Wilful Will», weil er so leidenschaftlich war. Es war Gottes Weichenstellung, daß er schon als Junge für die Sache der «Methodisten» gewonnen wurde. Man hatte ihnen diesen Spottnamen angehängt wegen der strengen Lebensregeln, die zu Zeiten von John Wesley, dem Begründer ihrer Kirche, aufgestellt worden waren. Die Innigkeit und Wärme ihrer Gottesdienste in der Wesleyanischen Kapelle in der Broad Street hatten in Booth eine verwandte Saite zum Klingen gebracht. Wesley hatte geglaubt, daß die Bußfertigkeit sich in Taten beweisen müsse, und großen Wert auf das öffentliche Sündenbekenntnis gelegt; aber er ging noch viel weiter. Sein Ziel war, auch Gott gänzlich entfremdete Menschen, zurückzugewinnen, Niedergetretene und Verzweifelte, die das Leben selbst verfluchten. Um den Verlassenen Gottes Liebe nahezubringen, hatte dieser gebrechliche, kleine Geistliche trotz anfänglicher Zweifel den revolutionären Schritt getan, auf einem Haufen von Steinen als Kanzel stehend, im Freien zu Mengen betrunkener Bergleute zu predigen.

«Auch ihr seid Kinder Gottes, Erben des ewigen Lebens», so pflegte er seine vor Schmutz starrenden, zynischen Zuhörer anzureden, in deren Lexikon Worte wie «Vergebung», «Erlösung» oder «Hoffnung» nicht zu finden waren. Zuerst denunzierten ihn Kirche und Staat in zitternder Erinnerung an die Französische Revolution als einen Feuerbrand. Sie schreckten vor seiner Leidenschaftlichkeit zurück und auch davor, daß er nichtordinierte Laien das Wort Gottes predigen ließ. Daß er der arbeitenden Klasse Mut zusprach, betrachteten sie als eine Irrlehre, die einen Schritt zur Pöbelherrschaft bedeutete. Nur langsam gewann sein Kreuzzug der helfenden Liebe Gottes sympathisierende Mitstreiter. Für die Armen eröffnete Wesley eine Fabrik, eine Armenapotheke, eine Bank. Er besuchte einige der übelsten englischen Gefängnisse, um den Unglücklichen dort geistlichen Trost zu spenden. Bis zu seinem Tod – er starb als Achtundachtzigjähriger – wurde er nicht müde, immer wieder zu betonen, daß Körper, Geist und Seele in gleicher Weise bestimmt seien, Abbilder Gottes zu sein.

Wesley war das Vorbild, das Booth vor Augen stand, bei der Suche nach seinem Auftrag. «Es gibt nur einen Gott», pflegte er zu sagen, «und John Wesley ist Sein Prophet.»

Obgleich der Name Booth später aufs engste verknüpft war mit den erstaunlichsten Bekehrungen in der jüngsten Geschichte der Religion, verlief Williams eigene Bekehrung in gänzlich undramatischer Weise. Als er am späten Abend eines Tages im Jahre 1844 von einer Versammlung durch ungepflasterte Straßen seinem Heim zustrebte, ließ ihn die mahnende Stimme Gottes nicht mehr zur Ruhe kommen. Mit der gleichen Klarheit, wie Saul auf dem Weg nach Damaskus das Licht sah, kam ihm zum Bewußtsein, daß Gott ihm ein ganz neues Leben schenken wolle. Plötzlich war ihm auch klar, daß er das Unrecht wieder gutmachen mußte, das er andern Mitmenschen angetan hatte.

Da war das silberne Bleistiftetui, das er Freunden durch einen betrügerischen Trick abgewonnen hatte. Wie oft hatte er Äpfel gestohlen und seine Gefährten beim Murmelspiel betrogen! War er nicht auf dem Weg, eine «Taschenausgabe» seines geizigen Vaters zu werden, er, der schon als Junge, wenn überhaupt, nur widerwillig Geld verschenkte?

In wenigen Tagen hatte Booth durch Reue und Bekennen sein Gewissen entlastet und war ein überzeugter Kämpfer für die Sache Gottes geworden wie Bunyan's «Valiant for Truth» (Wahrheitskämpfer).

Obgleich die Pfandleihen offiziell am Sonnabend um Mitternacht ihr Geschäft schließen mußten, hielt der schwunghafte Handel die Angestellten oft bis in die frühen Morgenstunden des Sonntags zurück. Jetzt erklärte Booth seinem Brotherrn, daß das so nicht weitergehen könne. Notfalls sei er bereit, sonntags ab Mitternacht zu arbeiten, aber am Tag des Herrn zu arbeiten, sei mit christlichen Grundsätzen unvereinbar. Eames hatte darauf nur eine Antwort: «Du wirst mit uns allen arbeiten, bis wir den Laden zumachen, oder du kannst deine Sachen packen!»

Da Booth felsenfest auf seinen Grundsätzen beharrte, fand er sich sofort wieder in den Reihen der ständig wachsenden Zahl der Arbeitslosen von Nottingham. Das war ein schwerer Schlag für seine verwitwete Mutter, aber es war auch nicht leicht für Eames, der seinen wertvollsten Angestellten verloren hatte. Der Pfandleiher kämpfte ein paar Tage lang mit seinem Stolz – dann gab er klein bei. Von nun an war Booth der einzige Lehrling, der am Sonnabend mit dem Glockenschlag um Mitternacht mit der Arbeit aufhörte. Doch wenn Eames auf kurze Zeit nach dem Kontinent reiste, war es William, der an seiner Stelle den Laden übernahm.

Viele Erweckungsprediger hatten während der «hungrigen vierziger Jahre» atemlos lauschende Zuhörer. Booth war immer ein williger Schüler gewesen, so lernte er von allen diesen Rednern etwas. Reverend James Caughey, ein schlanker, schwarzgekleideter, irisch-amerikanischer Geistlicher aus Burlington, Vermont, ließ ihn erkennen, welche Wirkung es hatte, wenn zurückhaltende Eingangsworte sich allmählich zum Orkan steigerten. Andere, wie Isaac Marsden aus Doncaster, Yorkshire, zeigten ihm, daß Gottes Wort am tiefsten zu Herzen ging, wenn es in Form von einfachen Gleichnissen gegeben wurde. Als Marsden eines Morgens durch eine kleine Gasse in Nottingham ging, sah er eine Hausfrau geschäftig an ihrem Waschzuber stehen. Mit kummervoller Stimme sprach er sie an: «Frauchen, wenn Euer Herz nicht sauberer gewaschen ist als diese Kleider, dann werdet Ihr nicht in den Himmel kommen!»

Von Anfang an waren es die armen Leute, denen Booth das Evangelium bezeugte und die auf den Sünderbänken Platz nahmen. Zusammen mit seinem Freund Will *Sansom*, dem hübschen, jungen Sohn eines reichen Spitzenfabrikanten, trat er bald in Wesleys Fußstapfen und führte den Kampf gegen Sünde und Elend unter freiem Himmel. Er pflegte in einer Gasse von Backsteinhäusern auf einen Stuhl oder ein Faß zu steigen, und predigte unentwegt; wenn ihm auch nur drei Menschen zuhörten, lud er sie ein, zu einer Versammlung in ein in der Nähe gelegenes Landhaus zu kommen. Ein solches befand sich in der Kid Street und diente als wenig verheißungsvolles Amphitheater für Booths erste Predigt. Arme Frauen hatten ihre eigenen Stühle mitgebracht, und eine umgekehrte, von flackernden Kerzen flankierte Kiste diente als Rednerpult.

Die Leute, die diese Predigt hörten, haben das Gleichnis von der Mutter, die die ersten Gehversuche ihres Kindes überwachte, nie vergessen. Würde sie etwa das kleine Wesen anschreien und ausschelten? Oder unbewegten Herzens dabeisitzen, wenn es hinfiel und sich wehtat? Ebenso schwer wie diesem Kind fällt es einem Menschen, der Christus folgen will. Harte Vorwürfe sind nicht angebracht. Alle müssen mithelfen, daß er es lernt, aufrecht seinen Weg zu gehen.

Doch wenn es nötig war, konnte Booth auch Worte finden, die wie Peitschenhiebe wirkten. Als er einmal in London inmitten einer Rotte von Strolchen auf dem Red Lion Square stand, führte er ihnen ihre Schuld unbarmherzig vor Augen. Seine mächtige Stimme klang wie das Schwingen einer Geißel. «Ich will euch einmal ein paar Fragen vorlegen, die jeder von euch verstehen kann. Hat einer von euch vielleicht ein Kind zu Hause, das keine Schuhe an den Füßen hat? Sitzen eure Frauen jetzt in ihren dunklen Stuben und warten darauf, daß ihr wieder ohne Geld nach Hause kommt? Wollt ihr von hier fortgehen, um das Geld zu versaufen, das eure Frauen bitter nötig haben, um Brot zu kaufen?»

Aber immer wieder kam es Booth in dem weiten, ungeheizten Holzbau der Broad Street Chapel zum Bewußtsein, daß da etwas nicht stimmte. Erweckungsprediger wie Caughey und Marsden forderten am Ende ihrer Predigt nach althergebrachter methodistischer Sitte die Zuhörer auf, sich vorn auf die Sünderbank zu setzen – eine Art protestantischer Beichtstuhl – und in aller Öffentlichkeit zu bekennen, daß sie von nun an Christus als ihren Heiland annehmen wollten. Doch die Ärmsten und am meisten Erniedrigten kamen niemals nach vorn. Die sah man nicht einmal bei den Predigten, die Booth auf den Straßen hielt.

Booth wußte natürlich, wo sie zu finden waren: in den sogenannten «Bottoms», dem schlimmsten Elendsviertel von Nottingham, wo die Männer vor der Kirche dieselbe Scheu empfanden wie vor dem Gefängnis. Nun nahm er sich vor, diese verlorenen Schafe aufzusuchen.

Die Mitglieder der Broad-Street-Gemeinde haben jenen mit Spannung geladenen Sonntag im Jahr 1846 niemals vergessen: Die Lichter der Gasarme tanzten auf den weißgekalkten Wänden, der Prediger, Reverend Samuel Dunn, saß behaglich auf seinem plüschgepolsterten Thron, und die Stimmen der Andächtigen schwollen an im Gesang der vierten Hymne des Abends:

Foul I to the fountain fly;
Wash me, Saviour, or I die.

Von Sünden befleckt eile ich zu der Quelle.
Wasche mich, Heiland, oder ich muß sterben.

Plötzlich wurde die Außentür der Kapelle aufgerissen, und eine Wolke weißen Nebels wehte herein. In ihrem Gefolge erschien eine schäbig gekleidete Menge von Frauen und Männern, die unter den feindlich starrenden Blicken der Fabrikherren, Ladeninhaber und ihrer wohlgekleideten Frauen befangen den Mittelgang entlangschlurften. Hinter ihnen marschierte glühend vor Eifer «Wilful Will» und hinderte die Verzagteren unter ihnen daran, wieder umzukehren.

Mit Mißbilligung sah Reverend Dunn, wie der junge Booth in der Tat seine Pflegebefohlenen einlud, in den besten Sitzen Platz zu nehmen; Leute, für deren Kleider Eames in seiner Pfandleihe nicht fünf Schilling pro Stück gegeben hätte. Und die sollten in den reservierten Logen gegenüber dem Rednerpult sitzen, deren Inhaber den Sammelteller mit blinkenden Silbermünzen füllten?!

Das war noch nie dagewesen, denn die Armen wurden durch einen andern Eingang in die Kirche eingelassen, wenn sie zum Gottesdienst kamen. Die für sie bestimmten Bänke hatten weder Rückenlehnen noch Sitzkissen, und eine Trennwand schirmte sie von dem Rednerpult ab. Sie konnten zwar die Predigt hören, den Prediger aber nicht sehen und auch selbst nicht gesehen werden.

Booth schien nichts von der steigenden Ablehnung zu merken und beteiligte sich mit voller Stimme an der gottesdienstlichen Handlung. Später gab er zu, daß er gehofft hatte, diese Pflichttreue würde ihm ein besonderes Lob eintragen. Nur zu bald sollte ihm die bittere Wahrheit zum Bewußtsein kommen: seit den Tagen Wesleys war der Methodismus gut bürgerlich geworden.

Nach Beendigung des Gottesdienstes sah sich Booth einem von Reverend Dunn einberufenen «Kriegsgericht» der Diakone gegenübergestellt. Die ihm erteilten Instruktionen waren unmißverständlich: wenn Booth noch einmal eine solche Herde in die Kirche bringen wollte, müßten diese Leute durch die Seitentür hereingeführt werden und hätten auf den für sie bestimmten Bänken Platz zu nehmen.

Mit gesenktem Kopf nahm Booth die Zurechtweisung zur Kenntnis, aber in vieler Hinsicht war diese Episode ein Symbol für das Glaubensbekenntnis der Männer und Frauen, die ihm eines Tages als dem Begründer ihrer Armee zujubeln sollten.

In der Tat erfüllten Booths eigenwillige Handlungen die Mitglieder der Kirchenvertretung mit großer Besorgnis. Wenn sie auch aufrichtige Männer waren, so vertraten sie doch unwandelbar starre

Glaubensüberzeugungen. Ebenso wie Booths eigene Mutter und Schwestern sahen sie keine Möglichkeit, die Trunkenbolde, die Englands industrielle Revolution auf die Straße geworfen hatte, vor der ewigen Verdammnis zu retten. Selbst die erstaunliche Bekehrung des «Besom Jack», des immer betrunkenen Besenverkäufers, dessen Frau von den Nachbarn ausgelaugte Teeblätter erbetteln mußte, konnte die skeptische Haltung der Gläubigen nicht wankend machen. «Besom Jack», der erste von vielen nun völlig von der Sündhaftigkeit ihres Lebens überzeugten Bekehrten, wurde Booths treuester Anhänger. Aber die Diakone wiesen darauf hin, daß seine Bekehrung ja nicht in der Kirche, sondern auf der offenen Straße erfolgt war, wo Booth und seine kleine Gefolgschaft oft auf den Knien für das Heil der Vorübergehenden beteten.

Später erinnerte sich Booth grimmig an jene Zeit: «Bei jedem neuen Versuch, den ich unternahm, haben sie mich immer bloß gewarnt und gewarnt, aber niemals bekam ich ein Wort der Ermutigung zu hören. Doch ich bin trotzdem meinen Weg weitergegangen.»

Das war wohl wahr. Indessen konnten nur wenige, außer dem verbissen arbeitenden Booth selbst, einen sichtbaren Fortschritt feststellen.

Als er neunzehn Jahre alt wurde, fand seine sechsjährige Lehrzeit ein Ende, und er stand in den an Zahl stets wachsenden Reihen der Arbeitslosen, deren Schicksal Prinz Albert in einem persönlichen Brief an den Premierminister Lord John Russel beklagte. Aber die königliche Anteilnahme half Booth wenig dazu, einen Arbeitsplatz zu finden. Nach zwölf Monaten fruchtlosen Bemühens entschloß er sich wie so viele aus der Provinz stammende Jugendliche, sein Glück in London zu versuchen. Nie war es ihm in den Sinn gekommen, für das Evangelium anders denn als Laienprediger zu wirken. Er war der einzige Sohn und mußte für den Unterhalt seiner Mutter und seiner Schwestern sorgen.

In London erwartete ihn bittere Enttäuschung. So sehr er sich auch bemühte – nur ein Beruf stand ihm offen: die Arbeit in einer Pfandleihanstalt. Er hatte so sehr gehofft, diesem auf immer den Rücken kehren zu können. Sein neuer Brotherr gewährte ihm Verpflegung und ein Bett in einer Kammer über dem Laden. Der lag in Walworth, einer Wüste von schmierigen, mit Stuck verzierten Häusern südlich der Themse. Booths Chef erwies sich als ein noch größerer Geizhals als

Eames. «Ich war in Wirklichkeit ein weißer Sklave», faßte William sein Urteil über jene Zeitspanne seines Lebens zusammen.

Während des ganzen Jahres 1850 war Booths Freizeit – abgesehen vom Sonntag – auf zwei knappe Stunden in der Woche beschränkt. Selbst am Sabbat wurden die Ladentüren erst um zehn Uhr abends verrammelt. Er gehörte als Laienprediger der Methodistengemeinde von Walworth Chapel an und wurde als solcher oft bis nach dem acht Meilen südlich gelegenen Greenwich ausgesandt. Sonntag für Sonntag, am Ende eines langen, von Gottesdiensten ausgefüllten Tages, stapfte der Jüngling mit müden Füßen die mit Kopfsteinen gepflasterten Straßen entlang. Atemlos keuchend eilte er dahin, um noch vor Ladenschluß nach Hause zu kommen.

Er war kaum volljährig, doch schon begannen die langen Wochen von dreizehnstündigen Arbeitstagen, die stickige Luft der Pfandleihläden, die säuerliche Nahrung, seine Gesundheit anzugreifen. Dauernd litt er an quälenden Verdauungsstörungen. Als er Jahre danach Tatsachen für diese Periode seines Lebens in einem Unterabschnitt «London» zusammenstellte, fügte er nachdenklich ein Wort hinzu: Einsamkeit.

Wie in Nottingham erregten die Predigten, die Booth in Walworth Chapel hielt, Anstoß bei den wohlhabenden Gemeindemitgliedern. «Sie riechen förmlich nach dem Sterbehemd», witzelte ein Geistlicher. Obwohl Booth davon überzeugt war, daß täglich immer noch Tausende von unbekehrten Männern und Frauen der ewigen Verdammnis anheimfielen, wuchs der Verdacht, daß er ein nach Neuem strebender «Reformer» war, dessen Gegenwart Unheil verhieß. Als er sich weigerte, die Gottesdienste einzustellen, die er unter freiem Himmel auf der nahegelegenen Kensingtoner Allmend abzuhalten pflegte, schlug das dem Faß den Boden aus. Am Quartalsende lehnte es die Kirchenvertretung ab, ihm die Karte auszuhändigen, die jeder Methodist haben muß, um Mitglied der Gemeinde zu bleiben.

Doch ein Mann, Edward Harris Rabbits, dem Booths Predigten gefallen hatten, lehnte sich gegen die orthodoxen Methoden der Kirche auf. Die feurige, warme, von Sticheleien freie Redeweise des jungen Mannes bedeutete schon an sich eine Herzstärkung. Überdies war Rabbits eine Persönlichkeit, die gewohnt war, den Ton anzugeben. Aus kleinen Anfängen war er Eigentümer einer ganzen Reihe von Schuhläden geworden. Seine Lagerverwalter hielten Laienpredigten, in denen sie den Hauptton auf Feuer und Schwefel legten. Im Juni 1851 lud dieser Mann Booth nach seinem an der Walworth Road gelegenen Heim zum Mittagessen ein. Plötzlich stand er auf: «Sie müssen die Arbeit in der Pfandleihe aufgeben und Ihre ganze Zeit und Kraft einsetzen, um das Evangelium zu predigen.»

Booth schüttelte traurig den Kopf. «Für mich gibt es da keinen Weg. Niemand will mich haben.» Er hatte sich versuchsweise um die Stellung eines Kaplans auf einem nach Botany Bay, Neu-Süd-Wales, fahrenden Sträflingsschiff beworben – eine Stellung, vor der die meisten Geistlichen zurückschreckten –, aber sein Gesuch war abgelehnt worden.

Rabbits war anderer Ansicht. Er sagte, die Reformer, zu denen Booth gehörte, brauchten seine Mitarbeit. Als Evangelist könne er natürlich nicht von der Luft leben.

«Wieviel haben Sie zum Leben nötig?» fragte er nachdenklich. Nach sorgfältiger Berechnung meinte Booth, daß zwölf Schilling wöchentlich für sein Zimmer und Brot und Käse ausreichen würden.

«Unsinn», winkte Rabbits ab. «Ich bin sicher, daß Sie nicht unter zwanzig Schilling in der Woche auskommen können. Die will ich Ihnen geben, wenigstens für die ersten drei Monate.»

Rabbits war vielleicht der erste Mensch, der erkannte, daß Booth für eine größere und einen weiteren Horizont umfassende Aufgabe bestimmt war. William erstand ein paar alte Möbel, nahm Abschied vom Laden des Pfandleihers und mietete zwei kleine Kammern im Haus einer Witwe, die in der Nähe der Kneipe «Elephant and Castle» wohnte. Er brannte vor Eifer, das Evangelium von Christus zu predigen. Aber über Nacht war in der Haltung seiner neuen Zuhörerschaft kein Wandel zu spüren. Zwar hier verfluchten und verspotteten ihn die Leute nicht, wie es die Rowdies in Nottingham getan hatten. Meistens starrten sie ihn bloß an oder traten verlegen von einem Fuß auf den andern. «Ein so junger Mann!» dachte mancher insgeheim. «Dafür sind seine Predigten zu pathetisch und zu langatmig.»

Gott selbst bewahrte William Booth davor, an der ihm gestellten Aufgabe zu verzweifeln. Er führte seinen jungen, treuen Diener weiter. Als am Karfreitag des Jahres 1852 Rabbits den jungen Prediger vor seiner Wohnung stehen sah, überredete er ihn, zu einer Versammlung der Reformer mitzukommen, die in der Cowper Street, nahe der City Road stattfand. An jenem Nachmittag – es war sein dreiundzwanzigster Geburtstag – verliebte sich Booth in Catherine Mumford.

Trotz der Kürze ihrer Bekanntschaft hatten der langaufgeschossene, hohlwangige Booth und die dunkelhaarige, kleine Catherine, Tochter eines dort ansässigen Wagenbauers und seiner Frau, bald gespürt, daß zwischen ihnen eine seltsame gegenseitige Zuneigung im Entstehen war. Sie begegneten sich zuerst nach einem Gottesdienst, der in einem in der Nähe gelegenen Versammlungsraum stattgefunden hatte. Damals konnte Booth natürlich noch nicht wissen, daß dieses erst dreiundzwanzigjährige Mädchen Predigten so klug beurteilen konnte, daß sogar Rabbits auf ihre Meinung großen Wert legte. Es war kurze Zeit danach an einem Teeabend, zu dem Rabbits die örtlichen Reformer eingeladen hatte, daß Booth Catherine zum erstenmal näher kennenlernte. Der Gastgeber wollte sein Wunderkind gern der Tafelrunde vorführen und drängte William, ein in der amerikanischen Antialkoholbewegung entstandenes «Abstinenz»-Gedicht zum besten zu geben.

Zuerst hatte Booth gezögert. Er war kein im gewöhnlichen Sinn des Wortes geselliger Mensch und fühlte sich bei ähnlichen gesellschaftlichen Veranstaltungen immer äußerst unbehaglich. Auch lebte er selbst zu dieser Zeit noch nicht völlig enthaltsam. Er wollte die Stimmung der Gäste nicht stören. Nur die sanfte, wohlklingende, bittende Stimme des dunkeläugigen, auf dem Sofa sitzenden Mädchens zerstreute schließlich seine Bedenken.

Er fühlte aller Augen auf sich gerichtet, als er endlich begann:

Traum eines Schnapsverkäufers
Ein Schnapsverkäufer saß vor dem Kamin seiner Kneipe.
Seine Füße waren so hochgestellt wie sein Kopf und höher.
Ganz benommen und betrunken waren seine Freunde nach Hause gegangen,
um am Morgen mit schwerem Kopf aufzuwachen, mit blutunterlaufenen
Augen und einem schwindelnd sich drehenden Hirn.

Ein betretenes Schweigen herrschte, bis ein mäßiger Trinker, der an dem Gedicht Anstoß genommen hatte, zugunsten seiner Trinkgewohnheiten eine heftige Verteidigungsrede vom Stapel ließ. Booth konnte sich nicht mehr genau an das Wortgefecht erinnern, das nun folgte. Er konnte nur nicht vergessen, wie Catherines helle, entschiedene Stimme die der andern übertönt hatte, als sie die von ihm verfochtenen Grundsätze verteidigte. Und als die Gäste kurz danach zum Abendessen gingen, kostete niemand von dem Wein. Alle waren bemüht zu zeigen, daß sie Wasser bevorzugten.

Aber eine dritte Begegnung mit Catherine am Karfreitag erwies sich als ein Wendepunkt im Leben der beiden. Nachdem die Versammlung auseinandergegangen war, erbot sich Booth, Miss Mumford in einer Droschke nach ihrem in Brixton gelegenen Heim zu begleiten. Bald stellte sich heraus, daß das zarte Mädchen durch die angeregte Unterhaltung und das Rütteln des Wagens ganz erschöpft war. Catherine war froh, daß ihr Booth kurzerhand verbot, noch weiter zu reden.

Es gab vielerlei in Catherine Mumfords Lebensumständen, das Booth damals noch nicht wissen konnte. Von Derbyshire war ihre Familie nach Süd-London gezogen. Immer hatte das junge Mädchen mit Krankheiten zu kämpfen gehabt: im Alter von vierzehn Jahren mit einer Rückgratverkrümmung, vier Jahre später mit einer beginnenden Tuberkulose. Als Zwölfjährige hatte sie erstaunlicherweise schon mehrmals ihre Bibel durchgelesen. Im gleichen Alter konnte sie sich wie eine Erwachsene mit ihrem Vater über das Für und Wider der sozialpolitischen Probleme unterhalten.

Aber Booth sollte bald entdecken, daß Catherine keine Salonchristin war, deren Sympathien für die Armen dahinschwanden, wenn sie mit ihnen wirklich in Berührung kam. In Boston, Lincolnshire, wo sie ihre Jugend verlebte, erinnerten sich die Leute noch lange, wie das hübsche kleine Mädchen Stab und Reifen beiseite warf, um neben einem Betrunkenen herzulaufen, den der Polizist in Gewahrsam schleppte. Um zu beweisen, daß der arme Kerl inmitten des ihn verspottenden Mobs doch eine Freundin hatte, entschloß sich Catherine zu der ersten Protesthandlung in ihrem Leben.

Booth erfuhr das natürlich erst sehr viel später. Er nahm die Einladung ihrer Eltern an, die Nacht in ihrem Hause zu verbringen. Als er am folgenden Morgen ihr in der Russel Street, Brixton, gelegenes Heim verließ, wußte er nur das eine: es hatte ihn getroffen! Er war von einer tiefen Liebe zu Catherine erfüllt und war gewiß, daß er wieder geliebt wurde. Doch wie konnte ein Mann mit einem wöchentlichen Einkommen von zwanzig Schilling den Unterhalt einer zarten, schonungsbedürftigen Frau bestreiten?

Wenn Booth den Fortschritt seines orthodoxen viktorianischen Liebeswerbens beschreiben wollte, erzählte er gern, wie er und Catherines Mutter im Wohnzimmer plauderten. Plötzlich zerriß ein ängstlicher Schrei die Luft: «William!» Als er in den Garten hinuntereilte, sah er zu seinem Schrecken, daß seine Geliebte von einer Wespe gestochen worden war. Doch gleichzeitig durchpulste sein Inneres eine tiefe Freude. Es kam ihm zum Bewußtsein, daß Catherine ihn zum erstenmal bei seinem Vornamen genannt hatte, *ihn* hatte sie gerufen und nicht ihre Mutter! Mit den Worten: «So stolz war ich darauf, seht ihr!» pflegte er die Geschichte zu beenden.

Für Booth sollten sich die nächsten dreizehn Jahre als eine ereignisreiche Odyssee erweisen, während der ihm seine erwählte Geliebte Ansporn und Hilfe war. Schon ehe noch das Jahr 1853 heraufdämmerte, hatten sich die beiden nach der gern gewährten Einwilligung der Eltern verlobt, ein gewagter Schritt, denn in Booths Vermögensumständen herrschte tiefe Ebbe. Infolge von Meinungsverschiedenheiten hatte Edward Rabbits seine auf drei Monate befristete Zusage einer finanziellen Unterstützung nicht erneuert. Um überhaupt leben zu können, begann Booth seine Möbel zu verkaufen, und griff seine kläglichen Ersparnisse an. Immer wieder kämpfte Catherine darum, seinen sinkenden Mut neu zu beleben. «Mach dir nichts daraus! Gib nicht nach! Gott hat dich lieb. Er wird dir helfen.»

Ohne Catherine, bekannte Booth später, hätte er nie das große Werk seines Lebens vollenden können. Es erwies sich als notwendig, daß ihr Takt, ihr scharfer Verstand, ihr reifes Urteil sein quecksilbriges Temperament zügelten. Wo Booths Herz mit ihm durchgehen wollte, blieb Catherine kühl und behielt den Kopf oben. Ihre langen, verständigen, oft 2500 Worte umfassenden Briefe – sie füllen zwölf Foliobände – machten ihm Mut weiterzukämpfen, wenn er von schwarzer Verzweiflung oder Selbstbemitleidung übermannt wurde.

Oft trug diese Korrespondenz den Charakter einer einseitigen Liebeswerbung, die nur aus reiner Notwendigkeit auf dem Papier geführt wurde. Im Jahre 1852 vertrauten die Reformer Booth die Betreuung des Spalding-Bezirks an, der im südlichen Lincolnshire, hundert Meilen von London entfernt, gelegen war. Während der nächsten achtzehn Monate trottete er zu Fuß oder fuhr im rasselnden Jagdwagen über das flache Marschland seines 27 Meilen umfassenden Kirchspiels. Da hatte er wenig Zeit, Liebesbriefe zu schreiben. Aber Catherine hatte Zeit dazu. Sie schrieb fast täglich. Sie sorgte sich um Williams Gesundheit («Sing nicht noch bis Mitternacht nach einem harten Arbeitstag!»). Sie gab ihm gute Ratschläge. Manchmal machte sie ihm auch Vorwürfe. Immer belebte sie seine Hoffnung auf die Zukunft. «Wir wollen unser Heim für uns beide zum schönsten Fleck auf Erden machen. Wir wollen zärtlich sein, rücksichtsvoll, uns liebhaben und duldsam sein. Ja, das wollen wir!»

Schon sah Catherine in William einen von der Vorsehung erwählten Mann. Für ihn war sie ein Hafen, in dem er vor der stürmischen See der Welt Schutz finden konnte. Und seine Notsignale waren häufig. «Ich brauche eine Predigt über die Sintflut, eine über Jonas und eine andere über das Jüngste Gericht. Schick mir bloß ein paar Gedanken, ein paar aufrüttelnde Richtlinien. Nichts bewegt die Leute so sehr wie das Schreckliche.»

Seltsam – bei einem Streit der Liebenden drehte es sich um ein Problem, das später keinen entschiedeneren Vorkämpfer kennen sollte als William Booth: die Gleichberechtigung der Geschlechter. Catherine trat ganz offen für die Rechte der Frau ein. Als ein Geistlicher die Frauen verächtlich das schwächere Geschlecht nannte, schrieb ihm Catherine eine flammende Entgegnung und sandte eine Abschrift des Briefes an ihren auf der Dienstreise begriffenen Verlobten. Aber zu ihrer großen Enttäuschung ergriff Booth Partei für den Geistlichen.

Catherine wollte davon nichts wissen. «Ach, Vorurteil! Was kann daraus nicht alles entspringen!» antwortete sie aufgeregt. «Daß die Frauen – abgesehen von körperlicher Kraft und von Mut – in irgendeiner Hinsicht dem Mann unterlegen seien, kann ich durchaus nicht glauben, und ich bin sicher, niemand kann das aus dem Wort Gottes beweisen.» Wie so mancher Liebhaber vor ihm und nach ihm sah sich Booth gezwungen, einen Kompromiß zu schließen. «Ich würde keine Frau dazu ermutigen zu predigen», schrieb er tapfer. Dann fügte er ein schnell hingeworfenes Nachwort hinzu, «obgleich ich sie keinesfalls daran hindern würde. Ich würde auch Dich nicht daran hindern, selbst wenn ich dazu ermächtigt wäre, obgleich ich es nicht gern sehen würde.»

Er beendete den Brief in einem versöhnlichen Ton und sagte, er werde ihre Bemerkungen über die Stellung der Frau noch einmal lesen. «Ich trete ein für das Heil der ganzen Welt. Ich will nichts ablehnen, was dazu beitragen kann.»

Als sie am 16. Juni 1855 in der Stockwell New Chapel, Süd-London, den Bund fürs Leben schlossen, war Booth durch einen großen Glückszufall bereits als Pfarrer der Neuen Gesellschaft, einer vom klassischen Methodismus abweichenden Gruppe, angestellt worden. Trotz der Erfolge Williams in Spalding hatte das junge Paar seine Zukunftsaussichten klar ins Auge gefaßt: nur ein systematisches Theologiestudium in einem Ausbildungsseminar konnte Booth zu einer Anstellung als ordiniertem Geistlichen verhelfen. Insgeheim hing Booth an seiner Arbeit in Spalding, wo seine schlichten Zuhörer ihn vergötterten. «Ach», bekannte er später, «was für einen geistigen Stillstand hätte das für mich bedeutet!» Catherine blieb unerbittlich. Sie war es gewesen, die ihn gedrängt hatte, zurückzukehren und sich bei einem Lehrer der Methodistischen Neuen Gesellschaft, einer Seitenlinie des Methodismus, eintragen zu lassen. Dort quälte sich nun der glühende Evangelist unter Reverend Dr. William Cookes Leitung damit ab, sich die griechische und lateinische Grammatik einzuverleiben. Von Catherine sah er weniger als je. «Bei Dr. Cooke», berichtete er wehmütig, «stehen die Studenten jeden Morgen um fünf Uhr auf!»

Cooke, ein warmherziger alter Mann, der wie ein wohlhabender Bauer aussah, erkannte bald, daß Booth kein gewöhnlicher Theologiestudent war. Als William am Tag seiner Aufnahme in das Seminar in der nahegelegenen Brunswick Chapel predigte, meldeten sich fünfzehn Neubekehrte. Seine Predigten waren wie mit glühendem Eifer geladen. Als er einmal die Sünder der Welt als Schiffbrüchige hinstellte, die nur noch Christus retten könnte, sprang er auf den Stuhl hinter dem Rednerpult und schwenkte wild sein Taschentuch, als sei es ein Notsignal. Er saß nicht so oft hinter den Büchern, wie es ein Student eigentlich tun sollte. Doch Cooke hatte einen so tiefen Eindruck von der Liebe des jungen Mannes zu allen Menschen gewonnen, daß er den Dreiundzwanzigjährigen schon Monate vor dem Schlußexamen für den Posten eines Superintendenten der Londoner Gemeinde vorschlug.

Aber nach Jahren des Gebets und der Vorbereitung bewahrte Booth jetzt Zurückhaltung. Er zweifelte an seiner Fähigkeit, ein solches Amt zu bekleiden. Schließlich einigte man sich auf einen Kompromiß:

Booth wurde Vertreter des Superintendenten. Er war von allen geschäftlichen Verpflichtungen entlastet und konnte sich frei der Evangelisation widmen. Und noch ein Zugeständnis wurde ihm bewilligt: die meisten Pfarrer der «New Connexion» durften sich erst nach vier Jahren Probezeit verheiraten; doch Booths Stern schien so hell, daß ihm gestattet wurde, Catherine schon nach einem Jahr zu heiraten. Die Flitterwochen des jungen Paares verliefen, wie es dem Wesen Booths entsprach: eine Woche Erholung in Ryde auf der Insel Wight, danach mit Wirbelwindeseile eine mit Erweckungspredigten ausgefüllte Fahrt durch Guernsey.

Schon als Booth 26 Jahre alt war, befürchteten viele, er werde seinen anfälligen Körper bis zum Zusammenbruch treiben. Catherine kam es vor, als hätte sie nicht einen Mann, sondern eine menschliche Dampfmaschine geheiratet. Andere waren von gleicher Besorgnis erfüllt. Den 19jährigen hatte bereits ein Arzt gewarnt: ein Mensch mit einem so empfindlichen Nervensystem müßte einen Körper wie ein Bulle und eine Brust wie ein Preisringer haben, wenn er am Leben bleiben wollte; zwölf Monate als Evangelist tätig sein, das könnte schon seinen Tod bedeuten. Sieben Jahre darauf, als Booths Arbeitstempo immer fieberhafter wurde, schrieb ihm eine Versicherungsgesellschaft mit Bedauern, daß nur eine erhöhte Prämienzahlung sie dazu veranlassen könnte, sein Leben weiter zu versichern.

Booth massierte seine Brust mit kaltem Wasser, aß zum Frühstück rohe Eier und bezahlte ohne Murren eine höhere Versicherungsprämie. Er sollte sie fast sechzig Jahre lang bezahlen!

Zuerst hatten die jungen Eheleute keine feste Wohnung. Booth war von der New Connexion als Wanderprediger angestellt worden. Ein festes Gehalt von wöchentlich zwei Pfund ließ nicht viel Raum für irgendwelchen Luxus. Infolge der mit Behelfsunterkünften, ungeheizten Zügen und endlosen Gottesdiensten verbundenen Anstrengung dauerte es nicht lange, bis auch Catherines Gesundheit angegriffen wurde. Oft mußte William seine Frau zurücklassen, wenn er auf Reisen ging. Dann klagte sie: «Es ist mir, als ob ich nur ein halber Mensch wäre!»

Lincoln, Bristol, Bradford, Manchester, Sheffield – innerhalb weniger Monate bekamen alle diese Städte die stürmische Stoßkraft von Booths Persönlichkeit zu spüren. In den Jahren, da George und Robert Stephensons Lokomotiven eine Spur von Dampf und Schwefel quer über England zogen, schrieb er: «Kein *Flying Scotsman* (Fliegender Schotte) ist schnell genug für mich!» Schon probierte er eine neue, bemerkenswerte Technik aus: Wenn nach dem Gottesdienst die Bußfertigen nach vorn zur «Sünderbank» kamen, führten zwei Männer sie zunächst in einen Nebenraum. Dort wurden Namen, Adressen und persönliche Daten aufgeschrieben, ehe ein bewährter Bekehrter sich der Neulinge annahm.

Es war, als ob sich Booth an seine erste Predigt mit dem Gleichnis von Mutter und Kind erinnerte. Er hatte Angst, daß seine Schützlinge wieder fallen könnten.

Aber in den fünfziger Jahren des 19. Jahrhunderts wiederholte sich die alte Geschichte von Broad Street Chapel immer wieder. Einmal konnte er im Laufe von wenigen Monaten über 1700 Bekehrte aufweisen. Auf den Tag kamen im Durchschnitt dreiundzwanzig. Aber bald schien das den Führern der Neuen Gesellschaft zu weit und zu schnell zu gehen: seine Methoden wären eher flott amerikanisch als viktorianisch englisch. Nach seinen Wirbelwind-Erweckungs-Versammlungen blieb die Organisation der Bekehrten und die Routinearbeit der Nachbehandlung den am Ort Ansässigen überlassen. Der wie ein Weberschiffchen von Stadt zu Stadt eilende Booth wurde in der Presse überschwänglich gelobt. Ein Kritiker sprach aus, was alle dachten: «Er schöpft die Sahne ab und überläßt die abgerahmte Milch den andern.»

Im Jahre 1857 beschnitt die Neue Gesellschaft Booths weite Überlandreisen. Es wurde ihm eine der am wenigsten Erfolg versprechenden Gemeinden zugewiesen: die schmutzige, kleine, in Yorkshire gelegene Fabrikstadt Brighouse. Aber wenn nun auch Booths Einflußsphäre auf die regelmäßige pastorale Betreuung beschränkt war, so konnte man ihm doch nicht vollständig die Hände binden. Vor ihm stand immer die elfte Arbeitsregel, die Wesley seinen Helfern gegeben hatte. «Ihr habt nichts weiter zu tun als Seelen zu retten. Geht nicht immer nur zu denen, die euch nötig haben, sondern zu denen, die euch am meisten nötig haben.»

In Brighouse kamen Catherine und William näher an die Massen heran, die Hilfe nötig hatten, als je zuvor. Sie setzten sich ein für ein Gesetz, das es verbot, Mädchen unter zwanzig Jahren vor ein Uhr nachmittags zu beschäftigen. Sie kämpften darum, das Los der sogenannten Halbzeitler zu verbessern: siebenjährige Fabrikmädchen, die vierzehn Stunden am Tag arbeiten mußten und die nur die Peitschenhiebe eines Aufsehers wachhalten konnten. Sein eigenes erstes Kind, das ein Jahr früher geboren worden war, taufte William auf den Namen Bramwell nach einem berühmten Prediger.

Booth lehnte sich gegen eine festumrissene Gemeindearbeit auf. Doch seine Freunde bedeuteten ihm, daß diese Beschränkung nur kurze Zeit dauern würde. Es könne nicht schaden, sich mit den an der Macht befindlichen Personen gut zu stellen. Aber als Booth im Jahre 1858 vollordinierter Geistlicher wurde, beauftragte man ihn wieder mit der geistlichen Betreuung einer Gemeinde. Dieses Mal war es Gateshead, ein düsterer Industrievorort von Newcastle-on-Tyne.

Er fügte sich wider seine bessere Überzeugung, aber oft schweiften seine Blicke durch die Fenster der Bethesda-Kapelle, die mit einer tausend Mitglieder starken Gemeinde gefüllt war, hinüber zu den sich draußen meilenweit erstreckenden, ärmlichen Schieferdächern. Er war wie besessen von einem Gedanken: «In wie vielen jener Häuser wird der Name Christus nie erwähnt? Warum bin ich hier in dieser von Menschen überfüllten Kapelle, die die Botschaft hören *wollen*? Warum bin ich nicht draußen, um die Botschaft Gottes denen zu bringen, die sie nicht hören wollen?»

Zwei Jahre gingen dahin. Sie waren hauptsächlich deswegen denkwürdig, weil nun auch Catherine anfing zu predigen. Eines Morgens fühlte sie sich in der Kapelle von einem seltsamen Drang erfüllt; noch ehe der Gottesdienst beendet war, mußte sie aufstehen und zu den Anwesenden sprechen. «Du wirst dich zum Narren machen und nicht wissen, was du sagen sollst!» warnte sie eine innere Stimme, aber Catherine glaubte in ihr des Teufels Stimme zu vernehmen. Doch diesmal hatte der Teufel sich verrechnet. «Das ist es ja gerade», widersprach sie, «bisher habe ich niemals um Christi willen zum Narren werden wollen. Jetzt will ich ein Narr sein!»

Vom Rednerpult aus bot sich Booth ein ihn verlegen machender Anblick: Seine Frau war plötzlich aufgestanden und ging mit langsamen Schritten durch das Kirchenschiff auf ihn zu. Ein unterdrücktes Murmeln von tausend Stimmen. Während der vergangenen Jahre war Catherines scheue Zurückhaltung geradezu sprichwörtlich geworden. Sofort trat Booth besorgt an ihre Seite. «Was ist es, Liebste?» Wie alle andern nahm auch er an, daß Catherine von einem Unwohlsein befallen war.

«Ich möchte ein Wort sagen.» Sie hörte, wie ihre eigene Stimme in der Aufregung lauter klang als gewöhnlich. Booth selbst war so erstaunt, daß er nur leise ankündigen konnte. «Meine liebe Frau möchte ein paar Worte sagen.» Dann setzte er sich hin.

«Ich glaube, viele von euch haben mich immer für eine sehr fromme Frau gehalten; aber ich bin Gott ungehorsam gewesen.» Die Gemeinde lauschte atemlos, als sie fortfuhr, sie hätte immer die Meinung vertreten, daß die Frauen das Recht und die Pflicht hätten zu predigen, aber sie selbst habe nicht nach der ihr zuteil gewordenen göttlichen Offenbarung gehandelt.

Booth sah zu seiner Verwunderung, daß manche Zuhörer zu Tränen gerührt waren. Aber trotz seiner anfänglichen Bedenken erkannte sein Sinn für das Praktische, daß sich hier ein Anreiz bot, der für die kommenden Monate die Kirche bis auf den letzten Platz füllen würde. Schnell hielt er mit ihr eine geflüsterte Beratung ab. Dann gab er der Gemeinde triumphierend bekannt: «Heute abend wird meine Frau die Predigt halten!»

Es war ein revolutionäres Unterfangen. Obwohl Catherines Ruhm als Predigerin 28 Jahre anhalten und sich weit über Gateshead verbreiten sollte – damals schüttelten viele führende Methodisten den Kopf. Zur Zeit der Königin Victoria lebten die Frauen in einer Welt von Fächern aus wohlriechendem Sandelholz, von weißen Glacéhandschuhen und aus Schildpatt gefertigten Spielkartenkästchen; eine achtbare Frau, die in der Öffentlichkeit ihre Stimme erhob, mußte mit ernstlichem Tadel rechnen. Als Booth bald danach krank wurde und Catherine seine volle Vertretung in der Bethesda-Gemeinde übernahm, wurden schon bestehende Zweifel noch bestärkt. «Diesen Booths muß man einen Zaum anlegen!»

Im Mai 1861 sah sich Booth einer der größten Krisen gegenüber, die er in seinem Leben durchzustehen hatte. Er und Catherine wußten, daß auf der Jahreskonferenz der Neuen Gesellschaft in der Liverpooler Bethesda Kapelle ihre Zukunft einer der am heißesten umkämpften Streitpunkte sein würde. Booth hatte den Antrag gestellt, von den Pflichten eines Gemeindepfarrers befreit und als Evangelist eingesetzt zu werden. Er sah voraus, daß das glatt abgelehnt werden würde.

Erst am Sonnabend, dem 25. Mai, eine Woche nach dem Beginn der Konferenz, stand die sich mit Booths Zukunft befassende brennende Frage zur Debatte. Die Mitglieder waren inzwischen schon müde und unaufmerksam geworden. In der düsteren Kapelle klangen die Stimmen der Männer, die über Booths Petition entscheiden sollten, schon ziemlich verärgert. Ein Pfarrer stellte kurz und bündig fest: Booths Ersuchen sei gegen jede Vernunft und Autorität. Ein anderer erklärte brüsk, es würde für Booth selbst und für die Gemeinde üble Folgen haben. Jetzt meldete sich Dr. William Cooke, der Leiter des von Booth besuchten Seminars, als Friedensstifter. «Wenn Booth die Gemeinde in Newcastle übernehmen würde, könnte er sich dann nicht mit seinen Amtsbrüdern dahin einigen, daß er gelegentlich dazu beurlaubt würde, in anderen Teilen Englands zu evangelisieren?»

Mit sinkendem Mut hörte Booth, wie diese Abänderung seines Antrags mit großer Mehrheit angenommen wurde. Er war gefangen!

Als Superintendent der Newcastler Gemeinde konnte Booth sich natürlich jederzeit freimachen, um irgendwo sonst in England Erweckungsgottesdienste zu halten, aber wie konnte er es mit seinem Gewissen vereinbaren, die größte und getreueste Gemeinde der Neuen Gesellschaft jüngeren Kräften zu überlassen? Man hatte ihm die Freiheit gegeben und doch gleichzeitig Gitterstäbe um ihn aufgerichtet.

In diesem Augenblick ereignete sich jedoch ein aufregender Zwischenfall. Der Versammlungsleiter, Dr. Henry Crofts, hatte beschlossen, über Booths Zukunft in geheimer Sitzung zu beraten und die Zuschauergalerie räumen zu lassen. Doch jetzt hörte man von hoch oben eine Stimme gegen diese Maßnahme protestieren: «Nein! Niemals!» Catherine Booth hatte zwar zuerst ihren Sitz auf der Galerie verlassen, war dann aber noch zögernd an dem zur Treppe führenden Tor stehen geblieben. Jetzt konnte sie ihren Zorn und ihre Enttäuschung nicht länger bezähmen.

«Sind denn die Türen nicht geschlossen», rief Dr. Crofts entrüstet. «Schließt die Türen!»

Nachdem sie ihren Protest zu Gehör gebracht hatte, zog sich Catherine zurück. Als die Konferenz beendet war, nahm Booth seinen Hut und verließ die Kapelle, um die am Ausgang Wartende zu treffen. Mehrere Pfarrer suchten ihn zurückzuhalten, aber er schob sie ruhig beiseite, ohne ein Wort zu sagen. Sein Herz war zu voll. Innerhalb der nächsten zwei Monate vollzog er seinen Austritt aus der Neuen Gesellschaft.

Er war nun zweiunddreißig Jahre alt, hatte vier Kinder, und seine Aussichten schienen hoffnungsloser zu sein als je.

Aber welchen Standpunkt die Leute von der Neuen Gesellschaft auch immer vertreten hatten, Gottes Weg mit William Booth ging weiter. Er erhielt von wohlwollenden Freunden eine Einladung, in Hayle, Cornwall, eine Anzahl Erweckungsgottesdienste abzuhalten. Allmählich wurde daraus ein achtzehn Monate dauernder, gewaltiger Feldzug, wie man ihn seit Wesleys Tagen nicht gekannt hatte. Um William Booth und seine Frau predigen zu hören, ruderten Fischer zehn Meilen durch eine dunkle, stark bewegte See, und Dorfbewohner wanderten meilenweit über die Berge. Eine örtliche Zeitung schrieb: «Die Geschäfte müssen schließen. Die Ladeninhaber und die Kunden gehen alle zu den von Booth abgehaltenen Gottesdiensten.» Booth behauptete, daß in diesen Versammlungen in Cornwall siebentausend Menschen den Frieden mit Gott gefunden hätten.

«Jetzt stehen Euch in ganz England alle Tore offen!» rief ihm voller Begeisterung einer seiner evangelisierenden Mitbrüder zu. Doch Booth sollte bald die bittere Wahrheit zu spüren bekommen. Die Türen der Kapellen der Neuen Gesellschaft blieben ihm verschlossen. Unverzagt setzte er seinen Feldzug in Süd-Wales fort. Erstmals in der Religionsgeschichte geschah es, daß jemand ohne Bedenken weltliche Gebäude mietete, die die verlorenen und verkommenen Menschen nicht abschrecken würden. In Cardiff kamen zwei reiche, junge Schiffseigner zu seinen in einem Zirkuszelt abgehaltenen Versammlungen. Beide griffen wie *ein* Mann nach ihren Scheckbüchern, und das war der Anfang einer fast fünfzig Jahre dauernden Gönnerschaft.

«In den Kirchen kommen wir nicht an die Massen heran», schrieb Catherine; denn jetzt warfen die kommenden Ereignisse ihre Schatten voraus. In Walsall, Staffordshire, sah man in den Riesenversammlungen zum erstenmal die Menschen, die Booth ansprechen wollte: «bekehrte Faustkämpfer, Jockeis, Wilderer und andere Leute solcher Art aus Birmingham, Liverpool und Nottingham.»

Im März 1865 ergriff Catherine in London die Gelegenheit, Erweckungsgottesdienste in den raucherfüllten, nahe den Docks gelegenen Vororten von Rotherhithe und Bermondsey abzuhalten. Aber Booth hielt sich zuerst zurück. Für ihn war ihre Londoner Wohnung in der Shaftesbury Road, Hammersmith, nur ein Notbehelf. Er benützte sie als Ausgangsstellung für seine «im neuen Stil» in der Provinz durchzuführenden Kampagnen. Dann kam jedoch eine Einladung vom East London Service Committee, die ihn bewog, über Nacht seine Meinung zu ändern. Da ihnen die Polizei verboten hatte, in den Parks Versammlungen abzuhalten, erbaten sie die Erlaubnis, auf dem nicht mehr benützten Quäker-Friedhof an der Thomas Street (später Fulbright genannt), ein Zelt zu errichten. Das war nur einen Steinwurf weit von den Elendsquartieren der Whitechapel Road entfernt.

Am Sonntag, dem 2. Juli des Jahres 1865, sah Booth, wie wenige Minuten vor Beginn des Gottesdienstes ein Junge an Stricken die Naphthalampen aufhängte, die das Zelt erleuchten sollten. «Eines Tages», sagte Booth leise, «werden sie Lampen wie diese rings um den Erdball aufhängen!» Die seltsame Prophezeiung sollte sich bewahrheiten, denn in dieser Woche lernte Booth Mile End Road kennen, und seine Bestimmung wurde ihm zur Gewißheit.

Wenn nun Catherine ihrerseits einmal Zweifel hegte, so war das schon verzeihlich. Dicht neben ihr lag William ausgestreckt in einem Schaukelstuhl, und wie von weit her hörte sie seine Stimme, die Stimme eines Sehers, der all das Grauenhafte schilderte, das er in der Mile End Road erlebt hatte: «Wohin in aller Welt kann man gehen, um solche Heiden zu finden wie diese Menschen, und wo ist unsere Arbeit dringender nötig?»

Aber Catherine starrte in die Flammen des Kamins. Sie schien eine andere Stimme zu hören: «Das bedeutet einen neuen Anfang. Wir müssen noch einmal ganz von vorn anfangen in unserem Leben!» Bis jetzt war es ihnen mit Hilfe der bei den Versammlungen veranstalteten Kollekten und dem Verkauf von Büchern und Flugblättern irgendwie gelungen, mit einem Einkommen von weniger als 400 Pfund im Jahr sechs Kinder aufzuziehen. Aber wie sollten sie unter der bitterarmen Bevölkerung des East End Geld sammeln, und wer sollte für ihren Unterhalt die Bürgschaft übernehmen? Was sollte aus Williams erst zwei Monate altem Entschluß werden, ihre gemeinsamen Ausgaben auf 200 Pfund im Jahr herunterzuschrauben?

Eine Ewigkeit herrschte Schweigen; dann hörte William Catherines Entscheidung: «Nun, wenn du meinst, du solltest hier bleiben, dann bleibe hier. Wir haben die Sorge für unseren Unterhalt schon einmal dem Herrn übergeben, und wir können noch einmal auf Ihn unser Vertrauen setzen.»

Es war ein tapferer Entschluß, denn außerhalb der eng in sich abgeschlossenen Welt des Methodismus hatte Booth wenig Anhang und keine Anerkennung gefunden. Erst vor kurzem hatte er seine persönlichen Schulden auf 85 Pfund beziffert. Später, als der einzige Familienvater, der je eine gewaltige religiöse Organisation geschaffen hat, sollte er diese zu einem Unternehmen gestalten, das ein Kapital von einer Million Pfund repräsentierte. Sein Name sollte in der ganzen Welt bekannt werden, und er sollte auf vertrautem Fuß verkehren mit Männern wie Edward VII., William Ewart Gladstone, Winston Churchill, Präsident Theodore Roosevelt und Lord Northcliffe. Er sollte eine religiöse Gemeinschaft begründen, die einige als ein korybantisches, auf Theatereffekte eingestelltes Christentum verspotteten und andere begeistert als des Heilands eigenen Weg begrüßten. Er sollte die Aufmerksamkeit von Millionen fesseln mit Methoden, um die ihn ein Zirkusmann wie Barnum und ein Zeitungskönig wie William Randolph Hearst hätten beneiden können, und seine Persönlichkeit sollte einen legendären Ruhm genießen, einen Ruhm, den er aber nicht für sich in Anspruch nehmen wollte; denn er wußte, nur als Werkzeug in der Hand Gottes war er fähig, seinen Dienst zu erfüllen.

Aber jetzt schrieb man erst das Jahr 1865, und Booth hatte nichts, was ihn aufrechthalten konnte als seinen unerschütterlichen Glauben, die Überzeugung, daß die Kirchen versagt hatten. Booth war der Meinung, daß alle Menschen vor Gott gleich seien. Doch in vielen Kirchen blieben die den Reichen reservierten Plätze monatelang leer, und man erwartete von den Armen, daß sie aufstanden, knicksten und ehrerbietig grüßten, wenn der Geistliche durch ihre Reihen schritt. Abgesehen von christlichen Sozialisten wie Reverend Charles Kingsley, dem berühmten Verfasser von *Westward Ho!*, gaben sich wenige Geistliche mit dem Arme-Leute-Problem ab, aber Kingsley, Professor für Moderne Geschichte, war kein Mann des Volkes.

«Lies deine Bibel», antwortete ein Pfarrer einem betrunkenen Bergmann, der ihn um Hilfe bat; aber der Mann mußte bekennen, daß er gar nicht lesen konnte. Dann riet ihm der Geistliche, er solle doch in die Kirche kommen. Aber als nun der Mann erklärte, er habe keinen Sonntagsanzug, da wußte der Pfarrer keinen Rat mehr. Gott möge dem armen Mann helfen! Sein geistlicher Berater war machtlos.

Das war typisch für das Zeitalter, in dem Booth arbeitete, das Zeitalter der Königin Victoria, die stolz schrieb, sie könne niemals die

Königin einer demokratischen Monarchie sein. Bisher hatte von 24 Männern nur einer das Wahlrecht. Fast zwanzig Jahre sollten noch dahingehen, bis dieses Verhältnis sich so verschob, daß einer von sieben dieses Recht besaß.

Londons Aristokratie hatte ebenfalls viel von ihrem Glanz eingebüßt. Die Armen mußten ihnen bei ihren perversen Vergnügungen Dienste leisten. Bei Jimmy Shaws Rattenkampfgrube füllten Reiche und Arme die Arena, um zuzusehen, wie abgerichtete Terrier an einem Abend bis zu tausend Ratten abwürgten: um den Ausgang des Kampfes für die Hunde risikolos zu machen, waren den Ratten vorher mit Zangen die Zähne ausgebrochen worden. Dicht dabei in der Endell Street kreischten auf dem Hahnenkampfplatz dreckige Proletarierweiber und adlige Damen um die Wette Beifall, wenn der Herzog von Hamilton seine Hähne miteinander kämpfen ließ und der weiße Sand sich rötete. Ausflüge in die Tanzlokale und die Opiumhöhlen des East London Ratcliffe Highway waren eine beliebte modische Angelegenheit. Ihr Organisator, Lord Hastings, hatte in sechs Jahren bei Pferderennen über 103 000 Pfund verloren. Für solche Menschen waren die Armen Anlaß zu einer Abendunterhaltung, während die Geistlichkeit sie als eine besondere Rasse betrachtete, nicht als Männer und Frauen, die unser Mitleid verdienten.

Aus diesem Grund ließ Booth sich senden, der Welt die Botschaft zu bringen, daß Jesus Christus Retter für alle sein will, für arm und reich, für solche, die in der Gosse übernachten und für die, die in vornehmen Häusern wohnen.

Schieß, auch wenn die Flinte nicht geladen ist!

1865-1879

Es gab eine Zeit, da pflegte Booth zu sagen: «Ich habe die Organisation unter *einen* Hut gebracht, aber es ist ein Zylinder meiner eigenen Hutnummer.»

Doch es war bemerkenswert: Booths Entschluß, im Sommer 1865 in London zu bleiben, war keineswegs durch den ehrgeizigen Plan bestimmt, eine Armee oder auch nur eine neue religiöse Gemeinschaft ins Leben zu rufen. Sein einziges Ziel war, die Ausgestoßenen zu bekehren, die von der traditionellen Geistlichkeit nicht erreicht wurden. Wenn er sie bekehrt hatte, wollte er sie den schon bestehenden Kirchen zuführen.

Aber die Tausende, die sich in jenem Sommer in der «Mile End Waste» – einem meilenlangen, brachliegenden Streifen Land entlang der Mile End Road – um die Schaukeln und die Würfelbuden drängten, diese Tausende schenkten dem hochgewachsenen, schwarzgekleideten Fremdling, der sie mit der Bibel unter dem Arm vor den Kneipen stehend bekehren wollte, herzlich wenig Beachtung. In späteren Jahren pflegte sein ältester Sohn Bramwell nachdenklich zu lächeln, wenn in allen Teilen der Welt Leute beteuerten, sie hätten schon damals seinem Vater zur Seite gestanden, als er «in der Mile End Waste noch ganz allein stand».

In Wahrheit stand er gar nicht allein da, er wäre vielmehr von den Hunderten um ihn Herumstehenden beinahe erdrückt worden. Die Handvoll bekehrter Menschen, die er um sich sammelte, zählten da kaum. Leute wie Thomas Haywood aus Bethnal Green, ein 25jähriger Alkoholiker, der Limehouse-Arbeiter Billy Ferris; «Mutter» Moore, eine ewig betrunkene Aufwartefrau aus Whitechapel. Sie wurde berühmt durch die Antwort, die sie dem Mann gab, der ihr wieder ein Glas Bier anbot: «Ich kann von den Quellen des Heils trinken und du auch!»

Leute aus East End für Christus zu gewinnen, das bedeutete für Booth in jenen Jahren ein mühsames, bitteres Aufwärtsklimmen. Eines seiner Kinder erinnerte sich später daran: «Die Sünden Londons schockierten ihn nicht, aber sie schienen mit scharfen Krallen in sein Herz zu greifen, so daß es blutete.»

Wenn man an die Gebäude denkt, die er für seine Gottesdienste benützte, kommen einem die Tiefen zum Bewußtsein, die er auszuloten suchte. Als die Herbststürme das Zelt auf dem Quäker-Friedhof zerfetzten, mieteten Booth und seine kleine Gefolgschaft prompt Professor Orsons Tanzschule, ein Vergnügungslokal in der New Road, Whitechapel. An den Sonntagen, wenn um vier Uhr morgens das Schleifen der Holzschuhe und das Kratzen der Fiedeln aufgehört hatte, standen schon Booths getreue Männer bereit, um für die Gottesdienste über dreihundert Sitzgelegenheiten in den Saal zu schleppen.

Für die Gottesdienste an den Werktagsabenden stand ein altes Wollagerhaus in der Three Colts Lane, Bethnal Green, zur Verfügung. Dort warfen die Straßenjungen Steine, Dreck und selbst Feuerwerkskörper durch die hohen Fenster. Booth mietete auch noch andere Räume: die Alexandra Hall in der Skittle Alley, Bedford Street, Whitechapel; einen Tischlerladen in Old Ford; das East London Theatre, Whitechapel Road; einen heißen, kleinen, nach Ammoniak riechenden Raum hinter einem Taubenladen in Shoreditch, wo die Vögel unaufhörlich gurrten, während Booth predigte. Eine Zeitlang hielt er seine Erweckungsandachten sogar in einem so niedrigen Heuschuppen, daß er mit dem Kopf beinahe an die Decke stieß.

Für einen Menschen, der ein so empfindliches Nervensystem besaß wie Booth, war es ein zermürbendes Leben. Er war so arm, daß sein Einkommen nie drei Pfund in der Woche überstieg. Erst im November 1865 zog er mit seiner Frau, sechs Kindern und ihrem irischen Dienstmädchen Mary Kirkton in eine neue Wohnung, Cambridge Lodge Villas 1, Hackney, East London. Bis zu dieser Zeit ging er jeden Sonntag zu Fuß von Hammersmith nach dem East End, acht Meilen hin und acht Meilen zurück. Sein Mittagessen, Brot und Käse, nahm er in einer Papiertüte mit. Danach machte ihm Flawn, einer seiner Anhänger, eine Tasse Kakao, und todmüde streckte er sich auf einem Sofa im Hinterzimmer aus, bis es Zeit war, wieder an die Arbeit zu gehen.

Wenn Catherine sich später an diese Jahre erinnerte, pflegte sie zu erzählen, wie William jeden Abend, gewöhnlich nach Mitternacht,

William Booth predigt in Whitechapel. 1865 fanden die Versammlungen sonntags in einem Zelt auf einem ehemaligen Friedhof statt. Aus diesen Versammlungen ging die Christliche Mission und später die Heilsarmee hervor. Booth hatte 13 Jahre als wandernder Methodistenprediger in Englands Proletarierviertel zugebracht. Armut war ihm nichts Unbekanntes, doch was der 36jährige an einem Abend des Jahres 1865 in Ost-London an unvorstellbarer Armut zu sehen bekam, gab ihm mit überwältigender Klarheit den Auftrag: »Rettet Seelen, geht den Schlimmsten nach!« So waren es von Anfang an meist die armen Leute, die vor ihm auf der Sünderbank Platz nahmen.

totenblaß und wankend vor Müdigkeit nach Hause kam. Oft waren seine Kleider zerrissen, und eine um den Kopf gewundene blutige Binde zeigte, wo ihn ein Stein oder ein Stockhieb getroffen hatte, oder daß er gegen eine Bordschwelle gestoßen worden war, als er von der Liebe Gottes predigte. Manchmal kam er abends überhaupt nicht heim.

Wer nicht wie Booth vom Geiste Gottes erfüllt gewesen wäre, hätte solche entmutigenden Erlebnisse nicht überstehen können. Nach zwölf Monaten rastloser Arbeit waren es nur sechzig seiner Anhänger, die bei ihm aushielten; einige wenige hatten sich ein eigenes Arbeitsfeld gesucht. Ein sehr redegewandter Medizinstudent vom Londoner Krankenhaus, Thomas Barnardo, half Booth oft bei den nicht unter freiem Himmel stattfindenden Versammlungen. Er verließ Booth, um sein Leben der Rettung von heimatlosen Londoner Jungen zu widmen. Für zwölf Schilling in der Woche mietete er ein Haus an der Bull Lane, Stepney, und dort begann er, aus ganz kleinen Anfängen die weltberühmte Organisation aufzubauen, die seither fast 164000 verwaiste Jungen betreut hat.

Mit unheimlich klarer Voraussicht schien Booth zu ahnen, daß diesem stämmigen Einundzwanzigjährigen mit den grauen Augen ganz wie ihm selbst eine große Zukunft beschieden war. «Kümmere du dich um die Kinder», sagte er zu ihm beim Abschied. «Ich will mich um die Erwachsenen kümmern. So wollen wir zusammen die Welt bekehren.»

Aber andere trennten sich von ihm, weil sie das Rowdytum des Ost-Londoner Mobs nicht mehr ertragen konnten. Im Three Colts Lane Warenhaus brannten Rauhbeine sogar eine Zündschnur ab. Eine Missionarin, Mrs. Elisa Totman, wäre beinahe lebendig verbrannt, als ihr Kleid Feuer fing. Booth selbst war vielleicht der einzige Evangelist in der Welt, der eine persönliche Leibwache nötig hatte: Peter Monk, ein irischer Preisboxer, der im Zelt bekehrt worden war, wurde später berühmt als der «Boxer des Generals». Manchmal, wenn es in einer mit Spannung geladenen Versammlung gefährlich zu werden drohte, zog Monk die Jacke aus, rollte die Hemdärmel auf, um seinen schwellenden Bizeps zu zeigen, und schritt langsam, nichts Gutes verheißend, den Mittelgang hinunter, während Booth von der Liebe Christi predigte.

«In zwei Minuten waren die Kerle so fromm wie die Lämmer!» meinte Monk grimmig.

Die geographischen Grenzen, die Booth seiner missionarischen Arbeit gesteckt hatte, sollten bald verschwinden. Seine zuerst von ihm Christian Revival Association (Christliche Erweckungsbewegung) genannte Arbeit ging bald in der East London Christian Mission auf. Als dann auch in den südlichen Vororten Croydon und Bromley Zweigstationen entstanden, erhielt sie den Namen *The Christian Mission* (Christliche Mission). Jetzt wandte sich Booth um Unterstützung an die Öffentlichkeit. Die Geduld, mit der er und seine kleine Schar Verfolgungen ertrug, machte auf einige reiche Menschenfreunde einen starken Eindruck, und sie kamen ihm treulich zu Hilfe. Unter den ersten war Samuel Morley, ein nüchtern denkender Nottinghamer Textilfabrikant, und im Laufe der Jahre folgten andere diesem Beispiel. Thomas Denny, ein reicher Speckkaufmann, dessen Kinn Willenskraft verriet, und der am Connaught Platz, Hyde Park, ein Haus besaß, stiftete viele tausend Pfund. Henry Reed, der in Tasmanien große Ländereien sein eigen nannte, setzte später tausend Pfund aus, deren Zinsen Booth während seiner ganzen Lebenszeit zur Verfügung standen; Albert Freeman, ein erfolgreicher amerikanischer Kaufmann aus Schanghai; die schon erwähnten Schiffseigner John und Richard Cory aus Cardiff und John Melrose, ein Edinburgher Teehändler.

Nur Mr. F. A. Bevan, der Chef einer heute als Barclays bekannten Bank, betrachtete Booths kühnes Unternehmen als einen Sprung ins ungewisse Dunkel. Trotz eines generösen Geschenks von zehn Pfund schrieb er bedauernd: «Da ich Sie nicht ermutigen möchte, die ausgedehnte Organisation, die Sie aufgezogen haben, am Leben zu erhalten, muß ich es leider ablehnen, Sie in Ihrer Arbeit zu unterstützen.»

Es gab Grund genug für solchen Zweifel. Schon verteilten mehr als 500 Wohlfahrtsgesellschaften jährlich 3 500 000 Pfund Almosen allein in East London; doch allen ihren Anstrengungen zum Trotz wurden im gleichen Zeitraum 30 000 Londoner ins Gefängnis geworfen. Angesichts solch trüber Tatsachen hatte es Booth bitter nötig, daß ihm Catherine immer wieder Mut einflößte. «Wenn wir müde werden, dann sollten wir lieber einpacken und unserer Wege gehen», schlug sie spottend vor. «Es gibt nichts Schlimmeres als eine tote Kirche.»

Catherine riet immer wieder dazu, die Organisation langsam und vorsichtig aufzubauen, während William bald hoffnungsvoll in die

Zukunft blickte, bald verzweifelte und nur das Ziel im Auge hatte: irgendwie mußten doch diese Menschen gerettet werden! An schlimmen Tagen wurde er nervös und reizbar. Seine Kinder nannten diese Tage Bishop's Visitation Days, «die Kirchenvisitation des Bischofs», und lernten es bald, sich aus dem Staube zu machen. Nur Catherine gegenüber bewahrte Booth sein ganzes Leben hindurch die Zärtlichkeit eines jungen Liebhabers. Wenn er über alle Maßen müde nach Hause kam, ergriff er schon in der Vorhalle ihre Hand und sagte nur: «Komm, Katie, laß mich mit dir beten.» Wenn er sich dann von den Knien erhob, fühlte er wieder frischen Mut.

Obwohl Booth eine tiefe Liebe zu den armen Leuten hegte, war er diesen Menschen durch die Jahre, die er als Methodistenpfarrer wirkte, unmerklich fremd geworden. Er konnte nicht über Nacht den schwarzen Gehrock ausziehen und den Regenschirm in die Ecke stellen und wieder der beim Pfandleiher arbeitende junge Mann werden, der die Rauhbeine in die Broad Street Chapel schleppte. Doch die Lösung, die ihm ganz plötzlich einfiel, war denkbar einfach: Eines Abends sprach er zu einer 1200köpfigen Menge in Whitechapel. Als er angesichts der Interesselosigkeit seiner Zuhörer fast verzweifelte, forderte er einen alten, herzumziehenden, erst vor ein paar Wochen bekehrten Zigeuner auf zu reden. Als der alte Mann mit stockender Stimme sein schlichtes Zeugnis stammelte, wurde es ganz unnatürlich still im Saal. Booth war niemals zu stolz, um zu lernen. So erkannte er jetzt die schlichte Wahrheit: gewöhnliche Arbeiter in Manchester-Kordhosen und Melonen auf dem Kopf konnten den Zuhörern eine Aufmerksamkeit abgewinnen, die ihm glatt versagt war. Mutig bekannte er seinem Sohn Bramwell, welche Lektion ihm erteilt worden war: «Ich werde alle meine Predigten verbrennen und bei dem alten Zigeuner in die Lehre gehen.»

Zu einer Zeit, da die Prediger honigsüße Phrasen liebten, klang das revolutionär. Aber die bittere Erfahrung zwang Booth dazu, die Reden Jesu ganz schlicht auszulegen. Der Herr hatte seinen Aposteln nicht befohlen, Predigten zu halten. Er hatte sie ausgesandt, von der ihnen widerfahrenen Gnade Zeugnis abzulegen. Was konnte einem Neubekehrten größeren Halt geben als die Erfahrung, daß er nun an der Bekehrung anderer tätig mitarbeiten konnte? Dadurch konnte ein Mensch selbst seinen Sinn für Ehre stärken, Selbstsicherheit und Vertrauen zu seiner eigenen moralischen Haltung gewinnen.

Zunächst hatte Booth versucht, seine Bekehrten den Kirchen zu übergeben. Aber er fand bald heraus, daß sie nicht hingehen wollten. Die meisten sahen die alten steinernen Reliquienkästen wie St. Paul's und Westminster Abbey als seitab liegende Örtlichkeiten an, die den reichen Leuten vorbehalten waren. Während viele Kirchendiener Kirchgänger ohne Sonntagsanzug scheel ansahen, trug bei Booths Versammlungen unter dreißig Zuhörern höchstens einer einen Stehkragen, die anderen begnügten sich mit rauhen, gestrickten Wollschals. So entschloß sich Booth, die von ihm bekehrten Männer und Frauen nicht mehr den Kirchen zuzuführen, die sie gar nicht haben wollten. Er wollte ihnen die Erlösung so vor Augen führen, wie sie ihrer eigenen Art gerecht wurde.

Von Anfang an wußte er, wo er seine Prediger suchen mußte. Bramwell vergaß niemals den Tag, an dem sein Vater den Zehnjährigen zum erstenmal in eine East End Kneipe mitgenommen hatte. Das Licht der Gasflammen flackerte unheimlich auf den geröteten Gesichtern der Männer. Betrunkene Weiber mit zerzausten Haaren nährten in aller Öffentlichkeit ihre Säuglinge. Dazu kam der Dunst von Schnaps und billigem Tabak und der beißende Geruch verschwitzter Körper. Als Booth den entsetzten Ausdruck im Gesicht seines Sohnes sah, sagte er ruhig: «Das sind unsere Leute. Ich möchte, daß du diesen Menschen dein Leben widmest und sie zu Christus führst.»

Es war eine fast hoffnungslose Aufgabe. Wenn man die Fronten der 100 000 Kneipen Londons aneinandergereiht hätte, so würde das eine Strecke von gut 30 Meilen* ergeben haben. Allein in East London, dem Brennpunkt von Booths Arbeit, war jeder fünfte Laden eine Kneipe. Die meisten hatten vor dem Schanktisch besondere Stufen, damit auch die kleinen Knirpse die Theke erreichen konnten. Man schenkte den Kindern Gin in kleinen Gläsern für einen Penny aus. Nur zu oft mußte alkoholverseuchten Kindern der Magen ausgepumpt werden. Noch nicht Fünfjährige zitterten im Delirium tremens oder starben an Leberschrumpfung. Andere Kinder trabten sonntags durch die Straßen, um den Eltern noch mehr Schnaps zu holen. Die lagen betrunken und völlig angezogen in den Betten und übergaben sich auf den Fußboden. Das waren Abfallprodukte einer Handelsbilanz, die 100 Millionen Pfund im Jahr aufwies. Die elendesten Opfer dieses

* 1 Meile = 1600 m.

industriellen Aufschwungs schliefen auf Kehrichthaufen unter den Bögen von Blackfriars Bridge. Sie lebten nur für das nächste Glas Schnaps.

Doch fünfzig Jahre bevor die Gesellschaft zur Rettung der Alkoholiker (Alcoholics Anonymous) ins Leben gerufen wurde, sah Booth die Trunksucht bereits als eine Krankheit an. Aus diesen Kneipen holte er sich seine Stoßtrupps zusammen: Männer, die von Kindheit an das unbezähmbare Verlangen nach Alkohol kennengelernt hatten. Weil sie so häufig das hebräische Wort für «Lobe den Herrn» im Munde führten, wurden sie die «Halleluja»-Männer und -Frauen genannt. Typisch für diese Leute war Jimmie Glover, ein Kellner, der nicht lesen und schreiben konnte und durch den Trunk so verwahrlost war, daß er in Schweinekoben die Nacht zubrachte. Wenn Catherine eine Eisenbahnfahrt machte, fuhr Glover mit ihr, und das Abteil verwandelte sich in ein Klassenzimmer. Da lernte Glover die Uhr kennen und buchstabieren und lesen. Bis zu seinem Tod im Jahr 1901 war er Williams treuer Gefolgsmann. Rodney «Gipsy» Smith, später ein weltberühmter Evangelist, war, als Booth ihn kennenlernte, daran gewöhnt, sich im Morgentau zu waschen und in Weizenfeldern zu schlafen. Jetzt, als siebzehnjähriger Prediger in Gehrock und gestreiften Hosen, begriff er zum erstenmal, wozu Betten und Waschschüsseln da waren. – John Allen, ein Arbeiter aus dem Londoner Stadtteil «Poplar», der schnell mit dem Schießeisen bei der Hand war und seine Bekehrung in einer in Millwall Docks abgehaltenen Versammlung erlebt hatte, sammelte andere gleichgesinnte Arbeiter um sich. Er war auf strikteste Sonntagsheiligung bedacht. Wenn am Sonnabend die Mitternachtsglocke schlug, während er seine Schuhe putzte, erschien er zu den sonntäglichen Gottesdiensten mit einem blankgeputzten und einem dreckigen Schuh. Doch Allen, den Booth nach Cardiff geschickt hatte, verkündete die Frohe Botschaft so, daß 200 Arbeiter den Weg zu Gott fanden. Ein Kapitän verschob die Abfahrt seines Schiffes um zwei Tage, während Allen ihm half, den Frieden mit Gott zu finden.

Was solchen Menschen an Bildung fehlte, machten sie wett durch ihren treffenden Mutterwitz, den die Massen liebten. Trotz ihrer seltsamen breitrandigen Hüte und Regenschirme und ihrer methodistischen Titel, «Ermahner» und «Führer», konnten sie eine Menschenmenge in atemloser Spannung halten. «Da wollen sie eine Kneipe aufmachen, die soll ‹The Bull› heißen», erzählte Allen seinen Zuhörern. Dann fügte er mit beißendem Humor hinzu: «Und wir, wir werden dem Bullen einen Ring durch die Nase ziehen!» Als Rodney «Gipsy» Smith in Chatham ankam und die Bekehrten den Einwand erhoben, er sei zu jung, um sie zu führen, war er keineswegs um eine Antwort verlegen: «Wenn ihr mich hier eine Weile arbeiten laßt, werde ich schon älter werden. Wenn ich auch nicht mehr Barthaare als eine Stachelbeere habe – dafür habe ich aber schon eine Frau!»

Aber Booths wertvollste Hilfskraft in dieser Zeit war der 24jährige stämmige, bärtige Asket George Scott Railton. Ihm war es bestimmt, der guten Sache ohne Unterbrechung 48 Jahre lang zu dienen. Er war schon auf einen Ein-Mann-Kreuzzug ausgezogen, um Marokko zu bekehren. Auf dem von ihm dabei getragenen Banner standen die Worte: Buße, Glaube, Heiligkeit. Booth hatte im geheimen darüber lächeln müssen. Ein liebenswerter, wenn auch etwas exzentrischer Mensch, der lachen konnte, bis ihm die Tränen die Backen herunterliefen. Er hatte eine gutbezahlte Stellung in einem Exportgeschäft aufgegeben, weil die kaufmännische «Ethik» verlangte, daß er die Wahrheit verstümmelte. Als er in Middlesborough, Yorkshire, halbtags als methodistischer Missionar in einem Metzgerladen aus dem Stegreif Predigten hielt – der Hauklotz diente als Kanzel! – fiel ihm ein von Booth verfaßtes Flugblatt in die Hände: *Wie kann man den Massen die Bibel nahebringen?* Da rief er mit blitzenden Augen aus: «Das sind meine Leute!»

Im März 1873 wurde er Booths Privatsekretär, und er erklärte sich bereit, zeitweise bei ihm zu wohnen. So blieb er elf ereignisreiche Jahre lang ein gern gesehenes Mitglied des Haushalts.

Catherine, die ebenso bedürfnislos war wie er und gern fleißig arbeitete, faßte sofort eine große Zuneigung zu ihm. Von Anfang an war er unermüdlich. Ein mageres Frühstück von ein paar Zwiebäcken genügte ihm, um für die Arbeit des Tages gerüstet zu sein. Er war Wettereinflüssen gegenüber völlig unempfindlich. Seine Gewohnheit, barhäuptig umherzulaufen – damals etwas durchaus Ungewöhnliches – machte Catherine solche Sorge, daß sie ihm eine seidene Kappe nähte. Mancher Evangelist schüttelte den Kopf über einen Mann, der dafür eintrat, daß man beten solle, bis einem die Knie steif würden, und predigen, bis man so heiser sei, daß einen die Leute nicht mehr verstehen könnten. Aber seine körperliche Zähigkeit war von Erfolg gekrönt. Als er eines Abends ohne Schlüssel spät nach Hause kam und die Familie nicht stören wollte, legte er sich zum Schlafen friedlich auf den kupfernen Aufwaschtisch.

Booth hatte einen solchen Organisator bitter nötig. Die meisten seiner Arbeitsstätten befanden sich immer noch in Ost-London. Andere waren schon in der weiteren Umgebung eröffnet worden: in Hastings, Sussex, und in Tunbridge Wells in Kent. Doch die einzigen Angestellten, die mit den in Booths neuem Hauptquartier, Whitechapel Road 272, auftauchenden Problemen fertig werden sollten, waren der junge Henry Edmonds, Sohn eines Kapitäns, aus Portland, Maine und Mrs. Pamela Shepherd, die Köchin und Haushälterin, die später eine während zehn Jahren ununterbrochen geführte Erwekkungskampagne im Rhondda Valley ins Leben rief. Oft wurden Schulden nicht bezahlt, und es wurden falsch adressierte Briefe abgeschickt. Wenn Booths Geduld erschöpft war, pflegte er sie in gespielter Entrüstung auszuzanken: «Wenn so etwas nochmal passiert, werfe ich euch alle auf die Straße!»

Booths Bewegung wuchs schneller, als er es selbst beabsichtigt hatte. Er selbst war immer noch in East End eingespannt, aber Catherine, eine sehr beliebte Predigerin, reiste überall hin, wo man sie einlud. Ihre Predigten zogen immer Bekehrte an, die noch eine Führung nötig hatten. Die einzige Lösung war, so schnell wie möglich Evangelisten in den betreffenden Ort zu senden, die dort neue Stützpunkte eröffnen konnten. In den zehn Jahren nach Booths erster Predigt in Mile End hatten seine Anhänger das Wort ausgebreitet von den Millwall Docks bis nach Manchester, von Hastings bis Heckmondwike in Yorkshire. Blitzschnell entstanden neue Stützpunkte, in der Regel drei in sechs Monaten. Kein Evangelist blieb länger als sechs Monate an einem Ort. Booth wollte keine fest ansässigen Gemeinschaften gründen, wo tugendhafte Leute zu Füßen ihres Lieblingspredigers saßen. Er wollte als Evangelisten «gottselige Draufgänger» haben.

«Mach dein Testament, pack deinen Koffer, gib deinem Mädchen einen Kuß, sei in einer Woche reisefertig!» Das waren kurz und bündig seine Instruktionen für einen freiwilligen Helfer. Einem andern, der eine elementare Ausbildung erwartete, erklärte er freundlich: «Du mußt sein wie eine Flinte, die losgeht, ob sie geladen ist oder nicht.»

Bis zum August des Jahres 1877 waren durch diese selbstlosen

Helfer sechsundzwanzig blühende Stationen errichtet worden. 1870 hatte es noch 50 Pfund in der Woche gekostet, die Bewegung zu finanzieren. Zehn Jahre später trugen allein die Armen 14 580 Pfund zu den rapide ansteigenden laufenden Kosten bei. Im Jahre 1868 gab Booth zum erstenmal *The East London Evangelist*, ein lebendiges, sechzehn Seiten umfassendes Monatsblatt, heraus. Die Titelüberschriften hatten einen sensationellen Klang: «Son of Belial» (Belials Sohn), «A Raging Mob Defied» (einem rasenden Mob wird Trotz geboten). Jetzt war das Blatt ersetzt durch das wohlausgestattete *Christian Mission Magazine*.

Von Anfang an stand Booths Familie natürlich mitten drin im Kampfgewühl. Seit dem Dezember 1868, als sie von Cambridge Lodge nach Gore Road 3, Victoria Park, Hackney umgezogen waren, schien es Catherine, daß ein ruhiges Familienleben eine seltene, kostbare Angelegenheit geworden war. Von dem glühend eifrigen Railton aufgehetzt, beschlagnahmte Booth alle Dachstuben, ja sogar Schlafzimmer als Büroräume. Wenn sich Catherine in die Küche zurückzog, um mit der Köchin Honor Fells zu konferieren, dann saß William bald in Hemdsärmeln auf dem sauber geschrubbten Küchentisch und sprach aufgeregt über Pläne und Predigten, während sie den Brotteig knetete. Selbst die Kinderstube war eine Art Missionsseminar, wo die Kinder unter Anleitung ihres Vaters die ehrwürdigen Dramen der Bibel, den Kampf zwischen David und Goliath oder Daniel in der Löwengrube, aufführten. Manchmal hatte ihr Streben nach möglichst großem Realismus ungeahnte Folgen: kein französischer Polierer in London hätte der zerschrammten Fläche des Tisches wieder Glanz verleihen können, wo jedes Tier aus der riesigen Arche Noah der Reihe nach Brandopfer wurde, wie es das 3. Buch Mose vorschrieb.

Oft waren sie sich absolut nicht einig. Ballington, ein schlanker, dunkelhaariger Elfjähriger, übte sich schon selbst im Predigen. Er war ärgerlich, wenn die zehnjährige Kate und die achtjährige Emma ihre zerfetzten Puppen zu seinen improvisierten Predigten mitbrachten. Wenn Ballington ihnen streng befahl: «Nehmt diese Babys aus der Kirche!», dann wiesen seine Schwestern auf ein vorbildlicheres Beispiel von Duldsamkeit hin: «Papa hätte nicht aufgehört! Der hätte ruhig weiter gepredigt!»

Ganz verzweifelt pflegte dann Ballington seine Aufmerksamkeit einem gewöhnlich durch ein Kissen dargestellten Neubekehrten zuzuwenden. «Das ist ein guter Fall!» pflegte er zu jubeln, indem er das Kissen zu einer improvisierten Sünderbank schleppte: «Hör auf zu trinken, mein Bruder!»

Bei all diesem Krach arbeitete Catherine heiter in ihrem Studierzimmer, das ein befreundeter Maurer mit einer doppelten, mit Sägemehl gefüllten Decke abgeschirmt hatte.

William und Catherine ermahnten nicht etwa dauernd die Kinder, sie sollten sich an ihnen ein Beispiel nehmen: ihr Beispiel lag so klar vor Augen. Einmal allerdings ermahnte Catherine Kate: «Du bist nicht in dieser Welt um deinetwillen. Du bist hierhergekommen, um andern zu helfen. Die Welt wartet auf dich!» Aber Jahre später erinnerte sich die am Weihnachtstag 1865 geborene Evangeline: «Meine Eltern brauchten mir nichts über das Christentum zu erzählen. Ich sah, wie es sich lebendig auswirkte.» Booth hatte in Evangeline eine Predigerin nach seinem Herzen gesehen. Schon damals zeigten sich bei ihr sehr deutlich die Eigenschaften ihres Vaters. Als kleines Mädchen zog sie Jeannie, ihre Lieblingspuppe, als Evangelistin an. Als sie zehn Jahre alt war, hatte sie den Einfall, ein Puppenkrankenhaus für arme Kinder einzurichten. Viele benachbarte Familien kamen, um es sich anzusehen.

Aber es war Bramwell, Booths ältester Sohn, der als erster den Anprall einer feindlichen Welt auszuhalten hatte. In der Familie trug er nicht umsonst den Spitznamen «der Karrengaul». Ein lang aufgeschossener, blasser, empfindsamer Junge, der durch seine Schwerhörigkeit vereinsamt und zurückgezogen lebte, mußte er schon frühzeitig Erfahrungen durchmachen, die für einen Zehnjährigen schwer zu ertragen waren. In der Schule wurde er als «Holy Willie» (heiliger Willy) verspottet; einmal packten ihn Raufbolde am Kopf und an den Beinen und schlugen ihn mehrmals gegen einen Baumstumpf, «um ihm die Religion auszutreiben». Irgendwie taumelte er blutspuckend nach Hause; viele Monate mußte er danach mit Rippfellentzündung und Nervenfieber das Bett hüten. Später, in der City of London School, Milk Street, Cheapside, verzehrte er einsam sein Frühstücksbrot auf dem St.-Paul's-Friedhof. Seine einzigen Freunde waren die um Krumen bettelnden Tauben. Bramwell beklagte sich nicht. Es schien, als ob er es als selbstverständlich hinnehme, daß sein ganzes Leben der Hingabe geweiht sein sollte. Als 12jähriger sehnte er sich danach, Arzt zu werden, und sezierte fachkundig die Puppen seiner Schwestern. Aber im Hause seiner Eltern konnte man kaum an etwas anderes denken als an die zum Himmel schreiende Not der Armen. Noch nicht zwanzigjährig, war er bereits Geschäftsführer der «Firma Booth und Sohn». Vom Frühstück an bis zehn Uhr abends schuftete er für das Unternehmen, das sein Vater gern den «Konzern» nannte. Als 13jähriger arbeitete er einmal, ohne zu schlafen, zweiundsiebzig Stunden daran, einen Fehler in dem Rechenschaftsbericht der Mission festzustellen, den niemand anders hatte finden können.

William Booth war nicht der Mann, der leere Bäuche auf die himmlische Seligkeit vertröstete. Er kannte zu gut das Wort Christi: «Gebt ihnen zu essen!» Bis 1872 hatte er schon fünf «Food for the Million Shops» (ein Vorläufer der heutigen Volksküchen) gegründet, wo die Armen Tag und Nacht eine heiße Suppe und ein Essen von drei Gängen für Sixpence kaufen konnten. Bis Verwaltungsschwierigkeiten Booth zwangen, diese Gaststätten eingehen zu lassen, lag die Sorge für die Imbißstuben allein auf den Schultern des sechzehnjährigen Bramwell. Kurz nach drei Uhr morgens stand er auf und schob einen Handwagen vier Meilen weit zum Covent Garden Market, erbettelte Gemüseabfälle und kaufte ein paar Säcke Knochen, dann ging es vier Meilen zurück nach Hackney. Er kümmerte sich zu Hause auch gewissenhaft um die Heizung, hatte doch sein Vater gesagt: «Niemand kann selig sein, solange er kalte Füße hat, und keiner kann bekehrt werden, solange ihn Zahnschmerzen quälen.»

Und es gab noch andere gelegentliche Versuche, soziale Hilfsarbeit zu organisieren. Weihnachten 1868 war das letzte dieser Feste, das die Booths noch im geschlossenen Familienkreis verlebten. Am Weihnachtsmorgen predigte William in Whitechapel. Ganz blaß kam er nach Gore Road zurück, völlig verstört von den Szenen der Trunkenheit, die er in den Straßen gesehen hatte. Im Laufe des Tages versuchte er vergeblich, mit den Kindern fröhlich zu sein. Schließlich lief er wie ein Löwe im Käfig im Zimmer auf und ab und brach in die Worte aus: «Ich will niemals wieder einen Weihnachtstag wie diesen erleben! Die Armen haben nichts als die Kneipe! Nichts als die Kneipe!»

Am Weihnachtsmorgen des folgenden Jahres zogen Bramwell und die andern durch die Armenviertel, um 300 Weihnachtsessen zu verteilen, die meist von Catherine und Honor Fells in der Gore Road Küche gekocht worden waren.

Trotz der drückenden Arbeitslast waren die Booths eine glückliche Familie. William liebte es, mit den Kindern zu spielen und herumzutollen, besonders bei ihrem Lieblingsspiel: Der Fuchs und die Gänse. Der Vater war dabei immer der Fuchs. Ein anderes beliebtes Spiel war: «Papa auf die Beine bringen.» Mit unglaublicher Leichtigkeit richtete Booth seine lange Gestalt vom Fußboden auf und ließ sich plötzlich – plumps – wieder hinfallen, was jedesmal ein Freudengeschrei auslöste. Papa spielte mit ihnen auch «Schnipp-Schnapp» und schrie dabei so laut wie irgendeines der Kinder. Mit seinen langen, weißen Fingern teilte er die Karten aus wie ein gelernter Croupier. Er regte seine Söhne an, Briefmarken zu sammeln, und verfolgte die Lebensschicksale ihrer Meerschweinchen und weißen Mäuse ebenso gespannt wie sie selbst. Wenn Not am Mann war, zeigte er sich auch sehr geschickt beim Zusammenbauen von Kaninchenställen.

Es war ein warmes und von gegenseitiger Zuneigung erfülltes Familienleben. Booth sang, wenn er sich morgens anzog, und sprang die Treppen hinauf und hinunter. Als die viktorianischen Mütter sich wunderten, daß eine so große Familie nie ein Kind beerdigt hatte, konnte Catherine nur antworten: «Weil ich sie schon hier ganz Gott übergeben habe, hielt Er es vielleicht nicht für nötig, sie mir wieder fortzunehmen.» Es herrschte niemals Überfluß bei ihnen, aber wenn es auch öfter Reispudding mit Rosinen als Fleisch vom Metzger zu Mittag gab, so standen sie doch nie hungrig vom Tisch auf. Und Catherine, immer mit Nadel und Faden beschäftigt, konnte im Nu ein Kleid ändern oder ein Hemd nähen.

In früheren Jahren machte sich der empfindsame Bramwell Gedanken darüber, daß sie so arm waren. Wenn seine Mutter einen Flicken auf seine Hosen setzte, beschwerte er sich: «Aber die Jungen werden über mich lachen und denken, wir seien arm!» – «Nun», antwortete Catherine wahrheitsgemäß, «das sind wir auch.» In späteren Jahren faßte Bramwell diese Philosophie in einen Satz zusammen: «Sie setzte nicht nur Flicken auf unsere Kleider, sondern brachte es auch fertig, daß wir auf die Flicken stolz waren.»

Die erstaunlichen Methoden des Predigers Booth erregten im ganzen Land Aufsehen. Die treffenden, lebendigen Gleichnisse, die seine Botschaft den Zuhörern sonnenklar machten, faszinierten die Leute. Die Vision, die er vor ihnen heraufbeschwor, hielt sie in atemloser Spannung:

«Seht euch den Mann an, der im Boot den Fluß hinunterfährt, und vor ihm braust der Niagara-Fall. Jetzt wurde er in die Strömung hineingerissen. Schon haben die Stromschnellen das Boot erfaßt, und er fährt immer weiter, immer weiter – mein Gott, da verschwindet er im Wasserfall – und er hat die Riemen nicht ein einziges Mal angefaßt! So geht es mit den Menschen, die der Verdammnis anheimfallen. Sie fahren weiter und weiter. Sie haben keine Zeit zum Nachdenken. Für sie gibt es keine Erlösung. Sie sind verloren.»

Booths Gottesdienste waren die einzigen, bei denen Zettel ausgeteilt wurden mit der Aufschrift: «Komm zu uns, betrunken oder nüchtern!» Das führte zu nie dagewesenen Szenen. In Bradford, Yorkshire, beobachteten erstaunte Nachbarn, wie ein Neubekehrter mit Johnny Lawley, einem zum Evangelisten gewordenen Müllerburschen, um Mitternacht nach Hause kam, ein Faß Bier auf die Straße rollte und den Inhalt in die Gosse kippte. Neubekehrte, die spürten, wie die Last der Schuld und der sündigen Gier von ihren Schultern fiel, brachen mitten im Gottesdienst in die Worte aus: «Ich glaube es wirklich! Er rettet mich wirklich!» Als einer, vor Freude überwältigt, ausrief: «Ich muß in die Luft springen!» munterte ihn der Evangelist noch dazu auf: «So spring doch!» Es kam vor, daß Leute, die neun Stunden dauernde Gebetsversammlungen mitgemacht hatten, in tranceähnliche Zustände verfielen. Sie wurden dann in einen Vorraum getragen. Obwohl Booth Ärzte zu Rate zog, konnten sie nicht feststellen, daß die Bekehrten körperlichen Schaden erlitten hatten.

Das waren nicht Männer und Frauen, die — wie später Tausende von Namenschristen – die breite Straße entlangwandern würden. Mit der Bekehrung verzichteten sie auf die Welt und nahmen das Kreuz Christi auf sich. Was früher «the Communion Rail» oder «The Mourner's Bench» genannt wurde, hieß jetzt «the Penitent-Form» – die Bußbank. Da knieten Männer und Frauen und setzten sich dem Spott der andern aus, wenn sie ihre Sünden bekannten und sich entschlossen, ihr Leben künftig im hellen Licht der öffentlichen Gottesdienste zu führen. Für Christus waren sie bereit, jederzeit Geld zu spenden und Seine Gebote den Willigen und den Widerstrebenden gleichermaßen immer wieder zu Gemüte zu führen.

Booth wußte sehr wohl, daß diese Methode die Menschen nicht nur dazu zwang, sich mit ihren Problemen aufrichtig auseinanderzusetzen, sondern sie bot auch aalglatten Heuchlern keine Chance. Ein Arbeiter konnte vor seinen Kollegen seinen Glauben nicht lange bekennen, wenn es ihm nicht wirklich Freude machte.

Da die meisten Bekehrten kaum lesen und schreiben konnten, waren früher schriftlich niedergelegte Zeugnisse eine Seltenheit. Aber die einfachen Ermahnungen gingen den Armen und Verkommenen mehr zu Herzen als irgendeine hochtrabende Rhetorik. «Ich bin kein gelehrter Mann, meine lieben Freunde», hörte George Railton einen einfachen Mann eine überfüllte Versammlung anreden. «Ihr müßt es von mir so ungehobelt nehmen, wie es mir aus dem Herzen kommt.»

Und ein anderer beteuerte: «Wenn Ihr bloß wüßtet, wie glücklich uns der Herr macht, Ihr würdet sofort zu Jesus kommen!» Ein Stuhlflechter war durch seine Bekehrung so bewegt, daß er zum großen Staunen seiner Kunden, wenn er seinen Karren durch die Straßen schob, nicht mehr rief: «Stühle auszubessern!» sondern «Seelen auszubessern!» Die auf Zetteln verteilte Ankündigung von Gastrednern führte allen zu Gemüte, daß dies hier eine Religion für die Massen war – wie es Booth etwa auf seinem ersten Gottesdienst im Freien versucht hatte: «Der bekehrte Taubenhändler» oder «Ein Milchmann, der, seit er bekehrt ist, seine Milch nicht mehr verwässert hat!»

Oft entbehrte diese Umwandlung der Seelen nicht eines echten Pathos'. Ein Mann, der, nachdem er seine Frau ermordet hatte, eine lebenslängliche Freiheitsstrafe erhalten hatte, kniete an der Bußbank. Aber er konnte sich keiner Gebetsworte mehr entsinnen. Schließlich überströmten die Tränen sein Gesicht, und sein Geist wanderte über die einsamen Jahre der Gefängnishaft zurück in seine fast vergessene Kinderzeit. «Lieber Herr Jesus! Vergib mir!» flüsterte er. «Ich bin ungezogen gewesen!»

Aber in dieser menschlichsten aller Religionen kam auch der Humor zu seinem Recht. Ein Mann ging so oft zur Bußbank, daß man an seiner geistigen Gesundheit zweifelte. Als man in ihn drang, erklärte er, er hätte bloß gedacht, wenn keine Seele gerettet würde, käme der Evangelist in Schwierigkeiten. Ein Seemann, erstaunt über das günstige Angebot, murmelte: «Well! Ich bin zum Abstinenzler bekehrt und brauche keinen Penny zu bezahlen!» Ein Mann aus Chatham, auf den Rodney «Gipsy» Smith einredete, er solle sich sofort entscheiden, bestand darauf, daß er doch dem Teufel eine vierzehntägige Kündigungsfrist zubilligen müsse. Als Arbeitgeber würde er selbst die gleiche Rücksichtnahme erwarten.

Für Retter und Gerettete war der Teufel eine leibhaftige Person, ein gerissener, hinterlistiger Feind, der deswegen nicht unwirklicher war, weil er unsichtbar blieb. Wenn sie sich mit dem Herrn Jesus verglichen, kam ihnen zum Bewußtsein, wie ihre eigenen Seelen mit Bosheit und Neid erfüllt waren. Aber was ihnen Kraft gab, bei Ihm auszuharren, war die Entdeckung, daß Booths Sendboten Verständnis dafür hatten, wenn einer wieder strauchelte. John Allen wußte, wie schwer es war, ein anständiges Leben zu führen. Railton wußte, wie man die nach Gerechtigkeit hungernden Herzen trösten mußte. Auch begnügten sich die Evangelisten nicht damit, von der olympischen Höhe des Rednerpults aus den Zorn Gottes zu predigen. Sie knieten neben den Bußfertigen nieder, die unter Schmerzen die Geburtswehen ihrer Bekehrung durchlebten, und kämpften darum, Sünder wie Isebel, Ananias und Kain vom Verderben zu retten.

Eine Bekehrung mochte sich durch manche Anzeichen ankündigen, aber wenn sie wirklich stattfand, dann war es ein plötzlich eintretendes Ereignis: In einem alles andere auslöschenden Augenblick sprach Gott das Wort der Vergebung, und der Bußfertige stand auf als ein durch den Geist Christi Verwandelter. Danach traten die in Booths Pionierzeit erprobten Techniker in Aktion. Die nach methodischem Brauch regelmäßig einmal in der Woche durchgeführten Hausbesuche hielten die Verbindung mit dem Bekehrten aufrecht, um ihn davor zu bewahren, wieder zu straucheln.

Wenn das auch kämpferische Methoden waren, so entsprachen sie doch dem Geist eines kämpferischen Christentums. Im gleichen Jahr, in dem Booth seine Arbeit in Mile End Waste anfing, schenkte Reverend Sabine Gould der Welt die unsterbliche Hymne: *Onward Christian Soldiers* (Vorwärts Christi Streiter).

Der amerikanische Bürgerkrieg und der russisch-türkische Krieg waren noch in aller Gedächtnis. Um 1872 waren die Berichte, die in der Whitechapel Road, Booths Hauptquartier, eintrafen, voller militärischer Ausdrücke: Die Hackney Mission wurde als «Belagerung der Festung des Teufels» bezeichnet. Schon unterschrieben manche Evangelisten ihre Briefe: «Ihr getreuer ... Stets dicht am Feind.» George Railton selbst schloß jeden Brief an Booth mit den Worten: «Ihr getreuer Leutnant ...».

Der soldatischste aller dieser Männer war «Fiery Elijah» Cadman aus Coventry, Warwickshire, dessen Lebensgeschichte für die auf Waterloo folgenden vierzig Jahre bezeichnend ist. Als Sechsjähriger meldete er sich auf die Anzeige eines Schornsteinfegermeisters: «Gesucht – kleine Jungen für enge Schornsteine.» Jeden Tag um vier Uhr morgens stülpte der Schornsteinfeger eine Kalikomaske über Elijahs Gesicht, drückte ihm ein Kratzeisen in die Hand und jagte ihn vom Kamin aus den Schornstein hinauf, um den Ruß abzustoßen. Wenn er fiel, schrammte er sich die Gliedmaßen blutig. Die Wunden wusch man dann mit einer Salzlösung, damit sie heilten und die Haut abgehärtet wurde. Von seiner frühesten Kindheit an war er fast nie ganz nüchtern. Als Junge wanderte er nach dem benachbarten Rugby aus und wurde Führer einer Bande von Straßenjungen, die sich «The Rugby Roughs» nannten. Später, als ein stämmiger Leichtgewichtler, eröffnete er in einer Kneipe einen Boxring, um Schaukämpfe zu veranstalten. Seine Bekehrung erfolgte ganz zufällig am 30. Dezember 1861. Cadman und ein Freund wohnten zu einem nachweihnachtlichen Zeitvertreib dem öffentlichen Hängen von Verbrechern bei, das auf dem Hof des Warwicker Gefängnisses stattfand. Als der dumpfe Klang des Fallbretts noch in der Luft zitterte und die weißen, über die Gesichter der Opfer gezogenen Kappen sich in unerträglicher Weise spannten, sagte Cadmans Freund mit großer Bestimmtheit zu ihm: «Eines Tages wird's dir auch mal so ergehen, Elijah!»

Cadman war nun ein kleiner, stämmiger 18jähriger mit kurzen Beinen und einer durchdringenden Stimme. Als ihm seine vielfachen Sünden zum Bewußtsein kamen, empfand er Entsetzen. In seiner impulsiven Art zerhackte er seinen Boxring zu Kleinholz und sagte dem Tabak und dem Schnaps auf immer Lebewohl. Jetzt wollte er für Gott ebenso tapfer kämpfen, wie er bisher für den Teufel gekämpft hatte. Als methodistischer Laienprediger sammelte er, eine Handglocke schwingend, große Zuhörermengen um sich und bezeichnete sich selbst als den «geretteten Schornsteinfeger von Rugby». Aber wenn er nun auch infolge seiner Nüchternheit ein wohlhabender Schornsteinfegermeister wurde, so sehnte er sich immer noch nach einem Betätigungsfeld für seine überschäumenden Energien. Nachdem er 1876 Booth hatte predigen hören, meldete er sich als freiwilliger Evangelist bei der Christian Mission. Und seine Bewerbung wurde angenommen.

Booth hatte keinen üblen Griff getan. Sicherer als irgendeiner seiner früheren Apostel konnte Cadman eine Zuhörermenge auf die Knie zwingen, so wie er im Boxring seine Gegner niedergerungen hatte. Im Herbst des Jahres 1877 fuhr er als Pionier nach Whitby, einer kleinen, vom Fischfang lebenden Stadt in Yorkshire. Da sagte er einem Mitreisenden im Abteil genau voraus, wie die Dinge laufen würden. «Whitby hat zwar Kirchen und Kapellen genug», seufzte der Mann, «aber die Leute sind geistlich tot.» Cadman gelobte ingrimmig: «Mit Gottes Hilfe werde ich sie jetzt aufwecken!»

Das waren keine leeren Worte. Nach ein paar Wochen erschien ein flammender Aufruf: 2000 Männer und Frauen sollten sich zum Eintritt in die Halleluja-Armee melden, um gegen das Königreich des Teufels zu kämpfen. Riesenplakate, die er als «Kapitän Cadman» unterzeichnete, um die Sympathien der dortigen Seeleute zu gewinnen, verkündeten es auf allen Straßen:

Krieg! In Whitby!
Die Halleluja-Armee kämpft für Gott!

Viele furchtsame Leute waren nun überzeugt, daß auf Whitbys steilen, mit Kopfsteinen gepflasterten Gassen buchstäblich Blut fließen werde. Sie verließen schleunigst die Stadt, um bei Verwandten auf dem Lande Unterschlupf zu finden.

Als Booth einen Monat später Whitby besuchte, wagte es Cadman kühn, ihn als *General* der Halleluja-Armee anzukündigen. Da er aber doch fürchtete, Booth könnte das übelnehmen, versteckte er das Plakat in dem Haus, in dem er wohnte. Zufällig entdeckte es der luchsäugige Booth und begrüßte den Unternehmungsgeist des kleinen Mannes! Schließlich war er ja gar nicht so sehr verschieden von seinem richtigen Titel: *General*superintendent der Christian Mission. Cadmans Whitby-Kampagne hatte 3000 Seelen gewonnen, und so befahl ihm Booth, eine Kopie des Plakats an George Railton im Whitechapel-Hauptquartier zu senden.

Trotz des imponierenden Titels waren Booths Streitkräfte zu dieser Zeit noch nicht von Grund auf organisiert. Es stand ihm auch keine überragende Befehlsgewalt zu. Ebenso wie die Methodistische Neue Gesellschaft, aus der er sich zurückgezogen hatte, wurde auch die Politik der Christian Mission durch ein aus 34 Mitgliedern bestehendes Komitee festgelegt, das einmal im Jahr zusammentrat. Aber die Methoden dieser Leute waren langsam und umständlich. Leidenschaftliche «Frontsoldaten» brachten ihnen ein ungeduldiges Mißtrauen entgegen. Schließlich – am Ende des Jahres 1876 – erhielt Booth den Besuch einer Deputation, die ihm eine lange Liste von Beschwerden übergab. Außer Railton und Bramwell Booth zählten zu den Unzufriedenen: James Dowdle, ein bekehrter Eisenbahner, William Ridsdel, ehemals Angestellter in einer Kolonialwarenhandlung, und William Corbridge, ein ehemaliger Landarbeiter aus Leicestershire.

Railton erklärte kurz und bündig, die Zeit für das umständliche Verfahren einer Geschäftsleitung durch eine Konferenz sei vorüber. Wenn Leute ihre weltlichen Interessen aufgegeben hätten, um Booth Gefolgschaft zu leisten, so glaubten sie, daß Gott diesen Mann auserwählt habe, der Religion einen neuen Sinn zu geben. Keiner von ihnen hätte sein Leben von den Überlegungen eines Komitees bestimmen lassen wollen. «Wir haben unsern Beruf aufgegeben, um unter Ihnen zu arbeiten und unter denen, die *Sie* ernennen, aber nicht, um einer vom andern abhängig zu sein!» protestierte Railton.

Ridsdel machte auch keine Umschweife: «Sie, Booth, sollen uns sagen, was wir tun sollen, und wir werden es tun. Ich weiß nicht, was bei dem Hin- und Herreden Gescheites herauskommen soll, wenn der eine dies will und der andere das.»

Booth befand sich in Verlegenheit. Er selbst liebte Komitees gar nicht. «Wenn zu Moses' Zeiten Komiteesitzungen stattgefunden hätten», pflegte er aufzubrausen, «dann wären die Kinder Israels niemals durch das Rote Meer gezogen!» Doch jetzt, nachdem Booth sich jahrelang den Richtlinien und Entscheidungen eines Komitees unterworfen hatte, fand er, daß seine Evangelisten einer Autorität bedurften. Er sah, daß seine Bewegung einen neuen und immer ungestümer werdenden Aufschwung nahm, aber bis jetzt hatte er keine klare Vorstellung davon, nach welcher Richtung es weitergehen sollte.

Oft pflegte Catherine ihn mit Fragen zu bedrängen. «Wohin soll denn das alles führen? Sind wir eine eigene religiöse Körperschaft oder nur ein Anhängsel der Kirchen?» Und Booth konnte nur ausweichend antworten: «Ich will keine neue Sekte gründen.»

Doch im Laufe der Monate nahm eine neue Idee Gestalt an und ließ sich nicht mehr abweisen.

Am Mittwoch, dem 7. August 1878 – am letzten Morgen der Whitechapel-Jahreskonferenz der Christian Mission – heute «Kriegskongreß» genannt – forderte Booth, daß man beschließe, was er tun solle. Er stand auf und stellte den Antrag, die Verfassung der Mission zu annullieren und durch eine andere zu ersetzen. Danach wäre von jetzt an die Kontrolle über das gesamte in England und in irgendeinem andern Land investierte Vermögen ihm als dem Generalsuperintendenten oder einer von ihm ernannten Persönlichkeit zu übertragen. Auch solle er allein die Macht und die Pflicht haben, seinen Nachfolger zu bestimmen. Die Vollmacht, diese neue Verfassung zu ändern, würde allein dem britischen Parlament zustehen.

Obgleich einige ältere Evangelisten diesen Änderungen mit Argwohn gegenüberstanden, war doch der radikale, dringende Wunsch, die Dinge vorwärts zu treiben, so groß, da der Antrag mit Dreiviertels-Mehrheit angenommen wurde. Die Christian Mission war jetzt in jeder Beziehung eine Armee. Es fehlte nur noch der Name.

Aber auch das war schon entschieden worden. Im Mai 1878 – drei Monate vor dem Zusammentreten des *War Congress* (Kriegskongreß) – wurden Bramwell und Railton in Booths Schlafzimmer gerufen, um die Instruktionen für den Tag in Empfang zu nehmen. Während Booth, der sich gerade von einem Grippeanfall erholte, in seinem gelben Schlafrock und Filzpantoffeln im Zimmer auf und ab ging, überflog Railton die Druckbogen in der rosafarbenen Broschüre, die den Jahresbericht der Mission darstellten.

Die Eingangsformel war kühn und eindeutig.

The Christian Mission
unter der Oberleitung von
Reverend William Booth
ist eine *Freiwilligen-Armee.*

Sie rekrutiert sich aus den Massen, die ohne Gott und ohne Hoffnung in der Welt leben . . .

Zu dieser Zeit waren die «Freiwilligen» Zivilisten, die zeitweise in der Armee dienten und graugrüne Uniformen und Tschakos trugen (später nannte man sie die Territorialen), ein beliebtes Thema für die Karikaturisten. Für Bramwell, der zweiundzwanzig Jahre alt war, wirkte das Wort «Freiwilliger» wie ein rotes Tuch. Als Railton die Eingangsformel vorlas, rief er aus: «Freiwilliger! Ich bin kein Freiwilliger! Ich bin ein regulärer Soldat oder gar nichts!» Vor Aufregung lehnte er sich in seinen Stuhl zurück.

Booth stand plötzlich still. Einen Augenblick lang waren seine Augen ausdruckslos auf seinen Sohn geheftet. Dann ging er brüsk dorthin, wo Railton saß, und nahm ihm die Feder aus der Hand. Er strich das Wort «Freiwilligen-Armee» durch und ersetzte es durch das Wort «Heilsarmee». Bramwell und Railton wußten kaum, warum sie gleichzeitig von den Stühlen aufsprangen und riefen: «Gott sei Dank!»

Diese «Armee» war damals genau achtundachtzig Mann stark.

Mit fliegenden Fahnen . . .

1879-1882

Es war von der Kirche Gottes geweissagt worden, daß sie «furchterregend wie eine Armee mit fliegenden Fahnen» in den Kampf marschieren würde, und gerade solch eine Armee ballte sich bald zusammen unter der Führung von William Booth. In den ersten Wochen des Januar 1879 standen unter seinem Befehl 81 Stützpunkte, jeder mit 127 hauptberuflichen Evangelisten bemannt, von denen 100 in Versammlungen bekehrt worden waren. Dazu kamen noch 1900 freiwillige Redner. Jährlich wurden 75 000 Gottesdienste abgehalten. Im Jahre 1878 allein waren 51 neue Stützpunkte eröffnet worden.

Nicht alle Anhänger Booths waren wie Elijah Cadman bereit, sich militärische Titel zuzulegen. Aber immer mehr Evangelisten prägten Redewendungen, wie sie in der Heilsarmee bis auf den heutigen Tag gebräuchlich sind. Kein Heilsarmeesoldat bediente sich noch des Ausdrucks «Missionshaus». Er diente in einem örtlichen «Armeekorps», und der Stützpunkt, von dem aus er arbeitete, war eine «Zitadelle» oder ein «Fort».

Er «beugte» im Gebet auch nicht die Knie, er übte sich im «Kniedrill». Wenn der Leiter einer Versammlung kommandierte: «Feuert eine Salve!» war das das Signal dafür, daß alle in den Ruf «Halleluja» ausbrachen. Auf den Befehl: «Pflanzt die Bajonette auf!» erhoben alle die rechte Hand zum Schwur. Und da der Himmel das letzte Ziel jedes christlichen Soldaten war, so «starben» die Männer und Frauen der Heilsarmee nicht einfach wie gewöhnliche Menschen, sondern sie wurden «zur Herrlichkeit befördert».

Aber immer noch fehlte der Bewegung eine wesentliche Anziehungskraft, die selbst Booth nicht näher bestimmen konnte.

Die Lösung des Problems sollte durch einen reinen Zufall in der stillen Kathedralenstadt Salisbury gefunden werden. Hier bot der städtische Baumeister Charles William Fry, der den Chor und das Orchester der Methodistengemeinde leitete, William Booth seine eigenen Dienste an und zugleich die seiner drei Söhne – Fred, Earnest und Bertram. Aber es war zunächst ein rein zufälliges Zusammentreffen, daß der Vater Horn blies und die Söhne ebenfalls Blechinstrumente spielten. Die Frys waren bekümmert darüber, daß die Heilsarmeeleute durch Strolche tätlich angegriffen wurden. Sie sprangen zunächst als Leibgarde ein. Schließlich kamen sie auf den Gedanken, ihre Instrumente zu holen, um die Lieder, die auf dem Marktplatz gesungen wurden, zu begleiten. Und so wurde ganz unbeabsichtigt die erste Heilsarmeekapelle ins Leben gerufen.

Booths Entschluß, die Frys in die Armee aufzunehmen, wurde nicht leichthin gefaßt. Und doch sollte er das Auftreten der Heilsarmee in drei Erdteilen entscheidend beeinflussen. Die bescheidene Darbietung der drei Musiker auf dem Marktplatz zu Salisbury sollte ihren Schatten auf den Tag vorauswerfen, da eine Heilsarmeekapelle bei dem Sonnenaufgangs-Gottesdienst am Ostermorgen im Hollywood-Fernsehen vor einer Zuhörerschaft von 100 Millionen spielte. Bei der Begräbnisfeier für Edward VII. stellte die Heilsarmee die erste zivile Kapelle, die je im Hof des Buckingham-Palasts gespielt hat. Heute spielen 45 500 Bläser in 2300 Heilsarmeekapellen. Sie erhalten keinen Sold und tragen zum Ankauf der Instrumente bei, die in einer der Heilsarmee gehörenden Fabrik zu St. Albans, Hertfordshire, hergestellt werden.

Doch im Jahr 1878 schien all dies nicht einmal im entferntesten möglich zu sein. Zuerst machte Booth klar, daß die Musikkapellen nur dazu da waren, die *Lieder* zu begleiten. Er vermied das Wort *Hymne*, weil es ihm zu kirchlich klang. Bis zum Jahr 1885 waren Solovorträge nicht erlaubt, weil sie die Zuhörer von der Predigt des Evangeliums hätten ablenken können. «Aber Mr. Booth! Eine Blechmusikkapelle bei einem Gottesdienst! Ich glaube nicht, daß mir das gefallen könnte!» Das war die entrüstete Reaktion der in Salisbury tätigen Evangelistin Marianne Faulconbridge, als Booth seinen Entschluß bekanntgab. Wie viele andere bekämpfte sie diese Neuerung auf das heftigste und nicht ohne guten Grund. Einige der ersten Hörner und Tuben waren so defekt, daß sie nur noch mit Bindfäden zusammengehalten wurden. Die Risse und Löcher wurden mit Seife zugeschmiert. Die Bläser von South Shields (Grafschaft Durham) waren so unwissend, daß sie zwar Noten, aber keinen Text lesen konnten. Jedes Lied mußte ihnen durch eine bildhafte Zeichnung erklärt werden: «Out on the ocean sailing» – Draußen auf dem Meer – durch ein Boot, «Oh, to be over yonder . . .» – Ach, wenn ich doch dort wäre . . .! – durch einen Lehnstuhl, auf den ein müder Mann zutaumelte.

Als die Ziehharmonikas Mode wurden, verbot Booth die Harmoniummusik, die zu sehr an die Kapellen erinnerte, denen er den Rükken gekehrt hatte. Bald wurden die Tamburins beliebte Instrumente. 1882 stellte Railton fest, daß die Armee in sechs Wochen 1600 davon verkauft hatte. Aber die meisten Männer, die sich solche Instrumente aussuchten, spielten eben, so gut sie konnten, und griffen öfter daneben als richtig. Ein Kapitän marschierte an der Spitze seiner Kapelle und blies das Horn, nachdem er gerade erst viereinhalb Stunden geübt hatte. Bramwell spielte eine «Flutina», die Vorläuferin des heutigen Akkordeons; andere schwangen die Klingel des Müllkutschers, bliesen auf dem Jagdhorn oder zupften die Banjos.

Booths Armee war nun von den engherzigen Vorschriften eines Komitees befreit. In ihr herrschte ein einfallsreicher Erfindungsgeist. Fred, der älteste der Brüder Fry, war ein so wendiger Musiker, daß er die Orgel spielen lernte, indem er jedes Register und Pedal einzeln ausprobierte, dann ein Schema zeichnete und auswendig lernte. Unterstützt von Herbert Booth, dem dritten Sohn des Evangelisten, und Richard Slater, der vorher unter Sir Arthur Sullivan die erste Violine spielte, wagte es Fred Fry, in geradezu revolutionärer Weise die Texte der Heilsarmeelieder nach den Melodien der Schlager des Tages singen zu lassen. Bald übten die weißgetünchten Baracken und die gelben Fichtenholzsäle der Heilsarmee eine ebenso große Anziehungskraft aus wie irgendeine rauchgeschwängerte, verqualmte Music Hall. Wenn jemand die schmissige Melodie der Marseillaise kannte, dann lernte er auch schnell die Worte von «Ye Sons of God, Awake to Glory – Kinder Gottes! Wacht auf zur Herrlichkeit . . .». «The Old Folks at Home» erlebte seine Wiedergeburt als «. . . Joy, Freedom, Peace and Ceaseless Blessing – Freude, Freiheit, Friede und endloser Segen . . .».

Zuerst hatte Booth gewisse Bedenken. Erst vier Jahre später, als er George «Sailor» Fielder, einen bekehrten Schiffskapitän, in einem

Theater in Worcester singen hörte, gab er seine Vorbehalte auf. Obgleich Fielder den Text sang: «Sein Name sei gelobt, er macht mich frei», so war doch der Rhythmus so schmissig und mitreißend wie nur irgendeines der «Sea Shanties», die die Matrosen beim Hissen der Segel zu singen pflegten. Booth hielt einen vorübergehenden «Offizier» an: «Das ist ein feines Lied! Woher stammt die Melodie?» Aber der Offizier, ein Evangelist der alten Schule, schüttelte mißbilligend den Kopf. «Ach, General, das ist ein fürchterliches Lied. Kennt Ihr es nicht? Das ist: ‹Champagne Charlie is my name›» (Champagner-Charlie ist mein Name).

Einen Augenblick lang stand Booth schweigend im Vorraum, hingerissen von dem aus dem Zuhörerraum schallenden, immer noch anschwellenden Beifall. Dann wandte er sich an Bramwell: «Damit ist die Sache abgemacht. Warum soll denn der Teufel all die besten Melodien haben?»

Kritiker könnten Booth vielleicht vorwerfen, er habe die Religion auf ein Tingeltangelniveau hinabgedrückt, aber seine Musiker machten dem Teufel auf seinem eigenen Gebiet Konkurrenz. Ein Jahr, nachdem sie ihre Musikabteilung eröffnet hatten, spielten vierhundert Heilsarmeekapellen ein Repertoire von achtundachtzig Schlagern schmissig herunter. Aus Gründen des Urheberrechts erscheinen von diesen nur noch wenige unter den fast 10000 heute noch verfügbaren; die meisten der an Schlagermelodien angepaßten Lieder sind durch Originalkompositionen ersetzt worden. Aber in den ersten Jahren wurden solche Anpassungen auf einem alten Kneipenharmonium ausprobiert, das die Zuhörermengen in Spannung hielt. Bevor Richard Slater im Jahr 1913 in den Ruhestand trat, hatte er allein über 850 komponiert. Die Blasmusik und die Pauken seines geliebten Vorbilds Wagner trafen genau den Ton, nach dem die Heilsarmee auf der Suche war.

Es war, als ob eine Trompete das Signal zum Sammeln geblasen hätte. Nach vierzehn Jahren der Wanderung durch die Wildnis ließ sich in Booths Armee ein so bunt zusammengewürfelter Haufe einschreiben, wie er sich nur je unter einem Banner eingefunden hatte. Das Fabrikmädchen Martha Chippendale kam aus Yeadon, Yorkshire, noch in Holzpantinen und mit einem Schal um den Kopf. Aus North Shield am Tyne kam Billy Herdman, ein ewig betrunkener Entfesselungskünstler, und belebte durch seine Tricks eine neue Art zu predigen: «Falltüren der Hölle!» George Fox, ein bekehrter Clown, war auch ein Rekrut im Heilsarmee-Schaustellertrupp. In Leicester hatte Sarah McMinnies, ein bekehrtes Barmädchen – um im Armeejargon zu reden – «das Feuer eröffnet». Da waren «Happy Hannah», die bekehrte Raucherin, die Halleluja-Fischhändler, Kohlenträger, gerettete Hundezüchter – alle waren eins in dem Ziel, die Menschheit zu retten.

Oft war ihr Mangel an Schulbildung zu offenkundig, als daß er sich verheimlichen ließ, aber die Fehler, die sie machten, gaben ihren Reden gerade den allgemein verständlichen Tonfall, den das Volk liebte.

Elijah Cadman nannte seine Bibel «Cadmans Schwert», aber er konnte darin nicht lesen. Er lernte lange Stellen auswendig und hielt immer das Buch verkehrt herum. «Gott wird die Räder von euren Wagen fortnehmen!» warnte der Ackerknecht Charlie Ward nachdenklich zuhörende Sünder. Er dachte dabei an Pharaos Streitwagen.

Wenn Besserwisser sich über solche Mißverständnisse lustig machten, verteidigte Catherine die unwissenden Leute heftig: «Was tut's, wenn der Teller einen Sprung hat, solange auf ihm ein schönes Stück Braten liegt!»

Doch die Bewegung sollte außer den Armen auch andere in ihren Bann ziehen. Mary Murray, die schöne, hochgewachsene Tochter eines in der indischen Kolonialarmee dienenden Generals, hörte an einer Straßenecke einen Prediger bekennen, wie die Männer der Heilsarmee ihn von seiner Trunksucht befreit hätten. Sie sagte sich: «Eine solche Macht kann die ganze Welt verwandeln!» Als sie an einem gesellschaftlichen Abendessen teilnahm, konnte sie einer plötzlichen Eingebung nicht widerstehen. Sie entschuldigte sich hastig und lief in ihrem festlichen Abendkleid geradewegs zur Bußbank in einer schmutzigen Kaserne.

Oberst George Nicolson Pepper vom 31. Infanterie-Regiment, ein Veteran des Krimkriegs, nahm jetzt Dienst in einer neuen Armee, deren einzige Waffe der Glaube war. Seine Gattin eröffnete in ihrem Heim in Salisbury ein Meldebüro für höhere Offiziere der Heilsarmee. Sie wollte sowohl der Bewegung freundlich gegenüberstehende Arbeitgeber anwerben wie auch den ihres Glaubens wegen entlassenen Angestellten helfen. Und es gab noch andere, die militärischen Kreisen fernstanden: z. B. Franz von Tavel, Professor der Botanik an der Universität Zürich, ein weltbekannter Forscher auf dem Gebiet seltener Farnkräuter. Lady Sarah Sladen, die achte Tochter des Earl of Cavan, betätigte sich als «Hauptfeldwebel» der Heilsarmee-Formation in einem kentischen Dorf. Pfarrer W. Elwin Oliphant nahm sich das bittere Los der armen Leute so zu Herzen, daß er auf die reiche Pfründe der St.-Paul's-Kirche, Onslow Square, Kensington, verzichtete.

Ein anderer Pfarrer fuhr 3000 Meilen weit über den Atlantik nach England: der hochgewachsene, blondbärtige Reverend Samuel Logan Brengle hatte einst davon geträumt, einen Bischofssitz zu erhalten. Aber jetzt lehnte er das Pfarramt an einer schönen, vom Millionär Studebaker in South Bend Indiana gebauten Methodistenkirche ab, um das Amt eines ewig verschuldeten, wandernden Evangelisten anzutreten. Brengle sollte später einer der ersten in Amerika geborenen Sendboten der Heilsarmee werden. Zuerst nahm Booth seine Dienste jedoch nur mit Widerstreben an. «Sie sind zu lange Ihr eigener Herr gewesen!» erklärte er und suchte ihm die nötige Demut beizubringen, indem er ihn die Stiefel anderer Anwärter putzen ließ.

«Bin ich so weit hergereist, um Stiefel zu putzen?» fragte sich Brengle verzweifelt, als er sich in einem düstern Keller an die Arbeit machte. Dann aber sah er – wie in einer Vision – Jesus, der sich über die Füße roher, ungelernter Fischer beugte. Er schluckte seinen Stolz hinunter und flüsterte: «Herr, Du hast ihnen die Füße gewaschen, und ich will ihnen die Schuhe putzen.»

Ein «Rekrut», der stellvertretende Kommissar Frederick Tucker, ein aus guten Verhältnissen stammender, in Indien Dienst tuender Beamter, hatte von Booths Arbeit gelesen und kam daraufhin den weiten Weg von Dharsala hergereist. Der «General» machte ihn darauf aufmerksam, daß er den Anspruch auf eine stattliche Pension verlieren würde. Aber Tucker, ein hochgewachsener, asketischer Mann, der durch die amerikanischen Erweckungsprediger Moody und Sankey für die Gedanken der Religion gewonnen worden war, löste das Problem auf einfache Weise: er trat aus dem Beamtenverhältnis aus. «Jetzt habe ich keinen Penny mehr», verkündete er dem General triumphierend. «Jetzt müßt Ihr mich annehmen.» Booth konnte nur «Ja» sagen.

«Kann dieses Formular nicht geändert werden? Es sieht so anmaßend aus», kritzelte Booth an den Rand des ersten Druckbogens, auf dem der Titel «General» zu lesen war. Aber ganz gleich, ob es ihm gefiel oder nicht: der Rang, den ihm einst Elijah Cadman in

Whitby verliehen hatte, stand nun einmal fest: Booth war ein General mit einer Armee, die des Zusammenhalts bedurfte.

Schon war ihre Marschroute mit militärischer Genauigkeit festgelegt. Der monatlich erscheinende *Salvationist* verwandelte sich in die Wochenschrift *Der Kriegsruf*. Booth hatte sich erst dagegen gesträubt. Er hatte nicht genügend Mitarbeiter, um ein vier Seiten umfassendes Halbpennyblatt wöchentlich herauszugeben. Bramwell erzwang förmlich die Zustimmung des Vaters und bekam seinen Willen, obgleich die Aufgabe zunächst hoffnungslos schien. Nach einem verzweifelten Versuch wurde die gasbetriebene Druckerpresse, die in einem Raum hinter einer Kneipe in der Fieldgate Street, Whitechapel, aufgestellt war, als «altes Eisen» erklärt. Am 23. Dezember des Jahres 1879 druckte sie noch zwei Exemplare, zerriß danach drei, druckte noch einmal zwei und kam dann zum Stillstand. Das Öl tropfte überall heraus.

Selbst als die Maschine am nächsten Tag wieder 1400 Kopien in der Stunde druckte, war das Problem noch nicht gelöst. Niemand hätte damals die Zeit vorausahnen können, da wöchentlich 131 Heilsarmeezeitungen mit insgesamt ca. 2 Millionen Exemplaren in der ganzen Welt regelmäßig gedruckt würden. Am 26. Dezember 1879 hatte man die erste Ausgabe sauber verpackt. Da hüllte ein «echter Londoner», eine feuchte, graugelbe Nebeldecke, die Stadt ein. Der Herausgeber des Kriegsrufs, der energische Captain William Pearson, stolperte in die völlig verdunkelte Stadt und fand schließlich eine gestrandete zweirädrige Droschke. Das rettete den Tag. Drei Stunden lang tastete sich die mit Pearson, Railton, Booth, Bramwell und 17 000 *Kriegsrufen* beladene Droschke durch die nebelverhangenen Straßen auf der Suche nach den Stationen der Haupteisenbahnlinie. In der Nähe von King's Cross kippte der Wagen beinahe um. Das eine Rad war an einem Laternenpfahl eingeklemmt, und das Pferd zog wie verrückt weiter. Die Droschke wäre um ein Haar auseinandergerissen worden.

Als endlich jedes Paket abgeliefert war, fragte das müde Quartett nach dem Preis der Fahrt. Der Kutscher sah Booth zweifelnd an: «Was meinen Sie zu fünf Schilling?»

Aber eine Armee mit einer ungebrochenen Front brauchte mehr als bloß einen Kriegsruf. Sie brauchte auch Fahnen, und ein Korps nach dem andern bekam sie nun auch.

Schon 1874, in den Tagen der Christian Mission, hatte Booth sich eine symbolische Zeichnung ausgedacht: ein roter Hintergrund – *das Blut Christi* –, eine blaue Umrandung – *Reinheit* –, in der Mitte die von einem Flammenschwert durchbohrte Weltkugel. Aber als im September 1878 Catherine, die Mutter der Armee, dem Coventry-Korps die erste Flagge übergab, hatte die Weltkugel einer flammenden Sonne Platz gemacht mit dem Motto *Blut und Feuer,* Sinnbild der Feuertaufe des Heiligen Geistes. Doch vier Jahre darauf begann die Armee in Indien zu arbeiten, wo die Sonne das heilige Symbol der Parsen war. Um jeden Anstoß zu vermeiden, ersetzte man sie durch einen Stern. Und so sieht die Fahne heute noch aus. Um zu bezeugen, daß Gottes Liebe immer siegreich bleibt, ist die Flagge der Heilsarmee im Laufe ihrer Geschichte niemals auf halbmast gesetzt worden. Ob bei Hochzeiten, Beerdigungen oder Taufen: sie weht immer hoch und frei.

Aber Booth war unaufhörlich auf Verbesserungen bedacht. Auch wenn die Dinge ganz glatt gingen, pflegte er zu sagen: «Das genügt, aber es kann noch besser werden.» Die Soldaten einer kämpfenden Truppe sollten auch äußerlich erkennbar sein, und in den Tagen der Königin Victoria sah man überall Uniformen: der Postbote trug einen scharlachroten Gehrock, der Bobby einen dunkelblauen Rock mit einem Schwalbenschwanz und einen hohen lackierten Filzhut. Sogar die Laufburschen der Ärzte, die die Medizinen austrugen, liefen in schmucken, mit silbernen Knöpfen besetzten Jacken herum. Aber fast zwei Jahre sollten noch vergehen, ehe Booths Traum von einer Heilsarmeeuniform Wirklichkeit wurde. Die ersten Salutisten trugen ein «S» aus Messing auf jedem Rockaufschlag, was sie oft blutige Nasen kostete. Später legten sie blaue und rote, mit der Aufschrift: *The Salvation Army* versehene Armbinden an. Andere trugen Zylinderhüte mit Blechschildern, auf denen das Wappen der Armee eingestanzt war. Die Mitglieder der Musikkapelle marschierten in alten Militäruniformen. Erst im Frühling des Jahres 1880 konnte ein Kapitän – damals der höchste Rang in der Armee – beim Hauptquartier die neue blaue Patrouillenjacke beantragen. Darunter trug man rote Wollhemden oder einen Fischer-Sweater. Für die weiblichen Offiziere gab es «Prinzeßkleider»: mit nahtlosem Mieder und Glockenrock, ein einfacher, eleganter Stil, der durch die Princess of Wales Mode geworden war. Auf dem Kopf trugen sie eine schwarze, mit seidenen Bändern verzierte Strohschute mit einem breiten, vor Steinwürfen Schutz bietenden Rand und Kinnbändern.

Nicht alle Mitglieder der Armee standen diesen Neuerungen freundlich gegenüber. Selbst George Railton fürchtete, daß die Uniformen zwischen der Armee und den Massen eine Trennwand bedeuten könnten. Aber es war bezeichnend für ihn: sobald ihn Booth erst einmal überzeugt hatte, war er der Erste, der eine vollständige Heilsarmeeuniform trug. Andere waren weniger fügsam. Das ehemalige Fabrikmädchen Annie Lockwood, die man fern von Booths Adlerblicken nach Belfast geschickt hatte, verzierte ihre Haube mit einer schneeweißen Rüsche. Captain Marianne Faulconbridge warf bloß einen flüchtigen Blick auf die schwarze Strohschute und sandte sie sofort per Post zurück. Das Paket reiste wie ein Weberschiffchen zwischen Salisbury und Whitechapel hin und her, bis Booth ein Machtwort sprach.

Auch die Finanzfrage war ein Problem. Damals wie heute bezahlten die Salutisten ihre Uniform aus der eigenen Tasche, aber in jenen Pionierjahren konnten nicht alle ein Pfund für Prinzeßkleider und eine Guinee (21 Schilling) für eine Kapitänsausrüstung aufbringen. Zehn Jahre sollten noch vergehen, bis die Schneiderabteilung der Armee einen Überschuß von 12 000 Pfund im Jahr erzielte, eine Summe, die prompt in den Kampffonds zurückfloß.

Aber wenn auch das Tragen von einheitlichen Uniformen jetzt noch nicht durchgesetzt werden konnte, so war es doch bei den Statuten möglich. Und Booth, ein Schüler von Wellington und Napoleon, war der Mann dazu, das in die Hand zu nehmen. Ab Oktober 1878 wurde bestimmt, daß der erste Band der *Orders and Regulations for the Salvation Army* (Regeln und Verordnungen der Heilsarmee) – sie beruhten im wesentlichen auf dem Soldatenbuch des Feldmarschalls Sir Garner Wolseley – in jedem Heilsarmeehaushalt gelesen werden mußte.

Einige Leute warfen nun Booth vor, er sei Jesuit und wolle bestimmen, daß kein Soldat irgend etwas unternehmen oder auch nur eine Tasse Tee trinken könnte, ohne vorher das Hauptquartier um Erlaubnis zu bitten. Darauf antwortete Booth ganz kurz: die Heilsarmee könne ebensowenig ohne System funktionieren wie etwa die Eisenbahn.

Sein System schien ziemlich narrensicher zu sein. Wie der General selbst, kamen auch viele Soldaten aus sehr bescheidenen Verhältnissen. Wenn ihr Diensteifer auch nicht bezweifelt werden konnte, so brauchten sie doch Anleitung und Organisation. Die Sorge für ihre Gesundheit stand an erster Stelle. Die aktiven Offiziere sollten bei offenem Fenster schlafen und wie Booth, der ein fanatischer Sauberkeitsapostel war, jeden Morgen ein kaltes Bad und einmal in der Woche ein warmes nehmen. Das Frühstück sollte nicht später als acht Uhr eingenommen werden. Wenn sie Kranke besuchten, sollten sie zur Vorsicht ein Stückchen Kampfer in der Brusttasche tragen.

Auch um die Wohnungen der Offiziere kümmerte sich Booth. Es war Pflicht, sich ein Unterkommen in einem der ärmsten Viertel der Stadt zu beschaffen, ein einfaches Zimmer mit ein paar Rohrstühlen. Dann war man ein lebendes Vorbild für die Leute, deren Vertrauen man gewinnen wollte. An jedem Tag sollte man drei Stunden dazu verwenden, um Neubekehrte zu besuchen.

Wie beim eigentlichen Militär wurde auch das Privatleben jedes Soldaten der Heilsarmee von seinem übergeordneten Offizier genau beobachtet. Für aktive Offiziere war es und ist es noch heute verboten, außerhalb der Armee zu heiraten. Um Heiratslustige abzuschrecken, durften weibliche Offiziere erst nach zweijähriger Dienstzeit heiraten. Wenn dem Hauptquartier eine Verlobung mitgeteilt wurde, folgte normalerweise Booths Anweisung: «Legt erst mal ein paar hundert Meilen zwischen sie; dann wird es sich zeigen, ob sie es ernst meinen oder nicht.» Booths Offiziere heirateten niemals überstürzt; sie sollten es hinterher nicht gleich wieder bereuen.

Kein Mann und keine Frau – niemand, der sich dieser eisernen Disziplin unterwarf, hatte davon irgendeinen finanziellen Vorteil. Von 1878 an wurde ein bescheidener Sold garantiert, doch auf jener historischen Augustkonferenz, die Booth absolute Vollmacht übertrug, hatte der General rund heraus erklärt: «Jeder soll sich darüber klar sein, daß, bevor der Sold bezahlt werden kann, alle andern finanziellen Verpflichtungen beglichen sein müssen. Es muß wöchentlich genug beiseitegelegt werden, um Mieten und andere laufende Ausgaben zu bestreiten.» Der festgesetzte Sold für einen unverheirateten Leutnant betrug wöchentlich 16 Schilling, für einen verheirateten Kapitän 26 Schilling plus ein Schilling für jedes Kind. Aber ehe Offiziere einen Penny ihres Soldes beanspruchen konnten, mußten sie wöchentliche Sammlungen veranstalten, die genügend

Geld einbrachten, um die Rechnungen für Wasser, Gas, Holz, Kohle und die Miete für den Versammlungsraum zu bezahlen.

Wenn das auch harte Bestimmungen waren, so schuf sich Booth damit doch eine kampfkräftige Truppe, die über alle Widerstände triumphierte: eine Armee von Zeloten, die entschlossen waren, Menschen vom Laster der Trunksucht und der Hurerei zu befreien, und die nicht verheimlichen wollten, daß sie jederzeit auf Posten standen. Booth gab ihnen den klugen Rat: «Malt das Wort *Salvation Army* mit großen Buchstaben auf die Dächer eurer Häuser, so daß es jeder schon von weitem lesen kann.»

Der General lernte bald eine bleibende Wahrheit: «Es liegt im Interesse der Armee, so oft als möglich in den Zeilen der Tageszeitungen zu erscheinen.» Obgleich die Legende behauptet, er hätte das Verdienst, solche ins Auge fallenden Überschriften wie «Die Hallelujamädchen» (Halleluja Lasses) selbst erfunden, war das nicht wahr. Dieser Ausdruck war ein Einfall des Newcastler Druckers William Crow. Er sollte einen Handzettel drucken, der die Ankunft von «Zwei Predigerinnen», Rachel und Louise Agar, in der Stadt am Tyne ankündigte. Crow kam es so vor, als klänge das nicht schmissig genug, und so nannte er sie: «Die Hallelujamädchen», was Booth tief schockierte.

Doch innerhalb von wenigen Tagen konnte Elijah Cadman Riesenerfolge melden. Ständig trafen Telegramme im Hauptquartier zu Whitechapel ein. Kein Saal in Newcastle konnte die Menschen fassen, die herbeiströmten, um die Hallelujamädchen zu hören. Bergleute und Hafenarbeiter wollten immer noch mehr über die neue Religion hören. Im März 1878 hätte Booth kaum ahnen können, daß dieser Spitzname ein Echo in der ganzen Welt finden würde, aber von nun an gab er sich zufrieden. Jede Reklame, die dem Publikum das Ziel der Armee vor Augen hielt, war eine gute Reklame.

Woher nun eine solche Anregung auch stammen mochte, die Männer der Heilsarmee griffen sie auf. Leutnant Theodore Kitching, ein frommer Quäker mit wohlanständigen Manieren, hatte zunächst den Beruf eines Schulmeisters ausgeübt, aber um den Massen ein Schauspiel zu bieten, ritt er in Scarborough, Yorkshire, auf einem mit rotem Tuch behängten Esel ein. Um die Ausgabe des *Kriegsruf* zu verkaufen, borgte er sich aus einer Schule die Frühstücksglocke und schwang sie auf seinem Weg durch die Straßen. Das Zifferblatt seiner Taschenuhr trug die ins Auge fallende Inschrift: *Jede Stunde für Jesus.*

Die Methoden dieser Leute waren ebenso abwechslungsreich wie ihre Aufmachung. Ein Mann wanderte durch die Straßen als Johannes der Täufer, mit einem Fell über den Schultern. Mit besonderer Genehmigung des Home Secretary (Innenminister) legte sich «Darkie» Hutton – einst ein Busenfreund des Mörders Charles Peace – noch einmal die Handschellen und die Kennzeichen des Dartmoor-Zuchthauses an. – In Newcastle-under-Lyme, Staffordshire, trug Captain Anker Deans bei allen Versammlungen sein rotes Wollhemd, vorn mit dem Wappen der Heilsarmee verziert. Auf dem Rükken stand geschrieben: «Der Teufel ist ein Lügner!»

Das waren keineswegs Menschen, die bloß auf Sensation ausgingen. Sobald ihre marktschreierischen Methoden ein Publikum angelockt hatten, wurden sie leidenschaftliche Anwälte für ein rechtschaffenes Leben und die Versöhnung mit Gott, und um dieses Ziel zu erreichen, schien ihnen alles recht zu sein. Sie bedienten sich oft seltsamer Hilfsmittel: In Leicester händigte Captain William Corbridge falsche Eisenbahnbilletts aus, auf denen gedruckt stand: *Halleluja-Eisenbahn von Leicester zum Himmel.* Um ihren Zuhörern das Gleichnis vom verlorenen Sohn nahezubringen, führten Offiziere ein lebendiges Kalb die Straßen entlang. Andere rannten durch die Stadt, indem sie Bratpfannen mit Kegeln bearbeiteten oder stockwerkhohe Plakate mit sich führten. Ein Mann, der keine Zuhörerschaft um sich sammeln konnte, legte sich eine Woche lang alle Abende auf dem Marktplatz schweigend in den tiefen Schnee. Als am Wochenende die halbe Stadt versammelt war, um ihn sich anzusehen, sprang er auf und hielt eine zündende Ansprache.

Auch die Booths beherrschten diese Technik. Selbst Bramwell – nachdem er seine natürliche Schüchternheit überwunden hatte – brachte es fertig, große Zuhörermengen zu fesseln, indem er so tat, als ob er seinem Hut eine Predigt hielte. Einmal ließ er sich von sechs Männern in einem Sarg hereintragen und erhob sich daraus mit den Worten Pauli: «Tod, wo ist dein Stachel?» Als Nummer 12 auf dem Programm sprach er im Varietétheater in Plymouth so eindringlich darüber, der Mensch habe Gott nötig, daß ihm ein Handelsagent 250 Pfund die Woche bot, wenn er für seine Firma reisen wollte. Das Wochenende sollte er «für seine andere Arbeit» immer freihaben.

In den Midlands war der Gattenmörder John H. Starkey hingerichtet worden. Elijah Cadman bat den General, am Abend des gleichen Tages die Leichenrede zu halten. Die den Saal bis zum letzten Platz füllende Menge johlte und trampelte mit den Füßen, bis Booths Stimme im Tonfall des Jüngsten Gerichts die Worte in das Tosen rief: «John H. Starkey hat keine Mutter gehabt, die für ihn betete.» In der Totenstille, die darauf folgte, fühlte plötzlich ein jeder, wie sein eigenes Leben an einem seidenen Faden hing.

Und nicht nur in England waren die Heilssoldaten bereit, den Fluch der Lächerlichkeit auf sich zu nehmen. Ihr Einfluß erstreckte sich viele Tausende von Meilen weit. Schon am 14. Februar 1880 schrieb der in die Zukunft schauende Harry Edmonds aus Portland, Maine, in sein Tagebuch: «Heute fährt Kommissar* Railton von England nach Amerika. Ich sage voraus, daß sie in Amerika mit ihrer Arbeit noch größere Erfolge haben werden als in England.» Der erste, der in der Heilsarmee den Rang eines Kommissars bekleiden sollte, Railton selbst, hatte sich auch als Erster für die schicksalsschwere Entscheidung eingesetzt, Amerika für Gott zu gewinnen. Er machte Booth dringende Vorstellungen: Schon hätten drei englische Auswanderer, Amosh Shirley und seine Familie, ehemalige Coventry-Salutisten, in einer leerstehenden Stuhlfabrik in Philadelphia «das Feuer eröffnet». Sie bäten um Verstärkung. Keine Armee kann doch eine Truppe im Stich lassen, die in Liebe und Eifer so weit gegangen ist, sich selbst zu mobilisieren. Aber Booth schwankte noch. Da wandte sich der kluge Railton an Catherine. Wenn er jetzt hinüberführe, könnte er das Unternehmen aus der Taufe heben. Als Mitarbeiter brauchte er nur sieben «Hallelujamädchen», um denen drüben zu zeigen, was von Gott ergriffene Frauen erreichen könnten. Wenn er erst einmal an Ort und Stelle wäre, würde er amerikanische Offiziere anwerben, um den Nationalstolz ins Spiel zu bringen. Er schloß gewitzt mit den Worten: «Gestern abend schien der General noch dafür zu sein, aber heute nicht mehr. New York ist ja schließlich auch nur neun Tagesreisen weiter entfernt als Chester.»

Obwohl Booth Männer mit organisatorischem Talent in England dringend brauchte, stimmte er schließlich zu, und nach drei Wochen Seekrankheit, am 10. März 1880, schritten der stämmige, bärtige

* in Deutschland «Kommandeur»

Railton und seine «Lassies» in Castle Garden, New York, tapfer die Laufplanke der S. S. Australia hinunter. Als echte Salutisten paßten sie sich den Landesgebräuchen an. In einer Ecke ihrer blutroten Fahne war eine kleine Nachbildung des Sternenbanners zu sehen. Bei ihrem ersten, gleich in der Nähe der Docks abgehaltenen Gottesdienst sangen sie ihre Lieder nach den Melodien von «The Old Folks at Home» und «My Old Kentucky Home». Die Belagerung von New York hatte begonnen.

Es war fruchtbarer Boden. Das goldene Zeitalter, dessen Bonzen raffinierte Finanzleute wie Jim Fiske gewesen waren, stand noch in frischer Erinnerung; ein Zeitalter, da zu Ehren von Schoßhunden Banketts mit zwölf Gängen gegeben wurden und bei Herrendiners nackte Blondinen aus Papiermaché-Pasteten sprangen. Vor dem Bürgerkrieg hatten nur drei Männer mehr als eine halbe Million Dollar besessen. Jetzt, da Hunderte sich dessen rühmen konnten, gefielen sie sich darin, ihren Reichtum zur Schau zu stellen. Sie ließen sich ihre Zähne mit Diamanten plombieren und boten Zigaretten an, die in Hundertdollarnoten gerollt waren. Der schändliche «Tweed Ring» beherrschte die City, und das Laster machte sich ohne Scham breit. Auf der Sister's Row, West Twenty Fifth Street, glühten die roten Laternen vor den Bordells. Aber an gewissen Abenden mußten die Besucher im Abendanzug erscheinen und Treibhausblumen-Buketts mitbringen.

Fast die ganze City von New York war im unteren Drittel des schmalen Manhattan Island zusammengedrängt. Brooklyn war immer noch größtenteils Ackerland. Bronx war ein von Gärten ausgefülltes Flachland, das von ungepflasterten Wegen durchzogen war. Manhattans Wolkenkratzer existierten noch nicht, obschon, was den Luxus der Reichen anging, nur der Himmel die Grenze war.

Aber Railton und seine Lassies kümmerten sich weniger um die Sünden der Reichen. Was ihnen am meisten zu Herzen ging, waren die Statistiken des Elends, von dem die Reichen nichts wußten. Zehntausend auf den Straßen umherirrende Kinder zerrten aus achttausend Kneipen die Betrunkenen heraus. Angesichts der Lebensbedingungen auf der East Side der City verloren die Sendboten der Heilsarmee die Sprache: auf einer Quadratmeile lebten 290 000 Menschen unter schlimmeren Verhältnissen als die Proletarier in chinesischen Städten. Ein Pfarrer hatte Railton für die Wochenabende seine Kirche angeboten. Er war entsetzt, als er hörte, Railton wolle seinen ersten Gottesdienst in Harry Hills Variététheater abhalten, Ecke Houston und Crosby Street. Ein Jahr später sollte dort der Preisboxer John L. Sullivan zum erstenmal in New York auftreten. «Aber das ist ja die Lasterhöhle, die den übelsten Ruf in den Vereinigten Staaten hat», sagte der Pfarrer ganz entgeistert. «Wenn ihr dahin geht, ist euer Ansehen sofort hin!» – «Dann ist das gerade der richtige Ort für uns», erwiderte Railton fröhlich.

Railton hatte auf alle Fälle das schmutzige, zweistöckige Fachwerkhaus, das dem ehemaligen Boxer Harry Hill gehörte, inspiziert und gleich gesehen, was das für eine Spelunke war: ein menschlicher Zoo, die Luft dick vom Qualm billigen Tabaks, wo Mädchen, am Wein nippend, auf den Knien der Männer saßen und über zotige Witze vor Vergnügen kreischten, Railton mußte heimlich lachen, als ihm ein Gönner versicherte, es sei «ein höchst anständiges Lokal». Jeder könne sich hier bis zur Bewußtlosigkeit besaufen und sicher sein, daß er am nächsten Morgen seine Uhr und seine Brieftasche wiederfinde.

Der 14. Mai 1880 – ein Sonntag – dämmerte kalt und neblig in New York herauf; die Seitenstraßen deckte ein dünner, glitschiger Schlick. Doch Railton teilte seine weibliche Streitmacht unverzagt in zwei Trupps, die auf beiden Seiten der von der vornehmen Bowery abgehenden Greenwich Street die Kunden in Barbierläden und Kneipen ansprechen sollten. Dem jugendlichen Eifer der Mädchen, nur zwei waren älter als vierundzwanzig Jahre, begegneten die New Yorker mit – wenn auch etwas verlegener – Höflichkeit. Auf Railtons in einem Barbierladen gestellte Frage: «Wollen hier alle in den Himmel kommen?» antwortete ein Mann, dessen Kinn mit Seifenschaum beschmiert war: «Sicher! Aber hoffentlich noch nicht gleich!» Der Barbier hatte bloß eine Frage: «Wieviel soll denn die Reise kosten?»

Von außen gesehen, war die erste am gleichen Abend in Hill's Theatre abgehaltene Versammlung eine ziemlicher Reinfall. Aus Achtung vor der «Armee» wurde während des Gottesdienstes kein Alkohol ausgeschenkt, wenn auch an der Wand der beliebte Wahlspruch stand:

Wer nicht liebt Wein, Weib und Gesang,
Der bleibt ein Narr sein Leben lang.

Selbst auf den Galerien standen die Männer in perlgrauen Derbyhüten und karierten Anzügen in drei Reihen hintereinander, aber die Zuhörerschaft wußte von Anfang an nicht, was sie von der Sache halten sollte. Wenige der Mädchen besaßen eine wirkliche Rednergabe, und ihre Aussprache klang fremd in amerikanischen Ohren. Nach zweieinhalb Stunden, um neun Uhr abends, war auch nicht eine Seele dem Aufruf gefolgt, an die Bußbank nach vorn zu kommen. Die Heilsarmee machte auf der Bühne Platz für ein Panorama von «Onkel Toms Hütte».

Ein Mann war nicht erschienen, weil er die 25 Cents Eintrittsgeld nicht bezahlen konnte. Als er vom Verlauf der Versammlung erfuhr, erschien er spornstreichs im einstweiligen Hauptquartier der Armee, einem ehemaligen Bordell, das mitten in dem verrufenen Five Points Slum lag. Der Mann trug den Spitznamen «Müllkasten Jimmy», weil er einmal kopfvoran in einen Müllkasten gefallen und darin steckengeblieben war, bis man ihn wieder herauszog.

James Kemp, dieser alte, anscheinend unverbesserliche Trunkenbold, war für die Armee nicht nur als erster Rekrut wertvoll, sondern weil seine Verkommenheit so sprichwörtlich war, daß gerade seine Bekehrung mehr als andere die Art Männer beeindruckte, die die Armee retten wollte. Nun kamen Abend für Abend Trunkenbolde, Huren und Schlampen auf der Suche nach dem heilkräftigen Rezept in die Baxter Street-Mission.

In diese Gegend konnten sich die meisten Besucher nur unter Lebensgefahr wagen. Die unbestrittene Herrschaft übten dort die Männer der berüchtigten Whyo-Bande aus, Vorläufer der organisierten Gangster-Bande, in der Verbrechen tarifmäßig bezahlt wurden: ein abgeschnittenes Ohr z. B. 15 Dollar, ein Mord 100 Dollar. Die Helme der dort patrouillierenden Polizisten waren mit Gummiplatten geschützt, eine Vorsichtsmaßnahme gegen die sogenannten «irischen Konfetti», Ziegelsteine, die von den Dächern oder aus den Fenstern der oberen Stockwerke geworfen wurden, und die ebenso tödlich waren wie Bomben. Aber Railton und seine Mädchen wurden niemals behelligt. Der Kernpunkt ihres Anliegens war verstanden worden: sie hatten ein Herz für die Armen.

Ein Reporter, der einer Versammlung in der Baxter Street beiwohnte, vergaß niemals, wen er dort alles in der Zuhörerschaft erblickte: eine zynische Menge von Kunden der Polizeistationen, junge

Männer mit Spazierstöcken und Monokel, abgerissene, alte Invaliden mit verblichenem Haar und schäbigen Zylinderhüten, frech aufgeputzte junge Negerinnen. «Als er anfing, waren die Dielen so sauber wie das Deck eines Kriegsschiffs», stellte der Zeitungsmann lobend fest, «aber in wenigen Minuten waren sie mit Tabaksaft beschmiert. Der Gestank wurde so unerträglich, daß ein vom Gelbfieber verpestetes Haus nicht abstoßender sein konnte.»

Und doch mußte er mit Erstaunen sehen, wie die Mädchen sich von alledem gar nicht beeindrucken ließen. Sie knieten auf dem bespuckten Fußboden nieder und lösten einander im Beten ab.

Versammlungen wie diese mußten Menschen gewinnen, auf die die ruhige Gläubigkeit der Armee unwiderstehlichen Eindruck machte. Jahre danach fand man heraus, daß auf einem methodistischen Kongreß ganze sechzig Pfarrer anwesend waren, die den Beruf ihres Lebens nach ihrer Bekehrung durch die Heilsarmee entdeckt hatten. Ende April hatten Gönner schon so viel Geld gestiftet, daß Railton eine schöne neue Halle mit einer Terrasse für Freilichtgottesdienste kaufen konnte. Der lebende Beweis für den Erfolg ihrer Methoden war «Ash Barrel Jimmy» Kemp, der, als er 1895 in Boston starb, in den Rang eines Kapitäns aufgestiegen war.

Aber ein Hindernis erwies sich als unüberwindlich: die Halle der Hudson River Mission wurde zu klein, um die Menge zu fassen. Railton bat daher Bürgermeister Edward Cooper um die Erlaubnis, außerhalb der Mission auf den Straßen predigen zu dürfen, besonders da, wo die West Street in die Ninth Avenue mündet. Cooper lehnte das glatt ab. Nur Pfarrer oder lizenzierte Mitglieder der Geistlichkeit hätten das Recht, auf den Straßen zu predigen.

Diese Abweisung mobilisierte in Railton den Kreuzfahrer. Zur unverhüllten Freude der Presse stapfte seine stämmige Gestalt die Stufen zum Rathaus hinauf. Seine Faust umklammerte ein Ultimatum, das in Form eines Gesetzesantrags geschrieben und zusammengefaltet war. Über den Kopf des Bürgermeisters hinweg wandte sich Railton an das Volk von New York. Wenn die erbetene Erlaubnis nicht binnen zwei Tagen erteilt würde, so werde er sein Hauptquartier in eine Gemeinde verlegen, in der alle Bürger, ganz gleich, ob sie ordinierte Geistliche seien oder nicht, die gleichen Rechte besäßen, wenn sie ihrem Herrn dienen und Seelen retten wollten. Jede Zeitung brachte seinen Antrag in vollem Wortlaut.

Als Cooper weiterhin die Erlaubnis verweigerte, goß Railton Öl in die Flammen: er verkündete, die ganze Heilsarmee in Amerika werde so lange für ihn beten, bis die Straßengottesdienste erlaubt würden. Prompt brachte *The Daily Graphic* eine witzige Zeichnung: den Bürgermeister, umgeben von knienden Mädchen. Darunter die Worte: «Es lohnt sich nicht, für ihn zu beten.»

Als Railton sah, daß Cooper eisern ablehnend blieb, wußte er, daß die Zeit gekommen war, sein schwerstes Geschütz aufzufahren. Er überließ es den Kapitänen Emma Westbrook und Alice Coleman, die Arbeit in New York weiterzuführen, und verlegte sein eigenes Hauptquartier nach Philadelphia. Dank der einsatzfreudigen Familie Shirley war die Heilsarmee schon zwölf Monate lang eine lebendige Zelle in der «Stadt der Bruderliebe» gewesen. Zweihundert Salutistinnen mit roten Hutbändern versammelten sich in der alten Stuhlfabrik an der Kreuzung der Sixth und der Oxford Street. Ende Mai konnte Railton an Booth telegraphieren, daß seine US-Streitmacht jetzt 16 Offiziere, 40 Kadetten und 412 Frontsoldaten umfaßte.

Von außen gesehen schien es vorwärtszugehen, aber nur ein so bedürfnisloser Mann wie Railton konnte diese Anstrengung aushalten. Er reiste gewöhnlich im Zwischendeck und verköstigte sich aus einem alten Rucksack für einen Schilling pro Tag. Ein breites, gemaltes Band mit der Inschrift «Hauptquartier der Heilsarmee in Amerika» überspannte die ganze Front des Hauses South Third Street 45, Philadelphia; aber wenige ahnten, daß das «Hauptquartier» der Keller war, in dem Railton arbeitete, lebte und ohne Abendbrot zu Bett ging. Ein Messing-S auf seinem Nachthemd verkündete, daß er sich immer als im Dienst stehend betrachtete.

Das erste Jahr sah allein schon 1500 Bekehrte, aber Railton konnte nie so viel bares Geld zusammenbringen, daß die Arbeit sich selbst finanzierte. Schulden verschlangen bald die 500 Pfund, die Booth bewilligt hatte. Im Jahr 1880 reiste Railton den ganzen glühend heißen Sommer hindurch nach Westen, immer dritter Klasse, weil es keine vierte gab, immer auf der Suche nach neuen Städten, die er noch erobern konnte. In manchen Hallen war er alles in einer Person: Kapitän, Leutnant, Sergeant, Major und Saaldiener. Oft sprang er mitten im Satz von der Plattform, um einen betrunkenen Störenfried hinauszuwerfen. Dann stieg er wieder aufs Rednerpult und nahm den Faden seiner Rede wieder auf. In 49 Tagen legte er 4200 Meilen zurück und hielt 80 Ansprachen. Einunddreißig Nächte schlief er auf Stroh oder auf Bänken und Stühlen in den Bahnabteilen: ein richtiges Soldatenleben.

Der mit eisernem Willen ausgerüstete Sendbote Booths hatte sich gelobt, die Fahne der Armee mit eigener Hand über den Mississippi zu tragen. Er wählte als Hauptquartier für seinen West-Feldzug St. Louis, Missouri. Aber die «gemütliche» Stadt, deren elegantes Planter's Hotel der Welt den Planter's Punch bescherte, hatte nur wenig Sympathie für herumreisende Evangelisten. Die reichen Pflanzerfamilien trafen gerade alle Vorbereitungen für die «Wintersaison». Die Gespräche drehten sich nur um Menuette, Virginia-Reigen und Nähkränzchen. Das Predigen auf offenen Straßen war verboten. Als Railton einen Saal mietete, kündigte der Eigentümer brüsk den Kontrakt, weil die Zuhörer auf den Fußboden gespuckt hatten. Und niemand wollte ihm einen anderen Saal vermieten.

Der unverzagte Railton dachte scharf nach, bis ihm eine Lösung einfiel, die in den Annalen der Heilsarmee lange als klassisch angesehen wurde. Es war jetzt November, und ein grauer, glasiger Eisteppich erstreckte sich von dem mit Kopfsteinen gepflasterten Ufer über den Mississippi hinweg, soweit das Auge sehen konnte. Die Verfügung der Behörde, sagte sich Railton, konnte doch nicht auf der Eisfläche des Flusses in Kraft sein, besonders nicht auf der Illinois-Seite, wo eine Menge Schlittschuhläufer sich lustig tummelten. Railton teilte also an die eisholenden Arbeiter eine Menge Handzettel aus und ging singend auf die sich quecksilbrig hin- und herwiegenden Läufer zu. Zum ersten und letzten Mal in der Geschichte der Heilsarmee sprach ein Evangelist auf dem Eis zu einer in voller Geschwindigkeit um ihn kreisenden Versammlung, um sie zu Gott zu bekehren. Es bedurfte mehr als genialer Einfälle, um in St. Louis die Heilsarmee in Fahrt zu bringen. Zwar hatte Railton im Januar 1881 in einem Keller in St. Louis den ersten amerikanischen *Kriegsruf* gedruckt und auf den nicht verkauften Exemplaren geschlafen. Aber er war jetzt so arm, daß ihm ein Schuhmacher, den er aufsuchte, um eine milde Gabe für die Heilsarmee zu erbitten, stattdessen ein Paar Überschuhe schenkte. Noch deckte tiefer Schnee die Erde, und Railton war fast barfuß angekommen.

Und am Neujahrstag 1881 traf Railton der bitterste Schlag:

der Befehl, unverzüglich nach London zurückzukehren. Obwohl er bereit war, als getreuer Soldat zu gehorchen, versuchte er doch verzweifelt, den General umzustimmen. Noch war die Organisation zu jung und stand mitten im Kampf. Wenn man es ihr zu diesem frühen Zeitpunkt überließ, sich selbst den Weg zu bahnen, konnte sich das als verhängnisvoll erweisen. Gewiß, bereits war die Presse für die Sache gewonnen worden. Eine Zeitung hatte Bilder gebracht, auf denen Arme und Reiche Seite an Seite an der Bußbank knieten. Ein anderes Blatt erklärte, die Heilsarmee könne einen von Whisky triefenden Säufer in fünf Minuten in einen Engel verwandeln.

«Muß dich hier haben», kam Booths unbeugsame Antwort. Noch immer wollte Railton Zeit gewinnen. «Wir bezahlen den vollen Preis», schrieb er in einem leidenschaftlich flehenden Brief. «Und wenn das so ist, *muß* Gott uns alles schenken, dessen wir bedürfen.» Aber Booth blieb hartnäckig. Er sah jetzt klar, wie zutreffend Railtons früher geäußerte Ansicht gewesen war: Wenn die Armee in den Staaten florieren sollte, so mußte sie ein vollblütiger amerikanischer Organismus sein und nicht ein kolonialer Ableger, der in jeder Beziehung von London abhängig war. Booths letztes Telegramm ließ keinen Raum für irgendwelchen Zweifel: *«Komm allein!»*

Es war keine leichthin getroffene Entscheidung. Die Armee hatte sich so schnell entwickelt und ihre Fühler so weithin ausgestreckt, daß das Londoner Hauptquartier Organisatoren wie Railton bitter nötig hatte. Schon hatte Katie, Booths dreiundzwanzigjährige, älteste Tochter, in Frankreich «das Feuer eröffnet». Booth fühlte, daß keine Frau so gut mit allen im Anfang auftauchenden Problemen fertig werden konnte wie die energische, blonde Kate. Obwohl sie fließend französisch sprechen konnte, hatte diese Sprache doch ihre Tücken. Um den französischen *Kriegsruf* mit Erfolg einzuführen, wollte sie ihm den Namen *Amour* geben, da er ihrer Meinung nach der Liebe der Armee zu den Armen am besten Ausdruck gab. Aber gleich sah sie ihren Irrtum: vier hübsche Mädchen, die auf den Boulevards promenierten und *Amour, un sou* riefen – das konnte zu Mißverständnissen Anlaß geben! Der Titel wurde schleunigst in *En Avant (Vorwärts)* geändert.

Aber Kate, die im Familienkreis wegen ihres Draufgängertums den Spitznamen «Blücher» bekommen hatte, gab nicht so leicht auf. Sechs Monate lang stand sie Abend für Abend vor einer Zuhörerschaft von schmutzigen Arbeitern mit weingeröteten Gesichtern, die sich über sie lustig machten. Doch als sie einen Gottesdienst einmal in ein wildes Tanzvergnügen verwandeln wollten, rief sie ihnen zu: «Mes amis! Ich gebe euch zwanzig Minuten – da könnt ihr tanzen, wenn ihr mir nachher zwanzig Minuten zuhören wollt!» Damit hatte sie die Lacher auf ihrer Seite.

Sofort sprang ein dunkelhaariger, hübscher Bursche in blauer Bluse auf: «Bürger! Das ist ein anständiger Vorschlag.» Dann nahm er die Uhr in die Hand und kontrollierte die der Hopserei zugebilligte Zeit auf die Minute, bevor er Kate das Wort erteilte. Achtzig Minuten hörte man ihr aufmerksam zu. Da wußte sie, daß Gott ihr einen folgenschweren Sieg geschenkt hatte. Bald predigte sie jeden Abend vor 400 Zuhörern. Und am Ende des Jahres konnte nur ein neuer, am Quai de Valmy liegender Saal mit 1200 Plätzen die Zuhörermengen fassen. Während sie im ersten Jahr nur hundert Neubekehrte aufweisen konnten, hatte sich diese Zahl im folgenden verfünffacht.

Aber nicht nur in Frankreich hatte Booth Offiziere, die organisieren konnten, bitter nötig. In Adelaide, im fernen Australien, hatten zwei einander unbekannte Männer einer ruhigen methodistischen Versammlung beigewohnt. Sie hatten gleichzeitig die gutbürgerliche Zuhörerschaft durch mit Stentorstimme gebrüllte Hallelujarufe in betroffenes Erstaunen versetzt. Die beiden stellten sich gegenseitig vor, und John Gore, der vor dreizehn Jahren von Booth in einer Christian-Mission-Versammlung in Stepney, London, bekehrte «Happy Milkman», fand in Edward Saunders, einem Maurer aus Bradford, England, eine verwandte Seele. Schon im September darauf predigten Gore und Saunders – zwei einsame Männer ohne Flaggen, Trommeln und Uniformen das Evangelium unter einem Blau-Gummibaum im Botanischen Garten in Adelaide.

Sie richteten an Booth dringende Hilferufe: «Wir brauchen euch hier! Kommt, so schnell euch Dampf und Feuer herbringen können.»

Auch Kanada brauchte Organisatoren. Dort hatten zwei gleichgesinnte Pioniere aus eigener Initiative mit der Arbeit begonnen. Vom Mai 1882 an patroullierten Jack Addie, ein achtzehnjähriger Kurzwarenhändler, und der Kleiderbügler Joe Ludgate auf den Straßen in London, Ontario. Sie trugen blaue Röcke und Helme wie die Bobbies. Der Gedanke der Heilsarmee verbreitete sich wie ein Lauffeuer. In Bowmanville wurde jeder in der Stadt eine führende Rolle spielende

Bürger ein Offizier der Heilsarmee. Bald kam ein Erlaß heraus, der das Fluchen auf offener Straße verbot. In Guelph gehörte ein Neuntel der ganzen Bevölkerung der Heilsarmee an. Als in Kingston, Ontario, Kapitän «Halleluja Abbie» Thompson, eine lebhafte neunzehnjährige Brünette, eines Abends eine Menge von 12 000 Zuhörern fesselte, schlug ein scharfsinniger Kosmetikfabrikant daraus gleich Kapital. Er machte sofort Reklame für seine neue Halleluja-Abbie-Seife.

So schnell er konnte, bildete Booth Kadetten für den Einsatz im Felde aus. Aber es war ein mühsames Bergaufsteigen. Vor dem Jahr 1880, in dem er mit seiner Familie von der Gore Road, Hackney, in ein sechzehn Räume umfassendes Haus in der Nordostecke des Clapton Common, East London, umzog, hatte es überhaupt keine Ausbildungsmöglichkeit gegeben. Jetzt wurde das Gore-Road-Haus so umgebaut, daß es dreißig weibliche Kadetten aufnehmen konnte, die unter der Leitung von Booths Tochter Emma ausgebildet wurden; ein Jahr später übernahm der hochgewachsene, begeisterte Ballington, Booths zweiter Sohn, ein Ausbildungsheim für Männer in Devonshire House, 259, Mare Street, Hackney.

Heute müssen die Heilsarmeekadetten, bevor sie befördert werden, einen zweijährigen Kurs in einer der zweiundvierzig Schulen durchmachen. Sie führen dort ein hartes, diszipliniertes Leben, aber das verblaßt neben der spartanischen Strenge, mit der sie in Mare Street erzogen wurden. Dort lernten sie die «Schrubbologie». Beim ersten Morgengrauen mußten sie aufstehen, die weißen Steinstufen scheuern, Stiefel und Fenster putzen und ihre Betten machen. Ihr siebenwöchiger Kurs war vom ersten bis zum letzten Tag mit praktischer Arbeit ausgefüllt: nachdem sie bei Freilichtversammlungen übel beschimpft und mit faulen Eiern beworfen worden waren, mußten sie die schmutzigen Körper kranker Menschen waschen und ihre verfilzten Haare kämmen. Dann trotteten sie nach Hause, um Kartoffeln zu schälen für ihre Abendmahlzeit, die aus Brot, Tee und vielleicht einem Räucherhering bestand. Oft war der Tee wäßrig und das Brot sauer.

Im November 1881 sammelte Booth 11 000 Pfund, um das Londoner Waisenhaus in Clapton zu kaufen: weite, kalte Baracken, die von einer hohen Ziegelmauer umschlossen waren. Da tauchten immer neue Probleme auf. Das dringendste war natürlich die Finanzierung. Theoretisch sollten alle Kadetten etwas zu ihrem Unterhalt beitragen, aber unter hundert konnte nicht einer auch nur einen

Bruchteil der Kosten aufbringen. Und Zuschüsse, um überhaupt die Arbeit in Gang halten zu können, hingen immer vom guten Willen einiger Menschenfreunde ab. Ein reicher Methodist, von dem Booth einen Beitrag erbat, Dr. James Wood, ein Rechtsanwalt aus Lancashire, wollte über 100 Pfund erst hinausgehen, nachdem er selbst eine Whitechapel-Versammlung mitgemacht hatte und unter den Bekehrten saß. Später erklärte er warum: Als er diese Arbeiter und Arbeiterinnen aus der Nähe betrachtete, konnte er feststellen, daß sie alle Hals und Ohren gewaschen hatten.

«General», sagte er ganz begeistert, «Ihre Arbeit ist praktisches Christentum. Ich werde Ihnen 1000 Pfund geben.»

Um in den achtziger Jahren Offizier werden zu können, mußten die Rekruten eine eiserne Gesundheit, Ausdauer und einen festen Glauben haben. Von der Sekunde an, da um 6.30 Uhr morgens die Pfeife zum Wecken schrillte, führten sie ein doppeltes Leben. Tagsüber hetzten sie die Steinstufen hinauf und hinunter, und abends kehrten sie todmüde in ihre ungeheizten Schlafkabinen zurück. 1886 wurde die Ausbildungszeit auf sechs Monate heraufgesetzt, und die Kadetten wurden in Halbjahrsgruppen trainiert. Sie wurden so hart herangenommen, daß die meisten ein Paar Schuhe abnutzten, bevor sie befördert wurden. Drei Kriegshandbücher waren ihre Leitfäden: *die Bibel, Regeln und Verordnungen* und die *Lehren der Heilsarmee;* aber es gab vieles, was sie nur durch Erfahrung lernen konnten.

Fluchenden Kneipenbesitzern in ihren eigenen Spelunken Trotz bieten war eine gefürchtete Feuerprobe; aber Booth prägte ihnen immer wieder ein: das Leben im Felde würde noch viel härter sein. Als er eine Gruppe verabschiedete, scherzte er grimmig: «Ich verurteile euch alle zu lebenslänglicher, harter Zwangsarbeit!»

Aus diesem Grund ermutigte Booth Salutisten, die mit ihm am gleichen Ort wohnten selten, Offizier zu werden. Sie mußten sich dazu bei dem Kapitän ihres Korps freiwillig melden. Nur Menschen, die sich von Gott angetrieben fühlten, konnten ein Leben aushalten, in dem ihr Einkommen nicht einmal für den nächsten Tag garantiert war.

Die Kadetten fanden bald heraus, daß die Armee keine Agentur war, um – wie Bramwell sich ausdrückte – faule Priester aufzupäppeln. Während der letzten drei Monate ihres Trainings wurden sie in Brigaden zusammengefaßt und unter Anleitung ihrer Ausbildungsoffiziere in den Felddienst eingeführt, so daß sie lernten, in Städten und Dörfern ihre eigenen Feldzüge durchzuführen. Jetzt wurde ihnen erst klar gemacht, wie überaus hart das Leben eines Feldoffiziers verlief. Ein Tag konnte damit anfangen, daß sie um drei Uhr nachts geweckt wurden, um mit einem sterbenden Mann zu beten, und damit enden, daß sie mit dem letzten Zug ein weggelaufenes Mädchen zu den angsterfüllten Eltern zurückbegleiten mußten.

Vor allem mußten sie sich mit einer Tatsache abfinden: Wenn ihre Gesundheit einen Knacks bekam, konnte ihnen die Armee wenig helfen. Geld war selbst jetzt noch knapp, und es würde noch knapper werden, wenn die Arbeit einen größeren Umfang annahm.

Das Gebet: *Unser täglich Brot gib uns heute,* sollte für alle bald einen neuen und bedeutungsschweren Sinn bekommen. Nun, da der in die Zukunft schauende Booth sich anschickte, den Armen der ganzen Welt das Evangelium zu bringen, waren die Probleme, die Löhne, ja, auch nur das zum Leben Notwendigste zu beschaffen, von Tag zu Tag schwerer zu lösen.

Im Sommer 1882 kam der Ruf, so bald wie möglich ein Arbeitskommando nach Indien zu entsenden. Ein Rundschreiben schilderte mit allen Einzelheiten das Leben, das die Freiwilligen dort erwartete. «Denkt daran, ihr seid wahrscheinlich ganz allein auf euch gestellt. In den Dörfern müßt ihr darauf gefaßt sein, daß ihr außer ein paar Matten überhaupt keine Möbel vorfindet. Ihr müßt es lernen, wie ein Schneider auf der Erde zu sitzen, zu kochen, wie es die Inder gewohnt sind, und mit ihnen zusammen eure Kleider im Fluß zu waschen.

Ihr müßt euch ein für allemal entschließen, auf all eure englischen Vorstellungen und Gewohnheiten für immer zu verzichten.»

«Schlag eine Fliege tot, und zwei werden zu ihrem Begräbnis kommen»

1880-1884

Zwar hatte sich Booth keinen bis ins einzelne gehenden Plan ausgearbeitet, aber seine Entscheidung, in Indien Krieg zu führen, sollte für die Armee einen unauslöschlichen Präzedenzfall schaffen. Von jetzt an sollten seine Soldaten wie echte Apostel Christi sich ganz in das Leben des Landes einfügen, das ihnen zugewiesen war.

Niemand konnte den nach Indien gehenden Freiwilligen ein besserer Führer sein als Major Frederick Tucker, der schlanke, asketische Zivilbeamte, der auf alles verzichtet hatte, um Booth zu folgen. Nicht nur hatte seine Familie in den stürmischen Jahren der *Indian Mutiny* (Indischer Aufstand) in Indien gelebt und war dort ums Leben gekommen; Tucker selbst hatte von seinen dreißig Lebensjahren elf im Lande zugebracht. Er sprach fließend Urdu, Hindustani und Sanskrit. Sogar die Fakire auf den Bazars nannten ihn brüderlich den «*Laß dich retten, während du noch am Leben bist*»-Prediger.

Am 19. September 1898 begann sein großer Kreuzzug. Langsam und bedächtig legte der 3000-Tonnen-Postdampfer am schwimmenden Apollo-Bunder-Landungssteg in Bombay an. Krankheit hatte Tuckers Gruppe auf vier Menschen zusammenschrumpfen lassen; Captain Henry Bullard, die Leutnants Arthur Norman und Mary Thompson waren zuerst seine einzigen Helfer in dem Unternehmen, das vor ihm lag. Keiner von ihnen würdigte das am Ufer in makellos weißen Uniformen aufmarschierte Polizeikommando eines Blicks. Sie mußten das Ausladen ihres Gepäcks überwachen, und wen die Polizisten auch erwarten mochten – sicher nicht die Heilssoldaten.

Tucker konnte natürlich damals noch nicht wissen, daß der Gouverneur von Bombay, Sir James Ferguson, ein fanatischer Gegner der Absicht der Heilsarmeesoldaten war, so leben zu wollen wie die Inder. Fast dreißig Jahre nach der Indian Mutiny hielten die Briten in

Indien immer noch an einem Kastensystem fest, das ebenso raffiniert war wie nur irgend etwas, das die Brahmanen sich ausdenken konnten. In den schattigen Gärten des erlauchten Byculla Klubs schlürften die «Burra Sahibs» ihren mit warmem Wasser vermischten Whisky und schimpften wütend über die an dem Tag in der *Times of India* angekündigte Invasion der Heilsarmee, die dem Prestige des weißen Mannes nicht wieder gutzumachenden Schaden zufügen würde. Wie *ein* Mann billigten sie das trotz der Vorbehalte der Polizei gegebene Versprechen Fergusons: er werde Tucker aus der Stadt ausweisen.

Aber so wie Booth die Dinge ansah, hatte Gott die Bewohner von Indien – mehr als ein Sechstel der Menschheit – der Fürsorge Englands anvertraut, und doch waren dort mehr als fünfzig Millionen Männer und Frauen dem physischen und geistigen Hungertod ausgeliefert. Als der Major das Londoner Hauptquartier verließ, waren Booths letzte Worte gewesen: «Schlüpft in ihre Haut hinein!» Und auch Tucker hatte sich geschworen, das von ihm abgelegte Gelübde zu halten.

Tucker und seine Leute waren an ihren gelben, bis zu den Knien reichenden Röcken, den Hosen, Turbans, Halstüchern und englischen Stiefeln leicht zu erkennen. Sie fingen nun an, ihr Gepäck auf einen, von ihnen «Streitwagen» getauften, Ochsenkarren zu verladen. Da tauchte Polizeioberst Harry Brewin vor ihnen auf. «Wann», fragte er Tucker in barschem Ton, «werden die andern Mitglieder eurer Gruppe an Land gehen?» Tucker antwortete verwundert: «Wir sind die ganze Armee.»

Einen Augenblick war Brewin sprachlos. In Militärkreisen war verkündet worden, die Heilsarmee werde Indien im Sturm einnehmen, aber wie konnten drei Männer und ein Mädchen Anlaß zu blutigen Unruhen geben? «Wir haben erwartet, daß ihr in einer Stärke von tausend Mann eintreffen würdet», erklärte er ziemlich einfältig.

Aber selbst tausend Heilssoldaten hätten kein größeres Aufsehen erregen können als Tuckers kleine Gruppe. Als sie den Anlegeplatz verließen, folgten ihnen zwar nur die Polizisten und ein paar neugierige Zuschauer. Tucker schritt voran, in den Händen die Fahne mit der Aufschrift «Blut und Feuer». Bullard blies das Horn, Norman, ein ehemaliger Schmied, schlug auf seine Trommel, als wäre sie ein Amboß; Mary Thompson, fröhlich auf dem Tamburin klimpernd, machte den Schluß. Aber als die Armee am folgenden Tag in einem großen Zelt in der Stadtmitte «das Feuer eröffnete», strömte eine vielköpfige, weißgekleidete Menge herbei, um sich diese seltsamen Neuankömmlinge anzusehen. Eine Zeitung hetzte: «Man sollte doch Narren nicht erlauben, die Lunte an ein Pulverfaß zu legen.» Und jetzt gab Sir James seiner Polizei Befehl einzugreifen.

Am folgenden Tag bestellte Kommissar Sir Frank Soutar Tucker und Bullard in sein Büro und stellte ihnen ein Verlegenheitsultimatum: von jetzt an durfte die Heilsarmee keine öffentlichen Versammlungen mehr abhalten und keine Umzüge in den Straßen veranstalten. Tucker protestierte energisch. Da er sich in der indischen Gesetzgebung ebenso gut auskannte wie Sir James, wußte er, daß Versammlungen und Umzüge ganz legal waren. Hindus und Moslems paradierten mit Muschelhörnern und Trommeln in den Straßen, sogar in den Stunden nach Mitternacht. Die Christen hätten das gleiche Recht.

Der Kommissar blieb hartnäckig: seine Befehle setzten dieses Recht außer Kraft. Höflich, aber bestimmt antwortete Tucker: «Wir *werden* marschieren!»

Die Entscheidung des Kommissars war unüberlegt getroffen. Als ehemaliger Zivilbeamter wußte Tucker sehr wohl, daß es keine leichte Aufgabe war, zwischen Hindus und Moslems Frieden zu halten. Da aber sein Glaube an Gerechtigkeit unerschütterlich war, mußte er auch das Recht der Heilsarmee verteidigen, ihren Glauben in aller Öffentlichkeit zu bekennen. Noch am gleichen Abend marschierte er mit seinen Getreuen, fröhlich singend und spielend, hinaus in die milde, blaue indische Dämmerung, doch an der Wegkreuzung zur Obelisk Road machten sie plötzlich Halt. Von einem bis zum andern Trottoir war die Straße durch eine starke Phalanx von Polizisten blockiert, einige zu Fuß, andere im Sattel auf glänzend gestriegelten Pferden.

Der stellvertretende Kommissar John Godfrey Smith stieg vom Pferd und gab pathetisch die folgende Erklärung ab: «Im Namen Ihrer Majestät, der Königin von England und der Kaiserin von Indien, befehle ich euch, auseinanderzugehen!» Tucker trat hervor, hob die Hand, um Schweigen zu gebieten. Seine Stimme klang klar und furchtlos, als er antwortete: «Im Namen Seiner Majestät des Königs der Könige und des Herrn aller Herren befehle ich euch, beiseite zu treten.»

Zwischen der Heilsarmee und dem Gouverneur vom Bombay bestand seitdem ein Kriegszustand, der mit Unterbrechungen fünf Monate dauern sollte. Tucker und seine Gefolgschaft wurden zunächst eingesperrt und angeklagt, sie hätten eine Versammlung abgehalten, die sehr wahrscheinlich einen Friedensbruch zur Folge haben könnte. Dann wurden sie mit einer Verwarnung zunächst wieder freigelassen. Als sie aber wenige Tage darauf von der Polizei unter derselben Anklage wieder verhaftet wurden, sah der Gouverneur, Mr. Dosabhoy Framjee, die Angelegenheit ernster an. Nach einem sechs Stunden dauernden Verhör wurde das Urteil verkündet: 50 Rupien = 1 Pfund Geldstrafe oder 12 Tage Gefängnis.

Wie alle Pioniere der Heilsarmee lehnte Tucker aus Prinzip die Geldstrafe ab und nahm die Freiheitsstrafe an. Als dann noch ein Befehl auf Beschlagnahme seines Eigentums erging, kaufte Harry Brewin, der heimlich mit der Heilsarmee sympathisierte, die Gegenstände auf einer Auktion prompt wieder auf und händigte sie den Angeklagten wieder aus.

Sir James Ferguson war tief empört über Tuckers Verwegenheit. Es war doch undenkbar, daß diese von den Indern *Muktifauj* genannte Armee in den von Gerüchen überladenen, engen Gassen des Eingeborenenviertels herumlief, und wie die Kulis von «*chapattla*», dem ungesäuerten indischen Brot, lebte. Bereits vertrieben sie auch den *Kriegsruf* in drei verschiedenen Sprachen. Ihre Propaganda konnte die Gemüter der Moslems oder der Hindus zur Weißglut erhitzen. So wurden Tucker und seine Offiziere zum drittenmal verhaftet und William Wabb vorgeführt, der den höchsten Beamtenposten innehatte. Jetzt schwebte über ihren Häuptern nicht mehr eine Geldstrafe, sondern die Aussicht auf sechs Monate Kerker.

Nur Tuckers beispiellose Kenntnis der indischen Gesetzgebung trug schließlich den Sieg davon. Er stützte sich auf eine nach der Mutiny erlassene Proklamation, in der den Behörden «bei Strafe unseres höchstens Mißfallens» ausdrücklich verboten wurde, sich einzumischen, wenn es um die religiöse Überzeugung ging. Der Beamte bekam die Sache satt und zog die Anklage zurück.

Tucker wollte jetzt nur Zeit gewinnen. Er hatte das Gefühl, daß die Anhänger der Armee ihre Gegner an Zahl bald übertreffen würden. Nach einer Protestversammlung in Ratham in Kalkutta hatten 3000 prominente indische Persönlichkeiten an den Vizekönig, den

Marquis of Ripon, eine Eingabe gemacht, in der sie die von den Behörden in Bombay veranstaltete Verfolgung und Verächtlichmachung einer religiösen Überzeugung beklagten. Weit davon entfernt, die Inder zum Aufruhr zu reizen, hatte das «Blut-und-Feuer»-Banner monatelang unbelästigt über dem Zelt der Armee im Winde geweht. Und Tucker selbst war der einzige Christ, der jemals von den Sikhs eingeladen wurde, vor ihnen in ihrem heiligen Goldenen Tempel zu Amritsar zu predigen.

In Wahrheit war die Anwesenheit von Booths Armee in Indien einzig und allein für Europäer ein Stein des Anstoßes. Sie sahen in der Tatsache, daß Briten und Inder als ebenbürtig erscheinen konnten, eine gefährliche Bedrohung der britischen Herrschaft in Indien. In den Augen der Inder waren Mitglieder der Armee unterdrückte Verteidiger der Freiheit und Leute, deren religiöse Überzeugung sinnvoll war. Einer sagte einmal zu Tucker: «Wir wollen gern Christus annehmen, wenn Er Seinen Hut abnimmt und Seine Hosen und Stiefel auszieht.»

Weitere Verhaftungen folgten, und ein Mitglied der Armee wurde zu einem Monat Gefängnis verurteilt, obwohl der englische Rechtsanwalt Lewis Ingram tausend Meilen von Lucknow aus nach Bombay gereist war, um die Heilsarmee kostenlos zu verteidigen. Aber als der Februar 1883 anbrach, hatte die öffentliche Meinung immer entschiedener gegen Sir James Ferguson Stellung genommen. Als wieder zehn Heilssoldaten verhaftet worden waren, ergriff der erste Beamte der Stadt die Gelegenheit beim Schopfe: Tucker wurde zu einer privaten Besprechung mit Polizeikommissar Soutar eingeladen.

Das Ergebnis war, daß es zu einem von Tucker schon seit langem vorgeschlagenen Kompromiß kam: Die Armee verpflichtete sich, in den orthodoxen Moslemquartieren der Stadt keine Umzüge mehr zu veranstalten, aber, abgesehen von besonderen Notfällen, durfte sie in den nicht von Moslems bewohnten Straßen singen und beten.

Erst später erfuhr Tucker, daß sich das India Office in London eingeschaltet und angeordnet hatte, daß die Verfolgung der Heilsarmee aufhören sollte. Die *Muktifauj* hatte ihren ersten Sieg errungen.

Doch nicht alle Probleme waren gelöst. Gewiß, wenn Tucker Leute gewann, die mit der Sache der Armee sympathisierten, so pflegte das die finanzielle Last zu erleichtern. Die hundert Pfund, die Booth für die Arbeit in Indien bewilligt hatte, waren längst erschöpft. Allein in Kalkutta hatten Wohltäter 400 Pfund gesammelt, um einen Saal für die Heilsarmee zu bauen. Tucker hatte für Männer und Frauen Trainingsstätten und in verschiedenen Städten gut arbeitende Stützpunkte eröffnet: z. B. in Bombay, Kalkutta, Madras, Poona, Lahore und Colombo auf Ceylon. Jeder Rekrut, den Tucker gewann, war schon ein bekennender Christ. Doch alle seine Anstrengungen, Inder zu gewinnen, die einer höheren Kaste angehörten, waren vergeblich.

Der Major kannte Indien zu gut, als daß er das indische Volk hätte verurteilen können. In den Trainingsschulen pflegten alle Kasten die Mahlzeiten gemeinsam einzunehmen. Aber nach dem verwickelten Kastensystem war es jeder Familie verboten, mit den Mitgliedern einer niederen Kaste zusammen zu speisen. Ein Brahmane, der Heilssoldat wurde, galt in seiner Familie als gestorben. Sein Bild wurde auf einem Scheiterhaufen verbrannt und die Asche feierlich begraben. Wenn seine Eltern ihm auf der Straße begegneten, würden sie an ihm vorbeigehen, ohne ein Zeichen des Erkennens zu geben.

Ein Bekehrter, Kumara Singh, bat dringend darum, von seiner Heimatstadt 900 Meilen weit nach Bombay geschickt zu werden, bloß um der Verfolgung durch seine Familienangehörigen zu entgehen. Doch seine zornigen Verwandten spürten ihn nicht nur in seinem neuen Wohnort auf, sondern entführten ihn und hielten ihn zwei Jahre lang gefangen. Er wurde kahl geschoren, und weil man den Verdacht hegte, er habe Schweinefleisch gegessen, versengte man seine Zunge mit einem heißen Eisen. Als es ihm schließlich gelang zu fliehen und wieder zur Armee zu stoßen, erklärten ihn seine Leute für tot.

Eine andere Bekehrte, Pavistina, ein schlankes, hübsches Mädchen aus Ceylon, schüttete ihrem buddhistischen Verlobten ihr Herz aus: wenn er nicht zu dem von ihr erwählten Glauben übertrat, konnten sie nicht heiraten. Zur Antwort versetzte ihr der junge Mann mit einer rasiermesserscharfen Klinge elf Schnitte. Sie wurde geheilt und blieb ihrem Glauben treu. Aber Tucker wußte, daß nicht alle den Mut aufbringen konnten, die sie mit ihrer Familie verknüpfenden Bande zu lösen. Von 2000, die sich als bekehrt erklärten, waren nach wenigen Monaten schon die meisten wieder abgefallen.

Es kam Tucker zum Bewußtsein, daß das größte Problem der Armee das starre Kastensystem war und er sich in erster Linie bemühen mußte, die Seelen der sechzig Millionen Kastenlosen zu gewinnen.

Wenige Menschen waren je auf Erden einer solchen bewußten Verachtung ausgesetzt wie diese «Outcasts» oder «Untouchables». Wenn sie irgendwo arbeiteten, mußten sie den Erdboden mit einem Kreis von Blättern abgrenzen, damit die Menschen höherer Kasten gewarnt waren und sich nicht durch Berührung mit ihnen beschmutzten. Sie durften ihr Vieh nicht durch Wege treiben, die von höheren Kasten benutzt wurden. Ihre Toten mußten wie Tierkadaver heimlich beerdigt werden, oder sie wurden auf Flöße gebunden und schwammen den Fluß hinunter.

Tucker faßte nun einen folgenschweren Entschluß. Um diese Leute zu bekehren, sollten seine Soldaten, die jetzt aus England Verstärkung erhalten hatten, genau das Leben führen, zu dem die Kastenlosen verdammt waren. Er setzte die Kostenzuschüsse für den Lebensunterhalt seiner Mitarbeiter auf 3½ Schilling herunter. Das Tragen englischer Schuhe war nicht angebracht. Von jetzt an gingen sie barfuß wie die Bettelmönche. Erst später, nachdem sich einige durch das Laufen mit bloßen Füßen auf dem heißen Boden einen Hitzschlag zugezogen hatten, gab er nach und gestattete den Schwächeren, Sandalen anzuziehen. Sie kleideten sich in die gleichen safrangelben Gewänder, die die Fakire zum Zeichen der Entsagung trugen.

Zugleich mit der englischen Kleidung legten sie auch ihre englischen Namen ab. William Stephens, ein ehemaliger Juwelier aus Worthing in Sussex, der seine Ausbildung damit bezahlt hatte, daß er das in seinem Laden vorhandene Gold einschmolz und verkaufte, nannte sich passenderweise Yesu Ratnam (Jesu Edelstein); Clara Case, die Tochter eines reichen Farmers, hieß von nun an Nurani (Strahlendes Licht); Tucker selbst war der Fakir Singh (der Löwe Gottes); andere nahmen Namen an, die übersetzt bedeuteten: Bote der Wahrheit oder Löwe des Trostes.

Tuckers Truppe zählte bald 479 Offiziere. Sie scheuten vor keinem Opfer zurück, wenn dadurch Seelen gerettet wurden. Um die Sympathien der Familien Südindiens zu gewinnen, rasierten sie sich nach der dortigen Sitte die Köpfe und ließen nur einen kleinen runden Schopf Haare stehen, die zu einem Zopf zusammengerollt wurden. Auf der Stirn trugen sie das anerkannte Kastenzeichen der Heilsarmee: rot, gelb, blau. Der schwedische Fähnrich Carl Winge war zu den Bheels ausgesandt worden, einem kleinen kriegerischen Stamm, der in den Dschungeln in der Nähe von Bombay lebte. Um sie zu gewinnen, rüstete er sich mit dem dort üblichen Pfeil und Bogen aus und klemmte sich Messingringe in die Ohren. Den weiblichen Offizieren der Heilsarmee waren Fußringe aus Messing vorgeschrieben, wie sie die Frauen der Bheels trugen. Und die Bheels, die im Unterschied zu den Hindus keine in allen Einzelheiten festgelegte Religion besaßen, erwiesen sich als Menschen, die es wert waren, für das Christentum gewonnen zu werden. Vierhundert scharten sich um Booths Banner. Winge brachte ihnen die Frohe Botschaft. Sie begannen Gott zu lieben als die Verkörperung alles Vollkommenen, als ihren Erretter, zu dem sie beten durften.

Als echte Heilssoldaten suchten Tuckers Truppen ihren Stolz darin, sich in jeder Beziehung den Indern anzupassen. Wie die indischen Bauern putzten sie sich die Zähne mit Holzasche und wuschen sich in einer Metallschale. Wenn sie ihre einfachen, aus Curry-Reis und Wasser bestehenden Mahlzeiten einnahmen, saßen sie mit gekreuzten Beinen auf dem Fußboden. Sie suchten zu sparen wie Geizhälse. Um kein Papier zu verschwenden, wurden Sprachlektionen in den Sand geschrieben. Ein Neuankömmling schickte einen begeisterten Brief nach Hause: «Halleluja! Seit ich hier bin, habe ich noch kein Bett gesehen, sondern immer auf dem Fußboden geschlafen. Nach der Arbeit und den Besuchen der ersten Woche sind meine Füße geschwollen und mit Schwären bedeckt. Aber wenn man die glücklichen Gesichter der Bekehrten sieht, so macht das alles wieder gut.»

Alle nahmen die Härten dieses Nomadenlebens so willig auf sich, daß eine Gruppe von Offizieren ihnen angebotenes Geld glatt zurückwies. Sie hätten für den Notfall immer noch eine Rupie übrig gehabt, bis sie sich entschieden, diese für Briefmarken aufzuheben.

Niemand fand etwas dabei, daß die Heilssoldaten ihre Nahrung von Tür zu Tür erbettelten. In Indien wird es ja als eine hochverdiente Tat angesehen, einem Fakir etwas zu spenden. Auch in Ceylon üben buddhistische Priester den Brauch des *pinapati* aus: Mit einem aus Palmblättern geflochtenen Korb bleiben sie vor einem Hause stehen; wenn der Eigentümer keine Nahrung für sie bereitgestellt hat, gehen sie weiter. Einem irischen Offizier gefiel diese

Sitte ganz ausnehmend, da sie eine Schule wahrhaftiger Demut war. In Angulana auf Ceylon sprach er in 65 Häusern vor, ehe ihm jemand etwas zu essen anbot.

Ein ehemaliger Soldat der britischen Armee ging noch weiter. Um die Herzen der Kastenlosen des Poona-Gebiets zu gewinnen, lebte er mit ihnen eingepfercht in ihrer strohgedeckten, 16 Fuß mal 12 Fuß großen Lehmhütte.

Die einer hohen Kaste angehörenden Männer und Frauen zogen ihre Musselingewänder aus Angst vor Ansteckung dicht an sich, wenn Wilson sich ihnen näherte. Ladeninhaber jagten ihn fort. Seine Nahrung wurde in gehöriger Entfernung von ihm auf die Erde gesetzt. Bei Einkäufen legte er das Geld auf den Fußboden. Der Ladeninhaber wälzte die Münzen mit den Füßen im Sand hin und her, um die Ansteckungsgefahr zu beseitigen.

Booths Offiziere hatten keine Angst vor wilden Tieren. Als einer im mitternächtlichen Dschungel einen Tiger fauchen hörte, blies er fröhlich sein Horn und wurde nicht mehr belästigt. Aber es gab tödlichere Feinde als die Raubtiere. Um die Armee daran zu hindern, den Kastenlosen zu Würde und Selbstachtung zu verhelfen, schreckten die Angehörigen der höheren Kasten vor nichts zurück. Bei einer solchen Gelegenheit entrann Major Williams Stevens nur mit knapper Not dem Tod. Eines Nachts suchte er sich seinen Weg durch den regentriefenden Dschungel, der sich in der Nähe des Kap Cormorin von Keracheri nach Nagercoil erstreckt. In dem einsamen Dunkel sprangen plötzlich drei Männer aus den Büschen und schlugen mit Keulen aus Leibeskräften auf ihn ein. Unter Schmerzen rannte Stevens zu der kleinen Heilsarmeehütte zurück. Eine Minute nach ihm drangen seine erbarmungslosen Angreifer dort ein. Ein schneller Sprung durch das Fenster rettete ihm das Leben, aber die Hütte wurde völlig zerstört.

Andern erging es nicht besser. Männer einer hohen Kaste gruben in der Nähe der Behausung eines Offiziers ein paar Kokosnüsse ein und klagten ihn bei einer Polizeistation des Diebstahls an. Die Kokosnüsse wurden ausgegraben, und der Beamte verhängte eine schwere Strafe. Ein anderer Leutnant, der auf dem Markt Bananen kaufte, wurde zur Polizeistation geschleppt und der Gesetzesübertretung schuldig befunden. Eine Hindufestlichkeit war in vollem Gange, und alle Andersgläubigen waren zu dieser Zeit vom Basar verbannt. Zu drei Wochen Gefängnis verurteilt, lag der Offizier auf dem steinernen Fußboden einer verdreckten Zelle im Black-Town-Kerker. Nur Major Stevens' persönlicher Appell an das Einsehen Lord Wenlocks, des Gouverneurs von Madras, führte zur Aufhebung des Urteilspruchs.

Wie konnten die Männer und Frauen der Armee über einen so bitteren Widerstand triumphieren? Am sichersten durch ihr schlichtes, christliches Beispiel. Was die Christen *taten*, nicht was sie *sagten*, bedeutete alles. Ein nicht zu übertreffendes Beispiel dafür: Elizabeth Geikie, ein dunkelhaariges, blauäugiges, hübsches schottisches Mädchen aus Dundee wohnte in einer kleinen Hütte im Dschungel nahe bei Nagercoil. An die Lehmwand geheftete Bilder aus dem *Kriegsruf* waren die einzige Erinnerung an die Heimat. Eines Tages brachten die Dorfbewohner einen Mann zu ihr, der vor Schmerzen fast wahnsinnig war. Als sich Elizabeth auf das Strohlager niederbeugte, sah sie, daß ein langer Dorn wie ein Nagel den Fuß durchbohrt hatte. Nur die Spitze war noch zu sehen. Ihr Medizinkasten enthielt bloß Vaseline, das bittere Epsomsalz und Rizinusöl, aber wenn Elizabeth auch keine Zange besaß, so hatte sie doch feste weiße Zähne. Sie kniete nieder, erfaßte den Dorn und zog ihn heraus. Dann wusch sie die Wunde mit Kokosnußöl und verband sie mit sauberem Linnen. Am nächsten Tag, als die Schmerzen nachgelassen hatten, kamen die Dorfbewohner und wollten mehr über Elizabeth Geikies Gott hören. Der verwundete Mann und seine Frau wurden beide bekehrt, obwohl sie Elizabeths Predigten niemals voll verstanden. Aber eines verstanden sie: um ein Leben zu retten, hatte eine weiße Frau mit ihren Lippen, dem heiligsten Teil ihres Körpers, den verachtetsten Teil des menschlichen Leibes, den Fuß, berührt.

Solche unscheinbaren Anfänge im Dschungel von Nagercoil führten unwiderstehlich zu der Einrichtung von 26 Hospitälern und Arzneiverteilungsstellen sowie den beiden Leprakolonien, die heute von der Heilsarmee in Indien unterhalten werden. Aber sie führten auch zu missionarischen Triumphen. Einige Dörfer, wie Manakudi in Travancore, hatten schon ihre Tempel der Armee angeboten. Die Götzenbilder wurden zu Staub zermahlen, und in den Schreinen fanden Offiziere der Armee Quartier. Aber Elizabeth Geikie machte sich hinsichtlich ihres Dorfes keine Illusionen. Wenn das Herbstfest von Ganesa-Caturthi herankam, dann brachten die gleichen Männer und

Frauen – ein trunkener Haufen – Ganesh, dem elefantenköpfigen Gott, wieder ihre Opfergaben dar, und die Teufelstänzer schlürften gierig Schalen voll Ziegenblut hinunter, wirbelten im Tanz herum und schrien, bis sie besinnungslos hinfielen.

Die furchtsamen Dörfler warnten Elizabeth: wenn sie sich da einmischte, könnte es ihr Leben kosten; doch sie ließ sich nicht erschrecken. Am Abend des Festes verbarg sie sich im Tempel, der eigentlich ein kaum brusthohes, kleines Heiligtum war. Vom Dorf her pulsten die Tam-Tams, und sie hörte das Kreischen betrunkenen Gelächters. Jetzt stürzten ein paar Dutzend Männer und Frauen in die mondüberstrahlte Lichtung, in ihren Armen trugen sie Kokosnüsse, Zitronen und Reis. Ein Mann hatte sich eine Ziege um den Hals gelegt. Plötzlich sahen sie zu ihrem Staunen, wie Elizabeth aufrecht und ruhig mit ausgebreiteten Armen hoch oben auf dem Schrein stand, festlich in einen lachsfarbenen Sari gekleidet.

Ihre Stimme war voller Vorwurf: «Ihr seid jetzt Kinder des lebendigen Gottes. Legt eure Opfergaben nieder. Dieses Götzenbild kann nichts damit anfangen. Beugt die Knie, denn wir wollen jetzt alle beten.» Man hörte keine Flüche. Es herrschte ein langes, betroffenes Schweigen. Da unten, inmitten der Menge, standen Männer und Frauen, die sie gepflegt hatte, als sie cholerakrank waren; den Armen hatte sie Nahrung verschafft und sie getröstet. Immer hatte sie nur die Wahrheit gesprochen und nie etwas anderes im Sinne gehabt, als ihnen wohlzutun. Da legten diese Menschen willig ihre Opferbündel hin und knieten nieder im schweigenden Gebet. Dies waren die ersten von vielen Opfergaben, die Gott an dieser Stelle dargebracht werden sollten, an der gleichen Stelle, wo heute noch in Alady die Halle der Heilsarmee steht.

Der Triumph der Armee in Indien war größer, als es Tucker erwartet hatte. Mit der Zeit betrachteten viele Inder die von ihr vertretene Glaubensüberzeugung als eine einheimische Religion. Das öffentliche Zeugnis von Männern wie Sathanesian, ehemals ein Teufelspriester des Gottes Ammon, half dazu, dieses Gefühl zu verbreiten. Oft pflegte der schlanke, schöne Priester mit dem eisgrauen Bart auf dem Marktplatz zu Travancore zu erzählen, wie er dem Glauben an eine Göttin, deren Dienst Orgien zwischen achtjährigen Kindern verlangte, abgesagt hätte, um jetzt einem Gott zu dienen, der nur ein reines Herz und eine dem rechtschaffenen Leben geweihte Seele verlangte. Als der später zum Kommissär ernannte Tucker mit seinem Unterführer, Oberst Arnolis Weerasoriya, einem Buddhisten aus Ceylon, der einst eine Bibel öffentlich verbrannt hatte, an einer Eisenbahnstation ankam, betrachtete ein neugieriger Eingeborener nachdenklich ihre geschorenen Köpfe und die Kastenzeichen der Heilsarmee. Schließlich fragte er Weerasoriya: «Hast du diesen Engländer bekehrt?»

Die Inder sahen auch, daß Weerasoriya, als Tuckers Stellvertreter, in ganz Indien und Ceylon im Rang über mindestens hundert englischen Offizieren der Heilsarmee stand. Sie erkannten in ihr eine internationale Armee, die ihrer Zeit weit voraus marschierte, indem sie keine Barrieren der Rasse und der Farbe gelten ließ. Jeder Mensch wurde als der angesehen, der er wirklich war: nämlich ein Bruder, für den Christus gestorben war.

Der Druck, den eine weltweite Organisation ausübte, begann sich auch auf William Booths Dasein auszuwirken. Vom September 1881 an schien das Leben in seinem neuen Hauptquartier niemals stillzustehen. Es war ein ehemaliger Billard-Klub, Queen Victoria Street 101, einen Häuserblock von der St.-Paul's-Kathedrale entfernt. Der Umzug dahin war ohne große Umstände vonstatten gegangen. Der Umbau des Gebäudes hatte weniger als 600 Pfund gekostet, und die meisten Möbel aus der White Chapel Road wurden in einem gebrechlichen Handwagen herangefahren, den «Zulu George» zog, ein dunkelhäutiger Kadett aus dem Devonshire House Training Home. Bei einem so mit Arbeit ausgefüllten Tageslauf schien alle feierliche Zeremonie fehl am Platz. Die meisten der achtzig im Hauptquartier beschäftigten Hilfskräfte betrachteten Überstunden sehr bald als normal. Wer sich abends nicht fröhlich einen Räucherhering und eine Tasse Tee aus Pearce's Coffee Shop kommen ließ und dann bis Mitternacht weiterarbeitete, war kein Soldat nach dem Herzen Booths.

Die Statistik allein zeigt schon das Ausmaß dessen, was Booth geleistet hatte. Im Jahre 1884, drei Jahre nach der Übersiedlung in die Queen Victoria Street, bestand die Armee aus 900 Korps; 260 davon befanden sich im Ausland. Doch von 500 in Übersee arbeitenden Offizieren waren nur 90 von England ausgesandt worden. Railtons Idee, die Evangelisation im Ausland in die Hände von einheimischen Offizieren zu legen, bewährte sich gut. Der Etat der Armee belief sich jetzt auf 30000 Pfund im Jahr. Im Hauptquartier herrschte die Siebentagewoche. Oft gingen an einem Tag 2000 Briefe ein und aus.

In diesem Jahr gönnten sich auch William und Catherine die ersten und letzten Ferien, die sie je zusammen verlebten: eine kurze Erholung in einem Heim in Lytham St. Anne's an der Küste von Lancashire. Danach beanspruchte die Arbeit für Gott immer irgendwie den Vorrang.

Booths Mitarbeiter merkten, daß ihr Chef reizbar, ja sogar mürrisch wurde. Er war fast nie frei von Verdauungsbeschwerden, die ihn fortwährend quälten. Manche Leute bekannten, daß sie, wenn er zugegen war, vor Nervosität Blut schwitzten. Zum Frühstück aß er nur ein gekochtes Ei und Toast mit Butter. Dazu trank er ungesüßten Tee. Er donnerte: «Mein Tee muß heiß sein wie meine Religion!» Sein Lunch bestand aus einer Gemüsesuppe und Käse, manchmal mit einem Apfel oder einer gebratenen Kartoffel, und das waren auch die Hauptbestandteile eines Imbisses, den er am Nachmittag und am Abend zu sich nahm. Kein Botenjunge konnte von dem fett werden, was Booth auf dem Teller ließ. Während der letzten vierzig Jahre seines Lebens rührte er selten Fleisch an. Er aß mit der ausgehungerten Hast eines Menschen, der dauernd Magenschmerzen hat.

Aber in seinem Heim am Clapton Common fand er immer noch Trost und Ruhe im Kreise der Familie. Der junge Theodore Kitching, der ehemalige Quäkerschullehrer, entsann sich stets eines Nachmittags, als er mit Catherine Tee trank. Sie stopfte dabei in aller Gemütsruhe die Strümpfe des Generals. Aber plötzlich, als der Wagen des alten Balls, des örtlichen Droschkenkutschers, draußen vor dem Haus knirschend zum Stehen kam, sprang sie wie eine junge Braut auf und eilte zur Tür.

«Ach, William, wie schön, daß du kommst, aber wie müde du wieder aussiehst!» Gleich war sie an seiner Seite, brachte ihm die wollenen Hausschuhe, die sie selbst gestrickt hatte, streichelte und küßte seine Hand und strich ihm über das Haar, als er an ihrer Seite Platz nahm. Tief bewegt verließ Kitching auf Zehenspitzen das Zimmer. Diese Liebesleute waren nun 53 Jahre alt, und bald würden sie ihren dreißigsten Hochzeitstag feiern können!

Und Booth konnte auch Trost finden, wenn er an seine Kinder dachte, die ihr Leben Gott geweiht hatten. Nach einer Abendversammlung hockten sie oft noch in der Küche, verschlangen hungrig wie die Wölfe Käse und Frühlingszwiebeln und erzählten aufgeregt Geschichten von Neubekehrten und Rekruten. Das gab Booth immer neuen Lebensmut. Der 28jährige Bramwell war immer noch der getreue Stabschef seines Vaters. Er hatte zuerst ein gewisses Unbehagen gehabt, als er die Art von Rekruten sah, auf die die Armee eine so große Anziehungskraft ausübte, aber schließlich hatte er sich zu der Ansicht Abraham Lincolns bekehrt: Gott muß doch die gewöhnlichen Leute besonders liebhaben, weil er so viele davon erschaffen hat. – Kate hatte das Schlimmste der Kämpfe in Frankreich überstanden. Herbert, der zu ihrer Unterstützung auch dahin gefahren war, sollte jetzt als Leiter des Männer-Ausbildungsheims Ballingtons Nachfolger werden. Nur die 20jährige Marion war zu zart, um sich an dem Kampf der Armee aktiv zu beteiligen. Die 24jährige Emma würde bald als Gattin von Major Frederick Tucker nach Indien abreisen. Im gleichen Jahrzehnt sollte Booths fünfte Tochter, die 16jährige Lucy ihr folgen.

Und Evangeline mit ihrem feurroten Haar und ihrer noch feurigeren Redegabe berechtigte zu großen Hoffnungen. Daran war auch George Railton nicht unbeteiligt. Wenn die junge Eva zu Mittag nichts essen wollte, legte er ihr schmackhaftere Bissen von seinem eigenen Teller auf den ihrigen und widerstand allen Bemühungen Catherines, die ihn wieder auffüllen wollte. So lernte Eva, ihren Eigenwillen zu beherrschen. Wenn sie ungezogen oder launisch war, mußte ein anderer dafür büßen. Zuerst waren William und Catherine insgeheim recht in Sorge gewesen. Würde Eva mit ihrem angeborenen Sinn für das Dramatische die Armee verlassen und Schauspielerin werden? Aber Eva hatte gelernt, ihr schauspielerisches Talent in die richtigen Bahnen zu leiten. Als 18jähriger Leutnant der Armee identifizierte sie sich mit den Leiden der Armen: «Ich war selbst der Schornsteinfegerjunge. Ich war die Frau, die an der Straßenecke verwelkte Veilchen feilbot. Ich führte nicht nur *ein* Leben, sondern viele.» Die Leute auf der Straße kannten alle das hübsche, lebensprühende Mädchen, das selbst auf dem Piccadilly Circus Blumen verkauft und in öffentlichen Kneipen zum Akkordeon Heilsarmeelieder gesungen hatte. Sie nannten es den «Weißen Engel der Slums».

Siebzehn Jahre, nachdem Booth in der Mile End Waste das Feuer eröffnet hatte, konnte er auf seinen Entschluß stolz sein, der zu diesem Zeitpunkt voll gerechtfertigt zu sein schien. Als er eines Tages, anläßlich einer Versammlung in der Exeter Hall (am «Strand»), der Kritik eines Bischofs an den aggressiven Methoden der Armee entgegentrat, machte er einen solchen Eindruck auf die Zuhörer, daß sie seiner Sache 9000 Pfund stifteten.

Aber andere Mitglieder der Geistlichkeit fühlten sich bewogen, ihm Anerkennung zu zollen. Schon im Anfang des Jahres 1882 hatte Dr. William Thomson, der Erzbischof von York, in der Stellung zur Armee eine radikale Wendung vollzogen und ihre Verschmelzung mit der Church of England angeregt. Er bekannte, daß es Menschen gebe, die seine Kirche nicht mehr ansprechen könne. Als man an einem Abend in der Woche in dieser Gegend Londons eine Schätzung veranstaltete, fand man, daß in den Sälen der Armee fast 17000 am Gottesdienst teilnahmen, während man in den gewöhnlichen Kirchen nur 11000 zählte. Booth saß an einem Tisch mit führenden Geistlichen wie Dr. Benson, Bischof von Truro, und Randall Davidson, dem damaligen Dekan von Windsor. Dennoch wurde der erwähnte Vorschlag abgelehnt. Booth wollte nicht ein Jota von seinem alleinigen Kontrollrecht aufgeben, und George Railton bestärkte ihn in dieser Ansicht. Die Armee hatte den Erdball umspannen können, gerade weil sie so beweglich, so eigenwillig und so völlig unkonventionell war.

Einem Geistlichen, der über den Erfolg der Armee staunte, erklärte Booth ganz freundlich: «Sehen Sie, wir haben eben keinen guten Ruf zu verlieren!»

Wo auch die Heilsarmee an die Arbeit ging, ihre Erfolge waren immer noch ganz unbegreiflich. Im Rhondda-Tal, einst die verkommenste und am meisten von Trunksucht verseuchte Gegend von Süd-Wales, wurden innerhalb sechs Wochen 2000 Seelen bekehrt. Um ihre Sinnesänderung zur Schau zu tragen, steckten sich die Leute weiße Rosetten an. Eine Kneipe schenkte in einer ganzen Woche nur drei Maß Bier aus. In Newcastle-on-Tyne bot ein ganz verstörter Schnapsverkäufer Rachel und Louise Agar (den ersten «Halleluja-Lasses!») 300 Pfund an, wenn sie die Stadt mit dem nächsten Zug verlassen würden. Ihr Eifer verdarb ihm das ganze Geschäft.

Aber der Erfolg zieht nicht nur Gönner an, sondern ruft auch unversöhnliche Feinde auf den Plan. Schnell ballte sich die Opposition zusammen. Um 1886 spielte der folgende ominöse Rat, der als Frucht bitterer Erfahrungen in die «Orders and Regulations» aufgenommen worden war, immer noch eine große Rolle: «Wenn in einem Saal die Fenster eingeworfen worden sind, so verbarrikadiert man sie am besten von außen mit Brettern. Es wäre töricht, Glas einzusetzen, ehe nicht die Unfug stiftenden Elemente matt gesetzt sind.»

Nicht umsonst empfahl Booth von 1880 an seinen Soldaten, mit Vorsicht zu Werke zu gehen. Mehr als vier kampferfüllte Jahre hindurch glich das Schicksal der Heilsarmee dem zitternden Zünglein an der Waage. Booth konnte sehr wohl sich selbst und andere unbarmherzig im Handeln antreiben, wenn es die Gelegenheit erforderte, aber jetzt war offenbar Klugheit geboten. Wenn Catherine ihm auch beigebracht hatte, daß seine weiblichen Helfer nicht erwarteten, wie Porzellanpuppen behandelt zu werden, so waren dem General lebende Verkünder des Evangeliums immer noch lieber als tote Märtyrer.

Hinter den mit grünem Fries überzogenen Türen seines Büros in der Victoria Street, in dem ein lebensgroßes Porträt Catherines hing, studierte Booth mit wachsendem Unbehagen die Berichte von Tumulten und tätlichen Angriffen, die laufend aus ganz England eintrafen. Die Kneipeninhaber und Bordellwirte hatten nur zu gut verstanden, daß die Armee tiefe Laufgräben mitten durch ihr Gebiet gezogen hatte. Nun gingen sie zu einem heftigen Gegenangriff über. Was das die Armee an Menschenleben und Verwundeten kostete, trat immer mehr in Erscheinung. Die Nadelstiche der Bürokratie von Bombay und New York wurden in ihrem wahren Sinn erkannt. Die Armee lernte die traurige Wahrheit des spanischen Sprichworts kennen: «Wer ein Christ sein will, muß damit rechnen, gekreuzigt zu werden.»

Die Störmethoden und die Wurfgeschosse mochten wechseln, aber das Ziel des Pöbelhaufens war eindeutig: die Vernichtung dieser zu mächtig gewordenen Heilsarmee. In Gravesend an der Themse feuerten betrunkene Seeleute aus nächster Nähe Leuchtraketen auf singende Mädchen ab. In Whitechapel, East London, wurden Mädchen erst wie Vieh aneinandergebunden und dann mit glühenden Kohlen beworfen. In dunklen Nächten besprengten Strolche aus Gießkannen marschierende Truppen mit flüssigem Teer und brennendem Schwefel. In Hucknall, Nottinghamshire, wurde ein Kadett mit einer Gerüstplanke so zusammengeschlagen, daß er drei Tage lang bewußtlos war.

Viele Leute, die es hätten besser wissen sollen, schürten noch die Wut des Mobs. In Hastings bot der führende Gemüsehändler allen

Kunden kostenlos faule Eier an, um sie als Wurfgeschosse gegen die Heilssoldaten zu verwenden. In Folkestone sandte ein Pfarrer an den Heilsarmeekapitän ein offenes Schreiben. «Soll der Friede dieser Stadt Abend für Abend durch eine Fahne gestört werden, hinter der nichts und niemand steht?» Und er ging sogar noch weiter: Er setzte eine Belohnung für den Rowdy aus, der die Fahne der Armee an sich reißen und in seine Studierstube bringen würde. Und Edwin Bradman, der Bürgermeister, goß prompt noch Öl in die Flammen: «Jagt sie alle nach dem Hafen oder zur Hölle! Nehmt ihnen die Flaggen weg, bindet sie ihnen um die Hälse und hängt sie auf!» Von jetzt an mußten die Heilssoldaten von Folkestone durch johlende Fischer Spießruten laufen. Die Straßen waren durch die Masten der Boote blockiert, und um sie herum flogen Steine und faule Fische.

Booth war kein General, der sich im Hintergrund hielt und seine Truppen der Hitze des Gefechts überließ. So war er oft mitten drin in dem Getümmel. Als ihn auf einer Rundreise durch die Midlands ein Straßenjunge anspuckte, hielt er einen hilfsbereiten Soldaten zurück: «Wisch es nicht ab! Es ist eine Tapferkeitsmedaille.» Im Januar 1882 wurde seine Generalschaft in Sheffield auf die härteste Probe gestellt. Ein Riesendemonstrationszug, der von Elijah Cadman organisiert worden war, marschierte durch die grauen, gepflasterten Straßen nach der Albert Hall der Stadt. An der Spitze rasselte ein kleiner Wagen, auf dem eine lustig spielende Blasmusikkapelle saß. Danach kam auf einem weißen Pferd Leutnant Emmerson Davison, ein bekehrter Meisterringer aus Northumberland. Hinter dem Wagen des Generals marschierten in Schritt und Tritt ein paar Dutzend uniformierte Heilssoldaten. Ein Blick zur Seite zeigte, daß gegen tausend mit Tuchmützen ausstaffierte Rowdies, die «draufgängerischen Sheffield-Jungens», johlend und höhnend das Trottoir besetzt hielten. Plötzlich ein gellender Schrei, und sie stürzten auf die Straße und drängten sich wie die Wilden in die Marschordnung der Armee.

Nasse Lehmbrocken hagelten auf die Musikanten nieder, so daß sie, von Dreck fast erstickt und geblendet, aufhören mußten zu spielen. Ein Stein traf Davison mitten zwischen die Augen. Als er schon halb blind vor Schmerz im Sattel schwankte, traf ihn ein geschleuderter Knüppel am Hinterkopf. Nur die Anstrengungen zweier Rowdies verhinderten es, daß er kopfüber auf die Straße fiel: Der eine wollte ihn von links, der andere von rechts vom Pferd zerren. Je

Am 16. Januar 1882 wurden William Booth und seine Männer in den Straßen von Sheffield tätlich angegriffen. Nahezu 1000 mit Tuchmützen ausstaffierte Rowdies, die «draufdrängerischen Sheffield-Jungens», stürzten sich auf die friedlich marschierenden Heilsarmeesoldaten. Booth war kein General, der sich im Hintergrund hielt und seine Truppen der Hitze des Gefechts überließ. So war er oft mitten drin im Getümmel. Die Verfolgung führte dazu, daß sich die Reihen der Heilsarmee noch fester schlossen.

mehr sie sich dabei anstrengten, desto fester saß er im Sattel. Zwei Kameraden trieben sie schließlich zurück und stützten den Reiter, bis sie an der Halle anlangten. «Ich hoffe, sie werden doch noch gerettet werden», flüsterte der ehemalige Preisringer. Dann wurde es dunkel um ihn.

Währenddessen stand Booth aufrecht im Wagen. Dreck und tote Katzen flogen ihm um die Ohren. Er stieß knappe Befehle aus. Sein maskengleiches Gesicht zeigte tiefen Ernst. «Bleibt neben dem Wagen! Bleibt neben dem Wagen!» hörte man ihn zur Sammlung rufen. Er hielt die Arme ausgestreckt, um die Hörner und Tuben aufzufangen, die die hartbedrängten Männer der Musikkapelle ihm zuwarfen. Endlich erreichten sie die Albert Hall. Da gab Booth Befehl, seine zusammengeschlagenen, blutenden Kohorten sollten sich auf der Bühne aufstellen. Als die Zuhörer die verbeulten Instrumente und die mit Blut und Eigelb beschmierten Uniformen sahen, ging ein Murmeln des Grauens durch die Reihen, das sich zu einem lauten, zornigen Protest steigerte. Booth riet seinen Leuten mit grimmigem Humor: «So müßt ihr euch jetzt photographieren lassen!»

Um überhaupt am Leben zu bleiben, lernten seine Soldaten, wie sie sich am besten verteidigen konnten. Oft marschierte Elijah Cadman am Ende des Zuges, beide Arme voll toter Ratten und Katzen. «Wenn ich sie hinwerfe», erklärte er, «hat der Mob bloß wieder frische Munition!»

Theoretisch leisteten die Heilssoldaten körperlicher Gewalt gegenüber keinen Widerstand. Sie nahmen ihre Zuflucht zu einem freundlichen «God bless you» und beteten für ihre Verfolger. Aber manchmal riß ihnen doch der Faden ihrer Quäkergeduld. Als in Manchester ein Mann Mrs. Honor Burrel verhöhnte: «Hier ist eine Frau, die Wunder tun kann», packte sie ihn energisch an seinem Halstuch: «Das kann ich nicht! Aber ich kann Teufel austreiben!» Mit diesen Worten warf sie ihn die Treppe hinunter. Ein Neubekehrter wappnete sich mit einem neuartigen Schild. Er trug unter seiner Alpakajacke ein seinem Rücken angepaßtes dünnes Brett, das mit spitzen Nägeln gespickt war. Keiner, der ihn von hinten angriff, versuchte das zum zweiten Male. Marianne Faulconbridge sah das mit einem gewissen Unbehagen und machte ihm Vorhaltungen. Doch der Neubekehrte antwortete ganz harmlos: «Aber ihr habt uns doch selbst gepredigt: ‹Seid klug wie die Schlangen und ohne Falsch wie die Tauben!›»

Als die Monate dahingingen, wurde es jedem klar: Die Polizei war ein zerbrochenes Schilfrohr, und hinter ihr stand die «Frieden-um-jeden-Preis-Politik» des Home Secretary, Sir William Harcourt. Als die Beamten von Stamfort, Lincolnshire, ihn mit Fragen bedrängten, was sie denn tun sollten, wenn die Armee «das Feuer eröffnete», antwortete er kurz und bündig: «Die Umzüge der Heilsarmee sind nicht illegal, aber wenn sie ihre Gegner provozieren und der Frieden der Stadt bedroht ist, dann sollen die Beamten solche Umzüge mit allen ihnen zur Verfügung stehenden Mitteln verhindern.» Jedesmal, wenn Booth um Beistand ersuchte, wurde er mit lahmen Entschuldigungen abgespeist. Als er sich bei Edmund Yeamans Henderson, dem obersten Beamten der Londoner Polizei, über die Mißhandlungen der Whitechapel-Mädchen beklagte, verwies ihn dieser an seinen Ost-Londoner Kollegen Arnold. Der suchte die Angelegenheit zunächst zu bagatellisieren. Seinen Beamten wären auf ihren Runden keine Klagen zu Ohren gekommen.

Erst als Booth ihm handfeste Beweise vorlegte, ließ er die Maske fallen und brüllte den General wütend an: «Warum bleibt ihr denn nicht in euren Sälen und laßt die Straßen in Frieden?»

In einem Jahr allein – 1882 – wurden 669 Heilssoldaten niedergeschlagen und brutal mißhandelt. Sechzig Gebäude wurden von dem Mob völlig zerstört. Selbst die 1500 Polizisten, die jeden Sonntag im Sonderdienst eingesetzt waren, konnten Booths Truppen nicht schützen.

Weder Alter noch Geschlecht war den Pöbelhaufen heilig; sie wollten Blut sehen. In Northampton versuchte ein Rowdy ein vorübergehendes Heilsarmeemädchen mit dem Messer zu erstechen. In Wolverhampton spritzten Strolche dem Kind eines Heilssoldaten Kalk in die Augen. In Hastings wurde Mrs. Susannah Beaty, die Booth einst als eine der ersten in Mile End Waste bekehrt hatte, auch die erste Märtyrerin der Heilsarmee. Sie taumelte unter dem Hagel von Steinen und verfaulten Fischen und wurde absichtlich mit Fußtritten in den Unterleib mißhandelt. Man ließ sie für tot in einer dunklen Gasse der Old Town liegen. Die Diagnose des Arztes, ihre Verletzungen könnten sich als tödlich erweisen, sollte sich bewahrheiten. Man trug sie von der Clapton Congress Hall zu Grabe.

Oft erwiesen sich die Polizei und die Beamten als ebenso böswillig wie die Pöbelhaufen. In Boston, Lincolnshire, wurde Captain Josiah

Taylor angeklagt, er störe den Marktbetrieb, und seine Gottesdienste seien eine Qual für die kranke Schwiegermutter des Wirtes der Kneipe «The Angel Tavern». Schweigend hörten sich die Beamten Taylors Einwand an, die Kunden in der Kneipe sängen mindestens doppelt so laut, und als er sich weigerte, die Geldstrafe zu bezahlen, steckten sie ihn ins Gefängnis. Captain Truro, Cornwall, wurde wegen eines Concertinasolos auf der Straße zu zwei Monaten Gefängnis verurteilt. In Schottland wurden fünfzehn Heilssoldaten, mit Handschellen gefesselt, ins Gefängnis abgeführt. Sie hatten es gewagt, unter freiem Himmel zu predigen. In Whitchurch, einem kleinen Marktflecken in Hampshire, unterstützte der Bürgermeister Melvile Portal den örtlichen Polizeisergeanten aus vollem Herzen: nicht weniger als 93 Anklagen wegen Widerstandes gegen die Staatsgewalt waren gegen die vier ortsansässigen Heilssoldaten erhoben worden. Neben ihnen auf der Anklagebank saß die Frau eines Kaufmanns, die ihr Haus überhaupt nicht verlassen hatte. Ihr Verbrechen war, daß sie den *Kriegsruf* in ihrem Fenster ausgelegt hatte. Der Urteilsspruch: ein Monat harte Zwangsarbeit ohne die Ausweichmöglichkeit einer Geldstrafe. Nur ein Appell an das House of Lords führte zur Aufhebung der Urteile.

Solche offenbaren Ungerechtigkeiten veranlaßten viele Menschen, dagegen zu protestieren. Der berühmte Ingenieur Frank Crossley aus Manchester sprang in Altrincham, Cheshire, erregt von seinem Sitz der Beamtenbank auf und setzte sich neben ein Heilsarmeemädchen auf die Anklagebank. Von dem Tag an finanzierte er die Arbeit der Heilsarmee mit 100 000 Pfund aus seinem Privatvermögen. Auch Dr. Joseph Lightfoot, der Bischof von Durham, ergriff rückhaltlos Partei für die Armee: «Diese Leute haben uns die verlorengegangenen Ideale kirchlicher Arbeit wieder ins Gedächtnis gerufen: überall in der Welt die Seelen der Menschen zu gewinnen.»

Der Staatsmann John Bright schrieb aus dem House of Commons an Catherine: «Die Leute, die euch verfolgen, hätten ohne Zweifel auch die Apostel verfolgt.»

Aber Booths Soldaten hatten sich daran gewöhnt, auf einsamem Posten zu kämpfen. Die Verfolgung führte dazu, daß sie die Reihen fester schlossen. Noch heute taufen die Mitglieder der Heilsarmee ihre Kinder nicht, sondern weihen sie dem Dienst der Armee. Die seither revidierte Formel der achtziger Jahre umfaßte überaus harte und bindende Versprechen: «Du mußt willens sein, daß das Kind sein ganzes Leben in der Heilsarmee zubringt, wohin es Gott auch senden mag; daß es verachtet, gehaßt, verflucht, geschlagen, gestoßen, ins Gefängnis geworfen oder getötet wird um Christi willen.»

An jedem Tag um halb ein Uhr versäumte es kein Heilssoldat, George Railtons vom Geiste Gottes eingegebenen Befehl zu befolgen: niederzuknien, ganz gleich, wohin ihn der Dienst gestellt hatte, und für die im Felde stehenden Brüder zu beten.

Offiziere, wie der in dem ruhigen Seebadeort Torquay lebende John Roberts, fühlten sich in ihrer Entschlußkraft dadurch gestärkt, daß sie hinter sich unsichtbare Verbündete wußten. Die örtlichen Behörden hatten alle am Sonntag stattfindenden Straßenumzüge verboten, aber Roberts, willens, Widerstand zu leisten, beriet sich mit Eva Booth. Wo immer ein Unruheherd entstand, erging jetzt Booths Befehl: Schickt Eva hin! Mit ihr zusammen arbeitete Roberts eine neue Strategie aus. Lieber als Strafgelder bezahlen sollten die Heilssoldaten sich ins Gefängnis werfen lassen. Doch Sonntag für Sonntag waren die Straßen immer wieder voll von in die Bresche tretenden Soldaten der Armee, die man aus den in der Nähe gelegenen Städten rekrutiert hatte. Der Polizei kam es so vor, als ob die Heilssoldaten vor ihren Augen wie Unkraut aus der Erde wüchsen. Ein verärgerter Inspektor brach in die Worte aus: «Schlagt eine Fliege tot, dann kommen zwei zu ihrem Begräbnis!»

Da die Polizei die Augen zumachte, wurde die Frechheit des Pöbels immer größer. Hundert junge Rowdies in Oldham, Lancashire, die die Mädchen mit Fußtritten traktierten, organisierten als erste eine «Skeleton Army» (Totenkopf-Armee), aber bald hatte der Haßbazillus die ganze Nation infiziert. Als die «Skeletons» Sammellisten auslegten, zeichneten Brauer und Schankwirte bereitwillig hohe Beträge; in Guildford, Surrey, stiftete ein einziger Kneipeninhaber 1000 Pfund. Sie nannten sich «Skeletons», weil auf ihren Bannern ein Totenschädel mit gekreuzten Schenkelknochen abgebildet war, darunter standen seltsame Inschriften wie «Gorillas», «Ratten», ja selbst «Satan». Ihre Kampfmittel waren Mehl, Dreck, rote Ockerfarbe und todbringende Ziegelsteinbrocken.

Andere zeigten sich noch einfallsreicher. In Weston-super-Mare ließen 2000 Skeletons eine ganze Schar Tauben durch die zerbrochenen Fensterscheiben in den Versammlungsraum einfliegen. Unter ihren Flügeln hatte man roten Pfeffer angebracht, den die angstvoll hin- und herflatternden Tiere in beißenden Wolken ausstreuten. Mit wie Feuer brennenden Augen und Nasenlöchern taumelten die Zuhörer auf die Straße, wo sie der Wut des Pöbels ausgesetzt waren. Doch wenn sie sich beklagten, fanden sie wie viele andere, die sich in der gleichen Notlage befanden, bei den derzeitigen Machthabern nur wenig Gegenliebe.

Obwohl man die Verschmelzung der Armee mit der Kirche vorgeschlagen hatte, war Booth ein von vielen hochgestellten Persönlichkeiten gehaßter Mann. Jemand, dessen «Soldaten» wie Händler an den Straßenecken standen, um zu verkünden, Christus habe die Macht, die Sünder zu retten, wurde als ein schamloser Scharlatan eingeschätzt. Selbst der große Reformer Lord Shaftesbury sah in ihm den «Antichrist». Den Geistlichen mißfiel seine Quäker-Taktik, in aller Öffentlichkeit die Wahrheit zu bekennen. Sie haßten es, daß er die konfessionellen Streitigkeiten verachtete und daß er auf die Taufe und die Sakramente keinen Wert legte. Aber Booth war ein Kenner der menschlichen Seele. Aus radikalen Gründen ging er radikal vor. Nur zu bald kamen Neubekehrte, die oft einen schwachen Willen hatten, wieder dahin, sich mit äußeren Formen zufrieden zu geben, während die Stärke eines echten Heilssoldaten aus dem Innern kommen mußte. Außerdem waren viele in seinen Reihen stehende Männer bekehrte Alkoholiker; ein Schluck Abendmahlswein konnte sie wieder in den Abgrund zurückstoßen.

Einen besonders hitzigen Vorwurf machte man ihm auch, weil er den Frauen den gleichen Rang einräumte wie den Männern: Der Arbeitsplatz einer viktorianischen Frau war ihr Heim. Aber schon im Jahre 1878, als die Christian Mission zu Grabe getragen wurde, hatte Booth eingesehen, wie durchschlagend Catherines Beweisführung war: Wo man den Frauen beim Predigen Freiheit läßt, geht es mit Riesenschritten vorwärts. Er pflegte zu sagen: «Die besten Soldaten in meiner Armee sind die Frauen.» Von dieser Zeit an hatte ein weiblicher Offizier die gleichen Rechte wie ein Mann. Als damals die Zahl der weiblichen Mitglieder das Fünffache der männlichen betrug, wurde in den Regeln und Verordnungen kein Unterschied mehr zwischen «er» und «sie» gemacht. Eine Heilsarmeeoffizierin kann General, Doktor, Verleger und Prediger werden und bei Heiraten und Begräbnissen amtieren.

Fast auf sich allein gestellt, unternahm es eine junge Offizierin, Ada Smith, der Totenkopf-Armee die Stirn zu bieten. Es kam dadurch zu einer förmlichen Schlacht, in der viel Blut floß. Worthing war ein stiller Sommerkurort an der Küste von Sussex. Anfangs 1884 übernahm Captain Ada Smith das Kommando über das dort neu aufgestellte Korps. Zu ihrem Erstaunen fand sie, daß die Armee freiwillig auf alle Straßenumzüge verzichtet hatte. Nur eine mit Ziegelwänden eingeengte Gasse gab ihnen Zutritt zu ihrem Versammlungsraum, dem oberen Stockwerk eines alten Warenhauses am Prospect Place. Auf halbem Weg befand sich die Seitentür eines Ginladens. Da die Armee das Schnapstrinken bekämpfte, hatte der Ladeninhaber die Straße verbarrikadiert.

Als die Armee dagegen lebhaft protestierte, ließ der Hauswirt die Barrikade niederreißen. Von da an ballte sich die Opposition gegen die Armee massiv zusammen. Wer die Wände der engen Gasse mit einer schwarzen klebrigen Teerschicht beschmierte – das konnten die Heilssoldaten nicht feststellen. Wohl aber sahen sie, wie ihre Uniformen zugerichtet wurden, jedesmal, wenn sie einen Umzug machten. Daraufhin verbot Captain Frances Kirkby von sich aus alle Umzüge in den Straßen.

Als Ada Smith das Kommando übernahm, fand sie eine unmögliche Situation vor: Jeden Sonntag zogen wohlhabende Geschäftsleute im vorsichtigen Gänsemarsch zum Gottesdienst die kleine Gasse hinunter, während es an den Straßenecken geradezu wimmelte von den Rauhbeinen, die die Armee mit ihrer Botschaft erreichen wollte.

Um 1884 hielt die Armee in Großbritannien allein Tausende von Versammlungen unter freiem Himmel ab, und Ada Smith sah nicht ein, warum Worthing ins Hintertreffen kommen sollte. Sie gelobte sich: «Wenn der Teufel uns nicht angreift, sollten wir ihn angreifen.» Von jetzt an würden sie ihre Sonntagsgottesdienste in den Slums der Stadt oder auf dem sich vier Meilen weit erstreckenden Strand abhalten.

Das war das Signal, auf das der Feind bloß gewartet hatte. Binnen wenigen Tagen trafen sich der Kellner Jimmy Medhurst und der Arbeiter Edward Elridge, die Anführer einer Bande von fast 4000 Raufbolden, in The George Tavern, um Rekruten für Worthings Totenkopf-Armee anzuwerben. Jeder Mann sollte seine Gesinnungsgenossen an einem auffallenden Abzeichen erkennen: einem an seine

Tuchmütze gehefteten gelben Bändchen mit der Aufschrift «Excelsior». Leute, die mit ihnen sympathisierten, trugen mächtige Sonnenblumen in ihren Knopflöchern oder Spazierstöcke mit Totenkopfgriffen. Aber alle kannten die Fahne, der sie folgten und die schon auf dreißig Schritt Entfernung jeden erschreckt zum Stillstehen brachte: ein menschliches Skelett mit einem grinsenden Totenschädel, ganz weiß auf pechschwarzem Hintergrund.

Von Anfang an waren die Einwohner der Stadt wie ein Mann auf seiten der Skeletons. Die *Worthing Gazette* verhöhnte die Heilssoldaten ganz offen: «Aufgeregte, junge Burschen und hysterische Frauenzimmer, die eine pseudoreligiöse Schwärmerei für Frömmigkeit halten.»

Ein reicher Hotelbesitzer erklärte zähneknirschend: «Eine der schönsten Saisons, die wir je in Worthing erlebt haben, ist durch die lärmenden Umzüge völlig ruiniert worden.» Die betrunkenen Banden der Skeletons dagegen, die Captain Adas zwanzig Soldaten auf ihrem Marsch durch die Straßen verfolgten und sie mit Eierschalen voll blauer Farbe bewarfen – die fanden vollen Beifall. Obenan auf ihrer Sammelliste standen die Namen des Polizeiarztes Augustus Collet und des Vorstehers vom Worthing-Krankenhaus-Komitee, Henry Tribe. Er setzte sogar für jeden eine Belohnung von 20 Pfund aus, der ein Heilsarmeemädchen in die See werfen würde.

Als Booth in der Victoria Street erfuhr, daß Unruhen auszubrechen drohten, handelte er sofort. Bis auf weiteres sollte sich Ada Smith mit ihren Leuten in den Baracken aufhalten. Bevor er seine Soldaten den Gefahren der Straße aussetzte, wollte er die schriftliche Zusicherung haben, daß die Gendarmerie der Grafschaft West Sussex mit väterlichem Wohlwollen über sie wachen würde. Aber der Kommandant, Captain Robinson Drummond, ließ sich nicht dreinreden. Er würde die Heilssoldaten und die Skeletons ganz unparteiisch behandeln.

Als der Juli 1884 anbrach, war Booth ganz außer sich. Ein in scharfen Worten gehaltenes, an das Home Office gerichtetes Memorandum warf den Beamten in Worthing vor, daß sie sich weigerten, Straßenpöbel, der die Heilsarmee belästigte, zur Verantwortung zu ziehen. Doch Sir William Harcourt berief sich auf den Buchstaben des Gesetzes, wonach der Home Secretary über die örtlichen Behörden keine Machtbefugnis besaß. Drei Tage später antwortete

Booth mit einem Telegramm. Aber Sir William blieb unerschütterlich.

Einen Monat später sandte Booth an Sir William »die bemerkenswerteste Erklärung einer Polizeibehörde, die je in unsere Hände gelangt ist» – einen Brief von Captain George Drummond, der auf den ersten Blick ganz unglaublich erschien. Er bat darin die Heilsarmee, alle provozierenden Handlungen zu unterlassen und erklärte: «Die Männer, die der Totenkopf-Armee angehören, sind schon von auf höherer sozialer Stufe stehenden Personen erheblich ermutigt worden und werden es noch.»

Als Booth noch schwankte, traf die unerschrockene Ada, eines der kleinsten je aus einer Schule hervorgegangenen Mädchen, ihre eigene Entscheidung.

Mit grimmiger Entschlossenheit schrieb sie ihrem General: «Dies muß durchgefochten werden!» Es blieb Booth nichts übrig als zuzustimmen. Er warnte Sir William: «Ich habe meinen Leuten Befehl gegeben, an Sonntagen zu marschieren.»

Die Polizei in Worthing sah das rote Licht. Am Sonntag, dem 17. August, um 2 Uhr nachmittags, als Captain Ada, von einer johlenden Menge von Skeletons beobachtet, ihre Truppe vor der gemieteten Montague Hall aufstellte, kamen Reserveeinheiten der Polizei mit dem Zug und mit Wagen von den Außenbezirken in die Innenstadt. Der Stellvertreter des Kommandanten war einundzwanzig Meilen von Chichester hergereist, um den Oberbefehl zu übernehmen.

Durch Worthings schöne, aus der Zeit der Regentschaft* stammenden Straßen, zog die Prozession im Schneckentempo dahin, schwitzend unter einer sengenden Sonne. Ein Höllenlärm zerriß die Luft: Hörner, Tuben und Baßtrommeln der Heilssoldaten, das schrille Wolfsgeheul der an der Spitze marschierenden Skeletons. Auf den Trottoirs längs der Straße standen dichtgedrängt die Polizisten, hellwach für jedes Anzeichen von Angriff, in den Fäusten die schwarzpolierten Gummiknüppel.

Fast eine Stunde lang herrschte noch eine unbehagliche Ruhe, aber als die Heilssoldaten, nachdem sie ihren Rundmarsch beendet hatten, sich wieder der Montague Hall näherten, schlugen die Skeletons zu. Wie auf Verabredung setzten sie sich in Trab. Bald waren sie Adas Gruppe um 25 Meter voraus. Da machten sie halt und kehrt. Auf ihren geröteten Gesichtern stand ein freches und verächtliches Grin-

* Regentschaft Georges IV. für seinen geisteskranken Vater (1810–1820).

sen. Ein spannungsgeladener Augenblick eisiger Stille. Dann gingen sie mit wildem Gebrüll zum Angriff über. Der friedvolle Badeort war plötzlich ein Meer von schreienden Menschen, die inmitten von Ziegelstaub und Glassplittern miteinander rangen. Das rotblaue Blut- und Feuerbanner schwankte und fiel dann wie ein junger Baum zu Boden. Die Knüppel schwingend, bahnten sich die Polizisten den Weg. Die Skeletons wehrten sich mit Flaschen und Fußtritten, einzig darauf bedacht, ihre eigene Flagge zu behalten. Die Heilssoldaten umklammerten schnell ihre Instrumente und suchten sich durch Untertauchen in das verbarrikadierte Heiligtum der Montague Hall aus dem Getümmel zu retten. Mit Widerwillen gab Ada den Befehl, für diesen Abend die Prozession abzubrechen.

Aber die Skeletons hatten Blut geleckt. In der Abenddämmerung, am Montag, dem 18. August, marschierten sie in voller Stärke mit fliegendem Banner die Straßen entlang und sangen ihr Trutzlied: «Wartet, bis die Wolken sich verziehen.» In den Händen schwangen sie verächtlich die polizeilichen Vorladungen. In der Montague Hall hielten die Männer und Frauen der Armee einen friedlichen Abendgottesdienst ab. Mit Zittern hörten sie den Kriegsgesang der heranrückenden Gegner. In wenigen Sekunden hatten sie in aller Hast unter den Bänken Schutz gesucht. Steine krachten wie Meteoriten durch die hohen Fenster, und Glassplitter regneten auf sie hernieder, während sie beteten.

Innerhalb der nächsten Stunde lernten die Polizisten eine ernüchternde Lektion: selbst *sie* waren keineswegs immun! Als sie den Skeletonführer William Medhurst abschleppten, weil er einen Polizisten angegriffen hatte, folgte ihnen der Pöbelhaufe. Vor der Polizeistation legten Skeletons ein Sperrfeuer von Steinbrocken und forderten die Polizisten höhnisch auf, doch herauszukommen. Nicht einer von den Beamten ließ sich an jenem Abend noch blicken.

Das war die Chance, auf die die Skeletons gewartet hatten. Bald zogen sie, 4000 Mann stark, lärmend durch die dunklen Straßen, hin zu dem in der Montague Street gelegenen Laden von George Head, einem Klempner und Anstreicher, der als Hauswirt der Montague Hall der Heilsarmee nahestand. Er gehörte zur besitzenden Klasse, und man glaubte, mit ihm leichtes Spiel zu haben. Die Glastüren des Ladens splitterten in Stücke, zehn Skeletons zwängten sich hindurch und machten sich an die Arbeit mit der wilden Zerstörungswut von Vandalen. Head, ein bärtiger, ruhiger, entschlossener Mann, kletterte schnell die Kellertreppe hinauf und sah sich einer Übermacht von eins zu zehn gegenüber. Schon ging ein Gangster mit flackernden Minutenbrennern auf seinen Ölbehälter zu.

Die neugierige Menge auf der Straße machte keinerlei Anstalten einzugreifen. Head sah jetzt, daß ihm nur noch eins übrigblieb. Sekunden später starrten die verblüfften Plünderer in den blanken Lauf eines Revolvers. Heads Hand zitterte nicht, als er sie warnte: «Wenn ihr diesen Laden nicht sofort verlaßt, schieße ich!» Da krachte auch schon ein Schuß, und die bestürzten Zuschauer sahen, wie zwei Skeletons mit blutenden Gesichtern und Händen aus dem Laden stolperten. Als ihre Kameraden ihnen nachstürzten, machten auch die Zuschauer kehrt und rannten, was sie konnten.

Als am Mittwoch die ersten Skeletons auf der Anklagebank saßen, ließ die Polizei nicht mit sich spaßen. Man sah nun ein, daß nicht Geldstrafen, sondern Gefängnishaft das einzig wirksame Abschrekkungsmittel war. Ohne zu zögern, verurteilten die Beamten Medhurst und zwei andere Bandenführer zu je einem Monat harter Zwangsarbeit.

Das war indessen der Funke, der die Zündschnur in Brand setzte. Am späten Nachmittag stand der kleine Seebadeort völlig unter der Herrschaft des Pöbels. Banden von herumlungernden Männern streiften, auf Gewalttaten lüstern, durch die Straßen. Sie schworen, Medhurst würde Worthing niemals verlassen, um seine Strafe anzutreten. In großer Besorgnis sandte der höchste Beamte, Oberstleutnant Thomas Wilden, einen dringenden Hilferuf nach Brighton an die Preston-Kaserne. Um neun Uhr abends kam zum erstenmal in Worthings ereignisarmer Geschichte eine vierzig Mann starke Schwadron von Dragonern in ihren scharlachroten, mit blauen Aufschlägen versehenen Röcken, mit klappernden Hufen in die Stadt geritten.

Doch als sie durch die Straßen galoppierten, entflammte diese kühle Demonstration der Staatsgewalt die Wut des Mob nur noch mehr. Nachdem Oberst Wisden die Menge wiederholt zum Auseinandergehen aufgefordert hatte, stieg er auf die von Gasflammen beleuchteten Stufen des Rathauses, um die *Riot Act* (Aufruhr-Gesetze) zu verlesen, eine nie widerrufene Verfügung Georgs I. Sie ermächtigte jede Behörde, die sich etwa einem Dutzend oder mehr Aufrührern gegenüber sah, die Straßen räumen zu lassen.

Mit klarer und sonorer Stimme verlas Wisden die Verfügung: «Unsere erhabene Königin befiehlt allen hier Versammelten, unverzüglich auseinanderzugehen und sich friedlich in ihre Behausungen zu begeben. God save the Queen!»

Als seine Stimme erstarb, ritt die Kavallerie in dichter Formation drohend auf den Pöbelhaufen zu, ihre weißen Lederhandschuhe umklammerten fest die stählernen Griffe ihrer Säbel. Aber sofort verdoppelte sich das zornige Schreien. Ein Regen von Ziegelsteinbrocken prasselte auf die Messinghelme der Dragoner. Pferde bäumten sich auf und bockten. Die Polizisten, mit langen Stöcken bewaffnet, stürmten vorwärts und bahnten um sich schlagend einen Weg durch die Reihen der Skeletons. Erst um ein Uhr nachts trotteten die letzten Unruhstifter, immer noch höhnend und schimpfend, heimwärts.

Aber jetzt blieb die Polizei wachsam. Im Keller unter der Montague Hall lagerte George Head, der Hauswirt der Heilsarmee, Fässer voll Öl und Weingeist.

Die Skeletons hatten geprahlt, sie würden Captain Ada und ihre Leute bei lebendigem Leibe verbrennen, sobald sich die Gelegenheit böte. Jetzt taten vier Polizisten von der Abenddämmerung bis zum Morgengrauen Dienst vor der Montague Hall, während sechs Schildwachen der Heilsarmee im Innern des Gebäudes auf Posten standen.

Fast siebzig Jahre später entsann sich noch einer von ihnen, Sergeant Harry Standing, daß er und seine Kameraden die ersten und einzigen Soldaten der Heilsarmee gewesen waren, die je einen Heilsarmeesaal mit geladenen sechsschüssigen Polizeirevolvern bewachten.

Da Captain Drummond kein Risiko eingehen wollte, stellte er innerhalb der nächsten drei Wochen noch 230 Gendarmen ein. Es war höchste Zeit, das zu tun. Am Sonntag, dem 7. September, verlegte Ada ihren Nachmittagsgottesdienst wohlweislich in die Montague Hall. Aber zu ihrer größten Besorgnis drangen die Skeletons bis zur Plattform vor. Sechs von ihnen kletterten oben auf die Bußbank und dirigierten von dort aus unter Stöhnen und Zischen ein ohrenzerreißendes Höllenkonzert. Dann riefen sie: «Dreimal hoch, Booths Bählämmer!» Vergebens suchte Captain Ada die Ruhe herzustellen, indem sie auf einer kleinen, schrille Töne von sich gebenden Pfeife blies. Plötzlich stürmte eine alarmierte Gruppe von Polizisten in den Saal. Einer von ihnen schlug in seiner Wut einen unschuldigen Zuhörer zu Boden.

Jetzt brach vom Balkon ein wüstes, an den Dschungel gemahnendes Geschrei der Empörung los. Auf den engen, in die Haupthalle führenden Stufen drängten sich Männer wie Wildgewordene, die darauf aus waren, alles kaputt zu schlagen. Bald bildeten Hauben, Helme und Tuchmützen mit zerrissenen Gebetbüchern eine wüste Masse über den umgestürzten Bänken.

Es war kaum zu glauben – nun folgten Szenen der Gewalttätigkeit, wie sie die Stadt schon früher erlebt hatte. Als die Polizisten die Anführer der Bande zur Station abführten, wurden sie unaufhörlich mit Steinen und Ruß beworfen. Da es ihnen nicht möglich war, den Pöbelhaufen zu zerstreuen, verbarrikadierten sie alle Türen. Die Skeletons stürmten zurück zur Montague Hall, aber auch dort hielten die verbarrikadierten Tore ihrer Raserei stand. Nur ein Gebäude blieb als Ziel für ihre Zerstörungswut noch übrig: George Heads Laden.

Es war ein erstaunlicher Anblick für einen sonst friedlichen Seebadeort: der heiße, weiße Sand, der Kanal, glitzernd wie ein Schmuckstück aus blaugrauen Edelsteinen, und daneben 4000 vor Haß wahnsinnige Menschen, die sich vor dem soliden Erkerfenster von Heads Laden in der Montague Street zusammenrotteten.

Ein gewaltiger Stoß, und die Fenster des Wohnzimmers schienen auseinanderzubrechen. Durch die Scheiben hindurch sah man von innen eine unheilverkündende Gruppe von Männern mit den weißen Sternabzeichen erscheinen. Da krümmte sich einer der Anführer, Edward Olliver, und fiel hin; Blut rann aus einer Wunde am Unterkiefer. Drinnen erkannten die Einbrecher Heads vor Wut bleiches Gesicht; er feuerte einen Schuß nach dem andern ab. Draußen auf der Straße gab es ein wildes Gewühl von schäbig aussehenden Männern, die darum kämpften, mit heiler Haut davonzukommen.

Diese Schüsse bedeuteten symbolisch das Ende des Heilsarmeekrieges in Worthing. Obgleich Head verhaftet und in Kent und Sussex vor ein Schwurgericht gestellt wurde, weil er Olliver böswillig verwundet hatte, war der Urteilsspruch der Jury einstimmig: «Nicht schuldig!» Der Richter fügte noch eine Begründung hinzu: Head war voll berechtigt gewesen, sein Leben und sein Eigentum zu verteidigen. Worthings Polizei fühlte sich dadurch ermutigt und beschloß nun, der Heilsarmee gegenüber ihre Pflicht zu tun. Bei jedem sonntäglichen Umzug standen Reservepolizisten an den Straßenrändern

1884 greift die sogenannte »Skelett-Armee« Miethäuser der Heilsarmee in Worthing, Sussex, an.

Spalier, als ob es sich um eine königliche Parade handelte. Von Hauswänden und Brettern warnte in schwarzen Buchstaben eine polizeiliche Bekanntmachung: «Von jetzt an werden alle Mitglieder der Skeleton-Armee als Verbrecher behandelt und mit drei Monaten harter Zwangsarbeit bestraft, ohne die Möglichkeit einer Abstandssumme.»

Aber für Captain Ada und ihre Krieger war das herzstärkendste Ergebnis, daß ihr Glaube an die wesentliche Güte der menschlichen Natur gerechtfertigt wurde. Viele führende Kaufleute schämten sich, daß sie oft wohlgefällig dabeigestanden hatten, wenn die Heilssoldaten mißhandelt wurden. Sie banden sich jetzt weiße Armbinden um und bildeten bei den Versammlungen unter freiem Himmel eine freiwillige Leibwache.

Doch volle sieben Jahre sollten noch vorübergehen, bis die Behörden und die Polizei sich so eindeutig auf die Seite der Heilsarmee stellten, daß die Verfolgungen allmählich aufhörten. Beim ersten Zugreifen wurden fünfzig Rowdies zu je fünf Pfund Geldstrafe verurteilt; vierzehn von ihnen konnten das nicht bezahlen und mußten stattdessen einen Monat im Gefängnis sitzen. In ganz England richteten sich jetzt alle Behörden – allerdings verspätet – nach dem schon früher ergangenen Erlaß des Lord Chief Justice, Lord Coleridge: «Prozessionen und Märsche durch die Straßen sind, auch wenn sie von Musik und dem Singen von Hymnen begleitet werden, völlig gesetzlich, und jeder Untertan, der sich daran beteiligt, hat ein Recht, geschützt zu werden.» Lord Coleridge war ein entschiedener Anhänger des Generals. Er dachte an einen Präzedenzfall: Hatte sich etwa John Wesley des Aufruhrs schuldig gemacht, bloß weil ihn die Studenten des Lincoln College, Oxford, mit Dreck bewarfen? Hymnensingen und Hallelujarufen war kein störender Lärm im Sinne des Gesetzes. Die Mitglieder der Heilsarmee hatten ebenso wie alle andern Bürger unveräußerliche, gesetzlich verankerte Rechte.

In den frühen achtziger Jahren lag all dies noch in der Zukunft. Booth hatte ein Problem zu lösen, das ihm noch mehr Kopfzerbrechen machte als die dauernde Opposition: Die ihm zufließenden Hilfsquellen reichten nicht mehr, um die Bedürfnisse der schnell anwachsenden Armee zu decken.

Um 1883, ein Jahr, bevor die blutigen Unruhen in Worthing ausbrachen, besaß Booths Armee über 400 Gebäude, in denen eine halbe Million Menschen Platz finden konnten – ein Vermögen, das 64 000 Pfund wert war, aber der Baugeldfonds wies ein Defizit von 12 000 Pfund auf. Die örtlichen Bestimmungen lauteten, daß Gebäude gemietet werden mußten und ihre Benutzung nicht durch Anleihen finanziert werden durfte. Kapellen und Schulen, die andern religiösen Gemeinschaften offen standen, waren der Armee verschlossen. Oft erwies sich das als ein verborgener Segen. Männer und Frauen, die in keine Kirche oder Kapelle mehr gingen, strömten in Scharen in die «Laubhütten», die behelfsmäßigen Kultstätten der Armee: Auktionslokale, Pfandleihen, alte Sägemühlen, Schlittschuhbahnen, sogar ehemalige Brauereihöfe.

Aber viele Räume waren so kalt und feucht, daß das Arbeiten darin eine Qual war. In Heckmondwike, Yorkshire, wurden durch die zerbrochenen Fenster Regenböen gepeitscht; im hohen Deckengebälk zwitscherten die Spatzen. In Durham City war das Hauptquartier der Keller einer am Fluß gelegenen Apotheke, der jedesmal unbenutzbar wurde, wenn der Fluß über die Ufer trat. Nur die feurige Glut der Prediger der Heilsarmee konnte die Herzen der 4000 Bekehrten erwärmen, die in Hull jede Woche bis auf den letzten Platz das Kühlhaus füllten, das früher zur Lagerung von Fleisch benutzt worden war. In Bradninch, Exeter, fehlten sogar Ziegel und Mörtel. Die Offiziere hielten ihre Ansprachen vom Boden eines Wagenschuppens aus, der von einer Senkgrube und einem Schlachthaus flankiert war.

Immer größere Sorge bereitete Booth auch der Gesundheitszustand seiner Offiziere. Schon im Jahre 1878 hatte er einen *Befehl gegen das Verhungern* erlassen müssen: um die Mieten der Hallen aufzubringen und ihre Stellungen in der Frontlinie zu halten, nahmen die Offiziere fast unerträgliche Entbehrungen auf sich. Sie wohnten in schmutzigen Räumen, wo nicht verkaufte Exemplare des *Kriegsruf* als Sofakissen und Tischtücher dienen mußten; wenn in einem Spukhaus Wohnungen frei wurden, zogen sie dorthin, weil die Mieten niedriger waren.

Sie hielten ihre kärgliche Mahlzeit beim flackernden Licht einer in eine Flasche gesteckten Kerze. Manchmal stand in einem Quartier nur ein Teller zur Verfügung, den die fünf Bewohner abwechselnd benutzten. Es gab auch welche, die fast nichts aßen. Den Offizieren wurde häufig nachgeredet, daß sie in ihre eigene Tasche wirtschafteten. Das ärgerte Captain Mary Jane Casley, eine temperamentvolle, rothaarige Lassie aus Kent (Westmorland), so maßlos, daß sie sich weigerte, einen Penny ihres Gehalts anzunehmen, bevor nicht die Schulden ihres Korps beglichen waren. Oft wurde sie vor Hunger fast ohnmächtig, so daß sie von der Plattform heruntertaumelte.

Und andere gönnten sich ebensowenig. John Lawley, einer von Booths ersten Mitarbeitern, lebte eine Zeitlang nur von Gurken und Butterbrot. Henry Edmonds, ein junger amerikanischer Offizier, der in Schottland Pionierarbeit verrichtete, bestritt seine Bedürfnisse mehr als sechs Jahre lang mit fünf Schilling in der Woche. Heilsarmeesoldaten witzelten, man solle nicht mehr sagen «Arm wie eine Kirchenmaus», sondern lieber «Arm wie eine Heilsarmeemaus», denn die wäre noch ärmer.

Und so ging es überall in der Welt zu. In Paris führten Booths Pioniere wahre Seiltänzer-Kunststücke auf, um ihrer Schulden Herr zu werden. Der junge Herbert Booth lebte fünf Wochen lang von halbverfaulten Weintrauben und Bratkartoffeln. Gerade noch zur rechten Zeit hinderte seine Schwester Kate eine begeisterte junge Freiwillige daran, ihr wunderbares goldenes Haar zu verkaufen: ein Perückenmacher hatte ihr dafür zwanzig Pfund geboten. Captain John Milsaps, der ein eben flügge gewordenes Korps in Sacramento, Kalifornien, kommandierte, fristete tagelang sein Leben von den Brotresten, die er in einem von den Teilnehmern einer Picknickparty fortgeworfenen Blechkanister gefunden hatte. Die Krusten waren so hart wie Schiffszwieback, und der Kanister war ein Petroleumbehälter gewesen. Noch dreißig Jahre später überlief es Milsaps kalt, wenn er bloß daran dachte.

Kein Wunder, daß die Offiziere in Napa City, Kalifornien, die täglich bloß fünfzehn Cents für ihren Unterhalt zur Verfügung hatten, sich diebisch freuten, wenn Rowdies sie mit Zwiebeln und Kartoffeln bewarfen. Das ergab mit einem Stück Fleisch für zehn Cent ein großartiges Frühstück. Ein Kadett aus Melbourne entwickelte eine besondere Geschicklichkeit darin, die Butter statt mit einem Messer sparsam mit einem Pinsel auf die Brote zu streichen.

Trotz aller Entbehrungen vollbrachten diese Offiziere Leistungen, um die besser ernährte Menschen sie hätten beneiden können. Als William Booth einmal in einem Schneesturm nach Sunderland stapfte, verrenkte er sich den Fußknöchel. Er setzte die Reise fort, auf den Schultern eines Mannes sitzend, bis er in einen Milchwagen auf Stroh gelegt wurde. Seine Wohnung in Middleborough erreichte er schließlich auf einer Schubkarre. Bramwell war ein ebenso anspruchsloser Esser wie sein Vater. An einem typisch verlaufenden Sonntag fuhr er nach Wellingborough, Northampshire, leitete dort zwei Versammlungen, lief zu Fuß zehn Meilen weit, predigte noch einmal und saß früh am Montagmorgen wieder am Schreibtisch. Und doch hatte er infolge eines in seiner Kindheit durchgemachten rheumatischen Fiebers jahrelang so heftige Herzbeschwerden, daß er nicht einschlafen konnte, wenn er sich hinlegte. Die körperliche Widerstandskraft der Heilssoldaten schien keine Grenzen zu kennen. Als Booths Offiziere aus einer Halle in Marylebone, West London, ausgewiesen wurden, führten sie die Versammlung auf dem vom

Regen durchweichten Rasen des in der Nähe gelegenen Regent's Park weiter fort. Sie breiteten ihre Mäntel aus, damit die Gott suchenden Sünder darauf niederknien konnten.

Ohne sich durch Verfolgung und Armut abschrecken zu lassen, brachten es diese Krieger Gottes in den Jahren 1881 bis 1885 so weit, daß 250 000 Männer und Frauen an der Bußbank der Armee knieten.

Und gerade in dieser kritischen Periode, als Booths Unternehmen nahe daran war, sein Gleichgewicht zu finden, sollte ein Skandal riesigen Ausmaßes die Schlagzeilen der Weltpresse füllen. Ein Übelwollender erklärte triumphierend: Das wird der Heilsarmee den Rest geben! Und es schien, als sollte er recht behalten.

«Das bringt nicht einmal die Nachbarn auf die Beine»

1885

Das bleiche Licht der Morgensonne überflutete die graue, steinerne Schlucht der Queen Victoria Street, City of London, als der Hauswart, Major William Fenny, pünktlich um sieben Uhr noch halb im Schlaf den Riegel von der Haupteingangstür des Hauptquartiers der Heilsarmee zurückschob. Aber der Anblick, der sich an diesem Frühlingsmorgen des Jahres 1885 seinen Augen bot, verscheuchte alle Gedanken an Schlaf. Auf der Türschwelle kauerte ein junges Mädchen, in einem Kleid aus scharlachroter Seide, die in gar nicht dazu passender Weise ein Liederbuch der Heilsarmee umklammerte und den General zu sprechen verlangte.

Eine Stunde lang hörte Bramwell Booth als Stabschef seines Vaters geduldig zu, als das Mädchen ihm stotternd und nervös, eine Tasse Tee schlürfend, eine kaum glaubhafte Geschichte erzählte. Die Heilsarmee hatte, ohne es zu wissen, die 17jährige Annie Swan von einem Leben der Schande gerettet. Sie war ein Dorfmädchen aus Storcham, Sussex, und nach London gekommen, um in einem Privathaushalt Arbeit zu finden. Dabei war sie in eine geschickt aufgestellte Falle geraten. Der «Privathaushalt» interessierte sich nicht für ein ehrbares Häubchen mit Bändern, sondern für ein rotseidenes Kleid. Das Haus in der Gloucester Street, Pimlico, South London, war ein Bordell, seine Insassen aufgefangene Teenager.

Aber Annie Swan hatte als Kind Heilsarmee-Versammlungen beigewohnt. Ihr Liederbuch war immer noch ein treulich gehüteter Schatz. Wenn sie aus dem Keller, in dem sie sich verbarrikadiert hatte, flüchtete – würde ihr das braune Bändchen vielleicht die Adresse des Generals verraten können? Und wirklich, da stand sie! Um vier Uhr morgens, als im Haus noch alles still war, schlich sie durch eine von Kunden benutzte Seitentür ins Freie und wanderte drei Meilen weit zur Queen Victoria Street, um mit William Booth zu sprechen.

Bramwell saß gedankenvoll in seinem niedrigen, im zweiten Stock liegenden Arbeitszimmer. Der Stabsoffizier, den er sofort nach Pimlico gesandt hatte, war zuerst erfolglos, bis der Bordellwirt, der mit der Heilsarmee nicht gern Streit bekommen wollte, schließlich Annie Swans Koffer herausgab und ihre Geschichte bestätigte. Es war nicht das erste Mal, daß Bramwell vom brutalen Handel mit Mädchen vom Lande gehört hatte, die auf Zeitungsannoncen hereinfielen. Viel davon war ihm auch zu Ohren gekommen durch Florence Soper, seine Frau, Tochter eines Arztes. Er hatte heimlich das Gefühl, daß ihre Geschichten von den Teenager-Prostituierten stark gefärbt wären. Doch wenn irgend jemand, so sollte Florence die Wahrheit wissen. Da sie in Paris mit Hingabe als Offizier mit Kate Booth gearbeitet hatte, war ihr die alleinige Aufsicht über ein erst im Entstehen begriffenes Unternehmen der Armee übertragen worden: ein Heim für bekehrte Straßenmädchen in der Hanbury Street, Whitechapel.

Diese Arbeit war erst vor vier Jahren angefangen worden und, wie das bei vielen Unternehmen der Armee der Fall gewesen, fast dank einem Zufall. Ein Sergeant, Mrs. Elizabeth Cottrill, hatte sich ganz allein bemüht, solchen Mädchen in ihrem eigenen Heim Zuflucht zu gewähren, bis ihr Gatte, der nicht der Heilsarmee angehörte, die flitterhaft aufgeputzten Gäste nicht mehr ausstehen konnte. Daraufhin mietete Mrs. Cottrill mit Bramwells Hilfe das kleine Haus in der Hanbury Street, doch bald – wie so oft – nahm die Arbeit einen ganz unvorhergesehenen Umfang an. Im ersten Jahr gingen 86 Mädchen durch das Heim. Ehe noch drei weitere Jahre verflossen waren, hatten Florence und ihre Helferinnen 800 Mädchen aus ihrem unwürdigen Dasein erlöst.

Es war eine mühselige Arbeit. Die laufenden Kosten betrugen zwar nur acht Pfund in der Woche. Aber Geld war immer knapp; schon die Anschaffung von Geschirr belastete das Budget über die Maßen. Oft trugen die Mädchen unter den schwarzen Seidenröcken und den roten Satinblusen so schmutzige Unterwäsche, daß sie verbrannt werden mußte. Ehe Florence eine öffentliche Wäscherei fand, mußte alles im Wohnzimmer gewaschen und getrocknet werden.

Aber nur unter dem Schutze der Nacht, wenn sie sich in ihr Schlafzimmer zurückgezogen hatten, konnte Florence die Kraft finden, ihrem Gatten von den Betrügereien und der brutalen Gewalt, die diese Mädchen erduldet hatten, zu erzählen.

Mit seinen 29 Jahren war Bramwell Booth noch immer der fahrende Ritter. Er war eine nach innen gewandte Natur, so taub, daß er ein Hörrohr benutzen mußte, aber seinen ruhig blickenden, braunen Augen entging nichts. Von tiefem Mitleid erfüllt, war er leicht zu Tränen gerührt, und hier gab es Grund für Tränen.

Der Fall der Annie Swan bestätigte, was Florence ihm erzählt hatte. Unter den friedlichen Wassern der Londoner Gesellschaft lag in der Tiefe ein Eisberg des Lasters, und wie der *Titanic* war es dem Schiff der Heilsarmee bestimmt, mit ihm zusammenzustoßen.

Innerhalb weniger Tage hatte Bramwell seinen ersten Bundesgenossen gefunden, in den in der Northumberland Street am Strand gelegenen vornehmen Büroräumen der einflußreichen *Pall Mall Gazette*.

Viele Leute hielten den streitbaren Herausgeber, den 36jährigen William T. Stead, für den mächtigsten Mann in England. Er war blaß und schlank, mit durchdringenden, stahlblauen Augen, und hatte sein hart zuschlagendes Abendblatt gerade zwei Jahre lang herausgegeben – aber der Heilsarmee war er schon seit 1879 in Treue verbunden.

Damals hatten zwei Halleluja-Mädchen Darlington, Durham, im Sturm erobert, und Stead als Herausgeber des örtlichen *Northern Echo* hatte ihre Erfolge bewundert. Von nun an gab es am Samstagabend in den Polizeizellen keine Betrunkenen mehr. 1000 Männer und Frauen waren dem Ruf gefolgt, an der Bußbank niederzuknien. Darunter «Knacker Jack», ein ewig betrunkener Katzenfleischhändler und Anführer in Darlingtons Skeletonarmee. Droschkenkutscher, die vor dem Bahnhof auf Kunden warteten, summten zufrieden Heilsarmeelieder vor sich hin. Bald war Stead stolz darauf, sich «Ehren-Stabstrompeter der Armee» zu nennen. Aber trotz alledem zögerte Stead noch immer. Sein Einfluß war groß, aber sollte er ihn etwa um eines verlorenen Kreuzzugs willen aufs Spiel setzen? Andere hatten ihn dazu gedrängt, den Handel mit Teenagern erst einmal in den genehmigten Bordellen des Kontinents untersuchen zu lassen. Dieser Meinung war sowohl Benjamin Scott, der 75jährige Chamberlain der City of London, der an der Spitze eines Komitees zur Ausrottung des weißen Sklavenhandels stand, als auch Benjamin Waugh, der Gründer einer Gesellschaft zur Verhinderung von Grausamkeit an Kindern. Nachdem Bramwell mehrmals mit Scott gesprochen hatte, war er überzeugt, daß Stead der einzige Mann in England war, der ihm helfen konnte.

Als Bramwell das Haus in der Northampton Street verließ, hatte er wenigstens dem immer noch zögernden Stead das Versprechen abgerungen, er wolle das Hauptquartier der Armee besuchen und von Florences Pflegebefohlenen hören, in welcher Weise die Kuppler und ihre Lockvögel bei ihrem Geschäft zu Werke gingen.

Das war ein meisterlicher Schachzug. Stead saß mit blitzenden Augen unter dem lebensgroßen Porträt von William Booth. Seine Finger spielten dauernd mit Papier und Bleistift. Drei blaßgesichtige Mädchen, alle unter 16 Jahren, erzählten ihm von der seelischen Qual und den Gewissensbissen, die sie in ihrem Dasein als Straßendirnen auszustehen hatten. Als vierte Zeugin setzte die 45jährige Rebecca Jarret das Siegel einer Sachkundigen unter diese Geschichten; eine große Blondine, die einen Fuß nachzog – Folge eines Sturzes in der Trunkenheit. Sie hatte ein Bordell betrieben und Dutzende von vertrauensseligen Mädchen in die Falle gelockt. Nur die selbstlose Pflege Susan Jones', die sie als Captain der Armee, dem völligen Zusammenbruch nahe, in einem Hotel in Northampton aufgefunden hatte, rettete sie vor dem Trinkertod.

Von der Hanbury Street, wo Florence sie betreut hatte, zog Rebecca Jarret nach der Winchester City, um Mrs. Josephine Butler zu helfen, die als Frau eines anglikanischen Geistlichen und fortschrittliche Reformerin, dort ein ähnliches Rettungsheim für Prostituierte begründet hatte wie das von der Armee betreute. Auf ihren zweimal in der Woche durchgeführten Ausflügen, um Teenager aus den Bordellen von Southampton und Portsmouth zu retten, konnte sie feststellen, daß das Laster immer noch ein gutes Geschäft war.

Stead wartete schweigend, bis Rebecca das Zimmer verlassen hatte, dann schlug er so heftig mit der Faust auf Bramwells Schreibtisch, daß die Tintenfässer zitterten. «Verdammt noch mal!» knirschte er mit zusammengebissenen Zähnen. In seinem Gesicht arbeitete es. Er konnte kein Wort mehr hervorbringen.

«Ja», sagte Bramwell nüchtern, «das ist alles gut und schön, aber wir kommen damit nicht weiter. Das erste, was wir tun müssen, ist, die Tatsachen in einer solchen Form zusammenfassen, daß wir sie veröffentlichen können.»

Nur wenige Männer, die nicht Bramwells tiefe Gläubigkeit besaßen, hätten eine solche Mission in Angriff genommen. Schon im Jahre 1882 hatte eine Sonderkommission des House of Lords einen alarmierenden Bericht erstattet: die Zahl der jugendlichen Prostituierten nahm von Jahr zu Jahr zu! Erst dann wurde das Alter, von dem an eine Einwilligung der Betroffenen angenommen werden konnte, mit Widerstreben von 12 auf 13 Jahre heraufgesetzt. Aber ein neues Gesetz, das die Vorschläge des Komitees einheitlich zusammenfaßte – darunter eine Festsetzung des Alters auf 16 Jahre – wurde kurzerhand abgelehnt. Ein paar Tage vorher, am 20. Mai, hatte das Unterhaus diese *Criminal Law Amendment Bill* (Verfügung zu einer teilweisen Revision des Strafgesetzbuches) zum drittenmal und damit endgültig abgelehnt. Es war am Vorabend der Pfingstferien; nur zwanzig der Verfügung feindlich gegenüberstehende Parlamentsmitglieder hatten es überhaupt der Mühe wert gehalten zu erscheinen.

«Ach, mein Gott! Wohin sind wir gekommen?» tobte Catherine Booth. «Ich dachte nicht, daß wir so tief gesunken wären! Ein Parlamentsmitglied schlug sogar vor, das Alter sollte auf zehn herabgesetzt werden! Mein Gott! Es würde keinem der Notzucht angeklagten Mann schwer fallen, sich auf die Einwilligung eines solchen Kindes zu berufen!»

Aber Bramwell war weniger überrascht. Zehn Tage, bevor die Bill zur Debatte stand, waren er und Stead Zeuge einer Rechtsverdrehung ohnegleichen gewesen: die geradezu zynische Vertuschung eines gegen Mary Jeffries eingeleiteten Verfahrens. Der hübschen, 40jährigen Witwe war nachgewiesen worden, daß sie die Besitzerin von zwölf Bordellen war. Ihre Kunden waren Männer in hohen Stellungen. Indem sie die Karten ausspielte, die ihr Rechtsanwalt austeilte, fuhr sie in einem zweisitzigen Wagen am Gerichtsgebäude vor und bekannte sich zögernd als schuldig. Darauf bezahlte sie 200 Pfund Geldstrafe in bar und fuhr nach Hause, um ihr Geschäft weiter zu betreiben.

Seit dem Jahr 1865, da Booth seinen Heilsarmeekrieg erklärt hatte, waren zwanzig solche Zuhälter und Kupplerinnen der Polizei namentlich bekanntgeworden, und alle waren straffrei ausgegangen.

Selbst jetzt war Stead noch nicht völlig überzeugt. Er suchte bei seinem alten Freund, Howard Vincent, noch eine unparteiische Bestätigung zu erlangen. Als früherer Direktor von *Scotland Yard's Criminal Investigation Department* hatte er zwei Jahre früher vor dem Unterhaus ausgesagt: «Nach den heute bestehenden gesetzlichen Bestimmungen gibt es keinen Schutz für Mädchen, die über 13 Jahre alt sind.» Selbst jüngere Mädchen konnten in die Lasterhöhlen verschleppt werden: ohne einen Passierschein durfte kein Polizist ein Bordell betreten, um nach ihnen zu suchen. Und eine solche Order zu besorgen, erforderte Zeit. Ein mit Drogen betäubtes, hilfloses Mädchen konnte schnell woandershin verschwinden. Auch war die Entführung an sich nur dann eine strafbare Handlung, wenn sich das Mädchen zur fraglichen Zeit unter der Obhut ihres Vaters befand. Ein Schurke, der ein 14jähriges Mädchen verführte, konnte dem Gesetz ein Schnippchen schlagen – und die Polizei wußte das sehr wohl.

«Aber meint ihr, daß diese Dinge *heute* noch passieren?» fragte Stead ungläubig.

Vincent blieb unbewegt:

«Ja, gewiß, jede Nacht.»

«Der bloße Gedanke daran genügt, um die Hölle in Aufruhr zu bringen!» sagte Stead ganz entgeistert. Doch Vincent kannte die bittere Wahrheit: «Nicht einmal die Nachbarn bringt das auf die Beine!»

«Dann», sagte Stead, bis zur Weißglut entflammt, «dann werde *ich* ihnen die Hölle heiß machen!»

Jetzt überstürzten sich die Ereignisse. Am Pfingstmontag, dem 25. Mai, begann eine geheime Kommission, an ihrer Spitze Stead, eine sechs Wochen dauernde Untersuchung durchzuführen, um festzustellen, in welchem Maß bereits Teenager in die Bordelle verschleppt wurden. Die meisten Mitglieder gehörten dem Redaktionsstab der *Pall Mall Gazette* an. Doch eine junge Offizierin der Armee, Jenny Turner (ein Pseudonym), erbot sich tapfer, selbst in ein Bordell zu gehen und über ihre Erfahrungen zu berichten.

Die Kupplerin, die sie im Hyde Park aufgabelte, war hocherfreut, denn obgleich Jenny ein Neuling in der Branche zu sein schien, hatte sie doch schon einen regelmäßig auftauchenden Kunden. Fast jeden Abend kam ein blasser Mann mit eisblauen Augen nach dem in Wanstead am Rande Ost-Londons gelegenen Haus. So hatte Stead seine erste Verbindung mit dem inneren Betrieb eines Bordells hergestellt.

Es war ein gewagter Schachzug, der Stead und Bramwell manche schlaflose Nacht kostete. Die Auskünfte, die Stead allnächtlich nach Hause brachte, waren erschreckend genug: Tausende von unschuldigen Mädchen, die meisten noch nicht sechzehn Jahre alt, wurden wie Vieh wieder und wieder in die staatlich sanktionierten Bordelle nach Brüssel und Antwerpen verschifft. Ein weltweiter Handel war aufgezogen, um alle Wünsche einzelner Käufer zu berücksichtigen: Die Bordelle in Glasgow waren alarmiert worden, weil Herr Hagedorn aus Frankfurt Lust verspürte nach einem 13jährigen, rothaarigen schottischen Mädchen. Bevor man die Ware an Bord brachte, wurden widerspenstige Mädchen mit Drogen betäubt, dann in mit Luftlöchern versehene Särge verpackt, die man zunagelte. Manchmal erwachte ein Opfer während der Überfahrt, um sich an dem festen Holz die Finger wund zu kratzen und vor Entsetzen zu sterben.

Doch trotz ihrer Verbindung mit der Außenwelt war Jenny eine Gefangene in dem Haus in Wanstead, das – von hohen Mauern eingeschlossen – in einem Garten stand. Sie hatte nun zehn Tage in dem Bordell zugebracht. Nun verständigte sie Stead davon, daß sie bald als Begleiterin einer Gruppe von Teenagern nach dem Kontinent verschifft werden würde.

Stead alarmierte die Mitglieder der Geheimkommission, unter ihnen Sampson Jacques, einen griechischen, freien Schriftsteller, Experte in der Frage des weißen Sklavenhandels. Sie sollten sich um Mitternacht bereithalten. Im Notfall mußte das Mädchen am Bahnhof Charing Cross, von dem die Zubringerzüge für die nach Ostende bestimmten Boote abgingen, mit Gewalt befreit werden.

Dann ganz plötzlich schlug der Plan zurück wie ein Bumerang. Als sich Jenny auf ihr gefährliches Unternehmen einließ, hatte sie ihr Heilsarmeeabzeichen am Innenfutter ihrer Jacke befestigt. Die Inhaberin des Bordells entdeckte es zufällig. Von dem Zeitpunkt an wurde Jenny von den andern Mädchen getrennt gefangengehalten. Es bestanden Pläne, sie auf einer andern Route nach dem Kontinent zu verschiffen. Nur das Eingreifen von Captain Frank Carpenter, mit dem Jenny in der Heilsarmee verlobt war, rettete sie in letzter Minute aus ihrer bedrohlichen Lage. Er wußte nichts von Steads Plan, an der Bahnstation einen Coup zu starten, und nach guter Kavallerietradition nahm er mit einer Gruppe von Offizieren das Haus im Sturm. Sie fanden Jenny bewußtlos im Garten liegen. Bei einem verzweifelten Sprung aus einem hohen Fenster hatte sie sich den Fuß verrenkt und war gleich ohnmächtig geworden. Trotz eines Anfalls von Lungenentzündung nahm sie ihren Platz wieder ein.

Für alle Mitglieder der Kommission erwiesen sich diese sechs Wochen als ein wahrer Albtraum. Tagelang hatten Bramwell und Mrs. Josephine Butler nur eine große Besorgnis: Stead könnte geistig zusammenbrechen, ehe das ganze Beweismaterial geordnet vorlag. Mrs. Butler kamen seine Augen vor «wie glühende Kohlen». Sein Glauben an die Gerechtigkeit, ja, an Gott, geriet ins Wanken. «Es ist alles Schwindel, ein grauenhafter Schwindel, unser ganzes sogenanntes Christentum und unsere Zivilisation!» schrie er, von Zweifeln gequält.

Denn für Stead, einen glücklichen Familienvater, der zur Erholung mit den Kindern gern Versteck spielte, war es die Hölle, sich in West End Bordellen herumzuräkeln, Champagner zu schlürfen und kleine Mädchen auf den Knien zu schaukeln. Um das Vertrauen eines Mädchenhändlers zu gewinnen, schminkte er sich manchmal die Wangen wie ein alter Lebegreis. Aber sowie er aus einem solchen Haus herauskam, setzte auch gleich die heftigste Reaktion ein. Nie würde Josephine Butler vergessen, wie er einmal um Mitternacht über seinem Schreibtisch zusammenbrach: «Laßt mich weinen, laßt mich weinen, laßt mich weinen! Das Herz will mir brechen!»

Oft knieten Bramwell und Stead eine Stunde lang nieder und beteten um Kraft zum Durchhalten. Das war nicht bloße Gefühlsduselei. Stead und die Armee loteten die übelste Kloake eines Handels aus, dessen jährlicher Umsatz acht Millionen Pfund betrug. Aus ihrem Haus in der Hanbury Street lieferte ihnen Florence aufschlußreiche Zahlen: Von 100 Mädchen, die sie nacheinander betreut hatte, waren ein Drittel – oft sogar durch die Väter – verführt worden, ehe sie sechzehn Jahre alt wurden. In London allein gab es damals 80 000 Prostituierte. In der Quadratmeile um Charing Cross wohnten über 2000 Hurenwirte. Von je 50 englischen Frauen war immer eine eine Straßendirne.

Jede Nacht rasselte Steads Wagen durch die gasbeleuchteten Straßen. Er sah herzzerreißende Bilder. In der High Street, Islington – man nannte sie «The Devil's Mile» –, in der Regent Street und am Haymarket patroullierten ganze Horden von geschminkten Mädchen auf und ab mit derselben Regelmäßigkeit wie die Polizisten auf ihren Runden.

Das waren jedoch nur die Mädchen, die der Handel an den Strand geworfen hatte. In den ruhigen, abgeschirmten Zimmern von St. John's Wood und Maida Vale sprachen die Bordellmütter ganz offen mit Stead: Der größte Profit wurde mit den Jungfrauen oder – im Handelsjargon gesprochen – mit den «frischen» Mädchen erzielt. Um eine Jungfrau verführen zu können, bezahlte ein Lustgreis unter Umständen 100 Pfund. Das Signal war eine Benachrichtigung in verschlossenem Kuvert an seinen Klub: «Frische Ware vom Lande eingetroffen!» Oft ließen sich auf Geld erpichte Prostituierte auch mit Absicht schwängern. Mit 13 Jahren hatte ein Mädchen schon einen Marktwert von 40 Pfund. Der üblichste Köder für Jungfrauen war der, durch den Annie Swan beinahe in die Falle gelockt worden wäre: Annoncen, in denen Mädchen vom Lande als Haushalthilfen gesucht wurden.

Die meisten Bordelle liefen unter dem Namen «Temperenz Hotels», um der polizeilichen Überwachung zu entgehen, oder sie bezahlten die Zeche. Ein berühmtes Ostlondoner Haus verteilte im Jahr 500 Pfund an Bestechungsgeldern und gewährte den Detektiven und Polizisten freien Zutritt.

Bereits stellte Stead ein geradezu vernichtendes Aktenstück voller Beweismaterial zusammen. Zwei erfolgreiche West-End-Händler, die ihn für einen kapitalkräftigen Kunden hielten, hatten ihm neun Mädchen unter 16 Jahren angeboten, vier davon hatten Bescheinigungen von Hebammen, daß sie noch Jungfrauen waren. Aber Stead als gewiegter Zeitungsmann erkannte wohl, daß diese Art Atteste doch nicht genügend beglaubigt waren.

Der sicherste Weg, Bramwell Booth in seinem Kampf zu helfen, war der: Stead mußte selbst als perverser Wüstling auftreten, mit dem Sklavenmarkt in Verbindung treten, ein Mädchen über 13 kaufen und seine Rolle in dem ganzen makabren Spiel, natürlich abgesehen von einer wirklichen Vergewaltigung, bis zuletzt beibehalten. Nachdem er sich dazu entschlossen hatte, begab er sich sofort zu Bramwell.

Bramwell war sehr beeindruckt, schlug aber noch folgendes vor: Warum sollte man nicht Mrs. Butler bitten, die bekehrte Bordellwirtin Rebecca Jarrett von Winchester nach London zurückzuschicken? Man brauchte jetzt die fachkundige Geschicklichkeit des Vogelstellers, der selbst die Schlingen aufgehängt hatte.

Am nächsten Tag saß Rebecca in einem braunen Mantel und mit einem dunklen, breitrandigen Strohhut auf dem Kopf nervös in Steads Büro und hörte mit wachsendem Entsetzen zu, wie ihr der Herausgeber der Gazette seinen Plan entwickelte. Es war alles so phantastisch! Sie konnte kaum glauben, daß es wirklich geschah: Die selben Menschen, die sie von der seelenmörderischen Erniedrigung einer dem Trunk Verfallenen gerettet hatten, wollten sie dazu bewegen, noch einmal ihr Wappenschild zu wechseln?

Sie schüttelte heftig den Kopf. Wenn sie in die alten Lasterhöhlen – und sei es auch nur für einen Tag – zurückkehrte, würde sie gezwungen sein, wieder zu trinken. Das wäre, als zöge man den Vorhang wieder auf vor einem schon der Vergessenheit anheimgefallenen Leben. Doch Stead blieb unerbittlich.

«Sie haben mir erzählt», sagte er grob, «daß Sie Dutzende von unschuldigen Mädchen verkuppelt und ruiniert haben. Wenn Sie wirklich bereuen, dann können Sie Ihr Verbrechen wieder gut machen, indem Sie ein Mädchen vermitteln, nicht um es zu ruinieren, sondern um es zu retten. Wenn Sie es kaufen, so wird das mehr Mädchen davor bewahren, verschachert zu werden, als alle, deren Leben Sie in der Vergangenheit zerstört haben.»

Nach einem langen, langen Schweigen senkte Rebecca zum Einverständnis den Kopf.

Jetzt ging Stead, ohne Zeit zu verlieren, ans Werk. Eine schnelle Beratung mit seinem Rechtsanwalt beseitigte alle Bedenken: wenn keine verbrecherische Absicht vorlag, konnte es kein Verbrechen geben.

Dann enthüllte er seinen Plan drei untadeligen Zeugen: dem Erzbischof von Canterbury, Dr. White Benson, Kardinal Manning, dem Haupt der römisch-katholischen Kirche in England, und Dr. Frederick Temple, dem Bischof von London. Obgleich Temple und der Kardinal das Unternehmen von ganzem Herzen billigten, war der Erzbischof über das Risiko geradezu entsetzt; er glaubte, Stead würde sicher in einem Bordell erstochen werden. Aber der blieb fest. Wenn er sich zurückzog, dann konnte kein anderer Mann den Plan durchführen, und die *Criminal Law Amendment Bill* würde ein toter Buchstabe bleiben.

Die Falken waren angesetzt und schwebten in der Luft. Es fehlte nur noch die Locktaube.

Am Dienstag, dem 2. Juni, wurde die 13jährige Eliza Armstrong, die Tochter eines Schornsteinfegers aus Marylebone, West London, nach dem nicht weit von ihrer Wohnung liegenden Haus Charles Street Nr. 37 gerufen. Eliza kannte die dort wohnende Mrs. Nancy Broughton, die Frau eines Einbrechers, die manchmal ihrer eigenen Mutter beim Trinken Gesellschaft leistete. Aber Mrs. Broughtons Freundin, die einen alten, braunen Mantel und einen Strohhut trug, war ihr völlig unbekannt. Mrs. Broughton erklärte, das sei Mrs. Sullivan, die durch einen glücklichen Zufall einen Handelsreisenden geheiratet und sich außerhalb Londons in Wimbledon ein Heim eingerichtet hätte. Jetzt brauchte sie ein kleines Mädchen, um ihr im Haushalt zu helfen. Ob Eliza wohl Lust hätte, dahin zu gehen?

Eliza, ein dunkeläugiges, kräftiges Mädchen, nahm an, daß ein Leben als Haushalthilfe ihr mehr bieten könnte als das Leben in ihrem «Heim», einem dreckigen Raum in der Charles Street 32, wo alle acht Armstrongs lebten, kochten und schliefen. Ihre Schwester wohnte auch schon woanders und verdiente fünf Schilling in der Woche. Eliza wollte ebenfalls etwas zum Einkommen der Familie beitragen und erklärte sich eifrig einverstanden. Sie konnte natürlich nicht wissen, daß diese Mrs. Sullivan die ehemalige Zuhälterin Rebecca Jarret war und daß Rebecca und Nancy Broughton, eine Zeitlang Wäscherinnen im Claridge-Hotel, oft gemeinsam Kinder verkuppelt hatten, und daß sie selbst nun in Steads Schachspiel auch eine Figur darstellen sollte.

Noch am gleichen Abend – dem Vorabend des Derby Day – erstattete Rebecca Bericht an Steads Büro. Sie nannte keine Namen, sagte nur, daß der Handel so gut wie abgeschlossen sei: Eine alte, mit ihr befreundete Säuferin hätte in Marylebone ein «reines Mädchen», das gerade 13 Jahre alt geworden sei, für den Kunden eines Wimbledon-Bordells beschaffen können. Das Honorar würde 5 Pfund betragen; ein Pfund für die Mutter, zwei Pfund für die Freundin, plus zwei Pfund, wenn eine Hebamme die Jungfräulichkeit des Kindes bestätigt hätte. Die Mutter wäre hocherfreut über das Angebot.

Stead zahlte Rebecca fünf Gold-Sovereigns aus, fügte jedoch noch eine letzte Warnung hinzu: Damit die Sache absolut narrensicher wäre, müßten die Eltern voll im Bilde sein, daß Eliza für unmoralische Zwecke gebraucht wurde. Rebecca versicherte ihm, daß allen Beteiligten diese Tatsache völlig klar sei, außer dem Kind selbst.

Später allerdings erzählte Mrs. Nancy Broughton eine ganz andere Geschichte: Man habe überhaupt nicht von einem «reinen» Mädchen für ein «Freudenhaus» gesprochen. Sie habe fest daran geglaubt, daß Rebecca einen Mann namens Sullivan geheiratet habe und nun ein Mädchen als Haushalthilfe brauche. Auch hätte sie niemals fünf Gold-Sovereigns erhalten. Am Morgen des 3. Juni, am Derby Day, hätte Rebecca ihr gerade einen Sovereign gegeben, damit sie einen Schal in der Pfandleihe auslösen konnte. Und Mrs. Armstrong selbst hätte Eliza noch aus dem Fenster nachgewinkt und gesagt, sie sei ein netter kleiner Schrubber und so was Ähnliches.

Obgleich die dem Trunk ergebene Mrs. Elizabeth Armstrong jede Mittäterschaft heftig bestritt, zeigte sie doch von Anfang an ein seltsames Benehmen. Elizas Lohn wurde überhaupt nicht erwähnt. Auch bestritt sie nicht, daß Mrs. Sullivan – angeblich weil ihr Mann so verwöhnt sei! – Eliza nach der nahe gelegenen Edgeware Road mitgenommen und sie von Kopf bis Fuß eingekleidet hatte: einen rotbraunen Rock, ein graubraunes Cape und einen reich garnierten Hut.

Sollte Eliza nur eine Woche oder einen Monat zur Probe fortgehen, und vor allem, nach welcher Adresse? Warum nahm sie denn keine Arbeitskleidung mit? Mrs. Armstrong hatte es nicht für nötig befunden, solche Fragen zu stellen, denn, wie Rebecca bezeugte, «sie, die Mutter, hatte ja ihr Geld bekommen, und sie konnte das Kind mitnehmen, wohin sie wollte».

Mrs. Armstrong konnte auch nicht erklären, warum sie ihrem Mann nichts von dem Handel erzählt hatte. Am 3. Juni kam der Schornsteinfeger erst um sieben Uhr zum Abendessen nach Hause und hörte, daß seine Tochter verschwunden und mit einer bloß unter dem Namen Rebecca bekannten Frau fortgegangen sei, um eine Stelle anzunehmen. Der Schornsteinfeger war wütend darüber, daß man ihn nicht gefragt hatte. Er versetzte seiner Frau eine Ohrfeige, daß sie taumelte. Sie verließ das Haus und betrank sich derart, daß die Polizei sie in Obhut nehmen mußte.

Um zehn Uhr abends, als sie aus dem Gewahrsam entlassen wurde, näherte sich Steads «Stück» seinem letzten Akt. Da Rebecca besorgt war, jeder Zweifel könnte noch zu Mrs. Armstrongs Gunsten ausgelegt werden, war sie sogar noch einmal zurückgekehrt, um Eliza der Mutter in ihrer neuen Ausstattung vorzuführen. Jetzt würde ihr doch sicher die Ungeheuerlichkeit ihres Handelns zum Bewußtsein kommen?! Das war am frühen Nachmittag des 3. Juni. Aber Mrs. Armstrong hatte sich schon in die nahe gelegene Kneipe The Black Boy zurückgezogen. Sie sah nicht einmal, wie ihre Tochter die Charles Street verließ.

Um drei Uhr nachmittags war Eliza unter der Obhut Rebeccas am Marble Arch angekommen. Sie hatten den Bus Nr. 16 bestiegen, um schließlich in einem Logierhaus, Albany Street 16, in der Nähe des Regent Park, einzukehren. Obwohl etwas befangen, wurde Eliza doch schnell warm mit ihren neuen Freunden, die sie beim Tee kennenlernte, die ihr jedoch nicht namentlich vorgestellt wurden: Der blasse Stead mit dem roten Bart und Major Caroline Reynolds, eine von Florence Booths treuesten Offizieren. So saßen sie da, um miteinander zu plaudern, sicher eine der seltsamsten Teegesellschaften, die an jenem Tag in England stattfanden. War Eliza zur Schule gegangen? – Ja, sie konnte lesen und schreiben, und manchmal machte sie sogar Gedichte. – Nein, sie war erst zweimal in ihrem Leben auf dem Lande gewesen, auf Schulausflügen nach Epping Forest und Richmond, das einzige Mal, daß sie je die Themse gesehen hatte.

Als Eliza den Raum verließ, sagte Stead leise zu Rebecca: «Sind Sie ganz sicher, daß die Mutter mit der Vergewaltigung des Kindes einverstanden war?»

Rebeccas Antwort war eindeutig: «Ich sagte zu ihr und zu Mrs. Broughton, wenn Eliza sich zu sehr mit Jungen eingelassen hätte, dann wäre sie nicht geeignet!»

Eine Meile weiter weg, in der Milton Street 3, Dorset Square, unterhielt sich der griechische freie Schriftsteller Sampson Jacques, einer von Steads fähigsten Kundschaftern, eben mit einer französischen Hebamme. Da er Französisch sprechen konnte, erklärte er der Frau vorsichtig, er sei ein Agent eines reichen Mannes, der sich vorgenommen hatte, ein kleines Mädchen zu vergewaltigen, er müsse aber erst sicher sein, daß das Mädchen unberührt sei. Die Hebamme zuckte verächtlich die Achseln. Das sei eine ganz alltägliche Sache. Sie hätte schon oft die Jungfräulichkeit bescheinigt und sogar die den Mädchen zugefügten schlimmen Wunden nachher behandelt.

Um 9 Uhr 30 abends saß der Kutscher Henry Smith auf dem Bock seines vierrädrigen Wagens am Droschkenstand in der Great Quebec

Street, in der Nähe des Marble Arch. Ein Mann mit einem schwarzen Schnurrbart, den er später als Jacques identifizierte, trat auf ihn zu und befahl ihm: «Fahrt mich nach Milton Street 3!» Als der Wagen dort hielt, sah Smith, wie eine hinkende Frau die Stufen heruntерstieg, an der Hand ein kleines Mädchen.

«Fahrt uns nach Poland Street 32!» befahl ihm die Frau, als sie einstiegen.

Noch immer hatte Eliza keine Ahnung. In der Milton Street fügte sie sich, ohne Fragen zu stellen, als man ihr sagte, sie müsse sich wie üblich untersuchen lassen, wenn sie die Stelle annehmen wolle. Die Untersuchung ging auf einem Bett hinter einem Wandschirm vor sich und dauerte weniger als eine Minute. Eliza war zwar nicht beunruhigt, aber doch schockiert und vertraute Rebecca an, Madame Mourez sei eine «schmutzige» Frau.

Da sie ihre Kleider wieder ordnen mußte, hörte sie nicht, wie die Hebamme leise zu Jacques sagte: «Das arme kleine Ding wird viel aushalten müssen!» Mitleid veranlaßte sie, dem Griechen ein Fläschchen mit Chloroform aufzudrängen. Sie behielt aber so viel Sinn für den Wert des Geldes, daß sie ihm dafür dreißig Schilling berechnete.

Durch die dunkler werdenden Schatten klapperte am Abend des Derby-Tages die Droschke mit Eliza, Jacques und Rebecca durch enge Gassen. Vor dem Haus Poland Street 32 in Soho, wo ein Schinken- und Rindfleischladen stand, sah Henry Smith die schlanke Gestalt eines Mannes aus dem Schatten auftauchen. Stead war pünktlich zum Rendezvous erschienen.

Oberhalb des Ladens befand sich, wie Stead wußte, ein Bordell. Hintereinander stiegen jetzt alle vier leise die enge Treppe hinauf, wo es nach Gas und billigem Parfüm roch. Stead mietete in der ersten Etage zwei Zimmer zu je siebeneinhalb Schilling und bezahlte im voraus. «Bringt Whisky!» befahl er dem Kellner, tat, als ob er überlegte und fügte hinzu: «und auch etwas Limonade.» Ob der Kellner wohl zögern würde bei dieser durchsichtigen Anspielung, daß sie ein Kind bei sich hatten? Doch die Getränke wurden ohne jede Bemerkung in das Zimmer gebracht, das Eliza und Rebecca innehatten. Stead und Jacques tranken etwas Whisky und zogen sich dann zurück.

Eine Weile allein gelassen, kam Eliza das Seltsame der ganzen Situation zum Bewußtsein. Sie gestand Rebecca, die plötzlich wieder an ihrem Bett erschien, sie sei zu aufgeregt, um schlafen zu können. Sie wollte gern wissen, ob das hier schon Wimbledon sei, aber Rebecca sagte: «Nein!» Am folgenden Tag würden sie erst nach Wimbledon fahren. Sie solle sich jetzt nur ausziehen und sich ruhig hinlegen.

Eliza merkte erst, daß Rebecca ein kleines Fläschchen in der Hand hielt, als die Frau ein paar süßlich duftende Tropfen auf ein Taschentuch fallen ließ und Eliza aufforderte: «Riech mal daran!»

Einen Augenblick atmete Eliza gehorsam den Geruch ein. Erst als sie einen Brechreiz verspürte, warf sie das Taschentuch von sich weg. Rebecca schlich sich leise aus dem Zimmer.

Draußen vor der Tür wartete Stead bewegungslos und kostete seinen Triumph aus. Jetzt hielt er den unwiderleglichen Beweis in Händen. Er hatte Eliza hierhergebracht, um nicht *ein* Kind, sondern 1000 zu retten. Und wenn er, ein Neuling mit fünf Pfund in der Hand, ein 13jähriges Mädchen in ein nach Belieben ausgewähltes Bordell verschleppen lassen konnte, welche Greuel konnten dann mit allen Wassern gewaschene Wüstlinge auf diesem Gebiet zustandebringen?

Es war ein Beweis, der seine kühnsten Träume übertraf. Er hatte gezeigt, daß man ein unschuldiges Kind mit dem vollen Einverständnis seiner Mutter kaufen konnte. Man konnte eine Hebamme nicht nur dahin bringen, das Mädchen zu untersuchen, sondern auch der Verführung durch die Lieferung von Drogen und durch eine medizinische Nachbehandlung noch Vorschub zu leisten. Eine Bordellbesitzerin würde das Mädchen ohne weiteres in ihrem Hause mißbrauchen lassen und, obwohl sie keine Lizenz besaß, die Kunden mit alkoholischen Getränken versorgen.

Leise drehte Stead an dem schmutzigen Türknopf. Eliza würde sich jetzt in unruhigem Schlaf hin- und herwälzen. Er wollte einen Augenblick an ihrem Bett stehen und sich noch einmal alles durch den Kopf gehen lassen. Aber er hatte sich getäuscht. Das Chloroform hatte Eliza nur schläfrig gemacht, und der Laut von Fußtritten ließ sie steil im Bett hochfahren. Ein entsetzter Schrei zerriß die Nacht in Soho: «Da ist ein Mann im Zimmer! Bringt mich nach Hause! Ach, bringt mich nach Hause!» Stead stahl sich geräuschlos hinaus.

Als am Mittwoch, dem 8. Juli 1885, die Sonne unterging, gab

Scotland Yard alle Versuche auf, der größten Verkehrsstockung Herr zu werden, die das Zentrum Londons je erlebt hatte. Mehr als zwei Stunden lang war der Strand und war die ganze Länge der Northumberland Street völlig blockiert gewesen durch eine hin- und herwogende Menge von Männern und Jungen, mit hochroten Gesichtern von dem Gedränge, die alle darum kämpften, die Büros der *Pall Mall Gazette* zu erreichen. An diesem Tag hatte William T. Stead in einer frühen Ausgabe den dritten Bericht in seiner Serie von grauenerregenden Enthüllungen über den britischen Weißen Sklavenmarkt veröffentlicht. Jetzt waren die Menschenmengen vor dem Gebäude so groß, daß die Ausgabeabteilung jede Verbindung mit den Zeitungsverkäufern verloren hatte.

Zwei Tage vorher hatte Steads furchtbarer Artikel «Ein Jungfrauentribut an das moderne Babylon» beim Londoner Publikum wie ein Blitz eingeschlagen. Selbst der Jungfrauentribut, den die Athener der Sage nach an den König Minos von Kreta entrichten mußten – sieben Jünglinge und sieben Jungfrauen mußten blind in ein Labyrinth hineinschreiten, bis sie der Minotaurus, halb Mensch, halb Tier, verschlang – selbst dieser Tribut, behauptete Stead, verblaßte vor dem allnächtlichen Opfer an Jungfrauen im London des neunzehnten Jahrhunderts.

Die Zeugenaussagen von Bordellbesitzerinnen und «frischen Mädchen», Howard Vincents dramatische Erlebnisse, das Funktionieren des Lockvogelsystems und die fest verschlossenen und mit Fensterläden verrammelten Zimmer – all das hatte Stead vor dem Publikum ausgebreitet und mit der Geschichte von Eliza Armstrong, deren Deckname «Lily» war, allem wirkungsvoll die Krone aufgesetzt.

Die Reaktionen waren ganz unzweideutig und zügellos: Stead war der «rettende Engel» – oder ein Pornograph, der nur darauf aus war, die Auflagenhöhe seines Blattes hinaufzuschrauben. Die Nachrichtenagentur W. H. Smith verbannte *The Gazette* aus ihren Bahnhofs-Verkaufsständen. Es ging das Gerücht, Stead würde bald wegen Verbreitung unzüchtiger Schriften zu Gefängnis verurteilt werden. Aber als der Staatsanwalt der City of London zwölf Zeitungsjungen der *Gazette* verhaften ließ, schlug der im Mansion House präsidierende Lord Mayor die Anklage nieder. Stead sei bei seinem Vorgehen von hohen und ehrenhaften Absichten geleitet worden. Unter andern der Sache wohlwollend gegenüberstehenden Leuten befanden sich Lord Dalhousie, der an der Spitze des vom House of Lords ernannten Komitees gestanden hatte, der berühmte Reformer Lord Shaftesbury und der Herausgeber des *British Medical Journey*. Dazu kam noch der 29jährige, rotbärtige George Bernard Shaw, der als einer von Steads Mitarbeitern einen Packen von *Gazetten* mitnahm und alle Exemplare verkaufte.

Als am Abend des ersten Tages der Veröffentlichung die ganze Auflage ausverkauft war, gingen Kopien von Elizas Geschichte zum Schwarzmarktpreis von einer halben Krone von Hand zu Hand.

Inzwischen war die unschuldige Ursache all des Aufruhrs 400 Meilen entfernt in L'Oriol, Frankreich, sicher untergebracht. Daß Stead heimlich in ihr Zimmer gekommen war – die Erinnerung daran verblaßte schnell in Eliza Armstrongs Gedächtnis. Der darauf folgende Monat war zu voll von neuen Erlebnissen gewesen. Schon um acht Uhr morgens des 4. Juni hatte Rebecca Jarrett sie aus dem Haus eines Arztes in Nottingham, wo sie die Nacht zugebracht hatten, zur Charing Cross Station begleitet. Auf dem Bahnsteig stand in voller Uniform Madame Elizabeth Combe, die Gattin eines Heilssoldaten vom Genfer Armeekorps. «Du gehörst jetzt der Heilsarmee an!» begrüßte sie ihren Schützling.

Um sechs Uhr abends des gleichen Tages war Eliza wohlbehütet in der Obhut des französischen Hauptquartiers am Quai de Valmy in Paris. Nachdem sie ein paar sorgenfreie Wochen lang, zusammen mit Evangeline Booth, den *Kriegsruf* auf den Boulevards verkauft hatte, vertraute die Armee sie der Fürsorge französischer Heilssoldaten in L'Oriol an.

Stead und die Armee hatten da zwei Fliegen mit einem Schlag getroffen. Sie hatten bewiesen, daß ein Teenager, ohne daß es jemand gewahr wurde, über den Kanal entführt werden konnte, und sie hatten Eliza vor der Gefahr bewahrt, noch einmal verkauft zu werden, und zwar an einen wirklichen Ausbeuter!

Am Dienstag, dem 7. Juli, war Sir Richard Cross, Innenminister in der neugebildeten Regierung Lord Salisburys (1830–1903), ganz außer sich. Er berief Stead zu einer privaten Unterredung zu sich und bat ihn inständig, den Pressefeldzug einzustellen. Stead lehnte das ab, aber er bot Sir Richard einen ehrenvollen Vergleich an. «Sagen Sie im Unterhaus, daß die *Pall Mall Gazette* sich mit ihrer Kampagne ewig dauernden Ruhm erworben habe.»

Der Home Secretary war schockiert: «Das kann ich natürlich nicht sagen.»

«Dann», erwiderte Stead kurz und bündig, «sagen Sie bitte, daß die *Pall Mall Gazette* in unerhörter Weise die öffentliche Moral verletzt habe, und daß Sie dem Kronanwalt Weisung erteilt haben, gegen mich sofort gerichtlich vorzugehen.»

Aber schon am Mittwoch war der Erfolg von Steads Kreuzzug wieder in Frage gestellt. Um überhaupt sein Arbeitspensum erledigen zu können, hatte er manchmal 48 Stunden hintereinander drei sich ablösenden Stenotypistinnen diktiert, wobei er, mit nassen Tüchern um den Kopf, ausgestreckt auf der Couch eines Botenjungen lag. Doch jetzt war die Menge, die sich am späten Nachmittag vor seinem Büro drängte, nicht mehr aus Menschen zusammengesetzt, denen es um die Gerechtigkeit zu tun war, sondern es war eine ganze Armee von gefährlichen Verbrechern, die von den Sklavenhändlern angeworben waren und darauf ausgingen, das Gebäude zu stürmen. Steine und Ziegel kamen geflogen, und aus den verstaubten Fenstern regnete es messerscharfe, lange Glassplitter. Steads Reporter schoben Schreibtische und Schränke vor die nach außen führenden Türen, um im Notfall auf eine Belagerung vorbereitet zu sein.

Stead sah die Lage als verzweifelt an. Am gleichen Nachmittag war im Unterhaus ein Antrag gestellt worden, die vertagte Debatte über die *Criminal Law Amendment Bill* wieder zu eröffnen. Die nächste Ausgabe der *Gazette* mußte unbedingt dem Publikum zugänglich gemacht werden! Aber wie? Er beschloß, an General Booth eine Botschaft zu schicken. Der konnte vielleicht helfen.

In der Queen Victoria Street wurde der Bote, der durch eine Seitentür aus dem Gebäude der *Gazette* herausgekommen war, durch den Pförtner Fred Sherwood sofort zum General vorgelassen. In seinen Drehstuhl gelehnt, hörte Booth schweigend zu. Dann erklärte er: «Sagt Mr. Stead, wir werden ihm dieses Gebäude für seine Zeitung zur Verfügung stellen. Wir werden alles in unserer Macht Stehende tun, um ihm zu helfen.»

Eigenhändig schrieb er ihm: «Drauf und dran! Jeder Schlag zählt! Millionen sind mit Entsetzen erfüllt und verlangen mit verzweifelter Eindringlichkeit, daß die Verfügung angenommen wird. Andere weigern sich, der schreienden Ungerechtigkeit ins Auge zu sehen, unter dem Vorwand, es sei ein Irrtum. Auf jeden Fall werden wir jetzt erreichen, daß die grauenvolle Krankheit von jedermann beachtet wird. Mit Ihnen in Ihrem Kampf gegen alle Ungerechtigkeit! William Booth.»

Dieser Entschluß brachte die Wende. In ganz England arbeitete die Armee, um die öffentliche Meinung bis zum Siedepunkt zu erhitzen. Der General selbst hielt in Manchester, Leeds, Sheffield und Newcastle-on-Tyne Massenversammlungen ab. Bei einer Riesenkundgebung im Hyde Park wurde Stead im Triumphwagen durch die Menschenmenge gefahren. Würdige Geschäftsleute im Zylinderhut, die mit ihren eigenen Töchtern spazierengingen, wurden für Mädchenhändler gehalten und von den aufgeregten Haufen angegriffen. Und in der Exeter Hall erschütterte Catherine Booth Tausende mit einer wahren Geschichte aus den Akten der Armee: Ein pharisäischer Kaufmann bezahlte einem Bordellbesitzer im voraus bar, damit er ihm für den kommenden Sonntag ein kleines Mädchen beschaffte. Stolz auf seine berufliche Geschicklichkeit, lockte der Mann ein Mädchen von der Sonntagsschule fort. Dann mußte er sehen, wie der Kaufmann entsetzt zurückprallte, als er das ausgepolsterte Zimmer betreten wollte und sich seiner eigenen Tochter gegenüber sah.

In siebzehn Tagen ununterbrochen abgehaltenen Protestkundgebungen sammelten Booths Soldaten die noch nie dagewesene Zahl von 393 000 Unterschriften für eine Petition zur Heraufsetzung des «Einwilligungsalters» (s. S. 119). Die Schriftrolle war auseinandergefaltet mehr als zweieinhalb Meilen lang!

Am Donnerstag, dem 30. Juli, marschierte eine Legion von Heilssoldaten mit grimmig entschlossenen Gesichtern von Claptons Congress Hall ab, um die Petition dem Parlament vorzulegen: Offiziere, hoch zu Roß, eine fünfzig Mann starke Blasinstrument-Kapelle in Achterreihen; 150 Leibgardisten, eine neu aufgestellte Truppe der Armee in roten Sweatern und weißen Helmen, unter ihnen Wong Ock, ein Clapton-Kadett, der sich darauf vorbereitete, einen Chinafeldzug zu eröffnen. Das Mammut-Dokument der Petition, in Banner der Armee eingewickelt, lag auf einem von vier weißen Pferden gezogenen und mit einem Baldachin versehenen Wagen. Am Trafalgar Square, wo eine Meile vor dem Westminster Palace alle Demonstrationszüge Halt machen mußten, wurde die Petition vom Wagen heruntergenommen und auf den Schultern von acht Leibgardisten zum Unterhaus getragen. Dort überreichte sie Professor James Stuart, Abgeordneter für Hackney, in aller Form dem Parlament.

Ein aus fünf Mitgliedern bestehendes Komitee – darunter der Erzbischof von Canterbury, Kardinal Manning und der Bischof von London – prüfte ein paar Tage lang Steads Feststellungen nach jeder Richtung hin und erklärte, daß sie dem Inhalt nach auf Wahrheit beruhten. Daraufhin blieb der Regierung nichts übrig als zu handeln.

In Westminster herrschte eine fieberhafte Erregung. Der Kronanwalt, Sir Richard Webster, und seine juristischen Berater arbeiteten Tag und Nacht, um die Bill zu einem Meisterstück sozialer Gesetzgebung zu gestalten. Stead und Bramwell verbrachten viele Stunden beim Innenminister, Sir Richard Cross. Sie machten ihre Vorschläge, um die Wirksamkeit der Bill noch zu steigern; besonders sollte die Polizei das Recht haben, in verdächtigen Häusern Razzien durchzuführen, und der interkontinentale Mädchenhandel sollte unterbunden werden. Am 14. August wurde die Bill mit 179 Stimmen gegen 71 angenommen und bekam dadurch Gesetzeskraft. Seit jener Zeit ist das «Einwilligungsalter» auf 16 beschränkt geblieben.

Booth hatte guten Grund, im *Kriegsruf* triumphierend zu schreiben: «Wir danken Gott für den Erfolg, den er uns geschenkt hat, als die Heilsarmee sich zum erstenmal bemühte, die Gesetze der Nation zu verbessern.»

Und jetzt geschah etwas Schändliches: Die Polizei, die erbittert war, daß die Armee sie wiederholt bloßgestellt hatte, ergriff die erste Gelegenheit, sich zu rächen. In der zweiten Juliwoche konnten es Charles und Elizabeth Armstrong nicht mehr ertragen, daß die Nachbarn dauernd stichelten, sie hätten ihre Tochter an einen Hurenwirt verkauft. Die Armstrongs selbst zogen es vor, so zu tun, als ob sie nicht wüßten, wer «Lily» eigentlich war, aber die Leute in der Charles Street kehrten sich nicht daran. Wütend stürmte Armstrong in das Polizeibüro von Marylebone und verlangte Elizas Rückkehr.

Die Polizei verlor keine Zeit. Durch eine verschlungene Kette von Zeugen fand man schließlich heraus, daß Bramwell Booth und Rebecca Jarrett schwer belastet waren. Die Besuche im Hauptquartier der Heilsarmee wurden für die Polizisten eine Routineangelegenheit. Zuerst setzte Bramwell allem Druck trotzigen Widerstand entgegen, aber allmählich kamen ihm Zweifel. Wenn Mrs. Armstrong die Wahrheit sprach, hatte sie ihre Tochter *nicht wissentlich* in die Sklaverei verkauft. Was dies anbelangt, hatten sie sich allein auf Rebeccas Wort verlassen. Widerstrebend gab Bramwell schließlich der Polizei Elizas und Rebeccas Adressen.

Das genügte! Mit Inspektor Charles von Tornow von Scotland Yard reiste Armstrong, ein roher, triefäugiger Kerl, unverzüglich nach Paris, um seine Tochter aus dem Hauptquartier der Heilsarmee zu holen. Obgleich das Kind gebettelt hatte, dort bleiben zu dürfen, mußte von Tornows Vollmacht anerkannt werden. Am 24. August wurde Eliza wieder ihren Eltern in England übergeben. Da Rebecca wußte, daß gegen sie ein Haftbefehl vorlag, stellte sie sich fünf Tage darauf bei der Polizeistation in der Bow Street den Behörden.

Aus Grindelwald in der Schweiz, wo Stead mit seiner Familie einen Erholungsurlaub verlebte, telegraphierte er voller Entrüstung an die *Gazette:* «Ich allein bin verantwortlich. Rebecca Jarrett war nur meine Agentin. Ich kehre mit dem ersten Expreßzug zurück, um für die in Frage stehende Entführung die *alleinige* Verantwortung zu übernehmen.»

Aber dieses Privileg wurde ihm verweigert. Am Montag, dem 7. September, saß er auf der Anklagebank des Polizeigerichts in der Bow Street. Doch neben ihm hatten fast alle in diesem Drama vorkommenden Hauptpersonen Platz genommen: Rebecca, Bramwell, Sampson Jacques, die Hebamme Madame Mourez, sogar Madame Combe, die Eliza nach Paris begleitet hatte. Und das Vorverhör, das sich bis zum 16. September hinzog, wurde eines der stürmischsten, die je in der Bow Street über die Bühne gegangen waren. Draußen wollte ein von den Mädchenhändlern zusammengetrommelter Pöbelhaufen Blut sehen. Zuweilen gingen die Ausführungen des Vorsitzenden und der Zeugen in einem Geheul unter, das einem arktischen Schneesturm gleichkam.

Bramwell litt ebenso wie jeder andere. Er wurde viermal aus seiner Droschke gezerrt und von Rowdies zusammengeschlagen, bis schließlich die Polizei seinen Transport in der «Black Maria» (Polizeigefangenenwagen) anordnete. Von der Zeit an merkte seine Familie, daß seine Taubheit mit jedem Jahr schlimmer wurde. «Mein Mann kam nach Hause. Hatte einen schweren Schlag auf die Nase bekommen», schrieb Florence an ihrem vierundzwanzigsten Geburtstag. Als er durch die den Beamten reservierte Tür aus dem Gerichtsgebäude kam, war er von der Menschenmenge schlimm mißhandelt worden. Am Aufhetzen des Pöbelhaufens beteiligte sich in erster Linie Mrs. Mary Jeffries, die dreimal in ihrem Einspänner angefahren kam, um faule Eier zu verteilen.

Durch die Stadt ging eine Welle der Hysterie. Wachsfiguren von Rebecca Jarrett wurden wie Fahnen durch die Straßen getragen. Eines Abends drang eine Horde mit Fackeln in den Garten von Steads Haus in Wimbledon ein; jaulend und brüllend schwenkten sie die Wachsfiguren vor seinen Fenstern. Aber die bitterste Enttäuschung sollte noch kommen: Staatsanwalt James Vaughan erhob beim Hauptkriminalgericht Old Bailey Anklage gegen ihn. Steads Beweggründe könnten ja vielleicht edel und rein gewesen sein, aber es wäre doch auch möglich, daß er bloß Material sammeln wollte für den beklagenswerten und ekelerregenden Bericht über Elizas Entführung, der das englische Volk in den Augen anderer Nationen so verächtlich gemacht habe.

Indessen war es vielmehr eine direkte Folge von Steads Artikelserie, daß andere Nationen sich nun auch bemühten, in ihren eigenen Häusern Ordnung zu schaffen. Schon hatte Australien das «Einwilligungsalter» heraufgesetzt, und in Amerika hatten viele Staaten sich angeschlossen. *The New York Sun* fühlte sich bewogen, rühmend zuzugeben: «*The Pall Mall Gazette* hat die Herzen der Briten angerührt und das Gewissen der Nation aufgerüttelt.»

Doch welch seltsame Paradoxie: Die Regierung Lord Salisburys, deren aus zwanzig Paragraphen bestehende *Criminal Law Amendment Bill* zu fünfzig Prozent auf Bramwells und Steads Vorschlägen beruhte, ausgerechnet diese Regierung war darauf aus zu beweisen, daß die von Stead erhobenen Anschuldigungen grundlos seien! Das internationale Prestige, der Handel und die diplomatischen Beziehungen stünden auf dem Spiel! Letzte Rettung: Stead und die Mitkämpfer in seinem Kreuzzug mußten den Wölfen zum Fraß vorgeworfen werden!

Die Anklage besagte, sie hätten «heimtückisch, durch Gewalt und Bestechung» Eliza Armstrong, ein Kind unter vierzehn Jahren, entführt, um sie ihren Eltern fortzunehmen, und sie hätten das Kind unrechtmäßig und unter Verletzung seines Schamgefühls tätlich angegriffen.

Vom ersten Tag, dem 23. Oktober an, war der dreizehn Tage dauernde Prozeß im Old Bailey eine Travestie der Justiz. Der Kronanwalt, Sir Richard Webster, ein Mann mit einem agressiv vorgeschobenen Kinn, schnauzte die Zeugen erbarmungslos an. Richter Lopez, lang und dünn und mit hervorquellenden Augen, stand den Mitgliedern der Heilsarmee von vornherein feindlich gegenüber. Stead, der seine Verteidigung selbst führte, versuchte wiederholt zu beweisen, Mrs. Armstrong hätte «Lily» niemals identifizieren können, ohne daß sie schuldhaft von dem ganzen Handel Kenntnis hatte. Vergebens! Der Richter unterbrach ihn immer wieder. Lopez versuchte den Geschworenen einzuschärfen, der ganze Fall sei einzig und allein von der Interpretation unabänderlich feststehender, gesetzlicher Vorschriften abhängig. Wenn Eliza ohne Einwilligung ihres Vaters aus ihrem Heim entführt worden sei, dann wären die Angeklagten schuldig. Ob ihre Beweggründe gut oder schlecht seien, stünde nicht zur Debatte. Als Stead bat, den Erzbischof von Canterbury als Zeugen zu laden, lehnte Lopez das als unzulässig ab. Der Erzbischof könne ja unmöglich wissen, ob Charles Armstrong seine Einwilligung gegeben habe oder nicht.

Die Geschworenen rückten unruhig auf ihren hölzernen Plätzen hin und her, denn eines hatte die Beweisaufnahme ergeben: Rebecca hatte sich gar nicht um die Einwilligung des Vaters bemüht, ja, sie war überhaupt nicht mit ihm zusammengetroffen. Niemandem erging es schlimmer in diesem Wirrwarr von Lügen und Vorurteilen als Rebecca. Während der ersten Zeit ihrer Haft war sie noch durch die Lieder getröstet worden, die Eva Booth und zwei Kadetten jeden Morgen vor ihrer Zelle gesungen hatten, aber als der Kronanwalt, Sir Richard Webster, aufstand, um sie ins Kreuzverhör zu nehmen, krümmte sie sich förmlich vor Befangenheit.

Die erste Frage traf sie wie ein Peitschenhieb.

«Ehe Sie im Claridge-Hotel beschäftigt waren, haben Sie Freudenhäuser unterhalten?»

«Bitte, Sir», stammelte sie flehend, «lassen Sie doch mein vergangenes Leben aus dem Spiel!»

Aber Webster war darauf aus, das Wild zur Strecke zu bringen. Unter dem Trommelfeuer von Fragen war Rebecca bald so weit, daß sie mit tränenüberströmtem Gesicht auf der Anklagebank zusammensank. Die Versuche des Kronanwalts, in ihr vergangenes Leben hineinzuleuchten und festzustellen, mit wem sie verkehrt hatte, erfüllten sie mit panischer Furcht, und so erzählte sie eine Lüge nach der andern, die alle nur zu leicht zu widerlegen waren. Von Mitleid und Entsetzen bewegt, konnte Bramwell sie nur anstarren. Stead, sichtlich erschüttert, hatte sein Gesicht in den Händen vergraben.

Als Webster am folgenden Tag seine Angriffe fortsetzte, zog sich Rebecca in eine Schale kühler Gleichgültigkeit zurück. Ihre einzige Antwort war: «Wenn Sie das wissen wollen, müssen Sie es schon selbst herausfinden.»

Ihr Verteidiger, Dr. Charles Russel, der spätere Lord Russel of Killowen, führte vergeblich aus, daß Rebeccas Ausflüchte durchaus entschuldbar wären. Wie konnte sie es mit ihrer Ehre vereinbaren, die Namen und Adressen von Verbrechern anzugeben, zu denen sie alle Verbindungen abgebrochen hatte? Russel war durch Rebeccas mißliche Lage so bewegt worden, daß er – ein frommer Katholik – zum ersten Male seit 25 Jahren seinen Grundsatz durchbrach und sein Plädoyer am Sonntag vorbereitete. Aber selbst seine zwei Stunden dauernde, aufrüttelnde Verteidigungsrede konnte Rebecca jetzt wenig helfen. Die Zuhörer auf der Galerie saßen wie gebannt. Die gleiche Spannung verbreitete sich schnell über ganz England. Konnte der Ruf der Heilsarmee einen solchen Skandal überleben, der jetzt die Schlagzeilen der Weltpresse füllte? Wenn Madame Combe auch sehr bald freigesprochen wurde, so war doch ein bekehrtes Mitglied der Heilsarmee vor aller Welt als unglaubwürdig entlarvt worden, und der Generalstabschef der Armee saß immer noch auf der Anklagebank. Die Prophezeiung eines Gegners, daß dies der Heilsarmee den Rest geben würde, schien nur allzu wahrscheinlich.

Mit bitterer Ironie meinte Bramwell später, seine friedlichsten Augenblicke habe er in der Todeszelle zugebracht, in die ihn die Gefängniswärter aus formalen Gründen kurze Zeit einschlossen, bevor er auf der Anklagebank Platz nehmen mußte. Vergeblich sandte Catherine Booth fast täglich ein Telegramm an Königin Victoria, um sie zum Eingreifen zu bewegen. Aber die Königin erwies sich als unfähig zu helfen.

«Ihre Majestät kann nicht in ein Prozeßverfahren eingreifen, solange es noch läuft.»

Die vom Richter gegebene Zusammenfassung, die fast fünf Stunden dauerte, trug nur dazu bei, die Geschworenen noch mehr zu verwirren. Nach einem dreistündigen Wortgefecht kamen sie zurück. Ihr Obmann, James Branch, brachte die folgende Direktive zum Ausdruck: Wenn Rebecca Eliza unter Vorspiegelung falscher Tatsachen entführt hatte, so sei das von Stead nicht beabsichtigt gewesen. Der plötzliche donnernde Beifall von der Galerie ärgerte Lopez so, daß er drohte, den Gerichtssaal räumen zu lassen. «Die Jury interessiert nur die eine Frage: Ist Eliza gegen den Willen ihres Vaters entführt worden?»

Die Geschworenen zogen sich zögernd zurück. Neben Josephine Butler, die ihr vier Monate altes Baby an der Brust hielt, saß draußen im Korridor von *Old Bailey* Bramwells Gattin Florence. Sie faßte das Wesen der erbarmungslosen Rechtsprechung des neunzehnten Jahrhunderts in wenigen Worten zusammen: «Ach, Mrs. Butler, was wissen diese Menschen schon vom Leben der armen Leute!»

Als die Geschworenen drei Stunden später wieder hereinkamen, schlug ihr Obmann einen Zusatz vor: Wenn Stead sich schuldig gemacht habe, sei er von Rebecca irregeführt worden. Der Richter lehnte das mit einer Handbewegung kurzweg ab. Jetzt sprang sogar einer von den Anhängern des Kronanwalts auf und legte Protest ein. Sofort fuhr ihn Lopez an: «Ich will gleich eines feststellen: das Urteil gegen Stead und Jarrett lautet ‹schuldig›!»

Bramwell wurde in freundlich gehaltenen Worten freigesprochen. Doch seine für «Schuldig» erklärten Mitangeklagten wurden darüber hinaus schmählich verunglimpft: Steads Verurteilung zu drei Monaten Gefängnis ohne Zwangsarbeit sei eine «Schande für die ganze Journalistik». Rebecca, «eine ekelerregende und abscheuliche Frauensperson», saß sechs Monate im Millbank-Gefängnis ab. Bis zu ihrem Tode (1928) blieb sie eine treue Anhängerin der Heilsarmee. Sie beteuerte, die herzlichen Briefe George Railtons, der sogar am Weihnachtsfeiertag an ihrer Stelle ins Gefängnis gehen wollte, hätten sie in ihrem Glauben stark gemacht. Eliza wuchs unter der Obhut der Armee auf. Glücklich verheiratet, schenkte sie sechs Kindern das Leben. Die geringste Strafe – ein Monat – wurde von Sampson Jacques verbüßt. Madame Mourez, zu sechs Monaten harter Zwangsarbeit verurteilt, starb im Zuchthaus.

Und es gab noch ein paar ironische Postscripta. Ein paar Tage nach seiner Entlassung hatte Stead den Einfall, zum Standesamt im Somerset House zu gehen, wo alle Geburts- und Todesfälle registriert werden. Er erfuhr dort eine Tatsache, die dem Kronanwalt das ganze Konzept verdorben hätte: Eliza war das uneheliche Kind ihrer Mutter von einem anderen Mann. Charles Armstrong hatte also nie das Recht gehabt zu bestimmen, wohin Eliza ging und mit wem!

Doch die größte Ironie der Geschichte war, daß der Prozeß der Heilsarmee überhaupt keinen Abbruch tat. Ihr Ruf stieg auf den höchsten Punkt, den er in den stürmischen zwanzig Jahren ihrer Geschichte überhaupt erreicht hatte. Ihr langjähriger Gönner, Samuel Morley, drängte Catherine Booth 2000 Pfund auf, damit die Arbeit für die Rettung gefallener Mädchen unvermindert fortgeführt werden konnte. In Cardiff, Manchester und Liverpool arbeiteten neugebildete Überwachungsorganisationen Hand in Hand mit der Polizei und der Heilsarmee, um den Mädchenhändlern das Handwerk zu legen. Noch ehe der Prozeß zu Ende ging, kam es den Armen wie nie zuvor zum Bewußtsein, daß die Leute von der Armee ihre Freunde waren. Ein Cockney-Zeitungsverkäufer rief einem erstaunten Heilssoldaten zu: «He, alter Freund! Will dir mal was sagen, was dir wohltun wird: Bramwell ist unschuldig!»

Von dieser Zeit an gewann die Arbeit der Heilsarmee neuen Auftrieb. Innerhalb von fünf Jahren hatte Booth in dem Vereinigten Königreich allein dreizehn Heime eingerichtet, in denen 300 Mädchen untergebracht waren. Dazu kamen siebzehn weitere Heime im Ausland. Das waren die Vorläufer von heute insgesamt 119 Heimen, die 4500 Mädchen im Jahr betreuen.

Ein neuer Arbeitszweig hatte sich der Heilsarmee eröffnet. Wie jeder Auftrag so wurde auch dieser aus Gottes Hand genommen. Die Liebe Gottes in ganz praktischer Hilfe an die Ärmsten weiterzugeben, war die Triebkraft, die hinter diesen die menschliche Kraft weit übersteigenden Aktionen stand. Der Segen Gottes, der die Arbeit der Heilsarmee vorantrieb, war mit Händen zu greifen.

Wie weit ist die Welt?

1885-1887

Monate vor dem *Old-Bailey*-Prozeß, der sich als ein solcher Wendepunkt im Geschick der Armee erweisen sollte, stellte William Booth auf einer Londoner Massenversammlung der Heilssoldaten einmal augenzwinkernd die Frage: «Wie groß ist eigentlich der Gürtel der Erde?» Aus den dicht gedrängten Reihen erscholl vielstimmig die Antwort «25 000 Meilen!» Booth breitete die Arme aus und rief mit Stentorstimme: «Dann müssen wir wachsen, bis unsere Arme den Erdkreis umspannen!» Das war ein Ehrgeiz, würdig des stürmischen Geistes, der Booth beflügelte. Doch der Weg dorthin war noch durch viele Blöcke versperrt. Am schwerwiegendsten war der ewige Geldmangel. Im Dezember 1884 betrugen die Schulden der verschiedenen Armeekorps insgesamt 10 000 Pfund. Und ein an die ganze Nation gerichteter Appell erbrachte nur ein Drittel dieser Summe. Der für die Arbeit der Armee in elf Ländern ausgesetzte Betrag war bald um 1300 Pfund überzogen. Jeden Monat wurden William und Catherine durch die auf ihnen lastende Verantwortung auf die Folter gespannt: Tausende boten ohne Einschränkung der Armee ihre Dienste an. Manche hatten gut bezahlte Stellungen aufgegeben, ja, sich sogar von ihren Familien getrennt. Um sie auszubilden und ihnen Arbeitsräume zu beschaffen, wuchs das Grundeigentum der Armee in erschreckendem Maß. Die Booths kannten sich in Finanzfragen wenig aus und lernten erst durch Fehler und bittere Erfahrungen, ihre Konten auszugleichen.

Bramwell gestand einmal: «Wir mußten auf hoher See unser Schiff erst bauen und noch dazu die Gesetze der Navigation beherrschen lernen.» Schlimmer noch: Der sehr auf Unabhängigkeit bedachte Booth haßte es, um Geld zu betteln, obwohl er es um Christi willen sein Leben lang tapfer getan hat. Er warnte Bramwell einmal: «Es ist nicht gut, daß überall, wo ich erscheine, Geld gesammelt wird. Man sollte sich den General Booth – außer im Wachsfigurenkabinett der Madame Tussaud – ohne Eintrittsgeld ansehen können.» Aber Bramwell als Chef des Stabes sah sich der nackten Wahrheit gegenübergestellt. Wenn er einen Scheck ausgeschrieben hatte, konnte er oft bloß seufzen und ihn an das Tintenfaß stellen. Bevor nicht Gott wieder geholfen hatte, pflegten die Herren von der National Provincial Bank, mit der die Armee verbunden war, sich zu fragen, ob sie noch mehr Kredit einräumen könnten.

Wenn sie zu Abend aßen – das konnte bis Mitternacht zu jeder Stunde sein – hörte Florence ihren Gatten nur zu oft klagen: «Liebling, ich habe große Sorgen mit dem Geld. Ich weiß nicht, wohin ich mich noch wenden soll. Aber sicher wird der Herr uns helfen!» Ihre beiden ältesten Kinder, Mary, vier, und Catherine, zwei Jahre alt, lernten es früh, ihre Abendgebete mit den Worten zu beschließen: «Lieber Gott, schicke doch der Armee eine Masse Geld, um Papa glücklich zu machen!»

Oft kam das Geld, das ihnen über die Ebbe hinweghalf, aus ganz unvorhergesehenen Gründen. Ein Mann stiftete jedesmal 100 Pfund, wenn die Presse die Armee angriff; er heftete dann den Zeitungsausschnitt an den Scheck. Ein besonders gehässiger Ausfall wurde mit 500 Pfund bewertet. Als Booth zufällig einmal die Aldersgate Street, City of London, hinunterging, sah er, wie ein Händler Säcke voll Eisenabfall auf eine Karre lud. Als ein Sack sich als zu schwer erwies, nahm der General, ohne sich zu besinnen, seinen Zylinderhut ab und griff zu, um zu helfen. Ein vorbeigehender Bobby erklärte einem Zuschauer, daß dieser Mann General Booth wäre. «Nun», gelobte sich der, «wenn das der Geist der Heilsarmee ist, dann werde ich helfen, sobald sich eine Gelegenheit bietet.» Am nächsten Tag schon tauchte er unangemeldet bei Bramwell auf mit einem Scheck über 1000 Pfund!

Ein glücklicher Einfall half, die Lücke in den Finanzen zu schließen: *Self Denial Week*, die Woche der Selbstverleugnung! Sie war die Hauptquelle für die Einkünfte der Armee. Zwischen 1886 und heute sind auf diese Weise ungezählte Millionen für die Armee gesammelt worden. Wie so manches gewagte Unternehmen der Armee kam auch dieses ganz zufällig zustande durch einen Gedanken, der plötzlich einem Offizier durch den Kopf schoß. Mitte August 1886 saß Major John Carleton, einst ein irischer Textilkaufmann, in der überfüllten Exeter Hall in London. Er war durch Booths Traum, einst «Groß-Almosenier» der Welt zu werden, tief bewegt worden. Rund um ihn herum waren reiche Privatleute damit beschäftigt, auf ihre gelben Schenkungsformulare – in der Armee «Kanarienvögel» genannt – namhafte Summen einzutragen, aber Carleton hatte ebensowenig wie seine Kollegen einen Gehaltsüberschuß, den er hätte spenden können.

Da kam ihm plötzlich ein Gedanke, und er kritzelte auf seinen «Kanarienvogel»: «Wenn ich ein Jahr lang zu Mittag keinen Pudding esse, dann kann ich nach meiner Rechnung 50 Schilling sparen. Ich will das tun und den genannten Betrag so schnell wie möglich einzahlen.»

Dieses Anerbieten rührte Booth tiefer als irgendeine sonst gestiftete hohe Summe – doch der Gedanke, daß ein Mann ein ganzes Jahr lang mit seinem Essen knausern sollte, ging ihm wider den Strich. Damit sie ihren Platz in der Kampflinie ausfüllen konnten, mußten sich seine Offiziere ernähren, so gut sie nur konnten. Am folgenden Morgen kam er in das Büro gebraust, in dem Carleton und Bramwell arbeiteten. Er hatte einen neuen Plan. Kein Heilssoldat sollte sich ein ganzes Jahr lang etwas versagen. Aber warum sollten sich nicht alle zusammentun, sich eine Woche lang jeden Tag eine Entbehrung auferlegen und mit dem so ersparten Geld die Kassen der Armee auffüllen?

Die erste Selbstverleugnungswoche war auf das Vereinigte Königreich beschränkt. Sie erbrachte 4820 Pfund, und zu Booths inniger Freude setzte sich die Summe zum größten Teil aus Pennies und Halfpennies zusammen. Seine Helfer waren enttäuscht, daß sich so wenig Goldmünzen darunter befanden. Doch der General war begeistert: «Macht nichts! Dafür haben wir eine Masse Kupfer!» Er wußte, daß dies ein Zeichen größerer Opferwilligkeit war als kostbarere Metalle.

Die auf solche Weise eingeführte «Selbstverleugnungswoche» hatte Booth von Anfang an als ein Bemühen seiner eigenen Soldaten angesehen, in Not geratenen Menschen zu helfen. Er selbst spendete jedes Jahr zehn Pfund. An alle Provinzen, Divisionen und Korps erging jedes Jahr die gleiche Aufforderung, das gesteckte Ziel zu erreichen. Danach machten sich die Offiziere tapfer daran, die Ergebnisse des Vorjahrs zu übertreffen. Keine Diät galt als unerträglich: Bramwell und seine Familie lebten eine Woche lang buchstäblich von Brot und Wasser. Keine Arbeit wurde als zu unwürdig betrachtet. Ein Fischhändler, den ein Offizier um einen Beitrag anging, forderte ihn verächtlich auf, doch selbst einmal auf der Straße ein Faß Heringe zum Verkauf anzubieten: «Dann will ich glauben, daß an eurer Religion etwas dran ist.» Sofort band sich der Offizier eine grüne Schürze um, stemmte die Hände in die Hüften und brüllte wie ein Ausrufer an der Mole. Eine Stunde später war der Self Denial Fonds um ein Pfund und 9 Schilling reicher.

Vor allem kam es darauf an, erfinderisch zu sein. Um einen halben Schilling beim Friseur zu sparen, schnitten sich manche Offiziere gegenseitig die Haare. Selbst Booth fand trotz seines aufreibenden Arbeitsprogramms doch noch die Zeit, Bienen zu halten und den Honig zugunsten des *Self Denial Fonds* zu verkaufen. Ein Heilssoldat, dem man nahelegte, bei seiner Sammelaktion die schlimmsten Slums von Yarmouth auszulassen, gelang es mit verbissener Energie, dort doch noch 1920 Farthings (2 Pfund) zu erbetteln.

Bald erwärmte die Idee auch die Herzen von Leuten, die nicht der Armee angehörten. Ein pensionierter indischer Armee-General striegelte das Pferd eines Zigeuners und stiftete, was er damit verdiente. Ein Tuchhändler machte seinen Laden eine halbe Stunde früher auf und überwies die ganze dadurch erzielte Mehreinnahme dem «Selbstverleugnungsfonds». Bergarbeiter fuhren zugunsten dieses Fonds eine Extra-Schicht ein. Auf schottischen Fischerbooten wurde von sechs Fischzügen immer einer Gott geopfert. Selbst die Alten und Kranken beteiligten sich. Eine Frau brütete in ihrem Krankenbett Küken aus, die sie zugunsten des Fonds verkaufte.

Als die Armee in Colenso, Zululand, «das Feuer eröffnete», kroch die alte Maria, eine fast blinde, über 80jährige Zuluwitwe, aus ihrer Hütte und bat einen Farmer, noch einmal auf dem Felde eine Woche lang hacken zu dürfen. Die *Self-Denial*-Woche rücke heran, und eine andere Witwe hätte auch schon ihr Scherflein geopfert. Gerührt durch ihren Glauben, erfüllte der Farmer ihren Wunsch. Maria durfte eine Woche lang auf dem Felde arbeiten und erhielt denselben Lohn wie die Dorfmädchen, täglich einen halben Schilling, dazu ihr Essen. Sieben Tage später führte ein kleines Mädchen die alte blinde Frau an der Hand zum *Self-Denial*-Altar in der Halle der Heilsarmee. Leise sang die Gemeinde: «Schau ich zu jenem Kreuze hin ...» Dann sammelte Major Johannes Andersen die Umschläge ein, die die Gaben enthielten, um sie auf dem Altar niederzulegen. Maria kniete nieder und erhob ihre Augen zu dem Himmel, den sie nicht mehr sehen konnte, und betete: «Herr Jesus, nimm meine Gabe an. Ich wünschte, es wäre mehr, aber es ist alles, was ich habe. Möge es Dir helfen, Licht in die Herzen der Leute zu senden, die noch in größerer Dunkelheit leben als ich.»

Wenn William Booth später auf diese Zeit zurückblickte, dann erschien ihm eines völlig klar: Wo immer die Regierenden eines Landes seinen Soldaten freie Hand ließen, da erwies sich bald, welchen Wert ihre Arbeit bedeutete, und dann pflegten auch die Behörden ihnen Unterstützung zu gewähren.

In keinem Land trat dies deutlicher zutage als in Australien, wo die fröhliche Religion der Armee so recht zu dem tagelangen Sonnenschein und den weiten blauen Savannen des Hinterlandes zu passen schien. Von außen gesehen war Major James Barker, Booths Mann in Melbourne, Victoria, einer seiner am wenigsten erfolgversprechenden Offiziere gewesen. Er – ein 27jähriger Schriftsetzer aus Bethnal Green, East London – hatte oft gefunden, die Arbeit sei zuviel für ihn, und war tagelang verschwunden. Aber Barkers Kenntnis seiner eigenen Natur sollte ihm den Zugang zu den wenig gefestigten Seelen, die er suchte, verschaffen. Nachdem er ein Jahr lang mit seiner Frau in den Bendigo-Goldfeldern gearbeitet hatte – wo die Bekehrten den Spitznamen «Heils-Goldklumpen» erhielten –, brachte ihn eine Versetzung nach Melbourne mit Dr. John Singleton in Berührung, dem altbekannten Menschenfreund der Stadt. Durch Singletons Vermittlung wurde Barker der erste Heilsarmee-Offizier, der in amtlicher Eigenschaft Gefängnisse besuchen durfte.

Bald verbrachte der junge, ungestüme Major mehr Zeit im Zuchthaus in Melbourne als in seinem Büro, das in den Collingwood-Miethäusern inmitten eines von üblen Gerüchen erfüllten Stadtteils voller Kneipen und Bordelle lag. Er leitete die wöchentlichen Gottesdienste in der Kapelle des Gefängnisses; er saß an den Betten blasser, an den Strand geworfener Menschen in der Krankenabteilung. Er streifte an den Arbeitsplätzen umher und blieb bei den schweißbedeckten Männern stehen, um freundlich mit ihnen zu reden, während sie in den Steinbrüchen schufteten. Dann war er wieder mit

Gefangenen in ihrer Zelle eingeschlossen, in der jedes Geständnis wie in einem Beichtstuhl geheimgehalten wurde. Aber Barker entdeckte noch ein weiteres Feld für seine Talente. Auf der Polizeistation übernahm er bereitwillig die Bürgschaft für Menschen, die sonst ins Gefängnis gewandert wären. Bald hatte er mehr Bekehrte, als er versorgen konnte: Jack Moody, ein zusammengeschlagener Faustkämpfer, wurde Pförtner im Hauptquartier in Melbourne. Maggie O'Donohue, wegen Mordes einst zu lebenslänglichem Zuchthaus verurteilt und jetzt begnadigt, bekleidete den Rang einer Sergeantin.

Ohne eine Anleitung zu besitzen, ließ Barker alle Neubekehrten in den Straßen Melbournes den *Kriegsruf* verkaufen. Der Erfolg war verständlicherweise phänomenal: Da Barker keine Uniform besaß, hatte er seine Verkäufer in hellrote Waffenröcke eingekleidet, die ihm aus den Beständen der Regierung von Victoria geschenkt worden waren.

Barkers Ohren hatten sich an den Tritt einer im Vormarsch befindlichen Armee gewöhnt. Ständig klapperten die Füße hilfeheischender Besucher die hundert hölzernen Stufen herauf, die zu seinem Büro führten. «Gebt mir doch eine Chance», flehte ein Sechzigjähriger, der aus Pentridge Stockade, dem Staatsgefängnis, entlassen worden war. «Ich möchte doch nicht im Gefängnis sterben!» Barkers Stabschef, John Horsley, war verzweifelt, aber er nahm ihn mit nach Hause, gab ihm etwas zu essen und verschaffte ihm Arbeit. Als der alte Mann einen Monat später starb, waren seine letzten Worte: «Die Armee war mein Zuhause.»

Blitzartig kam Barker die Lösung zum Bewußtsein, die er bisher vergeblich gesucht hatte: «All diese Menschen brauchten ein Zuhause, ein Heim, in dem jeder glücklich und freundlich sein kann!»

Doch ein solches Wagnis erforderte einen felsenfesten Glauben. Die zur Verfügung stehenden Mittel waren so gering, daß nur ein ganz kleines Vierzimmerhaus nahe beim Zuchthaus, Argyle Place South 37, im Vorort Carlton, beschafft werden konnte. Aber am Samstag, dem 8. Dezember 1883, wurde es eröffnet – das erste *Salvation Army Prison Gate Home* (Heim für entlassene Sträflinge), das die Welt je gesehen hatte.

Innerhalb weniger Wochen erwies sich das Heim bereits als zu klein, und zwei weitere Häuser wurden gemietet. Doch Barker war noch nicht zufrieden. Menschen, die frisch aus dem Gefängnis entlassen waren, brauchten Zeit, um mit sich selbst zurechtzukommen; aber vielleicht gerade die in der größten Not befindlichen wußten nicht, wohin sie sich wenden sollten.

Deshalb setzte Barker einen Gefängnistor-Offizier ein, der vor dem Gefängnis täglich Wache halten und die Entlassenen einladen sollte, mit ihm ins Heim zu kommen. Oft stand der ehemalige Gefangene im Mittelpunkt eines lebhaften Wettkampfes zwischen den Heilssoldaten, die seine Seele retten wollten, und den Gaunern, die ihn als Saufkumpan mit Beschlag belegten.

Als ein Jahr später britische Stabsoffiziere auf einer Inspektionsreise in Melbourne ankamen, waren sie baß erstaunt über die Achtung, die Barker genoß. Als erfahrene Heilssoldaten betrachteten sie seine Erfolge als außerordentlich befriedigend. Von den ersten vierzehn Insassen des Argyle-Place-Heimes führten elf ein würdiges und zielbewußtes Leben, obgleich die meisten von ihnen über ein Dutzend Jahre im Gefängnis gesessen hatten. Gerade in diesem Jahr – 1884 – hatte die Armee mit den Unruhen im Badeort Worthing fertig zu werden, aber obwohl das Gefängnis-Heim erst ein Jahr alt war, fanden die Besucher, Australien sei das erste Land, in dem man der Heilsarmee mit einer Art ehrfürchtiger Scheu begegnete. Ein Offizier meinte fast etwas neiderfüllt: «Das Kind ist seinem Vater über den Kopf gewachsen!»

Von Barkers Unternehmungsgeist stark beeindruckt, ging die Regierung des Staates Victoria noch einen Schritt weiter. Um ihm im Umgang mit den Verbrechern größere Autorität zu verschaffen, machte man ihn zum Friedensrichter *honoris causa* und gleichzeitig zum Kaplan des Irrenhauses. Das starke Anwachsen der Zahl der Arbeitslosen stellte neue Aufgaben. Die Regierung bewilligte zunächst 400 Pfund und übertrug die Lösung des Problems praktisch der Heilsarmee. Unverzagt ging Barker ans Werk und fand Arbeitsplätze für fast 1800 Männer. Noch sechs Jahre später – 1890 – teilten seine Offiziere in Melbourne täglich 700 verbilligte Mahlzeiten aus. Menschen, die zum erstenmal mit dem Gesetz in Konflikt kamen, wurden jetzt regelmäßig der Armee zugewiesen. Sie erhielt auch das Recht, jedes in einem Bordell vorgefundene Kind in ihre Obhut zu nehmen.

Denn der Staatssekretär, Graham Berry, erkannte, daß die Armee die Probe bestanden hatte. Ihre Methoden mochten vom Herkömmlichen abweichen, aber sie waren wirksam. Im Mai 1885 war ein durch die Heilsarmee vollbrachtes Wunder Tagesgespräch bei den Antipoden: Poll Cott hatte endlich verzichtet, ihr Leben der Schande weiterzuführen, und die Polizei von Darwin bis Ballarat atmete erleichtert auf.

Einst war die von der Grafschaft Cork als 16jähriges, unverbesserlich kriminelles, irisches Mädchen auf Lebenszeit nach Australien deportiert worden. Jetzt hatte sie sechzig Jahre lang den Kontinent mit allen möglichen Untaten in Atem gehalten. Ihre erste Verurteilung erfolgte, weil sie das Operationszimmer eines Arztes, dem sie die Schuld am Tode ihres Erstgeborenen gab, in einen Trümmerhaufen verwandelte und ihn selbst mit einer Ätherflasche zu Boden schlug. Sechs Polizisten hatten ihre liebe Not, sie ins Gefängnis zu transportieren. Danach war Whisky ein entscheidender Faktor, um das hübsche Mädchen mit dem rabenschwarzen Haar in die häßliche, alte Hexe zu verwandeln, die 257mal ins Gefängnis wanderte – einmal, weil sie versuchte, den Arzt Jahre nach seinem Tode auszugraben.

Alle Leute, die ihr irgendwie im Wege standen – Kaufleute, die ihr keine Nahrungsmittel umsonst geben wollten, Polizisten, die sie zum Weitergehen aufforderten – bekamen die volle Wut eines schädelzerschmetternden Schlages mit einer in einem Strumpf stekkenden Limonadenflasche zu spüren. Als ein Eisenbahnschaffner sie aus einem Abteil erster Klasse hinausgeworfen hatte, wollte sie ihm die Ohren abschneiden. Sie stürmte in einen Eisenwarenladen in West Maitland, New South Wales, um eine Schere zu kaufen und – rannte Captain William Rundle von der Heilsarmee beinahe um.

Rundles Gruß bestand aus Worten, die Poll Cott gegenüber noch niemand gebraucht hatte, seit sie im Hafen von Cork an Bord des alten Kahns gestolpert war. «Guten Morgen, Mutter. Wollt Ihr mit mir nach Hause kommen, etwas zu Mittag essen?»

Aber keine frommen Ermahnungen, ihre Lebensweise zu ändern, gingen Poll Cott zu Herzen. Was sie rührte, war die schlichte, natürliche Überzeugung der Rundles, daß sie auch ein menschliches Wesen war, dessen Schicksal ihnen naheging. Das erstemal in siebzig Jahren hatte jemand sie zu Bett gebracht und warm in Decken eingehüllt. Der Umschwung kam, als sie eines Tages unerwartet ins

Wohnzimmer trat und sah, wie Mary auf den Knien lag und weinte, während sie betete: «Ach, Herr, rette sie doch!»

Zwanzig Jahre nach Poll Cotts feierlicher Bekehrung bewegte ihr Zeugnis in ganz Australien noch immer von Reue erfüllte Menschen, sich zur Bußbank zu begeben.

Barkers Arbeit stand so sichtbar unter dem Segen Gottes, daß Booth ihn zu seinem Kummer nach England zurückberief, um Londons erstes Gefängnisheim zu leiten. Es lag am Argyle Square, Charing Cross. Die Arbeit dort war sehr enttäuschend. Das britische Innenministerium war – im Gegensatz zu der Regierung von Victoria – Booth und seinen Methoden gegenüber immer noch von Mißtrauen erfüllt. Trotz der «Roten Maria» der Heilsarmee, die – ein Gegenstück zu der berüchtigten «Schwarzen Maria» – von einem Paar feuriger Grauschimmel gezogen, täglich an den Toren der Londoner Gefängnisse vorfuhr, blockierten Vorurteile wie granitene Zuchthausmauern alle Versuche Barkers, voranzukommen.

Im Pentonville-Gefängnis gab es ihm einen Schock, daß er seine erste Besprechung in einer Art Käfig abhalten sollte, der gestopft voll von Gefangenen und Besuchern war. In anderen Gefängnissen trennte ihn ein eisernes Gitter von den Menschen, die Christus suchten, während die Wärter mit streng geschlossenen Lippen dabei saßen und den Sträflingen jedes Wort verboten. Fast zehn Jahre sollten dahingehen, bis das Innenministerium Gefangenen das unverbrüchliche Recht zugestand, die Organisation, die ihm nach der Entlassung helfen sollte, selbst zu bestimmen und den Besuch ihrer Vertreter im Gefängnis zu empfangen.

Aber es dauerte lange, bis so eklatante Fälle von Bekehrungen wie der von Poll Cott die Forderungen der Armee wirkungsvoll unterstützten. Der jetzt 64jährige, in Glasgow geborene Archie Sloss hatte vierzig Jahre seines Lebens nutzlos in Gefängnissen zugebracht. Als sechsjähriger Junge war er bereits ein ebenso gerissener Dieb wie nur irgendeiner der von Fagin* abgerichteten Jungen. Als er durch die Dachluke in einen Weinladen einbrechen wollte, focht er einen Kampf auf Leben und Tod mit einem großen schwarzen Jagdhund aus. Später, als Kunde im gleichen Laden, hörte er zu, wie der Eigentümer immer wieder die Geschichte von dem heldenhaften Kampf erzählte, den der jetzt ausgestopfte und in einer Vitrine auf-

* Charles Dickens, OLIVER TWIST.

bewahrte Hund dem Einbrecher geliefert hätte. Niemand sah das Messer in Sloss' Tasche, das in die verräterische Wunde am Hals des Hundes paßte, oder unter der Krawatte des jungen Mannes die blaue, von den Zähnen des Tieres herrührende Narbe.

Und Sloss trug noch andere Narben. Er war achtmal ausgepeitscht worden. Nach den je fünfzig Hieben sah sein Rücken aus wie ein gepflügtes Feld. Aber sie hatten seinen Willen nicht brechen können. Nach West-Australien deportiert, erkletterte er die Mauern des Freemantle-Gefängnisses und nahm die Flagge, die vom Turm des Gefängnisses flatterte, als Trophäe mit. Zwölf lange Jahre seines Lebens verbrachte er in Sing Sing. Im Portland-Gefängnis, Dorset, war er eine so bekannte Persönlichkeit, daß alte Insassen ihn «Duke of Portland» nannten. In den Zeiten zwischen seinen Gefängnisstrafen vollführten er und eine Bande von Desperados – zu der Leute wie «Glue Pocket», «Cock Robin» und «Tommy Horrible» gehörten – eine Reihe von verwegenen Einbrüchen. Manchmal erbeuteten sie 10 000 Pfund!

Nun, da Archie Sloss 64 Jahre alt war, hatte er den Wettlauf mit der Zeit verloren. Seine katzengleiche Behendigkeit, seine Muskeln, seine Nerven – alles war dahin. Er war so weit heruntergekommen, daß er nachts in den Parkanlagen oder unter steinernen Brückenbogen schlief. Nur Haßgefühle hatten noch Platz in seiner Seele; in einem rechteckigen, wachsbleichen Gesicht, das von einem Kranz weißer Bartstoppeln umrahmt war, brannten die kalten, haßerfüllten Augen wie düstere Flammen. Dann geschah es, daß der Vorschlag eines vorübergehenden Menschenfreundes seinem Leben eine Wendung gab: Würde ihm das Heilsarmee-Übernachtungsheim in Clerkenwell, North London, nicht eine bessere Schlafstelle bieten als eine Türschwelle? Und der Mann bekräftigte noch seinen guten Rat, indem er ihm ein Zweischilling-Stück schenkte! Sloss war überrascht, daß er für Threepence ein Nachtlager, einen Becher Kakao und ein Stück Brot bekommen konnte. Und es warf ihn förmlich um, als er in dem Mann, der vom Podium aus bekannte, daß er gerettet worden sei, seinen alten Freund «Old Appleblossom» wiedererkannte. Als er ihn zuletzt gesehen hatte, war er in Portland auf dem berüchtigten «Triangel» angeschnallt gewesen und hatte sich unter den Hieben der neunschwänzigen Katze gewunden.

Noch elf Jahre lang sollte Sloss in ganz England Zeugnis davon ablegen, daß es «Appleblossom» war, der ihn bewog, an die Bußbank zu kommen, wo er seinen Frieden fand, der über alles Verstehen geht. Jeden Morgen stand Sloss vor dem Pentonville-Gefängnis und überredete entlassene Sträflinge, in die Fußtapfen ihres Erlösers zu treten. Diese Leute wiederum bildeten den Stamm der Heime für Entlassene, die heute noch den Erdkreis umspannen: von Oslo in Norwegen bis nach Brisbane in Australien.

Mit beißendem Humor pflegte William Booth zu bekennen, daß keine andere religiöse Gemeinschaft besser für diese Aufgabe ausgerüstet sei als die Armee. Sie sei die einzige religiöse Körperschaft, von deren Mitgliedern immer einige aus Gewissensgründen im Gefängnis saßen.

Mit dem selben Problem hatten sich Booths Soldaten in Schweden auseinanderzusetzen: Sobald man erst gewahr wurde, daß die Arbeit der Heilsarmee sich auch in klingender Münze bezahlt machte, wich das Mißtrauen, und an seine Stelle trat eine großzügige Unterstützung. Im Jahr 1878 verbrachte Bramwell, um einen vollständigen gesundheitlichen Zusammenbruch zu verhindern, einen Erholungsurlaub in Värnamo, im Süden von Jönköping. Er fand dort bezeichnenderweise Entspannung, indem er mit Hilfe eines Dolmetschers eine ununterbrochene Reihe von Versammlungen abhielt. Diese fanden unter anderem in einem großen Zimmer hinter Värnamos Postamt statt. Hanna Ouchterlony, die blonde, hübsche Postbeamtin, die aus einer Militärfamilie stammte, wurde Schwedens erster Heilsarmeeoffizier. Aber viele wohlhabende Schweden waren doch besorgt, als sie die Haufen triefäugiger Gestalten sahen, die zusammenkamen, um die Botschaft der Armee zu hören. Zwölf Jahre lang kämpften Hanna Ouchterlonys Offiziere auf einsamem Posten gegen eine steifnackige Opposition. Da die Polizei Unruhen befürchtete, verbot sie alle Versammlungen unter freiem Himmel nach Einbruch der Dunkelheit. Findige Heilssoldaten suchten das zu umgehen, indem sie zu den Versammlungen Zeitungen mitbrachten. Solange es hell genug war, daß man draußen noch die Schlagzeilen lesen konnte, war doch die Dunkelheit sicher noch nicht hereingebrochen!

Dann, wie so oft in den Annalen der Armee, kam ein neuer, fruchtbarer Gedanke aus ihren eigenen Reihen. Als ehemalige Lehrerin an einer Taubstummenschule fiel es Captain Oktavia Wilkens auf, daß viele von Stockholms Bekehrten nicht nur taub waren, sondern auch nicht richtig sprechen konnten. Um ihnen zu helfen, wurde Oktavia im Hauptquartier ein Warteraum für Sonderversammlungen zur Verfügung gestellt. Damit war das erste sich gut entwikkelnde Taubstummenkorps der Armee ins Leben gerufen.

Die Nachricht von dieser seltsamen Arbeit der Armee für die Taubstummen brachte bei den liberal gesinnten Schweden eine verwandte Saite zum Klingen.

Die bedeutendste Persönlichkeit unter den Bekehrten war Fridtjof Pousette, ein blinder Taubstummer aus dem in der Nähe von Stockholm gelegenen Norrtälje. Als vom Schicksal grausam gezeichneter zehnjähriger Junge hatte Pousette in der Schule das Zimmerhandwerk erlernt. In der Dunkelheit seiner Welt, in die kein Laut drang, arbeitete er verbissen, bis er sich seine eigene Hobelbank und seine Werkzeuge angefertigt hatte. Er schob das Holz über einen festeingebauten Hobel. Als Jugendlicher verdiente er seinen Unterhalt als Zimmermann. Kein Holzhändler konnte ihn betrügen, denn er war imstande, durch Beißen, Riechen und Lecken jede Holzart genau zu bestimmen.

Seltsamerweise sollte dieser im Leben so benachteiligte Mensch im Kampf, den die Armee um ihre Anerkennung in Schweden führte, eine Hauptrolle spielen. Als ihn Oktavia Wilkens einmal besuchte, wurde er angeregt, die Bibel in der Blindenschrift zu lesen. Danach fehlte auf seiner Hobelbank niemals eine aufgeschlagene Bibel. Aber als überzeugter Heilssoldat wollte Pousette noch etwas mehr tun, als sich in der Liebe Gottes zu sonnen; er mußte sie auch andern vermitteln. Diejenigen, die es miterlebten, erzählen, daß es in der ganzen Geschichte der Armee kein herzbewegenderes Bild gab als eine Versammlung, in der Pousette Zeugnis ablegte. Es herrschte Totenstille, wenn er mit der rechten Hand die Blindenschrift der Bibel abtastete und mit der linken den Fingern eines andern Taubstummen die Botschaft in der Zeichensprache übermittelte, Wort für Wort, von Hand zu Hand, in dem bis auf den letzten Platz gefüllten Saal.

Es war schließlich Schwedens König Oskar II., ein hochgewachsener, blauäugiger Menschenfreund, der die Schranken niederriß. Daß die Heilsarmee sich um Menschen kümmerte, die, während sie lebten, schon im Grabe lagen, das bewegte ihn so, daß er trotz der Bedenken der Höflinge dem *Self-Denial-Fonds* 500 Kronen (damals

27 Pfund) spendete. Seine nächste Gabe setzte das königliche Siegel unter die Arbeit der Armee: ein Stück Land, das die Armee als einen Holzplatz (zum Brennholzverkauf) benutzte, wo sie jährlich 10000 Menschen beschäftigte. Die Offiziere der schwedischen Armee paßten ihre Haltung der des Königs an. Jedesmal, wenn Booths Soldaten die Straßen entlang marschierten, schlugen sie die Hacken zusammen und ehrten sie durch den militärischen Gruß. Heute haben sich in Stockholm und sieben Provinzstädten 30 Heilsarmeeoffiziere auf Jahre hinaus verpflichtet, den 6000 Taubstummen und 8000 Blinden Schwedens in ihren Nöten zu helfen.

Aber in andern Ländern, in denen man der Armee keine Chance gab, war es ein mühseliges Aufwärtsklimmen. Der erste Heilssoldat, der in Deutschland auf den Straßen von Stuttgart den *Kriegsruf* verkaufen wollte, wurde ins Gefängnis gesteckt und das «aufrührerische» Blatt beschlagnahmt. Durch die protestantische Kirche angestachelt, tat die Polizei alles, um der Armee die Erfüllung ihrer Aufgabe unmöglich zu machen. Sie sagten dem Stabskapitän Fritz Schaaff, in New York ausgebildet, mit aller Deutlichkeit, daß alle öffentlichen Versammlungen nach acht Uhr abends verboten seien.

Ärgerlich darüber, daß die Mengen trotz der frühen Stunde in die Halle strömten, wurden öffentliche Versammlungen überhaupt verboten. Von jetzt an konnte Schaaff nur Versammlungen abhalten, zu denen Eintrittskarten ausgegeben waren.

Unverzagt streiften nun Schaaff und seine Helfer durch Stuttgarts Biergärten und teilten Eintrittskarten mit so großem Erfolg aus, daß die Polizei den Befehl zurücknahm. Von nun an mußten die Eintrittskarten von den Besuchern namentlich unterschrieben sein.

Das Einzige, was Schaaff und seine Mitarbeiter von nun an und noch fünfzehn Jahre lang tun konnten, war, so früh wie möglich in der Halle zu erscheinen und auf mehr als 500 Eintrittskarten die Namen zu kritzeln, aber als die Polizei dazu überging, die Sitzreihen durchzukämmen und jedes Besuchers Namen und Adresse zu notieren, sank die Besucherzahl.

In allen deutschen Städten ging es ähnlich. In Worms schrieb ein Schankwirt an die Tür seiner Kneipe: «Händlern und Mitgliedern der Heilsarmee ist der Eintritt verboten.» Ein Ladeninhaber, der einen Boykott fürchtete, setzte, um einem Gerücht entgegenzutreten, die Bekanntmachung in die Zeitung, weder er noch seine Familienangehörigen seien von der Heilsarmee bekehrt worden. Als Kommissär George Railton in Berlin ankam, um das Chaos zu entwirren, bedeutete ihm der Polizeichef schroff, er werde alles in seiner Macht Stehende tun, um der sogenannten Heilsarmee Steine in den Weg zu legen. Bei einer Versammlung bestand Railtons ganze Zuhörerschaft aus zwei Männern, zwei Frauen und zwei Jungen. Dazu waren der Polizeichef selbst, ein Beamter vom Ministerium des Innern und ein Detektiv erschienen, um Gesetz und Ordnung aufrecht zu erhalten.

Sogar der an Verfolgung gewöhnte William Booth war erstaunt über die in Berlin herrschende Atmosphäre. Als Booth aus seinem Wagen stieg, um im Athenäum zu einer zahlreich erschienenen Menge zu sprechen, hörte er, wie jemand aus den Reihen mit lauter Stimme Halleluja rief. Sofort brüllte Railton: Ruhe! Als Booth ihn befremdet um eine Erklärung bat, verteidigte er sich: «Sehr gefährlich, General. Das hätte von der Polizei als Vorwand benutzt werden können, die Versammlung zu schließen.»

«Eine Versammlung schließen, weil ein Berliner Gott preist?» antwortete Booth ganz entrüstet. «Wenn das wirklich passiert wäre – dann hätte sich die Armee in Deutschland nichts Besseres wünschen können, und ich wäre tief befriedigt gewesen, den Anlaß dazu gegeben zu haben. Laßt unsere Soldaten Halleluja rufen, wo immer sie sind, ohne Rücksicht auf die Folgen!»

Die letzte Schikane war, daß Railton aus Preußen ausgewiesen wurde, wenn man auch das Hauptquartier am Blücherplatz bestehen ließ. Er versuchte von der Freien Hansestadt Hamburg aus, eine Kontrolle auszuüben. Sein Nachfolger, Kommissär Thomas McKie, übernahm dem Namen nach den Oberbefehl über eine Armee von 1500 Soldaten, die aus einem 56-Millionen-Volk angeworben worden waren. Wenn ein neues Gebäude gemietet wurde, schickte McKie ein heimliches Stoßgebet zum Himmel, daß doch die Zuhörerschaft am Eröffnungsabend ja nicht zu zahlreich wäre, damit die Polizei die Versammlung nicht wegen Überfüllung auflöse.

Auch in Paris hatte Kate Booth trotz ihres persönlichen Charmes mit Widerständen zu kämpfen. Als die Polizei verbot, daß ihre Mädchen Handzettel verteilten, auf denen Versammlungen angekündigt wurden, mußten sie mit schweren, selbstgefertigten, hölzernen Plakaten auf dem Rücken die Boulevards entlang paradieren, während die Pariser vor den Cafés selbstgefällig an ihren Pernods nippten und sich über die verrückten Engländerinnen lustig machten. Die Mädchen mochten stolz darauf sein, jede Woche in fast 1000 Cafés zu werben, aber oft kehrten sie mit blutverschmierten Gesichtern in die Etagenwohnung in der Avenue Parmentier zurück. Wütende Schreie: «Nehmt das für euern Jesus!», womit die Rowdies die Mißhandlungen begleiteten, verfolgten sie bis in ihre Träume. Immer wieder erwies sich das Vorurteil als unüberwindlich. Eine an Krebs im Sterben liegende Frau wurde aus einem Dünkirchener Krankenhaus ausgewiesen, als man erfuhr, daß sie der Heilsarmee angehörte.

Jetzt beging Booth, was selten vorkam, einen verhängnisvollen Fehler. Ursprünglich hatte er in Frankreich dieselbe Methode befolgt wie in Amerika: Eine kleine Gruppe von britischen Offizieren sollte sich hauptsächlich bemühen, an Ort und Stelle dort ansässige Offiziere anzuwerben. Aber nur wenige Mitglieder der von Kate angeführten Mädchengruppe konnten so fließend Französisch sprechen wie sie selbst, und nur wenige Franzosen hatten sich angeboten zu dolmetschen. Da kam Booth auf den Gedanken: Warum sollte er nicht in der französischen Schweiz, in einem weitgehend protestantischen Land, «das Feuer eröffnen»? Und zwar im Rahmen eines ganz allgemeinen Werbefeldzugs?

Booth hatte in seiner Begeisterung ganz vergessen, daß die stolze, nicht leicht zu erwärmende Stadt Genf der Geburtsort Johann Calvins war, in dessen Lehre das Dogma von der Prädestination eine wichtige Rolle spielte. Die Calvinisten waren fest davon überzeugt, daß das Schicksal jeder einzelnen Seele schon vor der Geburt bestimmt war. Wenn einige Menschen unwiderruflich «auserwählt» waren, so waren andere unwiderruflich verdammt.

Es war in der Tat eine verhängnisvolle Entscheidung, die Booth getroffen hatte, denn in keinem Land außerhalb Englands war die Armee einer so bitteren Verfolgung ausgesetzt. Von dem Augenblick an, da Kate und ihr neuer Stabschef, der irische Quäker Arthur Clibborn, am 22. Dezember 1882 im Genfer *Casino de St. Pierre* das Feuer eröffnete, blies ein kalter Wind das Rhonetal hinunter. Bei ihrer dritten Versammlung in der *Salle de la Réformation* erscholl aus der 3000köpfigen Zuhörerschaft lautes Gebrüll. Viele darunter waren Studenten mit bunten Wollmützen. Kate beantragte beim Großen Rat des Kantons Genf sofort polizeilichen Schutz.

Der Präsident des Justizdepartements, Monsieur Marc Héridier, wehrte sich mit allen Mitteln dagegen. Als er vor dem Rat stand, kannte seine Entrüstung keine Grenzen. «Man hat uns zugemutet, eine Kompanie Gendarmen mit gezogenem Säbel antreten zu lassen, um diese Ausländer zu beschützen.» Er verlor seine Selbstbeherrschung und schrie: «Ich werde niemals meine Einwilligung dazu geben! Soll etwa unser Militärdepartement Krieg entfesseln, um die Heilsarmee zu verteidigen?» Er schloß mit den Worten: «Ich für meinen Teil hätte die Pässe dieser Ausländer niemals unterzeichnet.»

Von Tag zu Tag wurde die Haltung der Polizei und der Presse feindlicher. In einem Nachbardorf wurden die sogenannten «Salutistes» mit einer Geldstrafe belegt, weil sie mit ihren fröhlichen Liedern das weinerliche Gröhlen eines Trunkenbolds übertönt hatten. Die Zeitung «Le Réveil» erteilte Kate und ihrem Leutnant, der 16jährigen Maud Charlesworth, einen Verweis: «Diese Weiber sollten lieber Strümpfe stricken und ein Kochbuch studieren.» Gegner verbreiteten die gemeine Lüge, jeder Bekehrte werde mit einem Geschenk von vier Francs bestochen. Nachdem die Armee über 70 Versammlungen abgehalten hatte, entzog der Kanton Genf ihren Mitgliedern am 2. Februar 1883 die Aufenthaltsgenehmigung.

Von jetzt an war es eine strafbare Handlung, auf den Straßen die Heilsarmeeuniform zu tragen oder öffentliche Gottesdienste abzuhalten.

Kein Kind William Booths ist jemals einer Herausforderung ausgewichen, und auch Kate machte jetzt keine Ausnahme. Mit ihren goldenen Haaren und in ihrer kleidsamen, blauen Uniform war sie eine fesselnde Erscheinung, als sie wie Shakespeares Porzia vor dem Hohen Rat im Genfer Rathaus stand, um für die Rechte der Heilsarmee einzutreten. Jedoch von Anfang an bestimmte der Älteste des Rats den kompromißlosen Ton des Verhörs: «Sie sind ein junges Mädchen. Es stimmt nicht mit unsern Ideen und unsern Sitten überein, daß eine junge Frau in der Öffentlichkeit auftrete. Wir finden das schamlos.»

Aber Kate Booth ließ sich nicht einschüchtern. Wenn sie und Maud Charlesworth als Schauspielerinnen gekommen wären, dann hätte sogar Monsieur Héridier gutes Geld bezahlt, um sie sich anzusehen, führte sie aus. Und wie gewagt ihre Kostüme auch immer gewesen wären, Genfs Frauen und Töchter wären gekommen, um ihnen Beifall zu spenden. Doch zwei Frauen, die sich um das Seelenheil von 40 000 Genfer Bürgern bemühten, die nie mehr in die Kirche gingen, die würden wie Verbrecher aus dem Lande gewiesen! «Sind denn diese armen Menschen nicht auch eine Gefahr? Ist ihr verlorenes Leben nicht eine himmelschreiende, gegen Euch gerichtete Anklage?» Aber der Rat ließ sich nicht erweichen; die Verordnung erhielt Gesetzeskraft.

Jenseits der Grenze, im Kanton Neuenburg, war es kaum besser. Die Behörden waren ebenso unfreundlich wie der Genfer Hohe Rat. Sie verboten zunächst Versammlungen am Nachmittag; aber um sechs Uhr früh standen die mit Sensen und Heugabeln bewaffneten Rowdies der Stadt vor der Halle der Armee Posten, johlten und versperrten die Ausgänge. Einmal trat Kate zornig vor die Tür, um den sie umtobenden Raufbolden die Stirn zu bieten. Als ein Mann schrie, sie hätten ihre eigenen Pastoren, antwortete Kate ganz kühl: «Mein Freund, Ihr macht ihnen wenig Ehre!»

«Ihr wollt bloß unser Geld!» rief ein anderer. Da riß Kate der Geduldsfaden: «Sagt das noch mal! Sagt's doch! Ihr wagt es nicht! Ihr wißt, daß es eine Lüge ist.» Sie packte ihn am Kragen, zerrte ihn ohne Umstände in den Saal, zwang ihn, auf der vordersten Reihe Platz zu nehmen, und setzte eine pausenlos abrollende Versammlung in Gang. Am Schluß sah sie, daß sich viele Männer und Frauen tief erschüttert nach vorn zur Bußbank begaben.

Doch das war nur ein lokaler Sieg. Als Kate im September 1883 kurze Zeit in Frankreich weilte, folgte die kantonale Regierung dem Genfer Beispiel. Alle öffentlichen Versammlungen der Heilsarmee waren nun auch in Neuchâtel verboten! Kate reagierte darauf ganz automatisch: Sie wollte die Wirkungskraft der Verfügung auf die Probe stellen, indem sie den Gehorsam verweigerte.

Es war ein goldener Sonntagnachmittag im September. Kein Lüftchen regte sich. Unter den Tannen der Juraberge, fünf Meilen oberhalb der stahlblauen Wasserfläche des Neuenburger Sees, warteten 500 Salutisten in ihren rotblauen Uniformen und boten dem Verbot schweigend Trotz. Bald erschien ein Wachkommando. Polizeipräfekt Charles Gerster, von einer Eskorte begleitet, rollte in seinem Wagen heran. Kate wartete schweigend, bis Gerster den dicken Nadelteppich überschritten hatte. Dann begann sie zu beten. Noch immer griff

Gerster nicht ein. Zwei Stunden lang stand er ruhig neben ihr, während nach den Bekenntnissen der Bekehrten die Lieder durch die weiche, von Tannenduft erfüllte Luft klangen. Da hörte er, wie einer der Bußfertigen auf einen der Polizisten deutete und bekannte: «Der Mann da kennt mich; er hat mich ins Gefängnis gebracht, aber jetzt bin ich ein anderer Mensch!» Erst als der Gottesdienst zu Ende ging, holte der Präfekt verlegen seine Vollmacht hervor. Kate fragte ihn ohne Umschweife, warum er das nicht früher getan habe. Gerster bekannte, daß irgendeine Macht ihn zurückgehalten hätte. Mit vor Erregung bebender Stimme fügte er hinzu: «Das ist eine wunderbare Arbeit. Ihr tut nur Gutes. Bitte, haltet mich nicht für verantwortlich für dies hier!»

Der in Neuenburg wirklich verantwortliche Mann, der Präsident des Staatsrats, Monsieur Robert Comtesse, bat um Entschuldigung, aber das Gesetz müsse seinen Lauf nehmen. Zwölf Tage lang wurde Kate in dem kalten, mittelalterlichen Gefängnis der Stadt gefangen gehalten. Mäuse huschten über den feuchten Steinboden, und die Luft roch nach Gas, das aus den undichten Bleiröhren strömte. Da Kate wie ihre Mutter an Rückenschmerzen litt, hatte sie viel auszustehen. Eine Kameradin, Kate Patrick, war freiwillig mit ihr ins Gefängnis gegangen, um sie zu pflegen. Voller Besorgnis schrieb ihr William Booth aus London: «Wenn Deine Gesundheit keinen Schaden nimmt, macht es mir nichts aus. Aber Deine Gesundheit ist mir mehr wert als die ganze Schweiz!»

Doch um den Kampfgeist der Booths zu dämpfen, genügte es nicht, sie ins Gefängnis zu werfen. Bei ihrem Prozeß im alten Gerichtsgebäude in Boudry setzte Kate mit der geschickten Logik ihrer Mutter die Sache der Armee der Aufrechterhaltung von Gesetz und Ordnung gleich. Auf dem Höhepunkt ihrer zweistündigen Rede stellte sie die Geschworenen vor die Frage: »Was sollen wir denn mit den Massen anfangen? Wenn das Evangelium keine Macht über sie gewinnt, dann wird ein Tag kommen, da sie sich gegen euch wenden werden, und dann werden die Folgen furchtbar sein.» Und sie fuhr fort: «Wenn diese Friedensstörer einen solchen Haß und eine solche Wut gegen Bürger, die zu Gott beten, aufbringen können, dann werden sie auch fähig sein, gegen jede andere Meinung und jedes andere Gesetz, das ihnen nicht paßt, mit gleicher Rebellion vorzugehen.»

Von diesem Ausblick doch etwas erschüttert, erklärten die sieben Geschworenen die Angeklagten zwar für schuldig, die Verordnung nicht beachtet zu haben, doch hätten sie nicht aus böser Absicht gehandelt.

Der Richter verkündete trocken: «Die Angeklagten sind freigesprochen!»

Die den Sitzungssaal füllenden Salutisten brachten ihre Begeisterung mit lauten Amen- und Hallelujarufen zum Ausdruck. Doch Kates Triumph war nur von kurzer Dauer. Monsieur Cornaz, Chef des Justiz- und Polizeidepartements, der wütend war, daß ihm der Sieg durch die Finger gegangen war, verweigerte den Angeklagten nach dem Verlassen des Gerichtsgebäudes jegliche Art von Polizeischutz. Unter einem Hagel von Steinen und wohl gezielten Flaschen kehrten Kate und ihre Offiziere in ihre Quartiere zurück. Am 8. Oktober ging der Kanton Neuenburg noch einen Schritt weiter als Genf: Alle nicht in der Schweiz geborenen Salutisten wurden des Landes verwiesen.

Das waren jedoch nur die ersten Runden in einem Krieg, der, so unglaublich das schien, in unverminderter Heftigkeit noch sechs Jahre dauern sollte. Wo getreue Schweizer Heilssoldaten den Kampf weiterführten, mußten sie das ganz im geheimen tun – wie in alten Zeiten (1638) in Schottland die Anhänger des «Covenant», des Bundes mit Gott. Sie versammelten sich in den Wäldern oder in einer alten Schmiede, manchmal, um der Polizei ein Schnippchen zu schlagen, schon um fünf Uhr morgens. Eine der ersten Bekehrten – Kapitänin Susanne Küpfer, eine hübsche ehemalige Kammerzofe – vergaß ihre Pionierarbeit in Biel im Kanton Bern nie. Die Bänke wurden aus der Halle der Armee herausgeschleppt und in den Straßen zu Kleinholz zerhackt, wobei der Pöbel sein «Kreuzigt sie! Kreuzigt sie!» schrie; die Geschäftsleute organisierten einen allumfassenden Boykott. Brot, Milch und Kartoffeln waren zu keinem Preis mehr erhältlich. Hunderte von Maikäfern – in der Schweiz im Sommer eine wahre Landplage – wurden bei den Versammlungen aus Papiertüten losgelassen, so daß sie die Luft mit ihrem Schwirren erfüllten und es unmöglich war, einen vernünftigen Gedanken zu fassen.

Bald dehnte Bern den nun schon als selbstverständlich angesehenen Bann auf alle Versammlungen der Armee aus. In Neuveville, einem Ort am Bieler See, wurden Oberst Arthur Clibborn, die Offiziere Susanne Wyssa und Anna Furrer sowie zehn Heilssoldaten zu Gefängnis verurteilt, weil sie in einem Privathaus eine ganze Nacht hindurch eine Gebetsversammlung abgehalten hatten. Während fünf Stunden wurde ihr Heim mit mächtigen, über fünf Pfund wiegenden Felsbrocken bombardiert. Ein Kanton nach dem andern erlag dem gleichen, wie ein Fieber um sich greifenden Haß. In Nyon, Kanton Waadt, sahen die Polizisten grinsend zu, wie ein tausendköpfiger Pöbelhaufen die Salutisten mit Steinwürfen durch die Straßen jagte. In Biel wurde Leutnant Alfred Kuntz von den Rowdies, die ihn im Warteraum der Station eingekreist hatten, mit klebrigem schwarzem Schmieröl übergossen.

Noch im Oktober 1888 mußte die junge Schottin Captain Charlotte Stirling im Schloß Chillon am Genfer See eine hunderttägige Gefängnisstrafe absitzen. Ihr einziges Verbrechen: sie hatte im Dorfe Orbe ein paar Schulkinder zu einer Nachmittagsversammlung eingeladen, falls ihre Eltern nichts dagegen hätten. Nach einer aus dem Jahr 1834 stammenden gesetzlichen Bestimmung mußte, wer den Glauben eines Kindes antastete, mit Gefängnis bestraft werden.

Ein Jahr später, am 1. November 1889, schloß der Genfer Staatsrat ohne jede Vorankündigung alle Versammlungsräume der Armee. Die Wahlen standen vor der Tür, und man fürchtete Unruhen. Clibborn, der sich schon vorher damit abgefunden hatte, daß Versammlungen nur auf Einladung hin abgehalten werden durften, legte sofort scharfen Protest ein. Die Einladungen für den folgenden Tag waren schon hinausgegangen, und die Versammlungen mußten dem Programm nach fortgesetzt werden.

Am Abend des 2. November drangen Genfer Polizisten mit Gewalt in drei der Armee vorbehaltene Säle ein. Ein Mädchen, das im Gebet auf der Plattform kniete, wurde mit Fußtritten in den Zuhörerraum gestoßen. Drei andere warf man kopfüber die Treppenstufen hinunter, und der Pöbel verhöhnte sie und trat sie mit Füßen. Clibborn, der aus seinem eigenen Saal herausgeschleppt worden war, verbrachte eine denkwürdige Nacht in einem Genfer Gefängnis, in einer Zelle zusammen mit einem Dieb und einer Prostituierten. Draußen sangen die Gendarmen in pausenlosem Spottchor Halleluja! Am folgenden Morgen zwirbelte ein flotter Polizist seinen Schnurrbart und sah lüstern nach dem Mädchen hin: «Wie schön ihr zusammenpaßt – ein Dieb, eine Prostituierte und Clibborn!» Clibborn kam es so vor, als ob ihm William Booth einen Orden an den Waffenrock geheftet hätte.

Erst im März 1890 gestand der Staatsrat von Genf den Salutisten in aller Form das Recht zu, ihre marineblauen Uniformen mit den ihrem eigenen Geschmack entsprechenden Mützen und Hüten auf der Straße zu tragen. Modeschriftsteller warnten ihre Leserinnen, daß in dieser Saison marineblau verpönt sei. Trägerinnen von dunkelblauen Hauben wurden mit Steinen beworfen und angespuckt.

Im Jahre 1958 jedoch nahm der damalige Chef des eidgenössischen Post- und Eisenbahndepartements einen Antrag der Heilsarmee an, zur Feier ihres 75jährigen Jubiläums in der Schweiz in einer neu herauszugebenden Briefmarkenserie eine der Marken der Heilsarmee zu widmen. Der Entwurf zeigte auf blaßblauem Hintergrund den dunkelblauen Hallelujahut!

Die Schlacht um die Freiheit des Gottesdienstes wütete noch immer in der Schweiz, als William Booth Amerika seinen ersten und dringend notwendigen Besuch abstattete. Vier Jahre war es her, daß Railton und seine Offizierinnen das Feuer eröffnet hatten, und immer noch lag die Zukunft der Armee in den Vereinigten Staaten im Ungewissen.

Railtons Nachfolger, Major Thomas Moore, ein langer, bärtiger Cockney, hatte mit unermüdlichem Eifer weitergearbeitet. Als Führer einer die ganze Nation umfassenden Jugendbewegung kommandierte er eine Armee von tatendurstigen Jugendlichen, die ihren Lebensunterhalt mit kargen fünf Dollars in der Woche bestritten. Wie in England, eröffneten immer je zwei eine Station, indem sie mit Wohnungen kombinierte Versammlungsräume mieteten, die sie «Fort Salvation» tauften. Sie hängten dort Plakate auf, die das Glaubensbekenntnis der Armee verkündeten: «Verzweifelt nicht! Wie arm ihr auch seid, wie elend oder wie sündhaft, ihr habt zwei Freunde: Der eine ist Jesus Christus, der andere die Heilsarmee.»

Oft hatte sich das plötzliche Auftauchen neuer Arbeitsgebiete für die Armee als eine harte Glaubensprobe erwiesen. Der 17jährige Captain Eddie Parker war beauftragt worden, in Mobile, Alabama, das Kommando über ein neues Korps zu übernehmen. Er fand aber, die zur Verfügung stehenden Mittel wären zu gering, als daß die Armee ihm auch nur die Fahrt für die zwischen Chicago und Joliet liegenden 37 Meilen bezahlen konnte. Mit einer dem Geist der Armee würdigen Findigkeit verfiel er darauf, die Taktik der Troubadoure zu befolgen: Er, sein Leutnant und ein junger Kadett bildeten ein aus einer Konzertina, einer Gitarre und einem Horn bestehendes Trio und erspielten sich ihre Mahlzeiten auf einem 895 Meilen langen Fußmarsch durch die Vereinigten Staaten. Als sie in Mobile ankamen, besaßen sie zusammen gerade noch einen Dollar.

Aber obgleich Major Moore großen Eifer bewies, war er doch nicht sehr beschlagen in Sachen der Geschäftsführung. Im Sommer 1884 erhielt Booth von seinen reisenden Kontrolleuren Berichte, die besagten, daß sich Moores Konten in einer unentwirrbaren Unordnung befänden. Daraufhin entschloß sich Booth, ihn durch jemand anderen zu ersetzen, und befahl ihm, nach Südafrika überzusiedeln. Booth konnte natürlich nicht ahnen, daß Moore, ein naturalisierter Amerikaner, der mit seinem Namen alle das Vermögen der Armee betreffenden Dokumente unterschrieben hatte, nun seinen eigenen Unabhängigkeitskrieg erklären würde. Er war beleidigt und ernannte sich selbst zum General der amerikanischen Heilsarmee.

Die meisten von Moores überall verstreuten Kohorten – 300 Offiziere und 5010 eingetragene Bekehrte – betrachteten Moores Vorgehen als völlig logisch. Wer war denn dieser William Booth eigentlich? Doch nur eine unbekannte Galionsfigur, 3000 Meilen weit weg in London. Als der von Booth neuernannte Vertreter, Major Frank Smith, ein magerer, verhungert aussehender 39jähriger Mann, im November 1884 in Amerika eintraf, um den Oberfehl zu übernehmen, fand er eine entmutigende Situation vor: von 100 Heilsarmeekorps anerkannten nur noch 17 Booth als General.

Bestürzt entsandte Booth sechzig britische Offiziere, um Smith zu unterstützen. Aber Mitgliederzahlen waren Major Smiths geringste Sorge. Viel schlimmer wirkte es sich aus, daß Moore die Flaggen, die Versammlungsräume und die Gesangbücher beschlagnahmt hatte. Um nun nicht mit Moores «Urheberrecht» in Konflikt zu kommen, verfiel Smith auf die Idee, ein neues Wappen zu entwerfen. Die Krone – Symbol der Krone des Lebens – ist darin ersetzt durch Adlerflügel, und es ist bis heute das Wappen der Heilsarmee in Amerika geblieben.

Bald entstand eine geradezu bizarre Situation. Es dauerte nicht lange, da bekehrten sich die Vermögensverwalter zu Booths Ansicht über Moore. Sie setzten ihn wegen mangelhafter Geschäftsführung ab und ernannten an seiner Stelle Colonel Richard Holz. Selbst jetzt wollte sich Moore noch nicht geschlagen geben. Verbissen bestand er auf seinem Recht, einen eigenen *Kriegsruf* herauszugeben. Um im einzigen Land der Welt, das sich dreier Heilsarmeen rühmte, die Ordnung wiederherzustellen, ging Booth am 23. September 1886 in voller Uniform und mit einem schwarzen Zylinderhut am Cunard Pier in New York von Bord der S. S. *Aurania.*

Das gab seinen Soldaten den bitter nötigen Auftrieb. Der 57jährige General kannte für sich keine Schonung. Er eröffnete sofort einen Wirbelwind-Feldzug, der ihn von New York nach Kansas City führte. Obgleich er fast 200 Stunden predigte, waren die 180 000 Amerikaner, die ihn hörten, keineswegs nur durch den Umfang seiner Reden beeindruckt. Sie hörten Sätze, wonach die in der Welt herrschenden grauenvollen Zustände alle Menschen mit einer leidenschaftlichen Sorge erfüllen sollten. Eine Stadt nach der andern hörte in atemloser Spannung zu, wenn Booth die göttlichen Wahrheiten verkündigte. Seine lange, dünne Gestalt neigte sich auf dem Podium hin und her: sein Haar und sein Bart in wilder Unordnung, die Arme auf dem Rücken verschränkt, die rechte Faust das linke Handgelenk umklammernd, seine Augen wie glühende Kohlen.

Seine ganze Gestalt zitterte, wenn er zum Höhepunkt seiner Rede kam: «Die Sünde ist etwas Wirkliches, eine verdammenswerte wirkliche Macht. Was geht es mich an, wie die Naturwissenschaftler sie nennen oder wie manche Kanzelredner sie nennen, ich weiß, was sie ist: eine teuflische Macht. Die Sünde und nur die Sünde allein hindert die Menschheit daran, glücklich zu sein. Sünde! Geht in die Elendsviertel der großen Städte! Da findet ihr kleine sechsjährige Mädchen, die durch ihre eigenen Eltern für Geld einem Leben der Schande preisgegeben werden. Und die betrunkene Mutter, die ihr eigenes Kind ermordet. Seht euch den Vater an, der mit einem Riemen seinen verkrüppelten Sohn schlägt. Sünde! *Das* ist, was ich Sünde nenne, etwas Brutales, Gemeines, Teuflisches!»

Wenn auch Booth Worte wie feurige Pfeile schleudern konnte, so war doch seine Rede mit Humor gewürzt. «1865?» fragte er spöttisch den Bürgermeister einer Stadt. «Ach ja, das ist doch das Jahr, in dem *euer* Krieg zu Ende ging und *mein* Krieg anfing.» Nicht immer wurden die Dienste der Armee willkommen geheißen. «Erst vor kurzem», erzählte er seinen Zuhörern, «wurde in Toronto eine betrunkene Irin bewußtlos in der Gosse aufgefunden. Man trug sie in das erste, von der Heilsarmee gegründete Heim für Frauen in der Albert Street. Als sie am nächsten Morgen in einem sauberen, ihr völlig unbekannten Zimmer erwachte, tastete sie sich mühsam durch die Katerstimmung ins Bewußtsein zurück und fragte, wo sie eigentlich wäre. ‹Bei der Heilsarmee›, antwortete Captain Susan Florence, die das Heim betreute. Aber da wurde die Frau grenzenlos aufgeregt. ‹Um Himmels willen, bringt mich doch bloß hier raus, ehe mein guter Ruf verloren geht!› »

Drei Jahre sollten vergehen, bevor Colonel Richard Holz die «Armee», die er kommandierte, mit der internationalen Heilsarmee verschmolz. Booths frische, lebendige Art, seine Zuhörer anzusprechen, überzeugte viele noch schwankende Geister. Das war ein Führer, wie sie ihn sich wünschten! Um den kränklichen Major Frank Smith zu ersetzen, entsandte Booth seinen zweiten Sohn nach Amerika, den 27jährigen Ballington, der sich kürzlich mit Kates Leutnant Maud Charlesworth verheiratet hatte. Er übernahm eine Truppe von 654 Offizieren, die in 312 großen und kleinen Städten arbeiteten.

Doch immer noch zeigten sich Widersprüche in der Stellung der Armee in den Vereinigten Staaten. Zwar empfing schon im März 1886 – sechs Jahre nach Railtons Ankunft – Präsident Grover Cleveland Frank Smith und eine Gruppe von Heilssoldaten im Weißen Haus. Er war der erste von sechs Präsidenten, die seither die Arbeit der Heilsarmee gutgeheißen haben. Dennoch führte die Polizei in vielen amerikanischen Städten einen erbitterten Zermürbungskrieg gegen die Armee, der dem in der Schweiz nichts nachgab. Das von irischen Schnapsliebhabern regierte Boston gestattete Sonntagsumzüge nur unter der Bedingung, daß sie ohne Musik und Lieder durchgeführt wurden. Die New Yorker Offiziere der Armee mußten in den Büros warten, bis man ihnen den Erlaubnisschein für den am gleichen Tag geplanten Marsch aushändigte. Solche Scheine wurden weder einen Tag noch eine Woche im voraus ausgestellt und auch nicht höflich durch die Post übersandt. Sie mußten mit der Mütze in der Hand täglich abgeholt werden.

Auch massivere Taktiken waren nicht selten. Die kleine Ada Smith kam eben von ihren Kämpfen mit Worthings «Skeletons». Jetzt wurde sie in Hazleton, Pennsylvanien, von einem Polizisten vom Trottoir gezerrt, der sie mit seinem Gummiknüppel erbarmungslos verprügelte. In Springfield, Illinois, mußte der Trommler des Korps eine Geldstrafe zahlen, weil er beiseite sprang, als ein Lastwagenführer versuchte, ihn zu überfahren. In Leadville, Colorado, summten den Offizieren die Kugeln wie Hornissenschwärme um die Köpfe, während sie von der Liebe Gottes predigten. – Ein Offizier, in Iowa vor Gericht geladen, weil er unter freiem Himmel gepredigt hatte, wurde trotz seiner geschwächten Gesundheit dazu verurteilt, in Ketten, wie ein Verbrecher, Steine zu brechen. Nachdem er seine Strafe verbüßt hatte, war er lebenslang invalid und sah mit seinen 28 Jahren aus wie ein Greis.

Doch allmählich führte das schlichte, christliche Beispiel der Heilssoldaten in allen Staaten den Umschwung herbei. Als sie in Saco, Maine, auszogen, um in meterhohem Schnee Kranke und Bedürftige zu besuchen, brachte ihnen die *Police News* «für diese echt soldatische Leistung» ihre Hochachtung zum Ausdruck. In Omaha, Nebraska, fand Adjutant Frank Aspinall außerhalb der Kasernen einen Alkoholiker im Zustand des *Delirium tremens*. Als Sohn eines Kneipwirts war er durch die Trunksucht so heruntergekommen, daß er mit einem Messer unter dem Kopfkissen schlief, um seine Frau zu terrorisieren. Als Aspinall sah, wie der Mann zitterte, nahm er das whiskydurchtränkte menschliche Wrack mit in sein Heim, schlief mit ihm im gleichen Bett. Am Morgen gelang es ihm, ihn zu bekehren.

Oft wirkte der fröhlich überschäumende Geist der Soldaten förmlich ansteckend. Man konnte den Offizier nur bewundern, der in Scranton, Pennsylvanien, eine Arbeit beim Brunnengraben annahm, um die Unkosten seines Korps vermindern zu helfen. Er sagte: «Mit den Seelen hier geht es wie mit der Entwässerung – keiner kümmert sich um sie!» Ein anderer junger Eiferer reparierte die Drähte oben an einem Telegraphenpfahl. Da sah er durch ein Fenster im vierten Stock, wie sich in dem Zimmer halbbetrunkene Frauen vergnügten. Die Predigt, die er ihnen von seinem hohen Sitz aus hielt, zog eine den Verkehr zum Stocken bringende Menschenmenge an. In Elgin, Illinois, sangen eingesperrte Heilssoldaten fröhlich ihre Lieder. Sie ließen sich nicht einmal zum Schweigen bringen, als der Gefängniswärter den Wasserschlauch auf sie richtete. Sie stimmten sofort die Hymne an: «Wo Ströme lebendigen Wassers fließen...»

Die Polizei von 48 Staaten mußte bald die bittere Wahrheit erkennen: Wenn man die Heilssoldaten ins Gefängnis warf, schuf man nur unerschrockene Märtyrer.

Und die Rechtsanwälte sahen, daß der Geist der Heilsarmee auch die Herzen der Geschworenen und der Richter erweichen konnte. In Connecticut, New Haven, waren Offiziere und Soldaten angeklagt, «in Verletzung der Verordnungen der Stadt Unruhe gestiftet zu haben». Der sie verteidigende jüdische Rechtsanwalt schlug ihnen vor, dem Richter und den Geschworenen einmal zu zeigen, daß ihr Singen weder unfromm, noch gotteslästerlich, noch aufrührerisch sei. Sogleich traten die Heilssoldaten in den Zeugenstand und, mit Händeklatschen den Rhythmus unterstreichend, fingen sie an zu singen:

Krieger ich bin, Ehre wartet
Mein im obern Heimatland.
Kommt und hört, ich will erzählen,
Wie ich meinen Heiland fand.

Jesus lieb' ich, Halleluja,
Der die Sünden mir vergab;
Er, mein Retter und Erlöser,
Blickt voll Huld auf mich herab.

Wider Willen mußte der Richter die Anklage fallen lassen. Das Ziel der Armee war ein edles, und er konnte darin keine Verletzung der Gesetze entdecken.

Die nie versagende Freundlichkeit der Heilssoldaten konnte sogar ihre Feinde entwaffnen, zum Beispiel einen Mann wie Andrew Mohrant, einen dem Trunk ergebenen, jungen Tunichtgut aus Baltimore, Maryland. Ein Schankwirt hatte ihm 50 Cents angeboten, wenn er eine Versammlung der Heilsarmee zum Auffliegen brächte. Mohrant war aber zu weichherzig, um ihm den Gefallen zu tun. Als er am nächsten Morgen erwachte, fand er in seiner Tasche ein ihm gänzlich unbekanntes Liederbuch. «Mein Gott», rief er schuldbewußt aus, «ich bin ja bei der Heilsarmee gewesen!» Aber bald war er völlig davon überzeugt, ein Sünder zu sein und wurde selbst ein Korporal. – In New Yorks Bowery fand Captain Carrie Joy Lovett – ein dunkelhaariges Mädchen aus Trenton, New Jersey – wertvolle Helfer in ihrem Rettungswerk für gefallene Mädchen: Nämlich Kneipwirte und Dancinginhaber, denen das Gewissen schlug. Einer ließ ihr immer heimlich Nachricht zukommen: «Ich habe da eine Neue, Carrie. Seht mal zu, was ihr für sie tun könnt!» Einmal kämpfte Carrie mit blutüberströmtem Gesicht einen ganzen Häuserblock entlang mit einer Gruppe von Zuhältern, doch dank der Ablenkungsmanöver ihrer Verbündeten konnte sie mit dem Mädchen sicher die Bahnstation erreichen.

Noch seltsamere Verbündete waren die «Jonahs», eine Bande von Vagabunden, die sich selbst außerhalb der bürgerlichen Gesellschaft gestellt hatten und in Kansas City die verläßliche Leibgarde der Heilsarmee bildeten. Einer sagte einmal zu Maud Ballington Booth: «Wenn es auch für uns keine Hoffnung gibt – warum nicht für andere Menschen?» Sie waren alle Antialkoholiker, obwohl sie rauchten und spielten. Ihre Versammlungen begannen sie mit Gebet und beschlossen sie mit einer generösen Geldspende für die Kasse der Armee, Geld, das den sanftmütigen Kriegern Gottes half, ihr Konto auszugleichen. Die Gattin eines Majors hatte für ihr Neugeborenes keinen Wagen. Da stand plötzlich, wie durch Zauberei, ein funkelnagelneuer Kinderwagen vor ihrer Tür. Bei Freilichtgottesdiensten behielt ein Sicherheitskommando Unruhstifter im Auge. Wenn der Heimweg einer Salutistin durch eine unsichere Gegend führte, marschierten vor und hinter ihr je eine Gruppe Jonahs – jeder Mann kenntlich an dem funkelnden Hufeisen, dem Abzeichen der Bruderschaft.

Kneipwirte wurden wider Willen Verbündete. In Bowery hieß einer die Mädchen mit dem *Kriegsruf* nicht nur herzlich willkommen, sondern er machte sie sogar alle mit den Männern im Hinterzimmer bekannt. – In Pueblo, Colorado, stellte ein Wirt, der mit der Polizei in Konflikt geraten war, seinen Schankraum der Armee kostenfrei für eine Gebetsversammlung zur Verfügung. – In San Franzisko erschien ein Kneipwirt im Hauptquartier und sagte, er stünde vor einem Rätsel: Die von der Armee wären doch so gute Leute, wie käme es denn, daß er niemals einen als Barkeeper einstellen könnte?

Doch gab es immer örtlich schwer zu erobernde Widerstandsnester. Ein tapferer Mann nahm sich vor, diese auf eigene Faust auszuräumen. Kein Soldat Booths erregte auf dem amerikanischen Schauplatz mehr Aufsehen als Joseph Neshan Garabedban, ein vierschrötiger, mehr als sechs Fuß großer Riese, bekannt unter dem Namen «Joe, der Türke». Ursprünglich ein ewig betrunkener, armenischer Schuster, der sein Geschäft von der Sacramento Street aus betrieb, im Herzen von San Franziskos berüchtigter Barbary Coast, war «Joe» wahrscheinlich der merkwürdigste Mensch, den Captain John Milsaps je bekehrte, und dazu ein Mann, der nichts halb machte.

Bevor Joe die Wandlung seines Herzens erlebte, kannte Finnegans nebenan gelegene Kneipe keinen besseren Kunden. Ein laufendes Band von Bierflaschen wand sich den ganzen Tag durch ein in die Wand gebohrtes Loch. Eines Tages nun fand Finnegan zu seinem Ärger das Loch verstopft, und zwar – mit einem Kalender der Heilsarmee!

Einen Fez auf dem Kopf und mit scharlachroten Hosen und einer entsprechenden, mit Goldtressen besetzten Jacke bekleidet, hatte Joe einen vor nichts haltmachenden Entschluß gefaßt: Er wollte den Leuten zeigen, daß *er* da war, und daß *die Armee* da war! Bald kamen wütende Kunden in seinen Laden gestürmt und fragten, was das in die Sohlen ihrer Schuhe gehämmerte Messing-S bedeuten solle. Joe antwortete strahlend, sie könnten zwischen vier Auslegungen wählen: Saved from Sin (von der Sünde gerettet) – Saved and Satisfied (gerettet und in Frieden), Salvation Soldier oder Solid Soles, solide Sohlen! Aber Joe verarbeitete besseres Leder als irgendein anderer Schuster in San Franzisko. Er verlor durch den Scherz nur wenige Kunden.

Im Jahre 1887 begann «Joe the Turk» – nun ein vollbeschäftigter Offizier – seinen Aufsehen erregenden Feldzug für die Freiheit der Armee, Gott auf ihre Weise zu verehren. Bewaffnet mit einem Waldhorn und einem gelb-rot-blauen Schirm, dazu ein Bild Booths und eines der Freiheitsstatue zur Schau stellend, paradierte er in den Straßen von Los Angeles, bis ihm die Polizisten den Gefallen taten, ihn ins Gefängnis abzuführen. Bei der Verhandlung sagte der Richter O'Meliny, der offen mit der Armee sympathisierte, den Polizisten gehörig seine Meinung und bestärkte Joe warmherzig in seinem Vorhaben: «Geh nur hinaus und blas dein Horn lauter als je zur Ehre Gottes.»

Drei Tage später wurden sämtliche Polizisten von Los Angeles entlassen und durch neue Männer ersetzt. Joe hatte seinen ersten Sieg errungen, aber 53 weitere warteten noch seiner.

Er war ein hundertprozentig nach außen gekehrter Mensch mit einer gutturalen Stimme, die an das Brüllen des Stiers von Basan erinnerte. Joe war bald in ganz Amerika bekannt wie ein bunter Hund. Er war der erste Offizier, der zu Weihnachten als Sankt Niklaus verkleidet, für die Armee Geld einsammelte. Er spielte als erster Heilsarmeelieder auf einem Saxophon. In East Portland, Oregon, besaßen die Worte, die er an die Wand seiner Gefängniszelle gemalt hatte – «Denke an das Gebet deiner Mutter» und «Jesus ist der Freund des Trunkenbolds» – eine so große Anziehungskraft für Touristen, daß die Eisenbahngesellschaft Billetts mit Fahrtunterbrechung herausgab. Die Menschenmengen, die sich in den Straßen sammelten, um sich über ihn lustig zu machen, blieben stehen, um dem Mann zuzuhören, den die *Boston Transcript* «ein lebendes, in Rot gekleidetes Zirkusplakat» nannte. Hotelbesitzer und private Hauseigentümer betrachteten seine Ankunft allerdings mit gemischten Gefühlen. Der Türke war nämlich bald mit Farbe und Gummistempel am Werk, Wände, Möbel und sogar Wäschestücke mit dem Motto zu verzieren: «Jesus rettet». 6200 Meilen weit entfernt war in der Vatikanstadt Papst Leo XIII. baß erstaunt, seinen Namen auf Joes Liste zu finden, nach der er wöchentlich den *Kriegsruf* versandte.

Aber William Booth bewunderte Joe sehr als «einen der tapfersten Männer in der Armee». Er sah in Joes Verrücktheit eine Methode, nämlich einen unerschütterlichen Glauben an die Demokratie. Wo immer Heilssoldaten verhaftet wurden, weil sie Versammlungen unter freiem Himmel abhielten, war sofort Joe zur Stelle und verlangte eine Gerichtsverhandlung. Wenn er verurteilt wurde, legte er, der 56mal um Jesu willen verhaftet worden war, Berufung ein und tat es immer wieder, bis er den Prozeß gewann. Jeder Sieg bedeutete eine Entscheidung zugunsten der Heilssoldaten, die noch im Gefängnis saßen.

Trotz seiner ungeheuren Körperkraft kam der Türke doch nicht ungeschoren davon. Einmal wurde ihm das Nasenbein gebrochen. Ein anderes Mal stach man ihm mit einer spitzen Eisenstange das rechte Auge aus. Aber nichts konnte seinen schlichten Glauben erschüttern: «Es gibt noch eine Hoffnung ...», oder seinen eisernen Willen beugen. Als er in Chicago ankam, stand auf seinem Gepäck in goldenen Buchstaben: «Rettung oder Verdammnis». Er wurde sofort verhaftet, weil er eine Versammlung unter freiem Himmel abgehalten hatte. Man forderte ihn auf, die Stadt zu verlassen. Als Joe wie immer eine Gerichtsverhandlung verlangte, war der Schreiber ganz verblüfft: «In Chicago gibt es keine Gerichtsverhandlungen!»

Aber Joe hielt durch. Er engagierte einen prominenten Chicagoer Rechtsanwalt. Bis der Prozeß gewonnen war, hatte man zehn Polizisten für zwei Monate suspendiert und jeden zu einer Geldstrafe von 60 Dollars verurteilt, weil sie die Heilsarmee belästigt hatten. Als Befehle herausgingen, die Heilssoldaten wie rohe Eier zu behandeln, konnte Joe auf seiner Liste einen neuen Sieg verzeichnen. Doch sofort machte er sich auf den Weg nach Macomb in Illinois.

In dieser kleinen Stadt des Mittelwestens wurde Joe nicht mit einem Trommelwirbel willkommen geheißen, und er wußte wohl warum! Der Bürgermeister von Macomb, A. B. Lightner, war ein Desperado aus Texas, dessen Bande die Regierungsgeschäfte der Stadt führte. Er hatte über jeden Heilsarmeeoffizier, der eine Trommel anrühren würde, eine vierzehntägige, vorläufig noch ausgesetzte Gefängnisstrafe verhängt. Die Offiziere hatten Joe sofort um Hilfe gebeten. Sie sollten in Sandalia, Missouri, Erweckungsversammlungen abhalten, aber wegen der über ihren Häuptern schwebenden Srafe wagten sie nicht, die Stadt zu verlassen.

Als sich Joe umgehend zum Gerichtsgebäude begab, entwischte Lightner, der ihn hatte kommen sehen, durch einen Seitenausgang. Der vierschrötige Türke rannte ihm über den Platz hinweg nach, verstellte ihm den Weg, zwirbelte seinen wunderbaren Schnurrbart, und mit glühenden Augen fauchte er den Bürgermeister an: «Entweder sperrt Ihr jetzt diese Leute ins Gefängnis, oder Ihr hebt das gegen sie ergangene Urteil auf!» Prompt sperrte Lightner die Offiziere ins Gefängnis.

Das hatte Joe gehofft. Er übernahm selbst das Kommando über das Macomb-Korps. Jeden Tag führte er seine Leute zum Gefängnis, um den Gefangenen mit Liedern und Zeugnisablegen Mut zu machen. Wütend kam Lightner aus dem Gerichtsgebäude gerannt, schlug den Korpssergeanten Ed Coffman mit der Faust ins Gesicht und zielte mit seinem Revolver auf die Heilssoldaten. Glücklicherweise ging der Schuß nicht los.

Von nun an zeigten die Einwohner Macombs ein lebhaftes Interesse an der Zukunft der Armee, ein Interesse, das noch angefacht wurde durch Joes Ankündigung, er werde an dem Tage, da seine Offiziere befreit würden, eine große Parade abhalten. Ein wohlwollender Redaktor stellte ihm täglich eine Spalte in der Ortszeitung zur Verfügung, um Lightners korrupte Amtsführung an den Pranger zu stellen. Da entdeckte der Bürgermeister die Flammenschrift an der Wand. Am Tag, da die Offiziere aus dem Gefängnis entlassen wurden, verließ er spornstreichs die Stadt, um sich nicht wieder sehen zu lassen. Sein getreuer Gefolgsmann, der Polizeichef, verlor keine Zeit, ihm nachzureisen.

Jetzt schrieb Joe, der Türke, seinen Namen in die Geschichte der Heilsarmee ein: Er erklärte sich selbst zum Bürgermeister von Macomb, und der Armeeoffizier Captain Ivings wurde Polizeichef. Ihre erste, durch eine jubelnde Menge von Zuschauern begrüßte Amtshandlung war die Schließung des einzigen Schnapslokals der Stadt. Sechs Wochen lang – bis ein neuer Bürgermeister ernannt wurde – genoß Macomb den Vorzug, die einzige Stadt der Welt zu sein, deren Amtsgeschäfte durch die Heilsarmee besorgt wurden.

Macomb hatte die Armee in vollem Umfang anerkannt, und bald war Joe wieder auf dem Kriegspfad. In Green Bay, Wisconsin, bahnte er sich gewaltsam einen Weg durch einen Haufen Strolche, die darauf aus waren, Leutnant Stevenson zu lynchen, indem er brüllte: «Platz da, im Namen des Herrn!» Noch ehe die verdutzte Menge die Situation erfaßte, hatte er Stevenson bereits mitten durch sie hindurchgeschoben und ihn im nächsten aus der Stadt herausfahrenden Zug verfrachtet. Der nächste Ort auf Joes Liste war Saratoga. Dort hatte die Polizeibehörde feierlich ein Ortsstatut erlassen, laut dem es Joe und der Armee verboten war, Straßenumzüge zu veranstalten. Joe schlug zurück, indem er seine Gruppe an den Schwanz eines vom Zirkus Barnum durchgeführten Umzugs anhängte. Er selbst saß dabei auf einem Esel, der mit dem Sternenbanner behängt war. Ein Prozeß mit einer erfolgreichen Berufungsverhandlung sicherte der Armee die Freiheit auch in Saratoga.

Am Ende des Jahrhunderts, 37 Jahre vor seinem Tode, gab es für Joe keine Welten mehr zu erobern. Bewaffnet mit den Entscheidungen höherer Gerichtshöfe von einem Dutzend Staaten, kam er bereits Sekunden, nachdem er den Gerichtssaal betreten hatte, auf den Kern der Sache, und mit der Zeit kannten sich auch die örtlichen Offiziere der Armee in den Gesetzen aus. Immer wieder drohte Joe: «Wenn es sein muß, bringe ich diese Sache vor den höchsten Gerichtshof der Vereinigten Staaten!»

Obgleich es niemals «sein mußte», wußten seine Gegner doch sehr wohl, daß es ihm ernst war. Mit Bezug auf Joes Verhaftung in Portage, Wisconsin, erging folgende, für alle ähnlichen Fälle zutreffende Entscheidung des höchsten Gerichtshofes: «Die Verordnung der Behörden von Portage ist gänzlich unamerikanisch und steht in Widerspruch zu den Grundsätzen unserer Gesetze und zu allen modernen Ideen und bürgerlichen Freiheiten.»

Aber wenn Joe der Armee die Freiheit erkämpfte, so arbeiteten andere nicht minder begeistert daran, ihr die Liebe der Bevölkerung zu gewinnen. Ein halbes Jahrhundert nach seinem Tode bewahrten die Neger von Harlem noch immer dankbar die Erinnerung an den kleinen freundlichen Oberst Joseph Pugmire aus Penrith, Cumberland, den kraushaarigen weißen Mann, der sich von seinen weißen Brüdern trennte, um monatelang das Leben der Neger zu teilen. «Ich muß Gott ewig dankbar sein, daß er mich hierher gesandt hat», bezeugte Pugmire in aller Aufrichtigkeit. «Er hat mich dadurch näher zu sich hingezogen.»

Und Amerikas vielsprachige Bevölkerung mit einundzwanzig Millionen Einwanderern erwies sich als ein fruchtbarer Boden. In New York's Eastside allein sprach nur einer von sieben Erwachsenen englisch. Unter Kommandeur Ballington und Maud Booth wurde das erste, durch «die singenden Pilger» Annie und Mary Hartelius geführte skandinavische Korps gegründet, das den schwedischen Einwanderern offen stand. Danach stellten deutsch-sprechende Offiziere ein eigenes Korps auf, und der deutsche *Kriegsruf* half, die Botschaft zu verkünden. Bald begann auch die Arbeit für italienische Einwanderer, und in San Franziskos Chinatown besteht heute noch ein damals ins Leben gerufenes chinesisches Korps.

Und wie in England führten sich aufdrängende Probleme auch in Amerika zu weitreichenden Hilfsmaßnahmen. In New York entdeckte ein Offizier ein in Lumpen und Schmutz liegendes totes Baby. Eine grauenvolle Geschichte kam dabei zutage: Die Mutter hatte auf einer fünf Tage dauernden Sauftour vergessen, daß das Kind existierte. Sie hatte es verhungern lassen. Da gelobten sich Ballington und Maud feierlich, in den Slums von New York so lange zu arbeiten, bis solche Fälle nicht mehr vorkämen. Bald standen in der ersten

USA-Heilsarmeekrippe 800 Bettchen, in denen wohlbehütete Babys lagen, deren Eltern bis zum Morgengrauen arbeiteten, um weitere 50 Cents zur Miete beizusteuern.

Indem sie sich an James Barker ein Beispiel nahmen, begannen die beiden auch für Strafgefangene zu arbeiten. Der wichtigste Teil dieser Arbeit spielte sich innerhalb der Gefängnismauern ab. Das gilt auch heute noch. Als Maud einmal Sing Sing besuchte, erwarb sie die Mitgliedschaft im Komitee der regelmäßigen Besucher. Bald hielt in St. Quentin das erste Korps bekehrter Strafgefangener Versammlungen ab. Viele amerikanische Gerichtshöfe ernannten Offiziere der Heilsarmee zu Vormündern, denen erstmalig Straffällige zugewiesen wurden. In einer Stadt wurde jemand dazu verurteilt, sich während eines Monats täglich bei einem Offizier der Armee zu melden und an jeder Versammlung teilzunehmen.

Leuten, die das alles als einen sorgfältig geplanten Feldzug ansahen, pflegte William Booth zu entgegen: «Es kam immer so zustande: Wir sahen die Not, wir sahen, wie die Menschen verhungerten; wir sahen, wie die Leute halbnackt herumliefen und für Hungerlöhne arbeiteten. Und dann sind wir darangegangen, Abhilfe zu schaffen. Wir waren einfach dazu gezwungen. Was hätte man auch sonst tun können?»

Bis jetzt hatte Booth immer geglaubt, seine Hauptsorge sei die Rettung der Seelen. War der verlorene Sohn seinem Vater wieder zugeführt, dann würde schon alles gut werden. Aber jetzt, nachdem er vierzig Jahre lang sein Christentum bekannt hatte, wurde er von Zweifeln geplagt.

Er hatte Zeit gehabt, die Pionierarbeit von Männern wie James Barker und von Frauen wie seiner Schwiegertochter Florence gründlich zu überdenken, und Zweifel nagten an seiner Seele. Wie konnte ein Mann wie Archie Sloss ohne Freunde, ohne Obdach, ja, selbst ohne Nahrung sich seelisch wieder aufrichten? Wie konnte eine verlorene Tochter wie Rebecca glauben, daß Gott ihr Vater war, wenn Gott ihr keine Liebe zeigte?

Die Wende brachte der historische Morgen des 1. Dezember 1887, in dem Jahr, da Königin Victoria ihr goldenes Regierungsjubiläum feierte. Booth hatte um Mitternacht die Versammlungshalle des Korps in Whitstable, Kent, eingeweiht, und nun rasselte seine Droschke auf der London Bridge über die Themse. Als er sich aus dem Fenster beugte, bot sich ihm ein grauenvoller Anblick: Dutzende von heimatlosen Menschen lagen zusammengekrümmt und blau vor Kälte unter den Brückenbogen, nur mit Zeitungsfetzen zugedeckt.

Als Bramwell in der Frühe in Clapton House vorsprach, wurde er nur kurz angebunden begrüßt. Sein Vater stand vor dem alten Rasierspiegel und beendete gerade hastig seine Toilette, die Bürste fegte durch Haar und Bart, die Hosenträger glichen den «Flügeln des Pegasus». «Wußtest du, daß Menschen die ganze Nacht unter den Brückenbogen schlafen?» fauchte er seinen Sohn an.

Bramwell gab zu, daß ihm das nichts Neues sei, aber er war doch etwas verletzt durch den heftigen Vorwurf des Generals, er solle sich schämen, daß er nichts dagegen unternähme. Die Heilsarmee konnte sich doch nicht mit jedem sozialen Notstand befassen. Und da war auch noch die sehr verwickelte Frage des victorianischen Armengesetzes zu bedenken, das zwischen den der Hilfe würdigen Armen und denen, die es nicht sind, einen Unterschied machte.

Aber Booth brachte Bramwells Argumente mit einer ärgerlichen Handbewegung zum Schweigen. Der Befehl, den er jetzt erteilte, sollte die ganze Zukunft der Heilsarmee entscheidend beeinflussen: «Geh und tu etwas! Wir *müssen* etwas tun. Besorg' dir einen Schuppen, heize ihn und finde etwas, womit sie sich zudecken können. Aber merke dir, Bramwell, keine Verhätschelung!»

«Wenn der Himmel einfällt, werden wir Lerchen fangen»

1890

Als die britischen Heilssoldaten am Morgen des 8. September 1888 beim Frühstück den *Kriegsruf* durchblätterten, waren sie betroffen, am Fuß der Seite 10 den folgenden alarmierenden Aufruf zu lesen:

Krebskur

Der General bittet die Leser des Kriegsrufs, ihm alle wirksamen Kuren gegen die oben erwähnte Krankheit mitzuteilen ...

Bereits am 15. Februar, einem Donnerstag, hatte die Booths die Ahnung einer kommenden Tragödie beschlichen. In den Pausen einer zweitägigen Erweckungskampagne erzählte Catherine ihrem Sohn Bramwell, der ihr ebenso nahestand wie Eva ihrem Vater, sie habe eine schmerzende Geschwulst in ihrer linken Brust. Bramwell hatte sofort darauf gedrungen, ohne Verzug den besten Arzt zu Rate zu ziehen, aber seine Mutter hatte, wie er sich später erinnerte, nicht übermäßig besorgt geschienen. Sie versprach, einen fähigen Arzt zu konsultieren, sobald sie wieder in London wären.

An jenem Abend in der Colston Hall in Bristol hatte ihre Predigt beredt wie je von dem Glauben Zeugnis abgelegt, der sie nie verließ. «Wenn Gott euch ruft, ein Heilsarmeeoffizier zu werden, dann werdet ihr niemals Frieden und Kraft finden, ehe ihr nicht einer geworden seid. Niemals! – Ach, sagt ihr vielleicht, ich weiß ja nicht, was Er dann noch von mir verlangen wird! – Nein, das weiß keiner von uns, aber wir wissen, wir werden in Seinen Händen sicher sein. Er verlangt von uns alles, was wir sind, alles, was wir erwerben, und alles, was wir tun können, bis ans Ende unserer Tage.»

Sechs Tage später rasselte ein Wagen von Harewood Place Nr. 1 fort, wo sich das Sprechzimmer des berühmten Chirurgen Sir James Paget befand, hin nach Rookstone, Booths neuem Heim in Hadley

Wood, zwölf Meilen nördlich der Grenze von Hertfordshire. Catherine Booth starrte blicklos durch das Fenster auf eine Welt, über die Gott soeben das Todesurteil ausgesprochen hatte. Plötzlich fühlte sie, wie der Kummer sie zu übermannen drohte. Sie sank in dem schwankenden Wagen auf die Knie und betete um Mut.

Am Fenster seines Studierzimmers wartete Booth voller Sorge und Ungeduld. In einer Stunde sollte er nach Holland abfahren, um dort einen Wirbelwind-Feldzug durchzuführen. Es schien eine Ewigkeit zu dauern, bis er die Droschke in den Kiesweg einfahren sah. Mit 58 Jahren noch immer beweglich, rannte er die Stufen ebenso schnell hinunter wie einst vor 36 Jahren die Brixton Road. Dann sah er, daß Catherine geweint hatte. Aber als sie ihn ins Wohnzimmer führte, versuchte sie tapfer durch die Tränen zu lächeln.

Sir James Paget hatte ihr die ungeschminkte Wahrheit gesagt: Es handelte sich um eine bösartige Krebsgeschwulst, und nur eine sofortige Operation konnte noch Rettung bringen. Aber Catherine hatte geschwankt. In den letzten Jahren hatte sie unter Herzbeschwerden gelitten, und die primitive Chirurgie jener Tage verlängerte oft nur die Qual. Wie lange hätte sie wohl noch zu leben, wenn man dem Wachsen der Geschwulst nicht Einhalt gebot? Sir James konnte es nicht verheimlichen: höchstens noch zwei Jahre.

Die Erinnerung an diese Szene schien sich in Booths Hirn einzubrennen: Catherine neben ihm kniend, verzweifelt versuchend, unter Tränen zu lächeln, und ihm ihren geheimen Kummer offenbarend. «Weißt du, was mein erster Gedanke war? Daß ich dich dann in deiner letzten Stunde nicht pflegen könnte.» Der Schein des im Kamin flackernden Feuers fiel auf ein Bild des gekreuzigten Christus, und ein Gedanke ließ Booth nicht los: «Nie habe ich seine Qual verstanden so wie jetzt.»

Er saß stumm da, wie vor den Kopf geschlagen. Das Rad seiner Welt schien still zu stehen. Wie konnte er jetzt nach Holland fahren, gerade heute abend? Aber Catherine wollte keinen Einwand gelten-lassen: es war seine Pflicht. Von widerstrebenden Gefühlen hin- und hergerissen, fuhr Booth zur Charing Cross Station. Doch an der Queen Victoria Street ließ er die Droschke noch einmal halten, um die erschütternde Nachricht Bramwell zu überbringen. Er bat ihn inständig, die Ärzte aufzusuchen, um mehr zu erfahren.

Bramwell verlor keine Zeit. Noch ehe Booth nach zwei wenig erfolgreichen Versammlungen in Amsterdam seine Rundreise abgesagt hatte, um nach Hause zurückzukehren, hatten er und seine Mutter, von Sir James beraten, andere Chirurgen konsultiert. Aber ihre Meinungen wichen nicht von Sir James' Beurteilung des Falls ab. Einer von ihnen, Jonathan Hutchinson, war ganz kompromißlos: er müßte im Lauf von vierzehn Tagen operieren oder überhaupt nicht. Catherine kam noch immer zu keinem Entschluß.

Sie hatte ihr ganzes Leben damit ausgefüllt, andern zu helfen. Es war bezeichnend, daß sie ihre eigenen Qualen gering schätzte. Um diese Zeit kam ein junges Mädchen zu ihr, das darauf brannte, in die Armee einzutreten, und hoffte, Catherine würde ihr Mut machen. Es war eine Unterredung, die die künftige Rekrutin niemals vergaß. Catherine saß erschöpft in einem mit Samt ausgeschlagenen Schaukelstuhl. Ihr Gesicht war bleich und gespannt. Sie nippte an einer homöopathischen Medizin. Um ihre Schultern lag ein Schal.

Aber ihre Worte brannten wie Feuer: «Hast du schon daran gedacht, was es heißt, dein Los mit dem unseren zu teilen? Mit der Zeit wirst du wahrscheinlich sehen, wie die Menschen, die du mehr liebst als dich selbst oder dein eigenes Leben, herumgestoßen, gesteinigt und ins Gefängnis geworfen werden. Du wirst erleben müssen, wie man Schlechtes über sie sagt und sie in den Zeitungen bekämpft. Auf all das mußt du gefaßt sein, auf alles.»

Booth hatte es bloß dunkel geahnt, aber Catherine hatte diese heimtückische Krankheit schon immer gefürchtet, seit ihre Mutter, Sarah Mumford, im Jahr 1869 daran gestorben war. Doch war es die Qual derer, die hilflos zusehen mußten, die ihr die größte Sorge machte. Einmal vertraute sie einer Freundin an: «Ich habe alles so eingerichtet, daß meinen Töchtern dieses Leid erspart bleibt! Sie werden mich nicht pflegen. Ich werde mir irgendwo in einer einsamen Gegend ein kleines Haus nehmen und es ohne sie durchkämpfen!»

Dieser tapfere Vorsatz mußte sich als undurchführbar erweisen. Zuerst setzte Catherine ihre Hoffnung noch auf die Mattei-Pillen, die sie in einem kleinen Pelzbeutel immer bei sich trug. Nahe Bekannte wie William T. Stead und Frederick Tucker, der Pionier in Indien, hielten große Stücke darauf. Graf Mattei, ein Edelmann aus Bologna, hatte sie erfunden, und man glaubte, daß ihre flüssige Elektrizität in Fällen von Krebserkrankungen Wunder wirkte. Aber bald dehnten sich die Schmerzen wie das Gift eines Skorpions über die ganze Brust aus. Selbst eine Operation, mit der sie schließlich einverstanden war, konnte die Ausbreitung des Krebses jetzt nicht mehr zum Stillstand bringen. In der dritten Juniwoche des Jahres 1888 hielt sie noch eine bewegende Ansprache im Londoner City Temple, die eine Stunde dauerte. Danach fand sie sich damit ab zu sterben.

Es war für William eine fast unerträgliche Ironie des Schicksals: Nach 33 Jahren einer vorbildlichen Ehe konnte er nichts tun, um die Qual der Frau zu erleichtern, die den Traum seines Lebens geteilt hatte. Doch jetzt, nach jener zufälligen nächtlichen Fahrt über die London Bridge, stand er am Vorabend eines Unternehmens, das die Qual von Millionen erleichtern sollte. Er würde nach einem wohlüberlegten Plan soziale Helfer nicht in heidnische Länder entsenden, sondern in die Slums der britischen Städte.

Seit jener historischen Unterredung mit Bramwell hatten Booth und seine Offiziere die Hände nicht in den Schoß gelegt. Die Berichte, die sich jetzt im Hauptquartier auf seinem riesigen, lederüberzogenen Schreibtisch häuften, bestätigten, daß die Lebensbedingungen der untersten Bevölkerungsschichten in der Hauptstadt des britischen Weltreichs eine Schande für die ganze Menschheit waren. Fast drei Millionen – «das untergetauchte Zehntel» – fristeten ihr Leben unter dem Existenzminimum. In seiner «Droschkengaul-Charta» forderte Booth für all diese Armen dasselbe Recht auf Nahrung, Wohnung und Arbeit, das man jedem Londoner Droschkengaul zubilligte. In furchterregendem Zorn wollte er wie der Herr der Heerscharen die Gesellschaft zum Kampf herausfordern: «Was denkt ihr euch, daß ihr mein Volk in Stücke haut und die Gesichter der Armen schindet?»

Schon im Jahr 1887 kannten viele Firmen, deren Profite durch eine endlose Reihe von Handelsdepressionen beschnitten worden waren, nur einen Maßstab: zu alt mit vierzig Jahren! Ein graues Haar auf dem Kopf eines Mannes konnte schon sofortige Entlassung bedeuten. Streiks, Arbeitslosigkeit, blutige Polizeiaktionen waren an der Tagesordnung. Und obgleich die Angehörigen der Gewerkschaften Arbeitslosenunterstützung bezogen, so gab es doch Hunderttausende von Handwerkern und ungelernten Arbeitern, die keiner Gewerkschaft angehörten. Krankenkassen, Arbeitslosenunterstützung, Alterspensionen waren weithin unbekannte Dinge. In dem großen, fünf Wochen dauernden Dockerstreik vom August des Jahres 1889 hatte sich Booths Armee eingesetzt und, um die Not der hungernden Dockarbeiter zu lindern, 195 000 verbilligte Mahlzeiten verteilt. George Railton spendete dieser Leistung Lob, indem er mit verschmitztem Lächeln feststellte: «In vierzehn Tagen marschierten wir tiefer in das Herz Englands als in vielen Jahren.»

Offiziere wie Elijah Cadman und Frank Smith, ehemals Kommandeure in Amerika, bestätigten schnell Booths erste Eindrücke. London wimmelte von obdachlosen Vagabunden, die von der Metropolitan-Polizei (Großlondon) vom Themsequai fortgejagt wurden und nun in der Nacht nach Osten wanderten, um es mit der größeren Freundlichkeit der City-of-London-Polizei zu versuchen. Sie schliefen zu sechst auf einer Bank am Flußufer zwischen dem «Temple» und den Blackfriars. Nicht alle waren so glücklich. Wenn Big Ben zwei Uhr schlug, beschien das weiße Mondlicht unter den steinernen Bögen der Blackfriars Bridge Dutzende von Menschen, die sich eng aneinander schmiegten, um sich warm zu halten. Einige zogen die Bänke auf dem Spitalfields-Friedhof oder Ladeneingänge in der Liverpool Street vor. Eine Frau schlief auf einem Lastwagen in Bedfordbury, bis der Fahrer, um ihr die Lust daran zu verleiden, sie von Kopf bis Fuß mit eiskaltem Wasser übergoß. Sie starb vor Kälte und Entkräftung.

Booth gab Frank Smith den Auftrag, in den Nächten des 13. und 14. Juni 1890 noch einmal zu den Themsequais zu gehen und ein Dutzend oder mehr der Schläfer ausführlich nach ihren Schicksalen zu befragen. Was Smith als Ergebnis erfuhr, genügte, um ein wahrhaft grauenvolles Bild der Londoner Unterwelt zu entwerfen: unzählige Menschen, die in langen Stunden ihres Höllendaseins auf den harten Steinsitzen vor Kälte bebten, während das victorianische England in warmen Betten schlief. Da waren Männer, die durch den grauen Star oder Rheumatismus arbeitslos geworden waren, Brettschneider, die ebenso wie Schneider, Kontoristen und Bauarbeiter durch die Maschine ihr Brot verloren hatten. Einen Monat später fand Smith 368 von ihnen zwischen Westminster und Blackfriars, wie sie ihr wurzelloses Leben mit einem Bissen Brot und einem Teller Suppe noch ein wenig zu verlängern hofften.

Als diese erbarmungswürdigen, schrecklichen Tatsachen ans Tageslicht kamen, war es kein Wunder, daß Catherine wehmütig klagte, sie müsse in einem Haus sterben, in dem es zugehe «wie auf einer Eisenbahnstation». Man konnte den Problemen einer auf einem Kreuzzug befindlichen Armee nicht aus dem Wege gehen. Ältere Offiziere wie Smith und Cadman kamen und gingen täglich um dringender Geschäfte willen. Boten mit Telegrammen klingelten an der Tür. Die Mahlzeiten wurden wie in einem Schnellimbißrestaurant ohne alle Umstände auf den Tisch gesetzt und eher heruntergeschlungen als gegessen. Wenn William nicht gerade auf Reisen ging, so kam Bramwell von einer Reise zurück.

Die Möbel sahen blind und unpoliert aus, Strümpfe blieben ungestopft, und Catherine, die mehr als dreißig Jahre lang auf ihre peinlich sorgfältige Haushaltführung stolz gewesen war, grämte sich, wenn sie das Chaos mit ansehen mußte, das zu entwirren ihr die Kraft fehlte. Bramwell zerbrach sich den Kopf über Finanzfragen. Florence ließ der Gedanke an das Los von Londons gefallenen Mädchen nicht schlafen. Eva, die bereits mit dreiundzwanzig Jahren Kommissärin des Londoner Armeekorps war, hatte schon im Marylebone-Slum das Leben abgrundtiefer Armut am eigenen Leib erprobt, in einem Zimmer mit zwei Stühlen und einer hinfälligen Bettstelle, ohne fließendes Wasser.

Aber in kranken wie in gesunden Tagen war Catherine immer noch die «Mutter der Armee», und ihr Schlafzimmer war der Konferenzraum, in dem die Kernpunkte der sich immer mehr ausbreitenden Sozialpolitik der Armee besprochen und formuliert wurden.

An jeden einzelnen von Booths Offizieren trat in diesen qualvollen Monaten des Aussonderns das Mitleid in besonderer Gestalt heran. Eva wurde Tag und Nacht von der Erinnerung an «Old Bob» verfolgt. Ein Bericht, der zufällig in ihre Hände gekommen war, hatte sie veranlaßt, die zerbrochenen Stufen einer altersschwachen Treppe zu einer Marylebone-Dachstube hinaufzusteigen. Hinter einer verzogenen, im Winde klappernden Tür fand sie ihn, in der eisernen Bettstelle liegend, vor Kälte zitternd, zugedeckt mit einem dünnen Sack. Neben ihm in einer zerbrochenen Tasse seine einzige Nahrung: der Bodensatz schmutzigen Wassers.

«Gott sei Dank! Gott sei Dank!» murmelte der alte Mann, als das schlanke Mädchen in der blauen Uniform leise an sein Bett trat. «In der Tasse, in der Tasse, schnell, schnell!» Aber als Eva sich weiter nach etwas Eßbarem umsah, fand sie nur eine tagealte Brotkruste, so trocken und hart, daß sie nicht einmal ihre Finger hineindrücken konnte. Als der alte Mann sich aufrichtete, gab sie widerstrebend nach. Sie konnte die Tränen nicht zurückhalten, denn ehe Old Bob das Brot brach, murmelte er, wie er es gewohnt war, sein Dankgebet: «O Herr, mach mich wahrhaft dankbar für das, was ich empfange.» Dann biß er hinein, gierig wie ein Wolf.

Eva war aus dem Zimmer gestürzt, hatte für das Geld, das sie bei sich trug, eingekauft: Späne zum Feuermachen, Lebensmittel und frisches, knuspriges Brot. Nachdem sie Bob die erste warme Mahlzeit gekocht, die er seit Monaten gegessen hatte, fand sie einen alten Besen und machte sich an die Arbeit, kratzte die verschlammte Asche vom Rost und schrubbte die verschmutzten Fußbodenbretter unter Verwendung von soviel Wasser, daß die Bewohner der unteren Etage energisch Protest einlegten: das Hallelujamädchen wolle sie wohl aus ihrer Wohnung herausschwemmen! Aber das Schlimmste war: Eva wußte nur zu gut, daß es vielen noch schlechter ging als Old Bob. Manche lasen die ausgespuckten Pflaumenkerne auf dem Pflaster auf, um sie zu zerbeißen. Den meisten schien Gelegenheitsarbeit im Spital zu Whitechapel besonders vorteilhaft, da sie dort Abfälle auflesen konnten: fettes Schweinefleisch, Knochen, die verbrannte Kruste von Braten und was sonst die Kranken verschmäht hatten.

Bramwell Booth, ein zärtlicher Familienvater, war besonders erschüttert durch das Los der Kinder, die so wenig Liebe erfahren hatten, daß «Kuß» für sie ein Spottwort war. Die Welt, die sie kannten, verurteilte sie zu wochenlanger Zwangsarbeit, weil sie es gewagt hatten, im Park auf den Rasenflächen zu spielen. Für ein sechsjähriges Kind, dessen einziges Verbrechen darin bestand, daß es kein Heim hatte, war eine Woche Einzelhaft die Regel.

William Booth war am meisten angerührt durch die Not der ausgebeuteten Arbeiter und Arbeiterinnen. Typisch war der Fall von Mrs. Ellen Crowley, einer Schneiderin, die in einem der ersten von Florence eingerichteten Obdachlosenasyle stellvertretende Hausmutter wurde. Mit einundzwanzig Jahren heiratete sie einen auf Geld versessenen, wüsten Burschen. In elfeinhalb Jahren vergingen kaum acht Wochen, da er sie nicht braun und blau schlug. Um ihrem Mann immer genug zu trinken und ihren Kindern genug zu essen zu verschaffen, besserte sie in Whitechapel für einen Althändler Kleider aus und bekam vier Pence für einen Rock (vier Stunden Arbeit) und drei Pence für eine Weste. Der saure Geruch war unerträglich. Wenn sie die Kleider an einem Tisch flickte, hielt sie sie auf Armeslänge von sich. Die Frau war nahe dran, Selbstmord zu begehen, als die

William Booth, der Gründer der Heilsarmee

Seine Frau, Catherine Booth, die »Mutter der Armee«

Bramwell Booth, der älteste Sohn und Nachfolger William Booth'

Evangeline Booth, Tochter von William und Catherine Booth, die von 1934–1939 General der Heilsarmee war

Armee sie aufnahm. Der Wirt, der sie auf die Straße setzte, behielt sogar die Medizin, die das Leben ihres Babys gerettet hätte.

Frauen wie Ellen Crowley nahmen jeden Abend Arbeit mit nach Hause: Hemden, Schirmtroddeln, Mieder, künstliche Blumen. Um nicht zu riskieren, daß die Werkstatt geschlossen wurde, fanden sie sich mit den primitivsten Arbeitsbedingungen ab. Mit roten Augen säumten und steppten zehn Frauen in einem bedrängend engen Raum, schlimmer als eine Gefängniszelle. Während ein Schneider 3½ Schilling am Tag verdiente, erhielt eine Schneiderin nur 9 Pence. Frauenarbeit war also für den Unternehmer erheblich vorteilhafter. In den zwanzig Jahren, bevor Booth seine anklagende Denkschrift verfaßte, nahm die Frauenarbeit im Schneidergewerbe um 39 Prozent zu.

Cadman und Frank Smith wiederum befaßten sich in erster Linie mit dem Wohnungselend in den Mietskasernen, in denen so viele Menschen zusammengepfercht waren, daß Betten stundenweise vermietet wurden. Wenn ein Zimmermädchen um 7 Uhr abends ihr Bett verließ, um im Hotel ihren Nachtdienst anzutreten, schlief bis zum Morgengrauen ein Maurer darin. Viele dieser Häuser wimmelten vom Keller bis zum Boden von Ungeziefer. Als in der Holborngegend ein Block abgerissen werden sollte, gaben selbst sonst nicht zartbesaitete Bauarbeiter den Kampf auf, bis die Feuerwehr eintraf und mit schäumenden Wassergüssen die Wanzen ins Jenseits beförderte. Erst dann wurde die Arbeit wieder aufgenommen.

In andern Mietshäusern herrschten ebenso grauenhafte Zustände. In Southwark, South London, stapelten Fischhändler, die keinen Lagerraum hatten, nicht verkaufte Büchsen mit stinkendem, gesalzenem Schellfisch in ihrer Wohnung auf. Die Wasserknappheit war eine alltägliche Sorge der Hausfrauen. Auf vielen Höfen standen Pumpen, die am Tag nur während zwanzig Minuten Wasser lieferten. Eine alte Frau stand den ganzen Tag oben am Fenster auf der Lauer, um sofort Alarm zu schlagen, wenn die ersten verheißungsvollen Tropfen aus dem Rohr der Pumpe rieselten.

William Booth, nun sechzig Jahre alt, war ein Mensch, den fremdes Leiden noch immer tief erschütterte. Er fühlte Catherines tagelange Qual mit, als wäre es seine eigene. Wenn er aus ihrem Zimmer wankte, um wieder an die Arbeit zu gehen, brach er in Bramwells Gegenwart oft völlig zusammen. «Ich kann es nicht verstehen! Ich kann es nicht verstehen!» rief er immer wieder aus. Aber er war nicht der Mann, der sich durch Gefühle von seinen Pflichten ablenken ließ. Um sechs Uhr morgens stand er auf, nahm ein kaltes Bad und arbeitete vor dem Frühstück zwei Stunden lang. Zu den schlampigen und verlotterten Menschen, denen er sein Leben opferte, stand er in einem bemerkenswerten Gegensatz. Wenn Papiere unordentlich herumlagen, bekamen seine Sekretärinnen seinen vollen Zorn zu spüren. Er war kein sentimentaler «guter» Mensch, der über die Not der armen Leute die Hände rang. Sein kühl rechnender Verstand sah, was zu tun war, und daß er der einzige war, der es tun konnte.

Schon die Statistik gibt einen Begriff von seinem beispiellosen Einsatz. Vor fünfundzwanzig Jahren hatte die «Heilsarmee» aus einem Mann und seiner Frau bestanden – ohne Geld, mit nur wenigen einflußreichen Freunden und einem leichten Zelt als Raum für die Gottesdienste. Heute arbeitet die Armee von 2900 Zentren aus, die einen oft mit Hypotheken belasteten Vermögenswert von 775 000 Pfund darstellen. Sie hatte 18 750 000 Pfund gesammelt, um Menschen zu helfen, denen die Welt keine zweite Chance im Leben geben wollte. Das «Blut- und Feuer»-Banner wehte stolz über 34 Ländern. Im internationalen Hauptquartier gingen wöchentlich 600 Telegramme und 5400 Briefe ein und aus.

Aber Booth hatte mehr gewonnen als Landbesitz und Kapital. Er hatte erreicht, daß die Augen der Welt auf sein Werk gerichtet waren, und die Ohren der Welt seine Stimme hörten. Jede Woche verkündeten seine 10 000 Offiziere – die meisten von ihnen noch nicht 25 Jahre alt – in 50 000 Versammlungen den Massen das Evangelium. In England allein besuchten sie wöchentlich 54 000 Familien. Die von der Armee herausgegebenen 27 Wochenzeitungen erreichten 31 Millionen Leser. Darüber hinaus stand Booth ein Nachrichtennetz zur Verfügung, das nicht nur örtliche Notstände feststellen, sondern auch Himmel und Erde in Bewegung setzen konnte, um sie zu beseitigen.

Lange bevor noch Booth seine Pläne der Welt bekanntgab, hatte seine Armee die ersten Schritte unternommen, um ihre Durchführbarkeit zu beweisen. Im Jahr 1888, vier Jahre nachdem Florence die Rettungsheime eingerichtet und James Barker die Gefängnistorbrigaden aufgestellt hatte, wurden die ersten Depots zur Beschaffung billiger Lebensmittel angelegt: eines in der West India Road und zwei in Clerkenwell und Marylebone. Das war nicht mehr die unorganisierte Wohltätigkeit von Volksküchen, der Booth mißtraute, das waren Speisehäuser, die Nahrungsmittel zu unerreicht billigen Preisen verkauften: Fleischpudding und Kartoffeln für Threepence und ein Brötchen mit Marmelade für einen Halfpenny.

Aber diese neuen Speisehäuser boten ihren Gästen auch Unterkunftsmöglichkeiten. Für vier Pence konnte man nicht nur einen Waschraum mit Warmwasser, Seife und Handtüchern benutzen, sondern auch einen geheizten Schlafsaal, in dem lange Reihen Seegras-Matratzen lagen mit lederbezogenen Kissen darauf. Aber nicht alle «Gäste» hatten das nötige Geld. Deshalb wurden die Matratzen jeden Morgen sorgfältig desinfiziert.

Der Juni 1890 war ein neuer Markstein auf dem langen Weg des von Booth ins Lebens gerufenen Unternehmens. Da zwischen Arbeitnehmern und Arbeitgebern keinerlei Verbindung bestand, eröffnete er zwanzig Jahre, bevor die Regierung daran dachte, in der Upper Thames Street 36, dicht hinter dem Internationalen Hauptquartier, Englands erste Arbeitsvermittlungsstelle. In drei Monaten hatte er für 200 Arbeitslose Arbeitsplätze gefunden; sieben Jahre später waren es schon 69 000. Neben den Obdachlosenasylen wurden Werkplätze eingerichtet. Bald arbeiteten dort 90 Männer acht Stunden am Tag. Gelernte Tischler machten Bänke für die Versammlungsräume der Armee, und arbeitslose Schuster flickten die Schuhe der Heilssoldaten.

Booth erkannte eine große Wahrheit: Der erste Schritt zur Rettung eines Menschen war, ihn seine Selbstachtung wiedergewinnen zu lassen, so daß selbst völlig heruntergekommene Menschen ihren Unterhalt und ihr Nachtlager für einen Tag verdienen konnten.

Wenn die Armen nicht zu Booth kommen wollten, dann ging der General zu ihnen. Sechs Jahre hatten die Offizierinnen seiner Keller-, Gossen- und Dachstubenbrigade ihre Hauben und Uniformjacken mit geflickten braunen Kleidern und billigen Schürzen vertauscht, um anfängliches Mißtrauen zu entwaffnen.

Selbst Taschentücher, die sie eventuell verraten hätten, waren verboten. Die Mädchen sorgten für alte Leute und kleine Kinder in Häusern, in denen für vierzehn Familien nur ein Abort zur Verfügung stand. Sie scheuerten fleckige Küchentische, auf denen Heringsköpfe und Zwiebelschalen herumlagen. Im Sommer saßen sie meist wie die übrigen Mieter bis spät in die Nacht draußen auf den Stufen vor der Haustür, um dem unerträglichen Gestank zu entfliehen.

Doch, wie eines der Mädchen stolz feststellte, die Arbeit lohnte sich. In der Gegend von Drury Lane, wo sich zuerst 69 Familien zusammengetan hatten, um heißes Wasser auf die in den Slums tätigen Heilssoldaten zu gießen, hatten sie doch allmählich Zutritt zu 13 Küchen gewonnen.

Wie auf einem hohen Berg stehend, blickte Booth seherisch in die Zukunft. In sechzig Jahren würde ein Zeitalter heraufziehen, dessen Losung soziale Sicherheit hieß, und die Worte Christi, die er auf dem Ölberg gesprochen, umfaßten sein ganzes Glaubensbekenntnis: «Denn ich bin hungrig gewesen, und ihr habt mir zu essen gegeben. ... Was ihr getan habt einem von diesen meinen geringsten Brüdern, das habt ihr mir getan.» (Matth. 25, 31 ff.)

Nun ging Booth mit unheimlichem Geschick daran, der Welt sein Zukunftsbild zu verkaufen. Ein Bestseller jener Tage gab ihm das Thema. Vor wenigen Monaten hatte der Forschungsreisende Henry Morton Stanley die Welt erschüttert mit seinem Buch *Im dunkelsten Afrika,* der Geschichte seiner vom Unglück verfolgten, 700 Mann starken Expedition, die er unternommen hatte, um Emin Pascha, den Gouverneur von Äquatorialafrika, zu retten, der durch einen Moslemaufstand von der zivilisierten Welt abgeschnitten war. Um den Pascha überhaupt aufzufinden, war Stanley 160 Tage und Nächte durch das dichte Unterholz und die meergrüne Dämmerung der weiten Wälder jenseits des Kongo gezogen, ein Treck, der 500 Menschen das Leben gekostet hatte.

Dieser abenteuerliche Kampf mit dem Urwald machte großen Eindruck auf Booths Phantasie: Meilenweit ragten 60 Meter hohe Baumriesen gegen den Himmel; kein Sonnenstrahl drang durch ihre Kronen in die von Verwesungsgeruch erfüllte Luft. Für die in diesen Wäldern lebenden Pygmäen gab es nichts auf Erden als diese dunkle Welt, in die der Regen unaufhörlich niederprasselte. Ein Geistesblitz – und der General sah die Parallele. Gab es nicht auch in England Tausende, «deren Welt die Slums» waren? Da hatte er den zugkräftigen Titel: *In Darkest England and the Way Out – Im dunkelsten England und der Weg hinaus.*

Bei der Abfassung des Buches leistete ihm William T. Stead, sein alter Bundesgenosse im Kampf um den «Fall Armstrong», tatkräftige

Hilfe. Er stellte aus den Notizen des Generals und den Akten der Offiziere ein 140 000 Worte umfassendes, aufwühlendes Exposé zusammen. Trotz dem Hang, sich in den Vordergrund zu stellen, hat er doch immer die Hand des Meisters anerkannt. «Ich habe nur die grobe Holzhackerarbeit geleistet.» Das war das einzige Verdienst, das er für sich je in Anspruch nehmen wollte.

Manchmal schien es, als ob nur der Wille, Booths größten Plan vom Stapel laufen zu sehen, Catherine noch am Leben hielt. Für ein Jahr hatten sie nun eine kleine Villa gemietet, «Oceanville» in Clacton an der Ostküste, mit dem Blick auf die See, die sie so sehr liebte. Hier lebte und litt Booth Stunde um Stunde mit ihr. Er arbeitete an einem rohen Kiefernholztisch und kritzelte Verbesserungen und Zusätze in das große, mit einem breiten Rand versehene Manuskript, das Stead für ihn angefertigt hatte. Aber die Eintragungen in seinem Tagebuch liest man nur mit tiefem Mitgefühl.

Mein Liebling hatte wieder eine qualvolle Nacht. Als ich um 2 Uhr morgens in ihr Zimmer trat, hatte sie noch kein Auge zugetan. Man versuchte eine frische Blutung zum Stehen zu bringen. Alles war mit Blut durchtränkt.

Dann war er halb von Sinnen in den dunklen Flur getaumelt. Er konnte das nicht länger mitansehen.

Während er an dem Manuskript arbeitete, waren zwei Krankenschwestern Tag und Nacht bei Catherine, um das verstümmelte Fleisch immer wieder neu zu verbinden und die Schmerzen erträglich zu halten. «Ach Gott, hilf doch jetzt, hilf doch meinem Liebling!» betete Booth aus tiefstem Herzen.

Endlich an einem Sonntagmorgen im September 1890, einem goldenen Herbsttag, war die Arbeit beendet. Lange Zeit saß der rotbärtige Stead in Catherines Schaukelstuhl und sah sorgfältig die letzten Seiten durch. Endlich brach er das Schweigen. «Dieses Buch», sagte er, «wird in der ganzen Welt ein Echo finden. Ich freue mich, wie ich mich noch nie gefreut habe.»

Das Flüstern der Kranken war kaum zu hören: «Und ich, und ich freue mich am meisten von euch allen! Gott sei Dank! Gott sei Dank!»

Steads Prophezeiung sollte sich bewahrheiten. Aber Catherine war es nicht vergönnt, diesen Tag zu erleben. Es war Zeit, Abschied zu nehmen. Zwanzig ältere Kommandeure – unter ihnen Elijah Cadman, James Dowdle, der gerettete Bahnwärter, Kommissär John Carleton, der Selbstverleugnungsapostel – nahmen Urlaub vom Krieg der Armee, um Catherine zu besuchen und mit ihr zu beten. Wenn es in ihrer Jugend eine Heilsarmee gegeben hätte, sagte Catherine, wäre sie schon mit zehn Jahren ein ebenso guter Soldat gewesen wie in den späteren Jahren. Selbst in jenen letzten Wochen blieb ihr Glaube an die Taten Gottes unerschüttert. «Kümmert Euch nicht um Euern Tod», schrieb sie an Freunde, «müht Euch, gut zu leben, und mit dem Sterben wird es schon gut gehen!»

Doch Booth saß schweigend in seinem Arbeitszimmer, vom Kummer völlig niedergeschmettert, und fühlte die Grundfesten seines Glaubens wanken. Selbst wenn er die Augen schloß, sah er ihre braunen Augen vor sich, in denen die unaussprechliche Qual der niemals endenden, heftigen Krämpfe zu lesen stand. Immer wieder zermarterte er sein Hirn: «Warum läßt Gott das zu? Wie ist das möglich? Wie *ist* das möglich?» Nach langem, qualvollem Grübeln glaubte er endlich die Lösung gefunden zu haben: Solch schmerzliche Erfahrungen ließen die Menschen wieder an Gott denken und warfen sie auf Gott zurück.

Am Donnerstag, dem 2. Oktober 1890, peitschte ein heftiger Sturm die Nordsee. Das grelle Licht der Notraketen malte Flecken auf den mit Regenwolken verhangenen Himmel, als man vom Fenster aus sehen konnte, wie das Kohlenschiff *Larissa* unterging. Irgendwie war dies für Booth ein unheilkündendes Omen. Am Mittwoch hatte noch einmal eine heftige Blutung eingesetzt, und Catherine war dem Tode nah. Der General schickte alle aus dem Zimmer, auch die Krankenschwester, Captain Hannah Carr. Er wollte die letzten Augenblicke mit Catherine allein sein. Die letzten, die sie noch auf Erden zusammen erleben würden.

Noch einmal zogen die alten Triumphe an ihnen vorüber, die alten Enttäuschungen, Williams erster, ihn innerlich aufwühlender Heimweg durch die Wüste von Mile End. ... Die Zweifel, die Catherine empfunden, und die sie zurückgedrängt hatte, als sie in die glühenden Kohlen starrte. Die wilden Jahre, die sie zusammen oder auch getrennt durchgestanden hatten, wenn bloß Catherines zwölf Seiten lange Briefe die Ferne überbrücken konnten. Sorgen um die Kinder – Bramwells Feuerprobe in der Schule – die Angst, Eva könnte zur Bühne gehen, ... Kate im Gefängnis ... die Straßenschlachten von

Worthing und Sheffield – der lange, lange Zug der Verlorenen und der Zerbrochenen durch die Asyle und Heime, die sie gemeinsam erbaut hatten.

Catherines Augen strahlten, als sie flüsterte: «Ich bin wieder bei meiner ersten Liebe!» Booth sah, wie erschöpft sie war, wollte seine Finger aus den ihren lösen, bat sie, sich auszuruhen. Aber Catherines Hand hielt die seine fest: «Kannst du nicht eine Nacht mit mir wachen? Bald ist es vorüber, und was kommt es noch auf ein paar Stunden mehr oder weniger an?»

Und Booth dachte an all die Nächte, da die Akten des «Dunkelsten England» sich auf seinem Schreibtisch türmten und er die täglichen Geschäfte der Armee erledigen mußte. So saß er schweigend, seine Hand in der ihren und fühlte, wie sie den dünnen goldenen Trauring von ihrem Finger zog und an den seinen gleiten ließ. «Durch diesen Ring wurden wir einst verbunden für die Zeit, und jetzt sind wir durch ihn vereint für die Ewigkeit.»

Am Samstag hatte der Sturm nachgelassen. Die See war ruhig und glänzte in der Sonne des Nachmittags. Um Catherines Bett standen außer William noch Bramwell, Florence, Eva, Marian und Lucy, Hannah Carr und die beiden Dienstmädchen Dutton und Sarah. Catherine konnte nicht mehr sprechen. Mit ihrem abgemagerten Finger wies sie auf einen Text hin, der über den auf dem Kaminsims stehenden Bildern ihrer Kinder hing: «Laß dir an meiner Gnade genügen!» Jemand nahm ihn herunter und legte ihn auf das schon mit der Flagge der Armee geschmückte Bett.

Jedes der Kinder trat heran und küßte sie zärtlich. Um 3 Uhr 30 wehte der Schatten des Todes wie der einer schnell fliegenden Wolke durch das Zimmer. Booth beugte sich über sie, seine Lippen suchten die ihren. «Pa!» sagte sie, als seine Arme sie umschlangen, und verschied.

Booths Feinde waren rasch bei der Hand, ihm Sensationshascherei vorzuwerfen. Zehn Tage später wand sich der Trauerzug von der Queen Victoria Street am nebelverhangenen Themsequai entlang bis zu dem im Norden von London gelegenen Abney-Park-Friedhof. Aber Booth versank nicht in tatenloser Trauer, wie man es in der victorianischen Zeit von einem Witwer erwartete. Während des vier Stunden dauernden Marsches stand Booth aufrecht in seinem Wagen. Er war sich dessen bewußt, daß die Leute sich die Hälse ausreckten, um ihm ihr Mitgefühl zu bezeigen, ein General, der die Grüße von 3000 Offizieren entgegennahm.

Seine Soldaten verstanden das, wie sie auch die Worte verstanden, die Booth an Catherines offenem Grab sprach: Wenn sie durch ihre Dienstreisen voneinander getrennt waren, hätte er immer die Wochen und Tage gezählt, bis sie wieder vereint waren. Was blieb ihm nun übrig, da sie von ihm gegangen war? Sollte er in krankhafter Trauer die Jahre abzählen, bis der Tod sie vereinte? Nein, dazu war er zu leidenschaftlich der Armee verbunden.

Seine Stimme klang ernst und rauh: «Ich werde einfach die Wochen, Tage und Stunden mit einer Arbeit ausfüllen und mich mit einem Gedanken trösten: Wenn ich Christus und meinen Mitmenschen nach dem Willen Gottes gedient habe, dann vertraue ich darauf, daß sie mich im Himmel willkommen heißen wird, so wie Er sie dort willkommen geheißen hat.»

Railton eröffnete den Trauergottesdienst mit der Hymne *Fels des Heils*. Dann sprach er, als der Sarg in die Erde gesenkt wurde, die feierlichen Sätze: «Von Erde bist du genommen . . .»

Erst danach wandte er sich an die Menge: «Gott segne und tröste die Leidtragenden! Gott erhalte uns, die wir leben, in Treue bis zum Tode! Gott segne die Heilsarmee!» Durch die hereinbrechende Dämmerung klang ein tausendfaches Amen. Im schwindenden Licht flatterten weiße Fahnen und weiße, an den Fahnenstangen befestigte Bänder, und jeder Soldat trug eine weiße Binde um den Arm.

Auch dies verstanden die Soldaten, weil Booth es ihnen erklärt hatte: Jetzt lächelte Catherine, die Mutter der Armee, vom Himmel herab auf ihre Soldaten, von dort her, wo es keine Qual mehr gibt. Weiß war das Symbol der Freude, das Zeichen dafür, daß sie nun zur Herrlichkeit Gottes eingegangen war.

Nur ein einziges Mal hatte die Heilsarmee im herkömmlichen Sinne Trauer angelegt. Das war vor sieben Jahren, als in der Baumwollstadt Oldham, Lancashire, halsstarrige Beamte der Musikkapelle der Armee verboten hatten, außerhalb ihrer Baracken zu spielen. Zur Wut der Behörden marschierte die Kapelle trotzdem durch die Straßen, nur hörte man keine Trommel, und keine Siegesfanfare zerriß die Luft. Stattdessen waren die Instrumente schwarz verhüllt, und die Soldaten trugen Trauerflore an ihren Ärmeln – sie trauerten schweigend wegen der Torheit der Behörden!

Booth hatte es kaum vorausgesehen, aber die hämische Kritik über sein Benehmen bei Catherines Begräbnis war nichts im Vergleich zu dem Sturm, der ihn jetzt umtobte.

In Darkest England wurde über Nacht ein beispielloser Bestseller. Zum erstenmal erkannte man, was Booths Plan eigentlich bedeutete; es war zunächst ein literarischer Versuch, die Grundsätze der christlichen Ethik auf die durch die industrielle Revolution geschaffenen Mißstände anzuwenden. Wenn der Staat sich nicht um das Los der Armen kümmerte, dann verlangte Booth, es sei die christliche Pflicht der Gesellschaft, da einzugreifen, wo der Staat versagt habe. Die im *Dunkelsten England* lebenden Menschen waren es wert, daß man einen vom Publikum gezeichneten Kampffonds von 100 000 Pfund schuf und darüber hinaus eine Summe von 30 000 Pfund jährlich zur Verfügung stellte. Soviel würde es kosten, um jene Menschen wieder zu dem von Gott geschaffenen Menschenbild umzugestalten.

Dieser kühne Plan machte Booth zu dem Mann, über den in England am meisten geredet wurde. Innerhalb eines Monats wurden 90 000 Exemplare des Buches gedruckt; ein Jahr später 200 000. Viele hatten den General bisher nur als einen mehr oder weniger exzentrischen Evangelisten angesehen. Jetzt erfuhren sie zum erstenmal von seinen Arbeitsvermittlungsstellen, von seinen in den Slums diensttuenden Brigaden, und daß das alles nur die ersten Planken der Plattform waren, die er zimmern wollte. Er träumte von einer Kolonie von Bauernhöfen, wo die Männer aus seinen Werkstätten einen weiteren Riesenschritt der Freiheit entgegen tun könnten, von einer planmäßigen Auswanderung nach einer überseeischen Kolonie, wo Familien ein neues Lebensziel finden könnten.

Und Booth hatte noch andere Pläne. Weil in London jährlich über 9000 Menschen spurlos verschwanden, hatte er ein Vermißten-Büro eröffnet, wo 10 000 Offiziere im Notfall als Spürhunde zur Verfügung standen. Als nächster Punkt stand in seinem Notizbuch der Bau von sozialen Wohnblocks für die minderbemittelte Bevölkerung, moderne Mietshäuser, in denen Menschen, die wieder Fuß gefaßt hatten, eigene Schlafkabinen, gemeinsame Wohnzimmer und sogar kleine Küchen haben sollten. Er plante ferner ein für die Armen bestimmtes Bankinstitut nach der Art von Frankreichs *Mont de Piété* zur Krediterleichterung für Handwerker. Könnte nicht ein Zimmermann, für den die Armee Arbeit gefunden hatte, sich die Werkzeuge zunächst leihen? Diese Bank könnte ihm das Geld vorschießen und der Mann durch Verpfändung eines Teils seines Wochenlohns seine Schuld abzahlen.

Als ewiger Träumer dachte Booth noch an eine andere Wohlfahrtseinrichtung: eine Stelle, wo die Armen in allen Rechtskonflikten – vom Bruch eines Heiratsversprechens bis zu Erbschaftsangelegenheiten – juristisch Rat und Hilfe finden könnten. Die verlassenen Ehefrauen und Mädchen kannten keinen zäheren Kämpfer für ihre Rechte als den General. In einem typischen Fall hatte die Armee den reichen Verführer einer jungen Erzieherin zur Strecke gebracht, hatte ihm gedroht, ihn öffentlich bloßzustellen, und ihn dazu gezwungen, 60 Pfund sogleich und darüber hinaus wöchentlich ein Pfund zu zahlen, ferner zugunsten des Mädchens eine Lebensversicherung von 450 Pfund abzuschließen.

Aber einige von Booths Anklagen klangen schrill in den Ohren derer, die an die Siegesfanfaren des Weltreichs gewöhnt waren. Doch Booth stellte die Frage: Wenn es eine Million Pfund kostete, um seinen ganzen Plan voll zur Ausführung zu bringen, was besagte das schon? Der mißleitete «Jingoismus» des afghanischen Krieges hatte 21 Millionen Pfund gekostet! Seine radikale Kritik an der Laissez-faire-Politik traf die Victorianer bis ins Mark. «Es ist religiöse Heuchelei», griff er sie an, «wenn man sich von der lästigen Verantwortung für die leidende Menschheit dadurch befreit, daß man nichtumsetzbare Wechsel herausgibt, die erst jenseits des Grabes fällig sind.»

In wenigen Tagen brachten Booths kämpferische Worte den Topf der Streitigkeiten zum Sieden. Seine Kritiker höhnten, sein Entwurf sei eine «kindische, undurchführbare, niemals zu verwirklichende Utopie». Noch nie habe jemand einen Strolch in ein nützliches Mitglied der Gesellschaft verwandeln können! Booth habe auch gar keine Ahnung von den Schwankungen der geschäftlichen Konjunktur. Er würde den Fluß des freien Arbeitsmarktes hemmen, den Gewerkschaften ihre Mitglieder abwerben und den schon bestehenden religiösen Gemeinschaften schweren Abbruch tun.

Führer im gegnerischen Lager war Professor Thomas Henry Huxley, ein Biologe und Agnostiker, der mehr als jeder andere zur Verbreitung von Charles Darwins Abstammungstheorie beigetragen hatte. Er war ein reservierter, hochgewachsener Mann von fünfundsechzig Jahren. Er benutzte die den Leserbriefen vorbehaltenen Spalten der *Londoner Times,* um gegen Booth und dessen Glaubensüberzeugungen stärkste Angriffe zu richten. Er sagte, jemand hätte ihm 1000 Pfund für den Fonds von *Darkest England* angeboten, wenn er – Huxley – sich dafür einsetzen wolle. In zwölf hart zuschlagenden Briefen – im ganzen 14500 Worte – setzte Huxley seine Einwände auseinander. Booths Herrschaft über seine Soldaten, die die «Prostitution des Geistes» bedeutete, sei ein schlimmeres Übel als Hurerei oder Trunksucht. Sein Feldzug mit dem Ziel, die Menschen nüchtern und arbeitsam zu machen, sei ein hinterlistiger Kunstgriff, um die Schafe gewaschen und geschoren und mit gestutzten Schwänzen in seine enge theologische Hürde zu treiben.

Huxley, ein glänzender Akademiker, war keineswegs ein Gegner davon, das Los der Armen zu verbessern. Als Arzt im Londoner East End hatte er die Meinung geäußert, daß die Wilden in Neu-Guinea glücklicher lebten als irgendein Bewohner der Slums. Er sah nur, daß soziale Wohlfahrt eng mit politischen und weltlichen Theorien verknüpft war: Gott hatte damit nichts zu tun!

Bramwell meinte, Huxleys Feindschaft habe ihren Ursprung darin, daß sich Booth in einer öffentlichen Versammlung einmal über die Anhänger der Entwicklungstheorie lustig gemacht hatte. «Im Anfang war», erklärte der General, «ein Dreckklumpen. Ewigkeiten vergingen, da kroch aus dem Dreckklumpen eine Art Krebs heraus. Wieder vergingen Ewigkeiten, ehe dieser Krebs sich in einen Affen verwandelte. Und dann? Zeitalter und Zeitalter und Zeitalter vergingen, bis sich der Affe in einen Menschen verwandelte, aber in einen – Ungläubigen!»

Dies soll Huxley hinterbracht worden sein, der sich dadurch so pikiert fühlte, daß er von da an Booth als seinen unversöhnlichen Feind betrachtete. Andere Gegner von *Darkest England,* die sich über Booths offen zutage liegende Wahrheiten ärgerten, waren schnell bei der Hand, sich Huxleys Führung anzuvertrauen. *Punchs* Spitzname «Feldmarschall von Booth» war noch eine zahme Stichelei, verglichen mit den Tiefschlägen einer anderen Zeitung: «Booth ist ein sinnlicher, unehrlicher, scheinheiliger und heuchlerischer Schurke», «ein unverschämter Scharlatan», «ein frommer Spitzbube», «ein Kanzelpauker». Wenn Booths Feinde mit Almosen knauserten, mit Beleidigungen waren sie um so freigebiger!

Immer wenn Bramwell über solche Schimpfereien zornig wurde, zuckte Booth die Schultern und verwies auf seine Politik, das Wichtigste zuerst zu tun. «Bramwell! In fünfzig Jahren wird es wenig ausmachen, wie diese Leute uns behandelt haben. Aber es wird sehr darauf ankommen, wie wir die uns von Gott anvertraute Arbeit getan haben.»

Was Booth darunter verstand, «Gottes Werk zu betreiben», das wurde schon wenige Monate, nachdem das Buch die Druckerpresse verlassen hatte, dramatisch unter Beweis gestellt. Booth hatte erfahren, daß Englands größte Streichholzfabrikanten ihre Arbeiter und Angestellten schlimmer behandelten als die in den Salzbergwerken arbeitenden Sibirier, und der General machte sich daran, das Gewissen der Nation aufzurütteln.

Booth hatte Oberst James Barker, den «Gefängnistor-Pionier», mit der Untersuchung beauftragt, und bald brachte Barker eine erdrückende Fülle von Beweismaterial. Ein Fall war besonders charakteristisch: Eine Mutter und zwei Kinder unter neun Jahren schufteten 16 Stunden in der Fabrik, um mindestens 1000 Streichholzschachteln anzufertigen. Dafür durften sie einen Lohn von 1 Schilling und 3¾ Pence mit nach Hause nehmen. Da sie sich nicht einmal eine Mittagspause gönnen konnten, schlangen sie, während sie zuschnitten und klebten, gierig trockenes Brot hinunter. Aber es gab noch Schlimmeres als die Fronarbeit. Obgleich schon viele Länder ihre Streichholzfabriken verpflichtet hatten, an die Seiten der Schachteln eine harmlose *rote* Phosphorstreichfläche aufzutragen, hinkte England noch hintennach. Um den Markt mit Riesenmengen von billigen Wachszündstäbchen zu überschwemmen, tauchten die englischen Fabrikanten die Köpfe dieser Stäbchen in den giftigen gelben Phosphor – drei solcher Köpfchen konnten bereits tödlich wirken.

Da ein Dutzend Schachteln von diesen überall zündenden Streichhölzern nur 1 Penny kosteten, stellten sie für Männer, die Geld sparen wollten, eine große Versuchung dar.

Für die großen Profite der Fabrikanten zahlten andere mit ihrem Leben. Die Dämpfe des gelben Phosphors waren so giftig, daß nach Barkers Feststellungen viele Arbeiterinnen unter ihnen an sehr heftigen Zahnschmerzen litten. Sie wußten nicht, daß der Phosphor den Kiefer angriff. Bald wurde die ganze Gesichtsseite grün, dann schwarz und sonderte einen stinkenden Eiter ab. Man nannte das

«Phossy Jaw» (Phosphor-Kiefer), den Knochenbrand, der unweigerlich zum Tode führte.

Die Armee verlor keine Zeit. Schon im Mai 1891 eröffnete Booth in der Lamprell Street, Old Ford, East London, eine Muster-Streichholzfabrik für 120 Arbeiter, mit luftigen, gut beleuchteten Werkräumen. Von Anfang an enthielten seine «Lights in Darkest England»-Streichholzschachteln nur Sicherheitsstreichhölzer mit harmlosen roten Phosphorköpfen, die man damals in England erst im Verhältnis von 1 zu 1000 fabrizierte. Die Höchstleistung dieser Fabrik waren 6 Millionen Streichholzschachteln im Jahr.

Aber Booth wollte nicht um des eigenen Vorteils willen in das Geschäftsleben einsteigen; er wollte die ganze Industrie von Grund auf reformieren. Bald führte Barker Gruppen von Journalisten und Parlamentsmitgliedern durch die Wohnungen der Fabrikarbeiter, um ihnen zu zeigen, womit ein Schleuderpreis von «twopence farthing» für 12 Dutzend Streichhölzer erkauft wurde. (In der Fabrik der Armee war für das gleiche Quantum ein regulärer Preis von 4 Pence angesetzt!) Am Ende jedes Besuches pflegte Barker das Gaslicht auszudrehen, und man hörte unterdrückte Ausrufe des Entsetzens. In dem unheimlichen Dunkel schimmerten das Kinn, die Hände und auch die Blusen der Arbeiterinnen grünlich weiß. Sie sahen wie Gespenster aus. Der Phosphor ließ sie bei lebendigem Leibe verwesen.

Der Feldzug führte nicht über Nacht zum Erfolg. Die konservativen Engländer zogen die «überall zündenden» Streichhölzer den schwedischen Sicherheitsstreichhölzern immer noch vor. Doch Booth hatte den Victorianern wieder einmal vor Augen geführt, daß maßvolle staatliche Eingriffe in die Industrie unumgänglich nötig waren. Um 1901 stellte Gilbert Bartholomew, der leitende Direktor der Bryant und May Streichholzfabrik, dem Home Office Lucifer Match Committee vielversprechendes Beweismaterial zur Verfügung: Seine Fabrik hatte in zehn Monaten nicht ein Gramm gelben Phosphors verarbeitet!

Doch Booth hatte bereits ein Jahr zuvor seine eigene Fabrik geschlossen; er sah, daß *Darkest England* seinen ersten Sieg davongetragen hatte.

Innerhalb einiger Monate war nun zwar die anfänglich von Booth geforderte Summe von 100000 Pfund gezeichnet worden. Dennoch bestanden noch erhebliche Finanzschwierigkeiten. Die weiterhin erwartete jährliche Zeichnung von 30 000 Pfund kam nie zustande. Im Höchstfall wurden 4000 Pfund gezeichnet. Schlimmer noch, die Feinde des Projekts hatten ein gefährliches Gerücht verbreitet: Nachdem Booth 2 Millionen Pfund von dem Geld anderer Leute beiseite gebracht hätte, würde er wie andere gerissene Finanzleute spurlos verschwinden. Um die Befürchtungen des Publikums zu zerstreuen, erklärte sich Booth mit einem Vorschlag der Londoner Times einverstanden: Ein Fünf-Mann-Komitee sollte unter Führung des Earl of Onslow, des ehemaligen Gouverneurs von Neuseeland, die Sachlage nach rechtlichen und finanziellen Gesichtspunkten eingehend prüfen. Nach achtzehn Sitzungen faßte das Komitee das Ergebnis seiner Untersuchung folgendermaßen zusammen: Booth hatte während seiner 27jährigen Tätigkeit als Evangelist aus den von der Mission und der Armee gesammelten Geldern keinerlei Einkommen bezogen. Er bestritt seinen Unterhalt fast allein aus dem ihm von dem Tasmanier Henry Reed anvertrauten Kapital von 5000 Pfund. Selbst der phänomenale Profit aus seinem Buch – 7383 Pfund – sei wieder in den Kampffonds zurückgeflossen. Zweiundzwanzig Jahre später erlebte die Welt Booths endgültige Ehrenrettung: Sein Testament enthüllte einen zur Schuldenzahlung verfügbaren Nachlaß von kärglichen 487 Pfund und 19 Schilling.

Aber allen Rückschlägen und Irrtümern zum Trotz gewann ein kühner Entwurf allmählich Gestalt: In London hatten alle Polizeistationen strikte Befehle, herumstreunende Menschen in die Asyle der Armee einzuweisen. Bald strömten indessen der Armee so viele Menschen zu, daß die Asyle überfüllt waren. 1200 Menschen konnten nicht untergebracht werden. Man suchte dem Buchstaben des Gesetzes Genüge zu tun, indem man «Doppeldecker-Bunker» einrichtete, in denen ein Mann über dem andern schlief.

Die ganzen neunziger Jahre hindurch hatte Booth nie endende Schwierigkeiten bei der Beschaffung von Arbeit für die Arbeitslosen. Unermüdlich suchte er nach immer neuen Wegen: Ziegel formen, Papier sortieren, eine Abortfabrik. Im September 1891 fuhr ein Offizier nach Schweden, um Holz aus erster Hand zu kaufen und so den Zwischenhandel auszuschalten. Der Hanbury Street-Werkplatz allein lieferte in der Woche 150 000 Bündel Brennholz. Muster der Streichholzschachteln aus Old Ford erreichten Booth, als er sich auf Reisen in Afrika befand. In Kanada erhielt er das Muster eines

Ziegelsteins. Gemahlener Kaffee wurde für sixpence die Dose verkauft. Völlig heruntergekommene Menschen fanden neuen Lebensmut, indem sie Rasiernäpfe und Teebüchsen mit Booths Bild darauf anfertigten, oder Messer und Gabeln mit dem Blut- und Feuerwappen der Armee, oder Spieldosen, die beliebte Armeelieder klimperten.

Die nächste Stufe auf der Leiter war Booths Farmkolonie in Hadleigh, Essex, an der Themsemündung: eine kleine Siedlung mit 260 Einwohnern, die 3000 acre (1 acre = 40 Are) Weide- und Gemüseland bewirtschafteten. Darüber hinaus bedienten sie Brennöfen, die jährlich 2 Millionen Ziegelsteine lieferten. Im Frühling wogte hinter den flachen Dächern der Lehmkaten ein Meer von rosa und weißen Blüten der 15 000 Obstbäume. Auf zehn mit Maschendraht sorgfältig eingezäunten Acres rupften Kaninchen das üppige Gras. Die weißen Wyandotte-Hühner in den Geflügelhöfen dienten dazu, die Zucht der Königin Victoria aufzufrischen. Unter den 250 000 durch Armee-Darlehen unterstützten Auswanderern waren Tausende von Männern, die ihre erste landwirtschaftliche Ausbildung in Hadleigh erhalten hatten.

Im Anfang betrug das Defizit 4000 Pfund im Jahr, aber Booth sah dies als einen Tropfen im Meer an, wenn man es mit dem verglich, was der Staat jährlich an Ausgaben für Gefängnisse und an Armenunterstützung ersparte. Die auf den Arbeitsplätzen von Hadleigh beschäftigten Männer hatten am Anfang nur die Kraft, Papier zu sortieren und in Ballen zu binden. Wochen vergingen, ehe sie so weit waren, daß sie einen Spaten handhaben konnten. Typisch war der Fall eines notorischen Taschendiebs, der sich ein Teufelsbild auf die Brust hatte tätowieren lassen. Nachdem er sein Gewissen an der Bußbank erleichtert hatte, ließ er das Teufelsbild durch einen fachlich geübten Mann in ein Engelsbild umtätowieren.

Booth behauptete niemals, sein Erziehungsprogramm sei die einzig mögliche Lösung des Problems. Aber irgendwo mußte ein Anfang gemacht werden. Er antwortete seinen Kritikern: «Wenn der Himmel einfällt, werden wir ohne Zweifel Lerchen fangen. Aber was sollen wir in der Zwischenzeit machen?»

Ein Unternehmen der Armee allerdings erwies sich als nicht lebensfähig. Obwohl Bramwell die Bodenverhältnisse, das Klima und die ökonomischen Bedingungen gründlich studiert hatte – die armeeeigene Überseekolonie, die dazu bestimmt war, die Bevölkerung Kanadas mit umerzogenen Städtebewohnern aufzufüllen, wurde niemals Wirklichkeit. 20 000 acres waren zugesichert – sie schrumpften auf 2000 acres zusammen. Früh einsetzende Fröste verhinderten es, daß lohnende Ernten erzielt wurden. Erst im Jahr 1907 hatte Bramwell eine private Besprechung mit Winston Churchill, dem Unterstaatssekretär für die Kolonien in der Campbell-Bannerman-Aera. Er drang darauf, daß die Regierung das Unternehmen der Heilsarmee durch ihre Unterschrift legalisieren solle. Obwohl Churchill sich persönlich dafür interessierte, wußte er doch, daß die letzte Entscheidung dem Premierminister, Sir Henry Campbell-Bannerman, zustand, und der könnte Bedenken haben. Wollte die Armee nur minderwertige Menschen dahinschicken?

Bramwell verneinte das. Booth wollte Leute dorthin senden, die minderwertig *geworden* wären, wenn sich die Armee nicht ihrer angenommen hätte. Die Menschen wurden doch nicht alle plötzlich schlecht! Zu seiner Verblüffung flüsterte ihm Churchill zu: «Nein! Im Vertrauen, ich bin's auch nicht geworden!»

Trotz des Wohlwollens von Männern wie Churchill wurden Booth und seine sozialen Unternehmungen noch lange scheel angesehen. Als die Armee im Juli im Crystal Palace ihr Jubiläum feierte, streifte ein Agent des Secret Service durch die Masse der 60 000 uniformierten Salutisten und spitzte die Ohren, ob nicht irgendwelche aufrührerischen Bemerkungen zu hören seien. Die Leute von der *Charity Organisation Society* (Dachorganisation aller Wohltätigkeitsvereine zur Vermeidung unkontrollierbarer Ausnutzung) nahmen eine unverhohlen feindliche Haltung ein: ‹Der Hunger der Massen der Bevölkerung kann nur durch ihre eigenen Anstrengungen behoben werden.› Ein anderer unversöhnlicher Gegner war der große Reformer Lord Shaftesbury, dem die Titel und die Tambourins der Armee aus tiefster Seele verhaßt waren. Als man ihm entgegenhielt, daß Booth und seine Soldaten es doch durchaus ernst meinten, brauste er auf: «Meint es der Teufel nicht auch ernst? Das Christentum hat es nicht nötig, Gymnastik zu treiben, um sich durchzusetzen!»

Aber langsam gewann Booths großer Plan auch einflußreiche Gönner. Seit dem Fall Armstrong war Kardinal Manning, das Haupt der römisch-katholischen Kirche in England, ein warmer Bewunderer: «Ich weiß ganz sicher, was Unser Herr und Seine Apostel tun würden, wenn sie in London lebten. Nur die geistliche Trostlosigkeit hier hat das Aufkommen der Heilsarmee möglich gemacht.» Charles Haddon Spurgeon, der berühmte Baptistenprediger, der 20000 Zuhörer zu fesseln verstand, erklärte die Armee für unersetzlich. 5000 Polizisten würden nicht ausreichen, Verbrechen und Unruhen im gleichen Maße auszuschalten, wie die Armee es fertig brachte.

In den folgenden Monaten schienen immer mehr Länder bereit zu sein, Booths Idee eine Chance zu geben. Schon hatte die Regierung von Victoria in Australien gezeigt, was mit Hilfe der Armee erreicht werden konnte. In wenigen Jahren waren die wichtigsten der in «Darkest England» entwickelten Grundsätze überall auf dem Kontinent anerkannt worden. Der bittere Winter von 1890, als die Armee ihre Hallen den halberfrorenen Obdachlosen öffnete, hatte in Holland und Frankreich den Umschwung herbeigeführt. Jetzt waren die aufgestörten Stadtväter bereit, der Armee Gebäude zu spottbilligen Mieten zur Verfügung zu stellen. Auch in Deutschland erkannte man, wie wertvoll die Arbeit der Armee war, als Kölns erste «Trunkenbold-Brigade» zum Angriff überging. Mit Tragbahren und Laternen bewaffnet trugen die Heilssoldaten die Betrunkenen in ihre Quartiere und ernüchterten sie mit starkem Kaffee. Nach kurzer Zeit waren die «Geretteten» bereit, eine kleine Werkstatt für Arbeitslose zu leiten. In Brüssel und Kopenhagen wurden Obdachlosenasyle eingerichtet. Bald wurde die Arbeit der Armee durch vierundzwanzig Regierungen anerkannt und finanziell unterstützt.

Es war unvermeidlich, daß der Volksmund der Armee einen «Slogan» anhängte, der ihr bis heute geblieben ist: *S*oup, *S*oap and *S*alvation – *S*uppe, *S*eife und *S*eelenrettung!

Der selbstlose, hingebungsvolle Einsatz der Heilssoldaten gewann auch die Mitarbeit der Amerikaner. In den neunziger Jahren tobte in den USA der Kampf zwischen Kapital und Arbeit. Die Armee ergriff darin nicht Partei, aber die Fürsorge, die sie den Familien der Streikenden zuteil werden ließ, gewann ihr viele Herzen. In Fall River, Massachusetts, fand Captain Lamb unerträgliche Zustände vor. Ein drei Monate dauernder Streik der Arbeiter einer Textilfabrik hatte viele Familien nahezu dem Hungertode ausgeliefert. Nackte Kinder irrten in den Straßen umher und schrien nach Brot.

Da machte ein ortsansässiger Kaufmann ein Angebot: Wenn sich jemand fände, der Mahlzeiten zubereiten und austeilen könnte, so würde er jeden Tag, solange der Streik dauerte, für 25 Dollar

Fleisch und Gemüse bereitstellen. Lamb verlor keine Zeit. Er bot die Versammlungssäle der Armee als Speiseräume an und sicherte sich eine Küche. Da seine Unteroffiziere alle arbeitslos waren, standen ihm genug Köche, Geschirrwäscher und Kellner zur Verfügung. Am ersten Tag stopften sich 500 Halbwüchsige mit Fleisch und Gemüsesuppe den Bauch voll. Zum Nachtisch gab es Brot mit Marmelade. Am Wochenende traten bereits 1050 an, um sich satt zu essen. «Jimmy» Lamb war ganz gerührt, als er hörte, wie ein Fünfjähriger zu seinem Freund sagte: «Du, das schmeckt herrlich!»

Ein Zufall rief die Idee ins Leben, die in Amerika ein Symbol für die Heilsarmee geworden ist. An der Westküste lag der Handel völlig darnieder. Captain Joseph McFee, ein ehemaliger Schiffskapitän, unterhielt in San Franzisko eine Suppenküche für beschäftigungslose Werftarbeiter, aber er wußte keinen Ausweg mehr. Wie sollte er noch die Gelder zusammenkriegen, um diese Leute zu verpflegen? Als er an einem Wintertag am Quai entlangging, sah er vor einem Kramladen an einem Kran einen riesigen Suppentopf hängen. McFee folgte einer Eingebung. Er kaufte Kran und Kessel und stellte sie am Anfang der Market Street auf. Vorübergehende blieben stehen, neugierig gemacht durch sein lautes Schreien: «Haltet den Topf am Kochen!»

Im Winter 1895 hatten sich an der Westküste bereits 30 Armeekorps der Idee vom Kessel bemächtigt, um damit Geld zu sammeln. Dann verbreitete sich McFees genialer Einfall nach dem Osten. In Boston versorgten die Sammeltöpfe der Armee 150000 notleidende Männer, Frauen und Kinder mit einem Weihnachtsessen. Der Tag war nicht mehr fern, da 5000 hellrote Kessel der Armee – einige davon an 20 Fuß (6 Meter) hohen Dreifüßen hängend – nicht nur für Millionen von Amerikanern gleichbedeutend mit dem Christfest waren, sondern manchmal auch dem Kampffonds der Armee in einem Distrikt 20000 Dollar zuführten.

In jenem Winter kehrte Booth nach New York zurück, wo er wie ein Held geehrt wurde. Durch ihre Arbeit in den Slums nahm die Armee im heutigen Amerika bald eine einzigartige Stellung ein. Carnegie Hall war bis auf den letzten Platz gefüllt, um den Mann, den viele als einen Amerikaner ansahen, über sein «Darkest England»-Projekt reden zu hören. Zuweilen schwoll seine klare Stimme so an, daß es einem kalt über den Rücken lief.

«Es ist nicht Schuld, wenn man so heruntergekommen ist, daß man Lumpen tragen muß. Es ist nicht Sünde, wenn man verhungert und die paar Möbel verpfänden muß, um Brennholz zu kaufen und die Miete zu bezahlen. Es ist einfach ein Unglück, das in harten Zeiten, wenn es schwer ist, Arbeit zu finden, guten und ehrenhaften Leuten zustoßen kann. Gerade solchen Leuten will unser Sozialwerk helfen.»

Dieses Mal bekamen die Amerikaner mehr von William Booth zu sehen, und was sie sahen, gefiel ihnen. Am Ende seiner Reise gab er denen, die es gern hören mochten, statistische Einzelheiten bekannt: Er war 18453 Meilen weit gefahren, um in 86 Städten 340 Versammlungen abzuhalten. Er hatte vor 437000 Zuhörern gesprochen, und 2200 waren nach vorn gekommen, um an der Bußbank niederzuknien. Während 24 Wochen hatte er 847 Stunden in Eisenbahnzügen zugebracht.

Seine Soldaten ließen es sich nicht nehmen, auch ihrerseits statistische Daten zusammenzustellen. Bis zum März 1891 hatten die Offizierinnen von der Dachstuben-, Keller- und Untermieter-Brigade selbst in einer Mietwohnung in Manhattans berüchtigtem Cherry Hill Distrikt gewohnt und von dort aus 5500 Familien besucht, über 600 mit Nahrungsmitteln und fast 1600 mit Kleidungsstücken versorgt.

Das von Ballington Booth und seiner Frau begonnene Werk hatte Kommissar Friedrich Tucker weiter ausgebaut. Nach seiner Heirat mit Emma Booth war er unter dem Namen Booth-Tucker bekannt. Alle Schwiegersöhne Booths hatten «Booth» zu ihren eigenen Familiennamen hinzugefügt, damit ihre Frauen den Namen Booth weiterführen konnten. Tuckers Leitwort war: «Arbeit für die Arbeitslosen.» Er schickte ganz heruntergekommene Männer mit Schubkarren durch New York City, die irgendwie verwendbaren Abfall und Schrott sammeln sollten. Er schloß mit einigen Bezirken von Chicago Verträge ab, in denen er sich verpflichtete, sie abfallfrei zu halten. In Boston und Houston richtete er Holzplätze ein, wo Arbeitslose Holz sammelten, es zersägten und als Brennholz ablieferten. Bis zum Jahre 1898 hatte er acht von der Armee betriebene Läden eingerichtet, wo alte Kleider zu Spottpreisen verkauft wurden; dazu fünf Holzplätze.

Ebenso wie Booth-Tucker in Indien bemüht gewesen war, Sitten und Gebräuche der Bevölkerung aus eigener Anschauung kennenzulernen, so verbrachte er auch, mit einem zerrissenen Hemd und zerlumpten Schuhen bekleidet, das Gesicht mit Maschinenöl verschmiert, in einem abbruchreifen Haus in New York eine unruhige Nacht. Erst dann ging er daran, die erste der 125 amerikanischen Herbergen für Männer einzurichten, in denen sie in einem gemeinsamen Schlafraum ein Bett für 10 Cents und in einer Schlafkabine eines für 15 Cents erhalten konnten.

Im Juni 1895 wurde das dem Andenken Catherine Booths gewidmete achtstöckige amerikanische Hauptquartier in der West 14th Street, Nr. 120–124, eingeweiht. Die *New York Tribune* machte sich in ihrer Laudatio zum Sprachrohr für ganz Amerika: «Innerhalb und außerhalb der Kirchen erkennen alle Leute, auf deren Meinung es ankommt, freimütig das Gute an, das die Armee bisher getan hat und noch tut.»

Was Booth-Tucker und seine Offiziere in den Vereinigten Staaten leisteten, war nichts im Vergleich zu der Umwandlung, die sie in einigen berüchtigten, den Verbrechen aller Art hingegebenen Stämmen Indiens zustande brachten. Das ist eine der seltsamsten Geschichten in den Annalen der Heilsarmee. Jahrhundertelang hatten diese fast 3 Millionen Menschen zählenden Nomaden in Dörfern gelebt oder waren unstet wie die Zigeuner umhergezogen. Eines war ihnen allen gemeinsam: die Abneigung gegen jede Art von Arbeit. Stehlen war ihnen so angeboren, daß schon ihre kleinen Kinder bei der Polizei registriert waren. Wenn die sogenannten «Crims» sich herabließen zu arbeiten, so zogen sie als Händler herum, weil sie so immer Gelegenheit zum Stehlen fanden.

Schon im Jahre 1871 hatte die Regierung von Indien sich Mühe gegeben, sie in «Besserungssiedlungen» umzuerziehen, jedoch ohne Erfolg. Die «Crims» beklagten sich, daß sie kein Land besäßen, aber wenn man ihnen Land gab, verpachteten sie es an die Bauern und fuhren fort zu stehlen. Wenn man ihnen deshalb Vorwürfe machte, erklärten sie ganz harmlos: «Was kann man mit dem Land anfangen, wenn man keine Ochsen zum Pflügen hat?» Gab man ihnen Ochsen, so verkauften sie auch diese: «Ochsen seien ein Luxus, wenn sie kein Saatkorn hätten.» Das Saatkorn vermahlten sie zu Mehl und buken daraus Brot und – fuhren fort zu stehlen.

Sir John Hewett, der hochgewachsene, soldatische Gouverneur der

Vereinigten Provinzen, wußte sich keinen Rat mehr. Schließlich, wie so viele vor ihm, wandte auch er sich an Booth. Seit dem Jahre 1895, da die Armee in dem von Hungersnöten geplagten Westindien Hilfsdienst getan hatte, war sie keinerlei Beschränkungen unterworfen. Hewett konnte ihr keine leichte Aufgabe versprechen. Die Guerilla-Taktiken der Crims hatten bisher 150000 Polizisten und 700000 Dorfwächter hinters Licht geführt.

Booth konnte einer solchen Herausforderung zum Kampf nicht widerstehen und nahm den Auftrag bereitwillig an. Die Armee würde in Gorakhpur einen Anfang machen, wo 300 Mitglieder des Domstammes in barackenähnlichen Unterkünften unter Polizeiaufsicht zusammengepfercht waren.

Als Booth-Tucker diese großen, muskulösen Männer in ihren rauhhaarigen grauen Röcken und fettigen Mützen zum erstenmal sah, wollte ihm der Mut sinken: Eine übelriechende, verwilderte Bande, stürmten sie aus den rosaroten Gefängnismauern, um schreiend, mit den Füßen stampfend und die Fäuste schüttelnd Tucker einen heillosen Schrecken einzujagen. Seine geduldige Ruhe verschaffte ihm schließlich Gehör, aber das Geschrei verdoppelte sich, als er ihnen mitteilte, er wolle ihnen Arbeit verschaffen, und zwar zu dem Kulitageslohn von vier annas (fourpence).

«Vier annas?» kreischte ihr Sprecher. «Wenn wir jede Nacht auf Raub ausgehen und, ohne zu arbeiten, 1000 Rupien (66 Pfund) erbeuten können! Wofür haltet ihr uns eigentlich?»

In den Gesichtern der an roten Turbanen kenntlichen indischen Polizisten las Tucker nichts als Skepsis. Wie sollten wohl Amateure diese wilde Bande in Schach halten, wenn selbst die Polizisten nicht verhindern konnten, daß sie nach dem Appell über den Zaun kletterten, um in der Nacht mit Erfolg irgendwo zu plündern?!

Nur eine schier unmenschliche Geduld trug den Sieg davon. Keiner dieser «feinen Herren» (Doms) hielt etwas vom Waschen; wenn ihre Kleider ihnen in Fetzen vom Leibe fielen, stahlen sie sich neues Tuch. Das Familienleben verlief ohne jede Ordnung. Jedesmal, wenn ein Mann ins Gefängnis kam, suchte sich seine Frau einen anderen Gatten, «um ihre Tugend zu schützen». Wenn dieser nun dem zurückgekehrten ersten Gatten seine Rechte bestritt, kam es zu einem Kampf auf Leben und Tod. Verwandtschaftliche Verwechslungen waren an der Tagesordnung. In der von der Armee betriebenen

Schule in Gorakhpur wurde Mahadaya, ein kleines Mädchen, von zwei Vätern und zwei Müttern als ihr Kind bezeichnet. Booth-Tucker mußte widerwillig zugeben, daß das Kind nicht darunter zu leiden hatte. Zur Besuchszeit, am Sonntagnachmittag, brachten ihr alle vier Süßigkeiten!

Schlimmer noch: Die Vorstellung der Doms vom Himmel konnte kaum mit der von Booth vertretenen in Einklang gebracht werden. Für sie war der Himmel jeder Ort, an dem es keine Polizeistationen gab, und wo ein verwandelter Dom den ganzen Tag sein Glück im Spiel mit Kaurimuscheln versuchen konnte. Bei der Totenfeier für einen Dom bestand die wichtigste Zeremonie darin, daß man in den Mund des Toten ein winziges Stückchen Gold klemmte – sein erster Einsatz im Spiel am jenseitigen Ufer des Stromes!

Von Anfang an standen Brigadier John Hunter und seine Frau Jessie vor einem überaus schwer zu lösenden Problem: Wie sollten sie eine für die Doms passende Arbeit finden? In Gorakhpur schlossen sie mit den Behörden einen Vertrag für Abfallbeseitigung, und viele Doms wurden Straßenkehrer. Andere wurden – welche Ironie – damit beschäftigt, Geldsäcke für das örtliche Schatzamt anzufertigen.

Es war eine Arbeit, die einen unerschütterlichen Glauben erforderte und die ein volles Vierteljahrhundert in Anspruch nahm. Mit der Zeit führte Hunters Erfolg mit den Doms zur Gründung anderer Siedlungen in Madras, im Pandschab, in Bihar, Orissa und Bengalen. Aber bei jedem Stamm traten andere kriminelle Begabungen zutage. Einige waren gerissene Pferdediebe, die den Pferden Hufpolster anlegten, um die Spuren im Sand zu verwischen. Andere prägten falsche Gold- und Silberbarren und legten sie auf die Landstraße. Sie kamen dann wie zufällig vorbei, um einen Anteil des Finderlohns zu beanspruchen. Einige wenige gaben noch verwickeltere Probleme zu lösen auf. In Moradabad ließ der Haburah-Stamm einen Offizier und seine Frau viele Stunden nicht schlafen. Jede Nacht von zwei bis drei hockten sie draußen und heulten wie die Totenfrauen, um die bösen Geister zu versöhnen. Die Ortsgewaltigen sahen die Gegenwart der Heilssoldaten mit scheelen Augen an. Was die Säuberung der Straßen von Unrat anlangt, da verließen sie sich lieber auf die Schakale. Aber für die Haburahs war ein Schakal eine Delikatesse, ein Himmelsgeschenk für den Kochtopf. Unverzagt erzog die Armee den Stamm zur Arbeit und allmählich, als der Verdienst stieg, wurden auch die Eßgewohnheiten zivilisierter. Schließlich sprach der Polizeikommissar der Armee seine höchste Anerkennung für ihre Arbeit aus: «Ihr habt bei den Haburahs ein wahres Wunder vollbracht: Die Schakale sind wieder da!»

Wie aber konnte die Armee unter so schwierigen Verhältnissen Wunder tun? John Hunter hatte in Gorakhpur einen für alle Siedlungen gültigen Grundsatz aufgestellt: Vertrauen! Sobald ein Crim merkte, daß die Armee an seinen guten Willen glaubte und für ihn hoffte, tat er oft den ersten großen Schritt zu männlichem Selbstvertrauen. Ein in Indien diensttuender Beamter bekannte einmal: «Ich weiß nicht, wie ihr es ertragen könnt, unter diesem Volk zu leben. Für uns sind sie einfach Vieh.» Darauf Hunters schlichte Antwort: «Für uns sind sie unsterbliche Seelen.»

Und daß sie Seelen besaßen, erfuhren die Heilssoldaten sehr bald, als sie diese Menschen näher kennenlernten als irgend jemand sonst. Wenn die Armee die Verantwortung für eine Gruppe Crims übernahm, so war eine völlig neue Registrierung fällig: Familienangaben, Fingerabdrücke, Wundnarben, Muttermale, Beruf – immer «Bettler»! Aber nun fingen die Stämme an, sich aus freien Stücken an die Armee zu wenden. Einige waren froh, ein festes Obdach zu finden, andere fühlten sich sicher, wenn sie Befehlen gehorchen mußten. Eine Bande, die sich tagsüber im Dschungel verbarg und bei Nacht umherstreifte, suchte bei der Armee Zuflucht vor der Polizei. Nur wenige Stämme schreckten vor einem Mord zurück, aber Booth-Tuckers waffenlose Offiziere fanden, die Waffenrüstung Gottes (Eph. 6,11) sei ihr bester Schutz. Einmal wurde ein Trupp Doms von einer 40 Meilen entfernten Kolonie nach Gorakhpur gebracht. Sie waren in Reihen aneinandergefesselt und von 140 schwerbewaffneten Polizisten bewacht. Die mordverdächtigen Leute wurden John Hunter und vier seiner Offiziere übergeben, die schon 250 andere unverbesserliche Verbrecher unter ihrer Obhut hatten.

Booth-Tucker war der Ansicht, daß Bibelklassen und Gebetsgemeinschaften wesentlich zur Erlösung dieser Menschen beitrugen. Oft saßen Gruppen von Crims beisammen und lasen abwechselnd Vers um Vers aus der Bibel. In einer Siedlung wollte ein Straßenfeger statt seines Lohns lieber eine Bibel haben. Ein anderer Dom namens Roshan machte so gute Fortschritte, daß er unter den ersten war, die mit einem Heilsarmeepaß ohne Begleitung reisen durften;

bisher hatte nämlich kein unter Polizeischutz stehender Dom ohne bewaffnete Begleitung reisen dürfen. Als er nach einer Woche von einem Besuch bei Freunden zurückkehrte, erzählte er, er habe auch eine Abendandacht im Hause seines Freundes abgehalten, indem er ihnen Geschichten wie die vom verlorenen Sohn erzählte.

Hunter freute sich. «So hast du deine Bibel mitgenommen?» «Ach nein», sagte Roshan fröhlich, «ich kannte alle Geschichten auswendig.»

Eine alte Dom-Frau faßte ihr religiöses Erlebnis mit einer ergreifenden Würde zusammen:

«Daß man nur an *einen* Gott zu denken braucht anstatt an Millionen Götter und Geister, das allein gibt einem schon Ruhe.»

Schon seit seiner Rückkehr aus Amerika im Jahr 1904 versuchte Booth-Tucker, den verarmten Dörfern Indiens zu helfen, indem er dort Heimindustrien ins Leben rief. Nun, da er darauf aus war, für seine Crims eine lohnende Beschäftigung zu finden, verdoppelte er seine Bemühungen. Um 1935 herum bevölkerten 10000 zu gelernten Handwerkern umerzogene Crims 35 von der Armee geschaffene Siedlungen.

Die Bodenbeschaffenheit war immer ausschlaggebend. In Bezwada, Madras, gab es Steinbrüche, in denen gearbeitet werden konnte. Anderswo wurden 1500 acres sumpfigen Geländes unter Anleitung von Adjutant Robilliard (ein Pflanzer in Malaya), in Hirse und Reis tragendes Ackerland verwandelt. Einem Stamm gelang es, aus dem Land, das ihm von Sir Harold Stuart, Regierungssekretär in Ootacamund, zur Verfügung gestellt wurde, fünfzig fruchtbare acres zu gewinnen, auf denen man Tomaten und Kokospalmen anpflanzte. Diese zu Ehren des Stifters *Stuartpuram* genannte Siedlung wurde so groß, daß sie heute ihre eigenen Eisenbahnen und Schulen und einen aus Siedlern zusammengesetzten Gerichtshof hat. Die meisten Einwohner sind jetzt frei von den einengenden Bestimmungen der Criminal Tribes Act (Gesetz betreffend Verbrecherbanden) und können wohnen, wo es ihnen beliebt. Wie in fünf andern heute noch bestehenden Siedlungen ziehen sie es vor, bei der Armee zu bleiben.

In Changa Manga, im unfruchtbaren Pandschab, sollte Booth-Tucker einen dichten, zehn Quadratmeilen großen Maulbeerwald übernehmen, um die Crims die Bäume fällen, zersägen und als Brennholz bündeln zu lassen. Aber Tucker hatte ehrgeizigere Pläne.

Aus Frankreich führte er drei Millionen Eier von Seidenwürmern ein. Aus dem wegen seiner leuchtenden Schals berühmten Kaschmir ließ er gewiegte Fachleute kommen. Die Seidenraupen gediehen bei der ihnen gemäßen Kost ganz vorzüglich, fraßen täglich 70 Zentner Maulbeerblätter und verwandelten sie in ungezählte Meter Seidenfäden, die in den Siedlungen der Armee Jahr für Jahr zu Tuch verwoben wurden.

Der Mann, der mehr als alle andern dies möglich machte, war Major Frank Maxwell, ein 38jähriger ehemaliger Ingenieur, der William Booth einst erhebliche Kopfschmerzen verursacht hatte. Nach einer Lungenentzündung im Alter von 10 Jahren war seine Stimme so schwach, daß man ihn auf drei Meter Entfernung nicht mehr verstehen konnte. Endlich, mit 36 Jahren, viel älter als die meisten robusten jungen Kadetten, bekam er eine Offiziersstelle, aber seine Versammlungen unter freiem Himmel waren traurige Mißerfolge.

Doch Maxwell, dessen sanfte Beharrlichkeit für viele Armeeoffiziere charakteristisch war, sah einen Ausweg. Angesteckt von Booth-Tuckers Eifer, das Los der Dorfbewohner zu verbessern, besuchte er einen Monat lang zweimal wöchentlich Webkurse. Daß der Weber das Schiffchen mit der Hand werfen mußte, führte oft zu einer Beschädigung der Kette. Schon erkannte der ehemalige Ingenieur, daß da eine Verbesserung möglich war.

Als Stabsoffizier an einer Boarding School für Jungen in Ahmedabad im Staate Gujerat, 230 Meilen nördlich von Bombay, nahm sich Maxwell die Zeit, indische Webereimethoden zu studieren. Sein Urteil: primitiv und zeitverschwendend! Im direkten Wettbewerb mit den Fabriken verdienten die Weber auf den Dörfern einen Hungerlohn. Wenige konnten auch nur 60 Einschläge in der Minute erzielen.

Maxwells Bücherstudium und Grübeln führten zu einer Erfindung, die in ihrer endgültigen Gestalt eine der wenigen radikalen Neuerungen in der Geschichte der Textilmaschinen werden sollte, nämlich die Herstellung eines einfachen, mit zwei Pedalen versehenen, 75 cm breiten Handwebstuhls aus rohen Kistenbrettern. Diese Erfindung gewann in einer örtlichen Industrieausstellung den ersten Preis. Das machte Maxwell Mut, einen Webstuhl zu konstruieren, der ihn berühmt machte. Billig und doch einfach zu handhaben, leicht und doch stabil, war er den westlichen Handwebstühlen turmhoch überlegen; die meisten waren zu schwer für die feingliedrigen indischen

Weber. Wenn die englischen Handwebstühle über 150 cm breit waren, mußten sie von zwei Mann bedient werden. Maxwells Webstühle konnten bis zu einer Breite von 250 cm von einem Mann bedient werden. Bei der Ausstellung, die 1907 in Kalkutta stattfand, wurde Maxwells Webstuhl vor 60 anderen Webstühlen mit dem ersten Preis ausgezeichnet.

Nachdem er in den Armeesiedlungen eingeführt worden war, webten 10 000 Crims Millionen Meter Tuch und Seide; in den späteren Jahren bestellte sogar der Herzog von Windsor, damals noch Prince of Wales, Seide für seine Hemden. Bald verbreitete sich die segensreiche Erfindung über den Bereich der Armee hinaus. Im Jahre 1911 erhielt Maxwell eine dringende Einladung von Mahatma Gandhi, der in seinem halb ländlichen, halb klösterlichen «Ashram» außerhalb Ahmedabad wohnte. Der neue Webstuhl schien besonders geeignet zu sein für Swadeshi, seine Heimarbeitbewegung. Tausende würden benötigt werden.

Klein, kahl, mit der Brille auf der spitzen Nase, lag der Mahatma auf seinem Gurtbett. Er erging sich sogleich in Lobeshymnen über Maxwells Erfindung. Als bevorzugter Gefangener hatte Gandhi, während er in Bombay im Gefängnis saß, regelmäßig an den Bibelstunden der Heilsarmee teilgenommen.

Aber plötzlich sank Maxwell das Herz, denn der Mahatma richtete sich auf und rief: «Nein, ich kann es doch nicht tun, Maxwell. Unsere Bewegung ist eine rein indische Bewegung, und ich könnte keinen Webstuhl benutzen, der von einem weißen Mann erfunden ist.»

Mit der Beharrlichkeit der Sanftmütigen suchte Maxwell seinen Argumenten Nachdruck zu verschaffen: die Webstühle würden alle von indischen Handwerkern aus bestem Burma-Teakholz hergestellt, er führe nur die Oberaufsicht über die Fabrikation. Maxwell wollte auch nicht eine Rupie aus dem Vertrag mit dem Mahatma für sich in Anspruch nehmen. Als echter Schüler Booths hatte er die ständig steigenden Einkünfte aus seiner Erfindung alle der Armee zur Verfügung gestellt. Aber hier stand sein Stolz als Erfinder und als Heilssoldat auf dem Spiel.

Immer noch blieb der Mahatma unbeugsam: «Meine Bewegung kann Ihren Webstuhl nicht übernehmen. Sehen Sie, die Baumwolle ist von Indern gepflanzt, von Indern gesponnen und von Indern gewebt.»

Maxwell, dessen Sprachbehinderung ihn zwang, mit seinen Worten sparsam umzugehen, hatte jedoch mit scharfen Augen jede Einzelheit in dem von steinernen Wänden eingefaßten Raum wahrgenommen.

«Gepflanzt, gewoben und gesponnen von Indern», flüsterte er mühsam, «und dann genäht – auf einer Singer Maschine».

Der Mahatma ließ die schon erhobenen Hände langsam sinken. Nach einer langen Pause gab er sich in vorzüglicher Haltung geschlagen: «Daran habe ich noch nie gedacht!»

Dreißig Jahre nach diesem denkwürdigen Interview benutzen die Anhänger Gandhis noch immer Maxwells einfache Webstühle. Mit der Zeit hatten Webereischulen Einkaufsgenossenschaften ins Leben gerufen, die es den Dorfbewohnern ermöglichten, Webstühle zur Benutzung in ihren Heimen anzukaufen. Durch ihre Schiffchen flogen nicht nur das Garn für die Gaze für die Krankenhäuser der Heilsarmee, sondern auch endlose Meter von Hemdenstoff für ihre Leprakolonien. Wieder hatte einer der Heilsarmeesoldaten ein Zeichen der Liebe Gottes aufgerichtet. Ein Zeichen, das deshalb unübersehbar war, weil eigene, selbst erfahrene Rettung der Antrieb war zur praktischen Hilfe. – Gibt es eine überzeugendere Verkündigung der Frohen Botschaft?

«Rettet Seelen, geht den Schlimmsten nach!»

1891–1910

Nach Catherines Tod hatte Booth weniger Hemmungen, ins Ausland zu reisen. Der Mann, dessen Kirchspiel einst die Krähennester von Nottingham gewesen waren, folgte nun den Fährten, die seine Soldaten für ihn durch die Wildnis gebahnt hatten. Für den General und seine Stoßtrupps war kein Land zu fern und kein Volk zu barbarisch. Er faßte das in einem knappen, für ihn so bezeichnenden Satz zusammen: *Rettet Seelen, geht den Schlimmsten nach!*

Mit 70 Jahren war William Booth ein einsamer Mann, fast allen seinen Kindern entfremdet. Im Januar 1896 erlebte er Ballingtons und Mauds Abfall, die ihm Despotismus vorwarfen und eine rivalisierende Organisation gründeten: *The Volunteers of America.* Fünf Jahre später beklagte sich Kate, die ihren Stabschef, Arthur Clibborn, geheiratet hatte, bitter darüber, daß die *Orders and Regulations* die Initiative eines Territorial-Kommandeurs förmlich erstickten, und folgte Ballingtons Beispiel. Die Abschiedsworte des rauhen alten Mannes an seine Tochter waren: «Ich bin zuerst dein General und dann dein Vater!» Ein Jahr darauf beschwerte sich Herbert und vollzog den Trennungsstrich aus dem gleichen Grund wie seine Geschwister.

Aber Booth war eisern. Er erklärte seinen Soldaten klipp und klar: «Die Heilsarmee gehört nicht der Familie Booth; sie gehört der – Armee! Solange die Angehörigen der Familie Booth gute Salutisten sind und wert, Kommandostellen zu übernehmen, sollen sie solche haben, aber nur solange. Ich bin nicht der General der Familie, ich bin der General der Heilsarmee.»

Nur Eva, die im Jahre 1904 Kommandeur der Vereinigten Staaten wurde, und Bramwell, sein ihm treu ergebener Chef des Stabes, hielten noch zum Vater. Heftig, impulsiv und launisch wie er war, fand Booth in seinem ruhigen, bedächtigen und standhaften Sohn die ideale Ergänzung: Oft pflegte er eine Diskussion mit den Worten abzukürzen: «Du bist wie deine Mutter, Bramwell.» Und sie sahen sich beide eine Weile fest und schweigend in die Augen. Der Morgengruß des alten Mannes war oft: «Na Bramwell, bringst du mir etwas, das mich aufheitert?»

Und doch erschien Booths Entfremdung von seinen Kindern manchen unvermeidlich. Einmal, als Bramwell seinen Vater nach dem Geheimnis seiner Kraft fragte, bekannte ihm Booth, wie er als Junge vor einem leeren Tisch im Schulraum von Nottingham's Broad Street Chapel niedergekniet war und gelobt hatte: »Er wolle sich mit Leib und Seele hingeben. In späteren Jahren pflegte Eva als Ergänzung hinzuzufügen: «Das war nicht sein ganzes Geheimnis, sein wahres Geheimnis war, daß er diese Hingabe an Gott nie zurücknahm.»

Bis zum Jahr 1891 hatten 10 000 von Booths Offizieren das gleiche Gelöbnis abgelegt. Sie waren in 26 Ländern stationiert. Wenn geheiligte Grundsätze auf dem Spiel standen, hatten sie immer wieder heftige Zusammenstöße mit den Gewalten des Bösen herausgefordert.

Drei Jahre nach Catherines Tod reiste ein junger Japaner um die halbe Welt, um Booth die Nöte seines Vaterlandes nahezubringen. Zwei Jahre danach «eröffnete die Armee das Feuer» in Tokio. Zunächst war die Opposition gering. Den Japanern schien Booths Religion ganz den Grundsätzen von «Bushido» zu entsprechen: Gottesverehrung und Dienst am Volk. Zwei der führenden Armeeoffiziere erfreuten sich größter Hochachtung: Oberst Henry Bullard, der im Jahr 1900 das Kommando übernahm, und sein Assistent, Captain Gunpei Yamamuro. Bullard hatte unter Booth-Tucker in Indien Pionierarbeit geleistet. Er war ein einfallsreicher Mann! Einst entkam er einem übelwollenden Pöbelhaufen, indem er sich als die Geliebte des Barinhabers verkleidete, in einem eleganten Damenmantel, auf dem Kopf einen Duchess of Devonshire-Hut mit Straußenfedern. Yamamuro, der 23jährige Sohn eines Bauern, hatte auf sein Amt als Hilfspfarrer verzichtet, um als Barbier, Farmer und Assistent eines Architekten zu arbeiten. Auf diese Weise konnte er an Kulis und Bauarbeiter herankommen, Leute, die nie in der kleinen Missionskirche erschienen.

In den ersten Julitagen des Jahres 1900 sahen Bullard und Yamamuro schweigend zu, wie sich eine seltsame Prozession durch die Straßen Tokios wand: Wagen voller Blumen, die in hundert verschiedenen Farben flammten und prangten, blutrote Pfingstrosen, Kamelien, Tigerlilien, Chrysanthemen und zarte, rosa Kirschblüten. Dahinter trippelte auf hohen Lacksandalen anmutig eine Schar lieblicher japanischer Mädchen, das Haar mit riesigen Schildpattkämmen aufgesteckt, gekleidet in Kimonos aus kostbarem Seidenbrokat. Doch ihre bemalten und gepuderten Gesichter schimmerten geisterhaft wie Totenmasken. Bullard war betroffen. Gewöhnliche Frauen trugen nur drei Haarnadeln – diese Mädchen hier ein volles Dutzend. Und während eine Hausfrau, die in der Ginza, Tokios berühmtem Warenhaus, Einkäufe machte, die landesübliche Schärpe hinten trug, wurde sie von diesen Mädchen vorn getragen.

Yamamuro nahm kein Blatt vor den Mund: Das waren die vorgeschriebenen Kennzeichen der Prostituierten! Diese alljährlich stattfindende Prozession, «Das Fest der Laternen», wurde zu Ehren einer berühmten Hetäre abgehalten. Sie war ein Beweis, daß Japan das verachtete Gewerbe als in der Natur der Dinge begründet anerkannte. Die Zitadelle dieser unglücklichen Mädchen war Yoshiwara, «die Wiese der Glückseligkeit», eine Meile vom Zentrum der Stadt gelegen. Vor fast drei Jahrhunderten erbaut, beherbergte dieser von einer Mauer umgebene Stadtteil fast 5000 Mädchen. Obwohl der Kauf und Verkauf von Mädchen schon im Jahr 1872 für illegal erklärt wurde, war wenig getan worden, um die Innehaltung des Gesetzes zu erzwingen.

Die meisten Mädchen wurden Prostituierte mit voller Einwilligung der Eltern. Ihr Körper war der Preis für eine Anleihe, die zur Zeit der Hungersnot aufgenommen werden mußte. Aber da die Verzinsung sich jährlich verdoppelte, konnte diese Anleihe niemals zurückgezahlt werden. Das meiste vom Verdienst des Mädchens wurde für Kost und Wohnung und zur Anschaffung kostbarer Kleider zurückbehalten. Nur das Polizeikrankenhaus oder der Selbstmord durch Harakiri konnte sie aus diesem Gefängnis, das von behandschuhten und mit Schwertern bewaffneten Polizisten bewacht wurde, erlösen, diesem Ort der Schande, dessen bunte Lampen wöchentlich über 100 000 Kunden anzogen.

Bullard verwandte viele kostbare Stunden darauf, um sich mit der japanischen Rechtsprechung vertraut zu machen. Auch er wollte wie Booth auf Rettung von Seelen ausgehen, dort, wo es am schlimmsten ist. So wie er es auffaßte, war die wichtigste Bestimmung des Edikts von 1872 die folgende: Kein Mensch kann um einer Geldschuld willen seiner Freiheit beraubt werden. Aber niemand hatte daran gedacht, das in die den Mädchen allein verständliche japanische Umgangssprache zu übersetzen, die von der in offiziellen Dokumenten verwendeten klassischen Sprache weltweit verschieden war. Als Yamamuro eine Übersetzung des Edikts angefertigt hatte, veröffentlichte Bullard sie auf der Titelseite einer Extraausgabe von *Toki-no-Koye*, dem japanischen *Kriegsruf*.

Ein offener Brief an die Frauen in den lizensierten Häusern

Wenn ich an Euer Unglück denke, kann ich nicht schweigen. Selbst wenn Ihr in einem Reisfeld arbeitet, braucht Ihr Euch Eurer Armut nicht zu schämen, aber jetzt seid Ihr wie Vögel in einem Käfig. Eure Körper werden von Trunkenbolden, Lügnern und Dieben mißbraucht. Ihr müßt Euch entschließen, dieses Leben aufzugeben. Kein lebender Mensch kann – wie hoch auch seine Verschuldung sein mag – gezwungen werden, gegen seinen Willen schändliche Dienste zu verrichten. Wendet Euch an uns! Wir sind bereit, Euch zu helfen!

Dann berief Bullard seine fünfzig Offiziere nach dem im Vorort Kanda gelegenen Versammlungsraum, und inmitten der Haufen von *Kriegsrufen* kniete er nieder, um mit ihnen eine lange Nacht zu beten. Sie wußten, in wenigen Stunden würden sie in einem verzweifelten Kampf mit den Bordellbesitzern und ihren Satelliten ihr Leben aufs Spiel setzen müssen.

Am folgenden Morgen, am 1. August 1900, brach die Armee auf, um mit fliegendem Blut-und-Feuer-Banner und Trommelschlag Yoshiwara zu erstürmen. Bullard und Yamamuro waren begleitet von Major Charles Duce, von ihrer Chefsekretärin, der Neuseeländerin Annie Smyth, und einer Schar von Offizieren und Soldaten. Durch das von einer Trauerweide und einer riesigen roten Laterne flankierte hohe Tor marschierten sie, vorüber an den wartenden Rikschas, vorüber an den hohen vierstöckigen Häusern und hielten an den Straßenecken an. Zum ständigen Klang der Trommeln riefen die japanisch sprechenden Offiziere die Botschaft aus wie die Marktschreier. Dann verteilte Yamamuro die Extrablätter des *Kriegsrufs* und warf damit den Gegnern den Fehdehandschuh hin. Jedes Mädchen, das ihr Leben der Sünde aufgeben wollte, würde im Rettungsheim der Armee, das er und seine Frau eröffnet hatten, willkommen geheißen werden. «Warum kommt ihr nicht jetzt, heute noch?»

Darauf folgte ein wahres Pandämonium. Auf der sandigen Straße marschierte eine bestellte Gruppe von Zuhältern mit geballten Fäusten heran. Schreiend gingen die Mädchen in Deckung, um durch die großen Fenster, in denen sie sonst ihre Reize zur Schau stellten, mit verhaltenem Atem die Schlacht mitanzusehen. Schlagstöcke und Knüppel wurden wie Dreschflegel gehandhabt; Steine und weiße Sake-Porzellanflaschen kamen geflogen und fanden ihr Ziel. Krächzend erhoben sich Krähenschwärme von den hohen Bäumen. Die Fahne der Armee hing in blauroten Fetzen an der Stange. Endlich brach sich eine Polizeiabteilung Bahn und brachte Bullards blutende und keuchende Krieger durch ein Seitentor in Sicherheit.

Man hatte Frau Yamamuro, die bereits für 70 Mädchen sorgte, benachrichtigt, ihr Gatte sei schlimm zusammengeschlagen. Sie nahm es im rechten Geiste auf: «Es ist eine Ehre, daß mein Mann um Jesu Christi willen verwundet worden ist.»

Aber Bullard kam es nicht auf die Ehre an. Er wollte Erfolge sehen. Wie er es vorausgesehen hatte, erschienen die Leute von der Presse vollzählig im Hauptquartier der Armee; unter ihnen der Vertreter des in der Landessprache erscheinenden *Mai-Nicki* und des im britischen Besitz befindlichen *Japan Daily Herald.* Alle Herausgeber teilten die Ansicht der Armee und räumten ihr die Vorderseite ihrer Zeitungen ein. Jedes Mädchen, das seine Freiheit wiedergewinnen wollte, sollte das Recht dazu haben. Der berühmte Kriegskorrespondent Richard Harding Davis war zur Stelle, um über eine neue Art Schlacht zu berichten. Er schrieb: «Es gibt keinen Ort, wo die Frauen der Armee Angst hätten hinzugehen, und die Männer sind nicht weniger mutig.»

Mut hatte die Armee allerdings bitter nötig. Ein ganzes Jahr lang wurden die Häuser, in denen Bullard und seine Stabsoffiziere wohnten, polizeilich bewacht. Leibwachen in Zivil folgten ihnen auf ihren Gängen durch die Straßen. Einmal wurde Charles Duce von kräftigen Kerlen vor ein Komitee von 30 Bordellbesitzern gezerrt, die ihn stundenlang bedrohten. Duce ließ sich nicht einschüchtern: «Ich bin bereit zu sterben», sagte er ruhig, «und fürchte eure Schwerter und Steine nicht.» Er kam mit einer grausamen Mißhandlung davon.

Als sich die Nachricht von der Kampagne der Armee immer mehr verbreitete, waren die Erfolge ermutigend.

Immer wieder bezogen Besucher, die von Yoshiwaras Zuhältern

für Journalisten gehalten wurden, derbe Prügel. Das Geschäft mit den Mädchen erlitt einen schweren Rückschlag. Wütend brachen Gangster in die Redaktionsräume von zwei führenden Zeitungen ein und schlugen das Inventar kurz und klein. Tokio war in einer fieberhaften Aufregung. Die noch erscheinenden Zeitungen brachten täglich zwei, ja sogar drei Ausgaben. In einer stand zu lesen: «Vorwärts, Männer und Frauen von der Heilsarmee! Bringt den Gefangenen die Freiheit!»

Im Oktober gingen die Japaner mit typischer Gründlichkeit dazu über, die Maßregeln zu treffen, die, wenn das Parlament nicht tagte, für den Fall eines höchsten nationalen Notstandes vorgesehen waren. Von den Staatsministern wurde eine kaiserliche, unwiderrufliche Verordnung entworfen und vom Mikado Mutsuhito unterzeichnet. Jedes Mädchen, das seine Freiheit zurückerhalten wollte, konnte diesen Wunsch bei der nächsten Polizeistation zu Protokoll geben. Sein Name wurde dann in der Liste der registrierten Prostituierten gestrichen. Das Mädchen würde damit frei sein ohne irgendeine finanzielle Verpflichtung gegenüber seinem Brotherrn. Jeder Bordellbesitzer, der ein Mädchen, das frei sein wollte, daran hinderte, machte sich einer kriminellen Handlung schuldig.

Doch selbst jetzt stellten Yamamuro und Bullard den Kampf noch nicht ein. Sie verteilten 10 000 Flugblätter, in denen die Mädchen von Yoshiwara dringend aufgefordert wurden, ihren schändlichen Beruf aufzugeben. Verärgerte Bordellbesitzer suchten diese Blätter zum Preis von 10 sen (= 10 Cents) das Stück aufzukaufen. Vergebliche Liebesmüh'! In einem Jahr allein stellten sich 12 000 Mädchen unter den Schutz der Armee. Um 1902 hatte sich der Umschwung auf das ganze Land ausgedehnt. 14 000 Prostituierte hatten ihren Beruf aufgegeben, und die Zahl der Bordellbesucher – im Jahr 1900 noch eine Million – war um mehr als die Hälfte gesunken.

Später, im Jahr 1920, wurde eine Ehrenliste der «Wohltäter Japans» aufgestellt. Nur fünf Europäer standen darauf, aber darunter fanden sich die Namen von Henry Bullard und Charles Duce, um die Dankbarkeit der Nation zu bezeugen. Die Ehrenrettung war wohlverdient.

35 Jahre der Verfolgung waren wie ein böser Traum vorübergegangen, und jetzt wetteiferten Staatsmänner und gekrönte Häupter

miteinander, um Booth und seiner Armee Ehre zu bezeugen. 1903 eröffnete der General eine Sitzung des US-Senats mit Gebet. Am 24. Juni schüttelte ihm König Edward VII. im Buckingham-Palast herzlich die Hand: «Sie tun ein gutes Werk, ein großes Werk, General Booth! Und wie», wollte der König wissen, «stellen sich denn jetzt die Kirchen zu Ihrer Arbeit?» – «Sir», antwortete Booth mit dem ihm eigenen Humor, «sie machen es mir nach.» Der König lachte und bat Booth, etwas in sein Autogrammalbum zu schreiben. Der alte Mann beugte sich vor, um die Arbeit seines Lebens zusammenzufassen:

Eure Majestät,

Es gibt Menschen, deren Leidenschaft die Kunst ist,
Es gibt Menschen, deren Leidenschaft der Ruhm ist,
Es gibt Menschen, deren Leidenschaft Gold ist,
Meine Leidenschaft ist: Seelen retten.

Von dem Tag an ließen viele britische Zeitungen die Anführungsstriche stillschweigend weg, mit denen sie bisher Booths Titel eingerahmt hatten.

Aber wenn Booth auch mit Königen umging, so verlor er nie seine Volkstümlichkeit. Um sich auf das erste Zusammentreffen mit König Edward vorzubereiten, tauchte er bloß schnell die Hände in den Eimer eines Arbeiters. Mochten die Zeitungen darauf drängen, diesem «Cäsar des Evangeliums», diesem «Napoleon der Bußbank» die Pairswürde zu verleihen – als jedoch im Oktober 1905 die Stadt London ihn zum Ehrenbürger der Stadt ernannte, zeigte sein Gang zum Mansion House die wahre Größe des Mannes.

Er konnte nicht im Triumph durch die Straßen fahren, in denen er und seine Offiziere den Armen geholfen hatten, er mußte zu Fuß gehen. Neben ihm marschierten ein paar ausgesuchte Offiziere, bis Bramwell das Symbolische des Augenblicks begriff und ihnen zuflüsterte: «Bleibt zurück! Bleibt zurück! Laßt ihn allein gehen!» Plötzlich nahm Booth in tiefer Demut den Hut ab, und die wartende Menge sah, wie der Herbstwind durch sein feines, weißes Haar wehte. In diesem Augenblick sah ein Adjutant, Oberstleutnant George Joliffe, wie ein Droschkenkutscher auf seinem Bock thronend, ganz offen weinte, wie hundert andere, ohne sich dessen zu schämen.

Aber selbst der Glanz des Mansion House konnte Booth nicht

davon abhalten, den Stadtvätern den Sinn der Armee zu Gemüte zu führen. Bald hörten sie wie gebannt zu, als er ihnen von der Arbeit der Armee im Burenkrieg erzählte: Eine belagerte Stadt hatte Nahrung genug, aber, um die Verteilung zu erleichtern, sollten sich die Einwohner nach ihren Glaubensbekenntnissen geordnet aufstellen. Der anglikanische Geistliche sammelte seine Herde um sich, der Baptist seine Schäflein, aber schließlich stand immer noch eine große Menge unschlüssig herum, in ihren Gesichtern das stumme Flehen verlaufener Hunde. «Und dann», schloß Booth seine Ansprache, «trat ein Mann vor, der Heilsarmeekapitän. ‹Ihr alle, die ihr nirgendwo hingehört, folgt mir!›»

Trotz seiner bescheidenen Herkunft verkehrte Booth zwanglos mit hochgestellten Persönlichkeiten, denn nur ein mächtiger Strom von Schenkungen konnte das riesige Schiff seines Glaubens flott erhalten. Männer wie Viscount Northcliffe, der «Napoleon der Presse» und Gründer der Londoner Daily Mail, erwiesen sich von Anfang an als mächtige Bundesgenossen. Es wurde erzählt, Northcliffe hätte als Junge einmal an der Bußbank gekniet und das auch Booth bekannt. Obgleich Booth ihn neckte: «Für uns beide hätte es in der gleichen Armee keinen Platz gegeben!» wußte er sehr wohl, daß Northcliffe eine verläßliche Stütze der Armee war.

Oft fuhr Northcliffe die jungen Paare der Armee in seinem Rolls Royce auf die Hochzeitsreise. Als bei einem Festessen an Bord eines Ozeandampfers einmal jemand verächtlich von Booth sprach, wurde Northcliffe ganz weiß vor Ärger. «Gentlemen», sagte er und schlug mit dem Messer an sein Glas. «Alles, was ich an Religion in mir trage, verdanke ich General Booth, und ich werde nicht gestatten, daß in meiner Gegenwart irgend etwas Herabsetzendes über ihn oder seine Armee gesagt wird!»

Und Booth hatte viele solcher Freunde. George Herring, ein reicher ehemaliger Buchmacher, der den Spitznamen «Bloater» (Bückling) trug, spendete Tausende von Pfund für die Sozialfürsorge. Obgleich er kein Salutist war, bewahrte er in seiner Jagdhütte unter Glas stolz eine Mütze der Armee auf. Sir Abe Bailey, der südafrikanische Magnat, spendete der Armee ebenso freigebig wie Großbritanniens großer Staatenbauer Cecil Rhodes. Als Premierminister der Kapkolonie schenkte er der Armee eine 3000 acre umfassende Farm im Norden von Fort Salisbury. Rhodes studierte eingehend

Booths landwirtschaftliche Kolonie «Hadleigh»; daß aber der General verkommenen Menschen ein so großes Interesse entgegenbrachte, blieb ihm ein Rätsel. Booth bekannte ihm gegenüber: «Für mich besitzen Menschen, besonders die verkommensten, dieselbe Anziehungskraft wie Goldminen.»

Aber was Rhodes am meisten rührte, war, daß Booth, als sie zusammen nach London zurückfuhren, im Eisenbahnabteil niederkniete, um für den großen Pionier zu beten. Rhodes starb 1902. William Booth war bis zu seinem Tode für ihn noch immer der einzige Mensch, der daran glaubte, «daß ich eine Seele hatte».

Booth war kein Schmeichler, er war jedem Angeber mehr als gewachsen. Einmal sagte Lord Rothschild zu ihm: «Ich werde Ihnen 1000 Pfund schenken. Wann wollen Sie sie haben?» – «Jetzt!» platzte Booth heraus, und zwar mit soviel Autorität, daß Rothschild keine Zeit verlor und sein Scheckbuch aus der Tasche zog. Für Booth heiligte der Zweck die Mittel. Als ihm ein hochmütiger Christ Vorwürfe machte, weil er vom Marquis of Queensbury, der eingestandenermaßen ein Agnostiker war, eine Schenkung angenommen hatte, verspürte der General keinerlei Reue. «Wir werden das Geld in den Tränen der Witwen und Waisen abwaschen und es auf dem Altar der Menschenliebe niederlegen.»

Kein Mensch, der in diesen Jahren, da Booth die Welt bereiste, mit ihm zusammentraf, kam darüber hinweg, daß der General sich mit einer überaus frugalen Kost begnügte. Einmal saß Booth in Deutschland an der von Kristall und goldenem Geschirr schimmernden Tafel eines Millionärs. Zu Ehren Booths hatte der Gastgeber einen Küchenchef aus Paris kommen lassen. Booth entschuldigte sich höflich. Er sei kein großer Esser, und überdies lebe er nach einer bestimmten Diät. Der reiche Mann glaubte verstanden zu haben. «Am Spieß gebratene Schnepfen könnten vielleicht etwas zu schwere Kost sein, aber wie wäre es mit einer Consommé, paniertem Lachs in holländischer Sauce und einem Glas Weißwein?» «Vielen Dank», erwiderte Booth höflich, «nur ein wenig Brot und Milch.»

Danach wurde immer im voraus ein gedrucktes «Menü« an die Gastgeber geschickt: der General nehme täglich um 4 Uhr 30 nachmittags eine Tasse starken Tee (eine Sondermischung der Heilsarmee) zu sich, dazu dünnen, knusprigen Toast und ein paar gebratene Pilze. Als ein Gastgeber hörte, daß Booth Vegetarier sei und weder rauche noch trinke, fragte er einen Adjutanten: «Gütiger Himmel! Hat denn der General gar keine Laster?»

Noch mehr betroffen aber waren sie über das, was Booth sich selbst zumutete: die drückende Hitze des Roten Meeres, das eisige Schweigen der Arktis: Kein Temperaturunterschied machte ihm etwas aus. Sekretäre, wie der 35jährige Major Cox, konnten mit diesem siebzigjährigen Dynamo kaum Schritt halten, der sich nach 7 Uhr abends am wohlsten fühlte; für ihn, der auf einer Reise nach Australien 35 Artikel schrieb, war kein Tag je lang genug. Als unerschütterlicher Perfektionist wollte Booth nur in großen, gutgelüfteten Räumen mit einem festen Geländer am Rednerpult predigen. Es war Cox's Aufgabe, das alles nachzuprüfen. Wenn Booth aufstand, um zu reden, saß Cox ganz hinten in der Halle und hielt in der Hand ein weißes Taschentuch. Ein leichtes Winken damit, und der General wußte, daß jedes Wort bis auf den letzten Platz zu hören war.

Booth begann den Tag mit der Erledigung schriftlicher Arbeiten um 6 Uhr morgens. Doch erst nach Mitternacht konnte Cox dem General vor dem Einschlafen vorlesen. Aber oft wurde Cox in der Nacht noch dreimal geweckt, um Booths Kopfkissen umzudrehen, den Raum zu verdunkeln oder um 4 Uhr morgens noch ein Diktat aufzunehmen.

Kein Sekretär konnte einen Anruf überhören und weiterschlafen, denn 20 Meter Draht verbanden die unter seinem Kopfkissen liegende elektrische Glocke mit dem Klingelknopf am Bett des Generals.

Ewig schlaflos und von Magenschmerzen geplagt, war Booth kein bequemer Arbeitgeber. Um 1902 hatte Cox täglich 200 Aufträge zu erledigen, angefangen mit dem Prüfen der Badewassertemperatur mit einem Thermometer und stetem Bereithalten von Natrium-Bikarbonat, bis zum Schälen und Entfernen des Kerngehäuses der Äpfel. Als die Schneidereiabteilung verblüfft anfragte, warum Cox's Uniform so viele Taschen haben müßte, zählte Cox eine Verwendung für jede einzelne auf: Fahrkarten, Hustenbonbons, Reserve-Zahngebiß usw.!

Selbst Eisenbahnabteile wurden in Büros umgewandelt. Booth saß rückwärts zur Fahrtrichtung, an den Füßen Filzpantoffeln, auf dem Kopf die Reisemütze, und klappte seinen tragbaren Schreibtisch auf, um drei Stunden lang zu diktieren. Wenn der Zug schaukelte, kniete

Cox auf dem Fußboden, vor ihm auf dem Sitz die Schreibmaschine, und Booth hing in am Gepäcknetz festgemachten Riemen; den Schreibblock auf den Knien, schrieb er ingrimmig Seite um Seite. Eva glaubte übrigens, daß seine Sehkraft jetzt schnell abnahm.

Aber in der ganzen Welt verhielten sich die Salutisten wie er. Sie paßten sich der primitiven Lebensweise an, so wie sie sie vorfanden, und folgten dem Rufe Gottes. In Neuseeland sah der General Offiziere, die Schilde und Speere der Maori trugen und mit dem Kanu die Seelenrettung betrieben. Auf der kleinen Insel St. Helena trotteten Captain George Harris und seine Frau auf Eseln die Bergpfade entlang, auf dem Rücken der Tiere Packen mit dem *Kriegsruf*. – In Argentinien ritten sie durch die Pampas und die Inseln der niedrigen blauen Eukalyptusbäume, die Zügel des Pferdes fest um das Handgelenk gewunden, damit sie nicht, vom Sonnenstich getroffen, aus dem Sattel taumelten. Abends hockten sie am Lagerfeuer der Gauchos, hackten mit dem Klappmesser Stücke von einem gebratenen Schaf ab und sangen zum klagenden Klang der Gitarre die Lieder der Armee. Im fernen Hawaii lernte Major John Milsaps, die Neubekehrten nach der uralten Tradition der Inseln mit dem Muschelhorn zusammenzurufen.

Wohin die Pioniere auch gingen, bald folgte ihnen die Armee. Eva Booth hatte sieben Salutisten ausgewählt, die mit ihr im April 1898 von Skagway, Alaska, über den Chilkoot-Paß nach Bennett, Britisch-Kolumbien, aufbrachen. Nicht Goldhunger trieb sie, sondern Gott. Fünfhundert Meilen weiter, jenseits der berüchtigten Fünffinger- und White-Horse-Stromschnellen, lag Dawson City im Yukon Territorium, eine von Menschen überflutete Stadt. 20000 Männer waren durch den «Goldrush» (Goldfieber) des Bonanza Creek, eines Nebenflüßchens des Klondike River, dorthin gelockt worden. Unter dem Schein des Nordlichts, wo die Temperatur weit unter Null sank, paddelten die Salutistinnen und die Männer fünfunddreißig endlose Tage in ihren Kanus, um den Goldsuchern Gott zu bringen.

Mit blutenden Fingern voller Blasen, so daß jeder Ruderschlag wie Feuer brannte, erreichten sie am 22. Juni 1898 schließlich doch Dawson City. Fast 50 Dollar ihrer ersten Sammlung bestand aus reinem Goldstaub.

«Das ist *die* große Chance unseres Lebens», schrieb Eva aufgeregt an Kate. «Wir setzen alle Kräfte ein, um sie bis zum letzten auszunutzen.» Die wahren Gefahren behielt sie für sich. In Skagway, Alaska, hatten fünf bewaffnete Mordgesellen, angeführt von «Soapy» Smith, einem ortsansässigen Kneipwirt, ihr unter den Fichten aufgeschlagenes Lager überfallen. Nur die zufällige Entdeckung, daß der lange Bursche als Junge Armeeversammlungen besucht hatte, wendete das Schlimmste ab. Eva erzählte ihnen in sanftem Tonfall von der Erlösung, die sogar über den Tod einen Sieg bedeutet, während die Geächteten ungläubig zuhörten und ihren heißen Kakao schlürften. Fünf Tage, nachdem «Soapy» Smith und Eva nebeneinander kniend gebetet hatten, wurde er an der Werft von einem Rivalen niedergeschossen.

Obgleich in den Kirchen in Dawson Holzbretter als Bänke und Whiskyflaschen als Kerzenhalter benutzt wurden, ließ sich die Armee durch primitive Verhältnisse nicht abschrecken. Man wußte sich immer zu helfen. Ihren ersten Gottesdienst hielten die Leute der Armee in einem 900 qm großen Zelt ab, das ihnen zwei exzentrische amerikanische Damen überlassen hatten. Doch bald konnten die Versammlungen in eine rohe Holzbaracke verlegt werden, die die Goldsucher mit ihren eigenen Händen gezimmert hatten.

Die Leute sahen schließlich ein, daß nur die Armee es hatte fertig bringen können, für dreihundert vor Kälte zitternde Männer, die alles aufs Spiel gesetzt und alles verloren hatten, heiße Christmas-Dinners bereitzustellen. Nur die Armee hatte zäh durchgehalten, um Männer, die vor dem *Delirium tremens* standen und in Dawson noch keinen nicht von Alkoholdunst getrübten Atemzug getan hatten, dem Leben zurückzugewinnen und für sie Arbeit zu finden.

In Südafrika fanden die strammen, jungen Heilssoldaten, die von Booth persönlich ausgesucht worden waren, um im Zululand den Heilskrieg zu führen, daß sich alles gegen sie verschworen hatte. Nachdem sie von Pietermaritzburg, Natal, im Ochsenkarren 100 Meilen weit über rote, ausgefahrene Wege geholpert waren, wurden sie auf einer von Schlangen wimmelnden Farm am Amatikulu-Fluß abgesetzt, inmitten des stolzesten und kriegerischsten Zulustamms in ganz Südafrika, wo man ihrem Kommen mit Haß entgegensah.

Dem Führer der Gruppe, Captain Allister Smith, einem jungen Schotten mit wildem Haarschopf, war eines klar: Eine Handvoll Männer beherrschten die Zulus so völlig, wie es den britischen Eroberern in zwölf Jahren nie gelungen war. Obwohl die Zauberdoktoren von den Briten theoretisch in Acht und Bann erklärt worden waren, wurden sie immer noch gefürchtet und verehrt wegen ihrer okkulten Macht, Übelwollende aufzuspüren. Erst viele Geschenke pflegten einen habgierigen Zauberer dahin zu bringen, daß er seine «Zehn-Ziegen-Magie» ins Werk setzte. Dann drehte er sich in rasendem Tanz und schlug seinen Körper mit einer Geißel aus Tierschwänzen. Aber der Unglückliche, den er als den Schuldigen «herausroch», wurde über einem langsamen Feuer zu Tode geröstet.

Obgleich nun einige wenige der Eingeborenen in den rohen, selbstgefertigten Ziegelbau zum Gottesdienst kamen, wußte Smith sehr wohl, daß kein wirklicher Fortschritt zu erwarten war, solange die Zauberer regierten. Der riesige, zwei Zentner wiegende Häuptling Tshingwayo, der den Amatikulu-Distrikt beherrschte, glaubte fest an die Macht der Zauberer und hatte seine Unterhäuptlinge angewiesen, ihre Leute von den Versammlungen der Armee fernzuhalten.

Erst im August 1892 kam Smiths Chance. Um diese Zeit wurde das Amatikulu-Land von einer furchtbaren Trockenheit heimgesucht. Die Ähren verdorrten auf den Feldern; das sonst so fette Gras des Flußtales verwelkte und sah aus wie dünnes, braunes Haar. Die Kühe taumelten wie Skelette auf den Weiden, und der Milchertrag schwand dahin. Bald starben überall die Kinder.

Der Häuptling Tshingwayo, zwar kein Freund der Armee, erwies sich doch als Vater seines Volkes. Seiner Weltanschauung entsprechend tat er nun das Beste, was er für seine Untertanen tun konnte: Er berief den berühmtesten Regendoktor und zahlte ihm im voraus einen anständigen Lohn.

Am festgesetzten Tag kamen die Zulus aus allen Gegenden des Distrikts nach dem Großen Kraal, um zu sehen, wie der Regendoktor sich den Himmel untertan machte. Schweigend beobachteten sie, wie er die Knochen der Weissagung warf. Sie sahen ihn vor den Geistern der Vorfahren tanzen, bis Schaum von seinen Lippen troff. Die Fäuste schüttelnd, bedrohte er den Himmel. Sie hörten, wie er mit schriller, nervöser Stimme stoßweise seinen Befehl hinausschrie: «Regen! Ich, der Große, befehle dir, vom Himmel herunterzukommen!»

Aber vom «Großen-Großen» kam keine Antwort. In Verzweiflung und Angst sahen die Zuschauer, wie der erfolglose, geschlagene Regendoktor aus dem Kraal gejagt wurde.

Tshingwayo befand sich nun in einer großen Verlegenheit. Er fühlte sich durch die Heilsarmee in seiner Macht bedroht und sah ihre Lehre als umstürzlerisch an. Ihre seltsamen Anschauungen von der Heiligkeit des Weibes klangen falsch in seinen Ohren. Die Weiber mußten auf den Feldern arbeiten, während die Männer Krieg führten. Bestenfalls waren die Leute der Armee unwillkommene Gäste der britischen Regierung. Und doch, könnte nicht vielleicht der Gott der Armee dem von Trockenheit heimgesuchten Land den ersehnten Regen bringen, nun, da die Zauberer machtlos waren?

Eines Morgens meldeten sich in der Frühe zwei Zulus in alten Militärmänteln in Smiths Quartier. Es waren die Abgesandten des Häuptlings. «Unsre Herzen sind in uns vertrocknet», bekannte einer von ihnen. «Unser Mut ist dahin. Der Große hat den Regendoktor berufen, aber er hat den Teufel der Trockenheit, der uns mit seiner Rute von heißer Luft schlägt, nicht besiegen können.»

Demütig trugen sie ihre Bitte vor: «Wenn die Armee am Sonntag zu dem Gott des Weißen Mannes beten wolle, würden alle Leute des Häuptlings Befehl erhalten, auch dorthin zu kommen.»

Es war eine erschreckende Herausforderung, aber Smith fühlte, daß er sie annehmen mußte. Zum ersten Male war der Sinn dieser Menschen auf eine neue Macht gelenkt worden, auf die Macht des Gebets. Natürlich – ein erhörtes Gebet würde den Umschwung herbeiführen. Aber wenn nun die Gebete der Armee ohne Antwort blieben? Dieses Risiko mußte Smith eingehen.

Er antwortete den beiden: «Wir werden das Unsrige tun. Wir haben gesprochen. Geht in Frieden.»

Kein Offizier von Booths Armee hat je inständiger gebetet, als es Smith jetzt tat. Am Sonntag sah man Hunderte von Zulus mit schleppenden Füßen über die vertrockneten Täler und Ebenen wandern und sich dann auf dem verbrannten Gras vor der Catherine-Booth-Siedlung niederhocken. Zu seiner geheimen Freude sah Smith, daß wenigstens ein Zulu dem Spott der anderen zum Trotz einen riesigen Regenschirm mitgebracht hatte.

«Du kannst ja unter dem Zelt deine ganze Familie unterbringen, Jojo! Glaubst du wirklich, daß es regnen wird?»

Als das Hänseln aufhörte, antwortete der alte Mann schlicht: «Wir sind doch heute hier, um zu beten, daß es regnet, und es könnte doch regnen!» Das war eine Antwort, die – dachte Smith – manchen Christen beschämen könnte.

Dann stand er auf und sprach seinen Zuhörern ein kurzes, einfaches Gebet in der Zulusprache vor: «Unser Herr! Sende uns Regen aus Gnaden! Hilf uns mit Regen! Überschütte uns mit Regen, Du Großer-Großer!»

Sofort begannen die wenigen von Smith Bekehrten inbrünstig zu beten. Nach einigem Zögern schlossen sich die andern Zulus an. Ihre flehenden Stimmen schwollen an und wurden leiser; manchmal erstarben sie ganz, wenn ein Mann allein betete, und vereinten sich dann wieder zu einem mächtigen Chor, um Gott zum Eingreifen zu bewegen. Drei Stunden gingen dahin. Die Sonne flammte weiß und erbarmungslos an einem blauen, ehernen Himmel. Und Smith betete immer noch. Plötzlich hörte man vom Osten, vom Indischen Ozean her, ein dumpfes Grollen.

Von ehrfürchtigem Staunen ergriffen, sah die Menge, wie sich vom Meer her Wolkenmassen zusammenballten und sich unaufhaltsam landeinwärts auf Amatikulu zu bewegten. Vom Westen her strahlte die Sonne sie an, und sie sahen aus wie hohe, schneegekrönte Berge.

Als der Donner näher kam, wurden die Gebete immer lauter. Dicht bei Smith riß ein sengender, gegabelter Blitz die Erde auf. Wieder krachte ohrenbetäubender Donner und übertönte alle Gebete der Menschen. Die Menge saß da in feierlichem Schweigen. *Nkulu-nkulu*, der Große-Große, sprach mit der Ehrfurcht gebietenden Stimme eines Kriegers!

Warme, große Regentropfen prasselten auf die zum Himmel gewandten Gesichter der Zulus. Mit einem letzten Dankgebet schloß Smith die Versammlung. Bald würden die Flüsse und Rinnsale reißende, schäumende Sturzbäche werden. Damals wagte Smith noch nicht, sich eine nahe Zukunft vorzustellen, da Häuptling Tshingwayo und sein ganzer Kraal, ja selbst die Zauberer, sich zur Heilsarmee bekennen würden. Er konnte auch nicht voraussehen, daß in einer von der Armee eingerichteten Schule Kinder von sechs Jahren an und sogar sechzigjährige Greise nicht nur Lesen und Schreiben, sondern auch Ziegelbrennen und Haushaltung lernen würden. Unter das Joch gebeugte, fette Ochsen zogen Pflüge, deren Ankauf die Armee ermöglicht hatte. Die unziemlicherweise den Frauen aufgebürdete Last der Feldbestellung nahmen, wie es sich gehört, die Männer auf sich. Nähmaschinen summten fleißig, und die schmutzige Fellkleidung der Wilden wurde durch die sauberen Kalikogewänder der Christen ersetzt.

All dies lag noch in der Zukunft. An jenem August-Sonntag sah Smith nur, wie die Menschen aufstanden und nach allen Richtungen davonrannten, lachend und singend, während der durch ihre Gebete erflehte Regen ihre nackten Körper peitschte. Lauter als irgendeiner sang der alte Jojo. Er konnte heimwärts wandern unter dem großen Schirm, der durch seinen Glauben gerechtfertigt worden war.

Als Bramwell einmal versuchte, den Angriff der Armee so, wie er durch die soziale Arbeit seines Vaters erweitert worden war, zutreffend zu umschreiben, nannte er seine Soldaten «die Diener aller Menschen» – Männer und Frauen, die durch das ihnen widerfahrene Heil so verwandelt waren, daß sie die größten Gefahren fröhlichen Herzens mit den Menschen teilten, unter denen sie lebten.

Dafür gab es in der ganzen Welt kein überzeugenderes Beispiel als die Haltung von Captain Emil Ovesen von Harstad, Norwegen.

An der nordnorwegischen Küste erstrecken sich 150 Meilen weit die fünf Inseln der Lofoten – sturmgepeitschte, 4000 Fuß steil aufragende Granitberge – bis dorthin, wo der Narvik-Fjord sich in das Festland windet. Von Mitte Februar bis Ende April dauert dort die Zeit des Dorschfangs, der für die Bewohner der Lofoten lebenswichtig ist. Dann ziehen vom Atlantik her 150 Fuß tiefe Schwärme nach den Küsten, und selbst halbwüchsige Burschen fahren mit den Fischkuttern hinaus, um bei der harten Arbeit des Trocknens und Einsalzens zu helfen. Emil Ovesen, ein ernsthafter, braunäugiger Junge, war 14 Jahre alt, als er seine erste Fahrt machte. Nachdem er ein paar Seemannsversammlungen der Armee mitgemacht hatte, war er schon mit 15 Jahren ein überzeugter Salutist und die einzige Stütze seiner Mutter und seiner acht jüngeren Brüder und Schwestern. Ein mit Windstärke 8 über die messerscharfen Klippen peitschender Orkan hatte seinen Vater über Bord gefegt und in die Tiefe gerissen.

Emil studierte Navigation und bekam sein Steuermannspatent. Er machte eine Anzahlung auf ein Boot, und sieben Jahre lang kämpfte er mit den schwarzen Wassermassen von der 1100 Meilen langen Küste von Kirkenes, nahe der finnischen Grenze, bis zu dem südlich gelegenen berühmten Fischereihafen Bergen. Obwohl Ovesen das nicht wußte, erwarb er sich hier die nicht hoch genug zu schätzende Geschicklichkeit für das Werk, zu dem ihn Gott bald berufen sollte.

Schon seit 1888 hatten George Railton und Hanna Ouchterlony, die hübsche, blonde Territorialkommandeurin von Schweden und Norwegen, einen Traum gehegt: ein Heilsarmee-Rettungsboot für Schiffbrüchige. Aber das mußte schon ein ganz besonderes Boot sein, denn ein gewöhnliches Rettungsboot von der Küste gegen eine mit 6 Knoten Geschwindigkeit aufsteigende Flut in See gehen zu lassen, hieß das Schicksal herausfordern. Das Boot der Armee sollte wie ein Wachhund hinter der Fischereiflotte herfahren und tagelang, ja wochenlang den Stürmen Trotz bieten. Und noch dazu ein Boot, das von Soldaten der Armee bemannt sein sollte! Keine Versicherungsgesellschaft würde sich auf ein solches Geschäft einlassen, und nur wenige sich für den Bau eines solchen Bootes einsetzen.

Aktennotizen und Briefe gingen von Hanna Ouchterlony in Oslo an ihren alten Freund Bramwell in London. Anregungen, Verbesserungsvorschläge flogen von Booth in Melbourne, Jerusalem, Bombay zurück zu Bramwell und wieder zu Hanna. Inzwischen war einer von Hannas Offizieren, als er die Fischereihäfen bereiste, auf Emil Ovesen aufmerksam geworden. Als Seemann und Heilsarmee-Korporal schien er der für die Führung eines Rettungsbootes geeignete Mann zu sein.

Da brach das Unheil herein. In der Nacht des 13. Oktober 1899 verwandelte ein Orkan Windstärke 10 die Nordsee in eine Hölle von eisigen, sich auftürmenden Wellenbergen. Zwei Tage später, als der Sturm nachließ, war die blaugraue, immer noch aufgeregte Wasserfläche mit den tanzenden Trümmern von 29 Fischerbooten bestreut. 140 Opfer hatte die See gefordert. Von Bergen bis zu den Lofotinseln läuteten die Totenglocken, und in dem klaren Wasser der Fjorde spiegelten sich die schwarzen, langsam schreitenden Züge der trauernden Frauen.

Aber jetzt hielt die Armee die Antwort durch die Tat bereit. Am 19. Februar 1900, nachdem er noch acht Wochen in einem Offiziers-Trainingsheim ausgebildet war, schritten Captain Emil Ovesen und die drei Männer seiner Besatzung im Hafen von Laurvig über die Laufplanke der *Catherine Booth.*

Sie war ein dieses Namens würdiges Fahrzeug. Mit Bramwells Einverständnis hatte Hanna Ouchterlony Colin Archer, den Erbauer von Nansens berühmter «*Fram*», damit beauftragt, seine reiche Erfahrung noch einmal im Kampf gegen die Elemente einzusetzen. Ovesen nahm nun eine 50 Fuß lange, aus festem Eichenholz gebaute Jolle in seine Obhut. Man hatte sie innen mit wasserdichten Schwimmkörpern ausgestattet, und sie war nach allen Regeln der Kunst so konstruiert, daß sie, selbst wenn ihr Deck zertrümmert und sie gänzlich mit Wasser vollgelaufen war, weder umschlagen noch sinken konnte.

Jeder Zoll ihres Innern war überdies mit Rentierhaar gepolstert, dem man eine besonders große Schwimmfähigkeit zuschrieb. Ihre Korkkissen, ja selbst die Matratzen in den Kojen, dienten gleichzeitig als Rettungsbojen, von denen jede zwei Mann tragen konnte. Zu ihrer Ausrüstung gehörten eine Kanone zum Abfeuern von Leuchtraketen und Fässer mit Öl, um die See zu glätten, wenn man in die Nähe eines Wracks kam. Alle Nägel waren aus Kupfer oder Messing, alle Eisenteile galvanisiert.

Während andere Boote sich mit gerefften Segeln auf die Seite legten, jagte die *Catherine Booth* unter vollen Segeln über die Kämme der Wogen. Als sie von Laurvig nach den Lofoten stampfte, kam sie dort bereits mit einem beschädigten Fischerboot im Schlepptau an.

Im Laufe der Monate und Jahre dachte sich Ovesen immer neue Kunstgriffe aus. Die Lofotfischer benutzten noch immer das offene und flache Wikingerboot mit hochgezogenem Bug und Heck. Mit einem einzigen quadratischen Segel ausgestattet, lief ein solches Fahrzeug leicht vor dem Wind. Schlug es um, so sank es trotzdem nicht. Ovesen zeigte den Männern, wie sie sich, wenn das Boot umgeschlagen war, rittlings auf den Kiel setzen, ihre langen Messer in die Planken stoßen und sich daran auf Leben und Tod festhalten konnten. Versuche zeigten, daß sich ein Mann auf diese Art 24 Stunden am Leben halten konnte, gerade so lange, bis er von der *Catherine Booth* aufgenommen werden konnte.

Manchmal kam das Rettungsboot mit vier Fischerbooten im Schlepptau in Harstad an, nachdem es sich durch eine so stürmische See gewühlt hatte, daß sich die Männer auf Deck am Mast hatten festbinden müssen. Bei schönem Wetter dagegen segelte sie ruhig die Fjorde hinauf, um jedes Jahr vielen tausend Fischern das Evangelium zu bringen. Als Ovesen 13 Jahre nach ihrem Stapellauf das Kommando abgab, ging aus der Statistik hervor, wie wertvoll ihr Einsatz gewesen war. 1913 hatte sie 1772 Boote sicher an Land gebracht und der See 5000 Opfer streitig gemacht. Neunzigmal war Ovesen selbst, halbblind vom Salzwasser, fast zusammengebrochen, nachdem er

Männer von den auf- und abtanzenden Kielen umgeschlagener Boote in die *Catherine Booth* heruntergeholt hatte.

Doch die wirkliche Feuertaufe im Katastropheneinsatz mußte die Armee am frühen Morgen des 18. April 1906 bestehen. Nur ein paar furchtbare Augenblicke lang – ein Drittel der Zeit, die es braucht, um ein Ei zu kochen – bebten und zitterten die vier Quadratmeilen von San Franzisko. Der Horizont tauchte auf und ab vor den Augen der Leute, die wie die Käfer auf allen Vieren krochen, getroffen von dem schwersten Schicksalsschlag, den Amerika seit dem großen Brand von Chicago erlebt hatte. In der Market Street, dem Epizentrum des größten bisher registrierten Erdbebens, brachen 80 cm starke Wasserröhren wie trockene Zweige, die Schienen der Straßenbahnen hingen 30 cm hoch in der Luft. Bald raste eine orangefarbene Feuerwand unaufhaltsam durch eine von jeder Wasserversorgung abgeschnittene Stadt von 450 000 Einwohnern.

Oberst George French, ein ehemaliger Flickschuster, verlor keine Zeit. Obgleich das Hauptquartier der Armee und zwölf andere Gebäude im Wert von 150 000 Dollar völlig zerstört waren, galt sein erster Gedanke den unglücklichen Überlebenden. Während verzweifelte Italiener Wein in die Flammen gossen, richteten die Salutisten unter der Leitung von Captain «Happy Bill» Day jenseits der Bucht in Beulah Park, drei Meilen von Oakland entfernt, ein Flüchtlingslager ein. Sie halfen als Krankenträger, suchten nach Toten und vermittelten Nachrichten.

In der Stadt waren mehr als 28 000 Häuser im Wert von 400 000 Dollar ausgeplündert oder völlig zerstört worden. 16 000 verängstigte und wie vor den Kopf geschlagene Flüchtlinge, die man ins Lager von Beulah Park schickte, fanden dort in der von der Armee hergestellten Ordnung die Beruhigung, die sie brauchten. In San Franzisko hatte der Bürgermeister für Plünderer die Todesstrafe angedroht und 1500 US-Soldaten zu Hilfe gerufen, aber in Oakland hielten die Heilssoldaten in ihren blauen Uniformen Gesetz und Ordnung aufrecht. Oberst French meinte: «Unsere Uniformen sind mehr wert als alles Geld.»

Es war auch kein Wunder. Während fünf Tagen, die von Angst und Schrecken erfüllt waren, zogen die Offiziere die Uniform nicht

einmal zum Schlafen aus. An einem Tag teilte Captain Elsie Alleman von San Franziskos chinesischer Brigade 24000 Tassen Milch aus. Und ihre Salutisten aus Chinatown arbeiteten mit der gleichen Hingabe und teilten warme Mahlzeiten aus an Leute, die seit vier Tagen nichts gegessen hatten. Von der Oaklander Handelskammer erbettelten sie Seife, Handtücher und Chlorkalk und beschafften Kleider für 6000 fast nackt herumlaufende Menschen.
Acht andere Salutisten ratterten im Auftrag der Stadtbehörde von Los Angeles mit einem Hilfszug, der überall die Vorfahrt hatte, durch die Nacht nach San Franzisko. Als sie dort ankamen, waren alle andern Züge auf Nebengeleisen ausgewichen. Am folgenden Sonntag hielt Eva Booth auf dem Union Square im Herzen von New York eine Massenversammlung ab und sammelte 12000 Dollar für einen Armee-Hilfsfonds; einen Monat später war der Fonds bereits auf 15000 Dollar angewachsen; William Booth hatte 1000 Dollar gespendet. Er sandte aus London ein Telegramm an Präsident Roosevelt: «Die Gebete und das Mitgefühl unserer Leute in der Welt umgeben euch!»

Von den Offizieren hohen Ranges bis zu den unbekannten Heilssoldaten war die Armee vom Geiste William Booths beseelt, des Mannes, der jetzt mit Königen verkehrte und der doch auf seiner Reise durch Palästina vor dem Garten Gethsemane demütig niederknien konnte, um einem Aussätzigen die Hand zu küssen.

Wenn diese impulsive Geste auch dem Mitleid entsprang, so war sie doch in vieler Beziehung symbolisch. Ob es sich um Aussätzige oder soziale Parias handelte, die erste Sorge der Armee galt immer den Menschen, an denen die Welt achtlos vorüberging.

Johannes Van Hutsz, der holländische Generalgouverneur von Java, war der erste, der die Arbeit der Armee für die Leprakranken ins Leben rief. Er selbst war Katholik, aber auf einem Urlaub in den Niederlanden kam ihm die Eingebung, wie man ein Problem lösen könnte, das seiner Regierung schon jahrelang Kopfzerbrechen gemacht hatte. Als er bei Freunden zu Besuch war, stellte er fest, daß sich die Unterhaltung hauptsächlich um die Tüchtigkeit ihres der Heilsarmee angehörenden Dienstmädchens drehte. Da dachte der Generalgouverneur: Warum sollte die Heilsarmee nicht auch das Haus Javas in Ordnung bringen können?

Um seine Meinung befragt, ergriff Booth die Gelegenheit sofort am Schopf, und im Jahre 1909 übernahm die Armee ihre erste, völlig aus Regierungsmitteln finanzierte Aussätzigenkolonie in Pelantoengan, Zentral-Java.

Fast 100000 Javaner hatten den furchtbaren Augenblick durchlebt: den ersten verräterischen weißen Fleck, der Aussatz bedeutete. Bald würden sich übelriechende Geschwüre bilden und Glieder und Gesicht abfaulen. Bald würden Tausende das letzte Stadium der Krankheit kennenlernen: wenn der Zug, vom Hafen Semarang kommend, die lange Bergstrecke hinaufkeuchend, in die Endstation Weleri einrollte. Wenn der Aussätzige aus seinem Sonderwagen stieg, kamen bereits Kulis mit einer Sänfte auf ihn zu. Dann ging es erst durch blaßgrüne Reisfelder, vorüber an dem dunkleren Grün der Kaffee- und Teeplantagen. Endlich wurde das ewige Grün durchbrochen von den weißen Bungalows und den grauen Schindeldächern der Pelantoengan-Kolonie.

Sobald der Reisende aus der Sänfte stieg, wurde diese von Kulis zum Flußufer getragen und zu flockiger Asche verbrannt. Weder von Pelantoengan noch von einer andern der weiteren drei von der Armee unterhaltenen Kolonien kehrte je ein Reisender zurück.

Obgleich die Armee kein Heilmittel gegen den Aussatz kannte, konnten ihre Offiziere – Holländer, Deutsche, Briten, Ungarn – doch, wie sie es nannten, den «Aussätzigen ihre Last erleichtern». Als die medizinische Forschung feststellte, daß von aussätzigen Eltern stammende Kinder bei der Geburt selten oder nie angesteckt waren, wagte man in Poeloe, der Kolonie in Ost-Sumatra, ein kühnes Experiment. Die Patienten durften untereinander heiraten, wenn sie ihre neugeborenen Kinder hergeben würden. So wuchsen die Babies sicher vor Ansteckung in einem Heim der Armee auf. Die Offiziere machten dann Filme, damit die Eltern über den Fortschritt in der Entwicklung der Kinder auf dem laufenden gehalten wurden. Die stellvertretend für die Eltern gekauften Geschenke wurden den Kindern ins Heim gebracht.

Abgeschnitten von ihren Kameraden, kämpften Booths Priestersoldaten mitten im Urwald zu jeder Stunde einen einsamen Kampf. In Semaroeng, Ost-Java, hatten Oberstleutnant Thomas Bridson und seine Frau Marjorie außer den Patienten selbst keine Helfer. Jeden Tag verbanden sie die Kranken und gaben ihnen zweimal in der

Woche Spritzen: Chinin gegen Malaria und Morphium, um die Schmerzen zu lindern. Die meisten Aussätzigen starben langsam; einer erreichte ein Alter von 80 Jahren, von denen er 40 in einem Heim der Armee zugebracht hatte. Andere, hoffnungslos entstellt, bildeten zwar als «ausgebrannte Fälle» keine Ansteckungsgefahr mehr, aber sie bedurften der gleichen Pflege. Dramatische Vorfälle, die beweisen, welchen Gefahren die Heilssoldaten ausgesetzt waren, ereigneten sich mit besorgniserregender Häufigkeit. Oft zog auch die Krankheit das Gehirn der Patienten in Mitleidenschaft, und dann wurden sie gewalttätig. In Ost-Sumatra bewaffneten sich 50 Aussätzige mit an lange Stöcke gebundenen Sicheln und brachten einem Teil der Regierungssoldaten schwere Wunden bei. Ein Heilssoldat erhielt einen Schlag mit einer Axt in den Rücken, und ein anderer wurde durch einen Patienten fast erwürgt.

Aber Bridson und seine Freiwilligen verloren nie den Mut. Sie organisierten Filmvorführungen, Sporttage und «Feste der süßen und sauren Fische», die sie in den Restaurants der Eingeborenen kauften. Einmal führten sie sogar *Hamlet* in malayischer Sprache auf. Und sie kümmerten sich auch um das geistige Wohl ihrer Patienten. Viele waren ebenso jung wie Soetomo, der Sohn eines Regierungs-Schulinspektors, doch als die Ärzte ihn in die Pelantoengan-Kolonie einwiesen, war die Armee ebenso skeptisch wie sein Vater, der ein strenger Mohammedaner war. Doch bald war der Vater so begeistert von den fröhlichen Briefen, die Soetomo schrieb, daß er ihn gern der Obhut der Armee anvertraute.

Als Junge hatte Soetomo gern Architekt werden wollen, nun bat er darum, man möchte ihm mehr vom Evangelium erzählen. Was er lernte, nahm er ganz wörtlich. «In meines Vaters Hause sind viele Wohnungen», las er und faßte frischen Mut. Dann würde man doch sicher auch Architekten im Himmel brauchen, um jene Wohnungen zu bauen. Darüber mußte er doch noch mehr erfahren.

Als Soetomo starb, wurde Schwester Christine Stewart, die ihm geholfen hatte, diesen Traum auszuspinnen, fast zu Tränen gerührt, als sie ein sorgfältig eingewickeltes Paket vom Vater des Jungen erhielt. Der stolze Moslem übersandte ein letztes Andenken für seines Sohnes Grab: das Kreuz Christi.

Der bekannteste unter allen Pionieren Javas war Dr. Vilhelm Andreas Wille, ein junger dänischer Augenspezialist, der schon im Jahr

1907 in Semarang landete. Bereits in seiner Vaterstadt Köge hatte es Aufsehen erregt, daß ein Arzt seine Kranken in Heilsarmeeuniform besuchte. Er hatte Catherine Booths Biographie gelesen, und das war für seine Lebensarbeit entscheidend geworden. Zwölf Monate danach hatte er sein schönes Stadthaus der Armee geschenkt und war nach London gefahren, um sich als Berufsoffizier ausbilden zu lassen.

Eine dunkle, strohgedeckte Baracke, unterteilt in je fünf kaum 12 Quadratfuß große Räume, schien nicht geeignet dazu, daß ein Chirurg dort epochemachende Operationen ausführen konnte – und doch brachte es Dr. Wille im Laufe der Zeit zustande. Als ständiger Arzt einer außerhalb Semarang gelegenen Heilsarmeekolonie für mittellose Kranke hatte er schon 1908 7000 Patienten behandelt; fünf Jahre später war die Zahl auf 41 000 gestiegen. Mehr als 5000 davon waren Augenkranke; fast bei der Hälfte der 2700 Operationen, die er jedes Jahr ausführte, handelte es sich um schwierige Fälle.

Was ihm einen Ehrenplatz in den Annalen der Medizin eintrug, war seine Diagnose einer Augenkrankheit, die schon bei Tausenden zur Erblindung geführt hatte; bei vielen der Erkrankten handelte es sich um vierjährige Kinder. Das als *Xeropthalmia* bekannte Übel wurde von vielen Ärzten fälschlich für eine einfache Augeninfektion gehalten, deren Symptome Nachtblindheit und eine Trübung der Hornhaut waren. Doch in wenigen Tagen mußte der behandelnde Arzt zu seinem Erschrecken sehen, daß die ganze Hornhaut wie Wachs zerschmolz. Wille untersuchte gewissenhaft 300 Fälle und fand die zuerst von andern dänischen Ärzten aufgestellte Theorie bestätigt: Das hier war keine Infektion, sondern eine verheerende Krankheit, die durch Vitaminmangel hervorgerufen wurde. Eine stetige Ernährung mit Vollmilch, Butter, Eiern, Ochsenleber, Lebertran – Lebensmittel, die reich an Vitaminen A und B waren – machten dreiwöchige Wunderkuren möglich.

Wenige Chirurgen haben in ihrem Sprechzimmer je eine so bunt zusammengewürfelte Schar von Patienten gesehen. Ein blinder Junge war so glücklich, als er mit dem rechten Auge wieder sehen konnte, daß er aus dem Hospital fortlief, bevor man das andere Auge operieren konnte. Nach ihm lag der in wehende Gewänder gekleidete Sohn eines Sultans auf dem Operationstisch, der auf dem Kopf eine mit Diamanten besetzte Krone trug. Eines Morgens wurde Willes erste Patientin, die Tochter eines holländischen Admirals, durch einen javanischen Zuchthäusler abgelöst, der noch den Ring und die Kette am Hals trug. Als sich der Ruf des Wunderdoktors verbreitete, strömten Patienten aus Indien, China und sogar aus Australien in seine Sprechstunde. Aus einem Krankenhaus in Manila wurde ihm ein zehn Monate altes Baby gebracht, dessen Augenlid weggefressen war, was natürlich die Sehkraft gefährdete. Unter Assistenz von drei Krankenschwestern gelang es Wille, dem Kind ein künstliches Augenlid einzusetzen, nur die Wimpern fehlten. An einem völlig entstellten syphilitischen Bettler wurde die gleiche Operation vollzogen.

Wenn reiche Männer, die das Honorar voll bezahlen konnten, sich beklagten, daß Wille die armen Patienten bevorzugte, antwortete ihnen der bärtige Doktor ganz ruhig: «Sir, Sie können jeden Arzt, der auf der Insel praktiziert, bezahlen – diese Menschen hier haben sonst niemand, zu dem sie gehen können. Ich werde gern mein Bestes auch für Sie tun, wenn Sie warten wollen, bis Sie an der Reihe sind.»

Dr. Wille konnte in seinem peinlich sauberen Operationszimmer stundenlang arbeiten. Doch ebenso wie der Chirurgie fühlte er sich der Heilsarmee verbunden. Vor jeder Operation kniete er auf den Fliesen des Fußbodens nieder und bat Gott um Hilfe. War die Operation beendet, folgte ein Dankgebet, und wenn er die Sprache des Patienten nicht kannte, war immer ein Dolmetscher zur Hand, um den Sinn seiner Worte zu übersetzen.

Medizinische Arbeit solchen Ranges hinterließ eine so leuchtende Spur, daß mit der Zeit 150 Heilsarmee-Hospitäler und ärztliche Beratungsstellen entstanden. Dennoch verlor die Armee ihr vornehmstes Ziel nicht aus den Augen. Ihre Soldaten und Offiziere wollten vor allem Seelenärzte sein. Einer der Meister in dieser Kunst war Oberst William McIntyre, ein bescheidener, brillentragender, kanadischer Schotte, der in den Jahren, da Wille in den Dschungeln von Java arbeitete, sein Arbeitsgebiet in dem Asphaltdschungel von New Yorks East-Side fand. Vierzehn Jahre lang vor der Prohibition, dem in den USA erlassenen Alkoholverbot, führte er einen erbitterten Kampf gegen die Trunksucht, ein erster Schritt auf dem Weg zu den 21 «Harbour Light Centres», die die Armee heute unterhält.

New Yorks erste Bekanntschaft mit dem, was im Gange war, vollzog sich in dramatischer Weise. Durch die trostlosen Straßen der «Höllenküche» brauste ein Zug von grünen Doppeldecker-Bussen der

Fifth Avenue. Vor einer Kneipe nach der andern hielten sie an. Dann stiegen ein paar Heilsarmeeoffiziere aus. Sekunden später lotsten sie mit fachkundigen Griffen ein paar torkelnde, aus rot unterlaufenen Augen blinzelnde Saufbolde in die Busse hinein. Eine Stunde später standen Haufen von Müßiggängern auf den Trottoirs der Stadt und sahen sich ein atemberaubendes Schaustück an: eine riesige, mehr als einen Kilometer lange Prozession von berittenen Heilsarmeeoffizieren und fünf Blaskapellen zog hinter einer wandelnden, zehn Fuß hohen, aus Pappe geformten Whiskyflasche her, an die ein zerlumpter, taumelnder Mann mit Ketten festgebunden war. Dahinter kam ein städtischer Wasserwagen, vollgepackt mit triefäugigen Betrunkenen, zu dessen Seiten uniformierte Salutisten marschierten, um die Männer auf dem Wagen festzuhalten. So wurden am Thanksgiving Day 1909 1200 hoffnungs- und heimatlose Trunkenbolde zur Memorial Hall der Armee gebracht und mit starkem Kaffee wieder nüchtern gemacht. Sie weihten New Yorks ersten der Bekämpfung der Trunksucht gewidmeten «Boozer's Day» ein.

Bis zum berühmten achtzehnten Verbesserungsantrag (Eighteenth Amendment) hatte keine Kampagne die Aufmerksamkeit der Öffentlichkeit so gnadenlos auf die Notlage der Alkoholiker gelenkt. Die auf der Galerie sitzenden Beamten und Leute der Presse waren von dem wie Nebel über der Versammlung hängenden Alkoholdunst zuerst ganz benommen. Dann wohnten sie einem Gottesdienst bei und sahen mehr als 200 Männer nach vorn an die Bußbank gehen. Viele von ihnen waren durch die alten Hymnen wie «Näher, mein Gott zu Dir», die sie seit ihrer Kindheit nicht mehr gehört hatten, so ins Herz getroffen, daß sie hemmungslos weinend zusammenbrachen. Andere bewiesen, daß Gott durch die Armee Seine Ziele verfolgte und legten von ihrem Gesinnungswandel laut Zeugnis ab.

Abgesehen von *Darkest England* fand keine andere Reformbestrebung der Armee einen so weltweiten Widerhall. Eine Sammelstelle für Zeitungsausschnitte schätzte, daß allein die New Yorker Blätter einer Versammlung der Armee einen über 20 m langen Spaltenraum widmeten. Im Londoner Internationalen Hauptquartier war die Aufregung so groß, daß William Booth Eva in einem Telegramm dringend um Einzelheiten bat. Seine Antwort lautete dann: «Völlig einverstanden!»

Der Mann, der mehr als alle andern dazu beitrug, das Werk von

McIntyre populär zu machen, wurde erst am Boozer's Day 1910 bekehrt. Als Henry Milans 49 Jahre alt war, hatte er zweieinhalb Jahre in tiefster Verkommenheit gelebt. Ein schlaffer Riese, – Kragenweite 45 – wog er 250 Pfund. Sein Hang zum Alkohol hatte ihn alles gekostet: seine Ehe und seinen hart erkämpften Posten als geschäftsführender Herausgeber des *New York Daily Mercury*.

Im Jahr 1908 stand er auf der schwarzen Liste der Presse und sank hinab in die Unterwelt der Bowery. In dieser Straße – die einst bekannt war als der belebteste Fleck auf Gottes Erdboden, und die heute zutreffender «The Bottom of the Bottom», der tiefste Schlund der Tiefe, genannt wird – in dieser Straße schloß sich Milans den «Skins» an, den zu nichts mehr brauchbaren Menschen. Die schmierigen, vom flackernden Gaslicht in den roten und blauen Glasglocken erleuchteten Trottoirs wurden seine Welt, mit den der Bowery eigenen Gerüchen von Knoblauch, Brezeln, Bologna-Würstchen und schalem Bier. Er suchte in der Gosse nach fortgeworfenen, noch nicht völlig abgenagten Knochen und bettelte in den billigen Kneipen, wo bessergestellte Kunden mit einemmal vier Dutzend in Pfeffersauce getauchte Austern hinunterschlangen, um einen Schluck Whisky. Die Verkommenheit lehrte ihn ein neues Wertsystem kennen: ein Dollar war nicht mehr gleich vier 25-Cent-Stücken, sondern gleich 20 Schnäpsen. Überall in dem Viertel, vom Copper Square bis zum Catham Square, im Umfang von sechsmal sieben Häuserblocks, wo in 200 Kneipen 50000 Kunden bedient wurden, galt die gleiche Währung: ein Glas billigsten Whisky oder ein Schoppen Bier für fünf Cent berechtigte einen zur Benutzung eines «Bettes» in der Nacht, das heißt, auf dem Fußboden in einer Hinterstube, wo Männer und Frauen kreuz und quer durcheinanderlagen, wie die Toten auf einem Schlachtfeld. Auf den Straßen bot jede Kneipe ein Geschäft an: für wenig Geld bekam man nicht nur ein Glas Bier, sondern zudem eine freie Mahlzeit – Salzhering, Sauerkraut, Roggenbrot – und man durfte sich den Mund an dem gemeinsamen, an der Theke festgeklemmten Handtuch abwischen.

Die Salutisten wußten wohl, daß dies die Straße war, in der mehr als die Hälfte von New Yorks billigen Logierhäusern lagen. In den meisten verbrannte man täglich ein Pfund Schwefel, um die Wanzen zu vertilgen. Es war eine Straße der Gegensätze, in der die Prostituierten in jungfräulich weißen Kleidern einherspazierten und

Revolver bei sich trugen; wo «Putzmacherladen» ein beschönigender Name für «Bordell» war. Vor allem aber war es die Straße der Herumlungerer, von denen es mehrere Grade gab, aber auf der untersten Stufe stand Milans. Er schlief nachts auf einem Ladeplatz in der Nähe der Brooklyn Bridge, zugedeckt mit einer Zeitung. Oft genug war es sein eigener *Mercury*.

Milans hatte Grund genug zu verzweifeln. Sinnlos betrunken hatte man ihn in die Alkoholiker-Abteilung des Bellevue Hospitals gebracht, wo täglich 200 frische «Fälle» die Luft mit ihren Schreien zerrissen. Als Milans aufwachte, hörte er gerade, wie ein Professor von der Medizinischen Fakultät der Cornell University seinen Studenten einen Vortrag hielt über den Zustand eines Alkoholikers: «Sie sehen hier, meine Herren, einen hoffnungslosen, unheilbaren Fall . . . Der Mann kann seinen Frieden nur noch in einem Säufergrab finden.» Als Milans die Augen öffnete, sah er, daß der Professor und die Studenten am Fußende seines Bettes standen.

Monate später, im Morgengrauen des Thanksgiving Day 1910, als Milans wieder seine Augen öffnete, blies vom East River her ein kalter Wind, der ihn bis auf die Knochen erschauern ließ. Wie erstaunt war er, als neben ihm auf dem Ladeplatz ein Mädchen der Armee stand, das Gesicht von Mitleid bewegt. Mit leiser Stimme fragte sie ihn: «Haben Sie dies Leben nicht endlich satt?» Milans starrte sie an ohne Interesse, ohne Hoffnung: «Die Ärzte und Spezialisten haben erklärt, ich sei unheilbar.»

Aber das Mädchen wollte davon nichts wissen: «Natürlich, auf jene Art können sie Sie nicht heilen. Ihr Leiden ist nicht bloß ein physisches. Es ist eine Krankheit des Herzens; dagegen können die Ärzte nichts ausrichten. Aber Jesus kann Sie heilen und wieder zu einem guten Menschen machen, wenn Sie IHN nur walten lassen wollen.»

Milans hatte Angst, und er wußte wohl, warum. Boozer's Day, das bedeutete zwar Gratis-Kaffee und Pfannkuchen, und die nächtliche Kälte war wie ein Eisklumpen in seiner Brust. Doch bisher hatte er sich von der Heilsarmee noch immer ferngehalten. Irgendein Rest von Stolz in seiner Seele hatte sich dagegen gewehrt, ein Heuchler zu werden, ein Vagabund, der fromme Lieder sang, bloß um eine warme Suppe zu kriegen. Als an jenem Tag der Gottesdienst in der Memorial Hall vorüber war, schlich er sich aus dem Saal, aus

Angst, man würde ihn zurückrufen, um ihm noch ein bißchen «Religion» zu verabreichen.

Aber wider Willen trottete er doch Abend für Abend zur Memorial Hall zurück. Er wußte, daß er in der selbstverschuldeten Hölle der vergangenen Jahre Gott verloren hatte, aber die unauslöschliche Liebe der Armee zu den Seelen der Menschen schlug selbst in seinem umnebelten Hirn eine Saite an. Er fühlte sich plötzlich nicht mehr ganz so verzweifelt, weniger einsam. Als er vor Captain Kate Roberts zurückwich, um sie nicht anzuhauchen, beruhigte sie ihn: «Ich habe vor Ihnen keine Angst. Aber ich möchte, daß Sie mit mir zur Bußbank kommen und sich durch Jesus von diesem schrecklichen Hang zum Trinken, der Ihr Leben zerstört hat, heilen lassen.» Doch irgendwie konnte sich Milans noch immer nicht entschließen, mit ihr zu gehen.

Am nächsten Abend erschien er wieder zum Gottesdienst, wenn auch auf der Hut, falls man ihn zum Eingeständnis seiner Niederlage zwingen wollte. Sobald der Gottesdienst zu Ende war, eilte er rasch zur Tür. Dieses Mal war es Captain Lena Jackson, die seinen Arm ergriff: «Bitte, kommen Sie doch morgen abend wieder zum Gottesdienst. Ja? Gestern nacht konnten wir nicht einschlafen. Da sind wir aufgestanden und haben für Sie gebetet.»

In der auf Boozer's Day folgenden Woche erlebte Milans, daß Gott ihm wirklich helfen konnte. Was kein Psychiater oder Spezialist fertigbringen konnte, drei junge Boten Gottes, die sich um einen verkommenen Vagabunden kümmerten, hatten es zusammen erreicht. Er ging hin zur Bußbank, und mit neugewonnenem Lebensmut fühlte er, daß die verlorenen Jahre aus seiner Erinnerung schwanden.

In wenigen Wochen hatte er bei einem jüdischen Drucker wieder Arbeit gefunden, so daß er genug verdiente, um sich neue Kleider zu kaufen. In der Memorial Hall der Armee wurde er der an der Bußbank diensttuende Sergeant. Später, als gutgestellter Leiter einer größeren Druckerei, versöhnte er sich auch wieder mit seiner Frau. Aber Milans hatte nun das Geheimnis der Armee erkannt: Sein Leben würde nur dann einen wirklichen Sinn haben, wenn er andern Leidenden half. So arbeitete er mit William McIntyre zusammen, wenn der seine Wochenendkampagnen durchführte. Als er den Rang eines Fähnrichs bekleidete – man nannte ihn übrigens zum Spaß «Der Oberst» – eröffnete dieser Riese eine richtige Korrespondenzschule der Heilsarmee und half den verwirrten und zerbrochenen Menschen in ganz Amerika, ihr Leben wieder in Ordnung zu bringen.

Zu seinem achtzigsten Geburtstag im Jahre 1941 buk ihm die Heilsarmee einen Kuchen. Die Menge der Kerzen darauf brachte beinahe den Zuckerguß zum Schmelzen – aber Milans war trotz seines hohen Alters noch immer ein kämpfender Salutist. Selbst drei Jahre später erzielte er in Detroit's Skid Row noch erstaunliche Erfolge, als er sich unter die Ausgestoßenen mischte, deren Los er vor mehr als dreißig Jahren geteilt hatte. Er aß in den Kneipen, in denen sie saßen, redete am Abend mit 300 Zuhörern und gewann sie für die Sache der Armee. Er war ein unvergeßliches Zeugnis dafür, daß es für Gottes Hilfe keine menschlichen Schranken gibt.

«. . . denn jedes Land ist meines Vaters Land . . .»

1907-1928

Im Jahr 1909, dem ersten Boozer's Day, wurde William Booth achtzig Jahre alt. Während seine Adjutanten sich Sorge machten wegen der Rücksichtslosigkeit, mit der er sich alle möglichen Anstrengungen zumutete, trug der General die Last des Kummers der ganzen Welt. Begeistert über die Einführung des Autos suchte er immer noch mehr Menschen mit seiner Botschaft zu erreichen. Bei einer 29 Tage dauernden Fahrt durch England legte er 1224 Meilen zurück und predigte in 164 Versammlungen. Seine Leidenschaft, die Verlorenen zu suchen, kannte keine Grenzen. «Um sie zu erreichen und zu sammeln, muß ich mit einer großen Posaune blasen und mit einem dicken Pinsel malen.» Der Eindruck, den er hinterließ, war unvergeßlich. Bald war der alte General in seinem langen, dunkelgrünen Automantel, statt des geliebten Zylinderhuts mit einer Schirm-Mütze auf dem Kopf, eine in ganz England bekannte Erscheinung. Wenn der offene, weiße *Napier* mit roten Rädern triumphierend die Straßen entlangbrauste, standen die Menschen mehrere Reihen dicht am Wegrand. Bis zum Juli 1907 hatte Booth auf drei solchen Fahrten über 5600 Meilen zurückgelegt und in 400 Versammlungen 20 bis 70 Minuten dauernde Ansprachen gehalten.

Die Ausdauer des gebrechlichen, bald 80jährigen Mannes wurde auf eine harte Probe gestellt. Wenn die sechs Wagen umfassende Autokolonne auf Englands ausgefahrenen Straßen entlangholperte, bedeckten die von den Rädern auffliegenden Staubwolken Hecken und Fußgänger mit einer weißen Schicht. Oft, wenn Booth im Wagen aufstand, um zu den am Wegrand sich sammelnden Mengen zu sprechen, waren seine Lippen voller Staub und seine Kleider weiß wie die eines Müllers.

Die treuen Adjutanten, die ihn begleiteten, unter ihnen George

Railton, Elijah Cadman, John Lawley, konnten diese Reisen nie vergessen. Es war, als ob Booth, der seinen Zuhörern näher kam als je seit den Tagen der Christian Mission, von der Flamme Gottes durchglüht wäre. Als er einmal nach dem Norden fuhr, wurde sein Wagen von Fabrikarbeitern angehalten, die aus Jux ein Seil über die Straße gespannt hatten. Doch als er von seinem Sitz aufstand, um zu reden, hörten sie wie gebannt zu: «Manche von euch Männern beten niemals. Sie haben das Beten schon lange aufgegeben. Aber ich möchte euch fragen: Wollt ihr nicht für eure Kinder beten, damit sie andere Menschen werden als ihr?»

Nach wenigen Minuten – so erzählt Wycliffe, der Enkel des Generals – sah man auf der Straße nichts als entblößte Häupter, als 700 Männer in schweigender Andacht niederknieten.

Als ob Booth fühlte, daß sein Ende nahe sei, quälte ihn immer mehr der Gedanke, wieviel Arbeit noch zu tun war. Den Insassen eines Armenhauses in Sussex erzählte er einmal: «Mein Leben ist eine ununterbrochene Folge von Prüfungen gewesen. Oft habe ich mich in den Schlaf geweint.» Als einer seiner Adjutanten, Oberstleutnant William Haines, am Ende einer Versammlung jubelte: «Wunderbar, General! Haben Sie sie gesehen? In zehn Minuten sind hundert zur Bußbank gegangen!» blieb Booth unbefriedigt: «Ich habe Hunderte hinausgehen sehen, die die Gnade Christi nicht annehmen wollten.»

Immer mehr machten Verdauungsbeschwerden das Essen für ihn zur Qual. «Mir bringt man Eier zum Frühstück, und zu derselben Stunde sterben Kinder den Hungertod!»

Von 1907 an lebte er allein mit seiner Haushälterin Helen Treen in seinem bescheidenen, sechs Zimmer umfassenden Landhaus in Hadley Wood, das die Armee für ihn hatte bauen lassen. Er bezahlte dafür gewissenhaft vier Prozent der Bausumme als Miete. Bramwell, der mit seiner Familie nahe bei in «The Homestead» wohnte, versäumte es nie, seinem Vater einen Gute-Nacht-Besuch abzustatten, wenn er noch Licht sah. Einst fanden Bramwell und Captain Evan Smith, der Sekretär des alten Mannes, den General, wie er in seinem langen Schlafrock mit verschränkten Armen auf- und abging. Um die Stirn hatte er ein nasses Handtuch geschlungen, um die Kopfschmerzen zu lindern.

«Solltest du nicht schlafen gehen?» fragte Bramwell besorgt, aber

Booth schüttelte den Kopf. «Nein, ich muß noch nachdenken.» Bramwell wollte gern wissen, ob sein Vater an irgend etwas Bestimmtes denke. Traurig legte Booth die Hände auf die Schultern seines Sohnes. «Bramwell, ich muß an die Sünden der Leute denken. Was werden sie bloß mit ihren Sünden anfangen?»

Aber Booth sorgte sich nicht allein um Englands Sünden. Sein Kirchspiel war jetzt die Welt. Stockholm, Melbourne, Johannesburg, Tokio – ein halbes Jahrhundert vor dem Zeitalter der Düsenflugzeuge umreiste er den Erdball mit so zäher Ausdauer wie nur irgendein Globetrotter. In Boston, im September 1907, auf seiner letzten Fahrt durch die Vereinigten Staaten, hatte man schon den Eindruck, daß seine Zeit bald um war. Bei einer Pressekonferenz beugte er mehrmals, nach Kraft ringend, das Haupt auf den Tisch. Bei Versammlungen erschien er mürrisch und nervös und lehnte mit einer Handbewegung brüsk alle Beifallsbezeugungen ab. Einmal hielt er mitten im Satz inne und wies mit dem Finger gebieterisch auf eine in der ersten Reihe sitzende Frau. «Wollen Sie wohl freundlichst aufhören, sich zu fächeln, während ich rede!»

Bei dem offiziellen Abschied am 8. November 1907 schien er in noch schlechterer Form zu sein. Von einem Inspektor und fünfzig Polizisten geleitet, stand er auf den Stufen von New York's City Hall – wo vor 27 Jahren Railton das Recht abgesprochen worden war, in den Straßen zu predigen – um zu 2500 Menschen zu sprechen. Aber jetzt war die Stimme des alten Generals zu schwach, um über die Stufen hinauszudringen. Drei Offiziere riefen seine Botschaft durch Megaphone durch die Winterluft: «Vielleicht werde ich euch noch einmal wiedersehen, wer kann das voraussagen? Ich will euch also nicht für immer Lebewohl sagen, sondern nur für eine kurze Zeit. Wenn ich noch lebe, will ich euch wiedersehen, und wenn ich tot bin, will ich jedenfalls versuchen, euch wiederzusehen, wenn ich es darf.»

Die Musikkapellen der Armee spielten gedämpft: «Gott mit dir, bis wir uns wiedersehn.» So nahm New York Abschied von William Booth.

Aber Booth hielt noch zäh am Leben fest. Keiner wußte das besser als sein Sekretär Evan Smith. Wenn er auch in einer Nacht sechsmal durch den General geweckt wurde, so hielt sich der alte Mann dafür am Tag durch Nickerchen im Haus seines jeweiligen

Gastgebers aufrecht. Man berichtet, daß oft an der Tür zu lesen war: «Ruhe, der General schläft.» Jetzt verursachte auch helles Licht Booth so heftige Augenschmerzen, daß sein Bett vom Fenster weggerückt wurde und man über die Scheiben und den Spiegel schwarzes Papier hängte. – Smith gab sich unendliche Mühe, damit Booth bei den Ratssitzungen seine Notizen lesen konnte. Er benutzte eine alte vierreihige Remington-Schreibmaschine mit besonders großen Typen, ließ einen doppelt breiten Rand und zwischen den Zeilen einen doppelten Zwischenraum frei. Besonders wichtige Paragraphen wurden schwarz und solche von untergeordneter Wichtigkeit rot unterstrichen. Oft umfaßten diese in grotesker Weise auseinandergerückten Aktennotizen 300 Seiten.

Wenn Booth auch anspruchsvoll sein konnte, so war er doch von tiefem Mitleid erfüllt und ließ keine Gelegenheit vorübergehen, jemandem eine Freundlichkeit zu erweisen. Im Oktober 1910 beherrschte der Prozeß des Gattenmörders Hawley Harvey Crippen die Schlagzeilen der Weltpresse. Booth aber dachte an Crippens verführte Mätresse Ethel Le Neve, die freigesprochen worden war. Er setzte sich sofort mit Crippens Verteidiger Alfred Tobin in Verbindung, ob nicht die Heilsarmee dem Mädchen helfen könnte? Er erreichte, daß Ethel Le Neve in einem der von Florence geleiteten Heime ein neues Leben begann. Booth machte sich auch Gedanken um kleine Dinge. Als er einst allein bei einer reichen Dame dinierte, um mit ihr über die Finanzen der Armee zu reden, fürchtete er, daß seine Haushälterin Captain Smith im Essen vielleicht kurz gehalten haben könnte. Vier Stunden später, um Mitternacht, schreckte Smith aus dem Schlaf auf, als der General nach ihm klingelte. Zu seiner Verblüffung wickelte Booth aus einem seidenen Taschentuch zwei geschmuggelte Stückchen Toast, die er ihm feierlich aufdrängte.

Weihnachten war Booths Lieblingsfest. Dann gab er Smith oder Major Fred Cox eine Fünf-Pfund-Note, um für Bramwells sechs Kinder Weihnachtsüberraschungen ausfindig zu machen; etwa einen riesigen, mit farbigen Bändern verzierten Schwärmer, der beim Zerplatzen lauter kleine Schwärmer verstreute. Darin waren dann Geschenke für alle Kinder. Keiner zog an dem ihm durch das Los zugeteilten Band herzhafter oder beteiligte sich mit größerer Freude an den Gesellschaftsspielen, wie Blindekuh oder anderen, als William Booth. Am Morgen des ersten Feiertags wimmelte der Garten in

The Homestead von warm eingepackten Kindern, die in dem nahegelegenen Haus des Großvaters Weihnachtslieder singen sollten. Aber wie viele neue «Carols» sie auch gelernt haben mochten, den Höhepunkt bildete immer das von Oberst John Lawley gesungene «When Jesus was born in the Manger . . .» – «Als Jesus in der Krippe lag . . .» Dann fiel Booth mit seinem gewaltigen Baß ein und übertönte die zarten Sopranstimmen der Kinder.

An einen Weihnachtsmorgen erinnerte sich Booths Enkel Wycliffe noch genau. Da ging alles schief. Nachdem die Kinder schon ganz früh ihre Strümpfe ausgekramt hatten, verschliefen sie die Zeit. Das erste, was sie hörten, war Booths aus der Halle tönende Stentorstimme: «Ihr Christen, wacht auf!» Das erste, was sie fühlten, war der großväterliche Spazierstock, der scherzhaft ihre Rippen suchte, als sie sich unter den Bettüchern wanden und kreischten.

Weihnachten 1908 wurde die Tradition zum erstenmal durchbrochen. Booth hatte über seine nachlassende Sehkraft endlich die Wahrheit erfahren. Beide Augen waren vom Grauen Star befallen, und das rechte war schon reif für eine Operation. Der General zögerte keinen Augenblick. Noch mußte Gottes Werk auf Erden getan werden, und mehrere Reisen standen bevor. Nach einer gelungenen Operation im Guy's Hospital in London brach Booth nach Norwegen auf, um dort mit König Haakon zusammenzutreffen. Zwei Wochen darauf wurde er Mitte März von König Gustav von Schweden empfangen.

Eine Kampfnatur bis zum letzten Atemzug, gab Booth seine Fahrten nicht auf, obgleich der Reiseplan, den er einhalten wollte, einen weniger mit Energie geladenen Mann erledigt hätte. Zuzeiten allerdings verfiel er in einen besorgniserregenden, komaähnlichen Zustand. «Wo sind wir, Smith?» fragte er etwa, wenn seine Autokolonne sich durch die rußgeschwärzten Straßen einer Stadt wand, begrüßt von einer wild winkenden Menschenmenge. «Newcastle, General.»

«Was machen wir hier?»

«Sie wollen heute abend hier predigen.»

«Worüber?»

«Über Judas.»

«Judas! Ach ja, Judas!»

Der Anblick des Theaters, an dessen Toren seine Soldaten mit rauchenden, flackernden Harzfackeln standen, schien ihn mit neuer Kraft zu erfüllen. Sein Augenlicht war so schwach, daß man über das Geländer der Plattform breite, weiße Bänder gespannt hatte, um zu verhindern, daß er hinunterfiel. Doch konnte er noch immer die Zuhörer in einem riesigen Versammlungsraum – dem Zirkus Busch in Berlin oder Toronto's Massey Hall – in atemloser Spannung halten. Über die schweigende Menge hallte seine Stimme hin, als sei sie mit Elektrizität geladen.

«Wer ist das?» fragte er fast flüsternd, indem er die Vision eines plötzlich in Erscheinung tretenden Mannes heraufbeschwor. «Was macht denn der Mann? Er zählt. Er kommt näher; in seinen Augen ein Höllenfeuer. Er flüstert: ‹Seht, seht, ein, zwei, drei, vier, fünf, sechs, sieben, acht, neun, zehn, zwanzig, dreißig›.» Und dann erklang sein Schrei wie der einer verlorenen Seele: *«Ach, dafür habe ich den Himmel verkauft! Dafür habe ich meine Seele verkauft!* Da ist das Tor des Himmels! Da ist der Thron Gottes, leuchtend in der Ferne! Ach, dafür habe ich das alles verkauft, habe ich das alles verkauft! – Das ist Judas, der Fürst der Abtrünnigen. Und wenn ihr je in die Hölle kommen solltet, dann wird er euch entgegenkommen und seine Silberlinge euch in die Ohren zählen, und *ihr werdet ihm dann den Preis zeigen, den ihr für eure Seele gezahlt habt.»*

In dem langen, nun folgenden betretenen Schweigen kamen die Zuhörer langsam wieder auf die Erde zurück. Da traf sie Booths letzter Anruf wie ein Peitschenhieb: «Was kann ein Mensch geben als Preis für seine Seele? Was gibst du – du – du?»

Bei all seiner Leidenschaftlichkeit verlor der alte Mann nie seinen Sinn für Humor. Als er einmal mit seinem alten Freund Winston Churchill eine Diskussion über Gefängnisreform führte, scherzte Churchill: «Well, General, bin ich nun bekehrt?» Sofort gab es ihm Booth zurück: «Ach nein, ich würde nicht sagen, Sie seien bekehrt, sondern Sie sind ‹überführt›.»* Jede seiner Reden war mit Humor gewürzt. Berühmt war seine Geschichte von dem Mann, der unter Schluchzen bekannte: «Ich bin nun richtig bekehrt, aber als ich hierherkam– verdammt nochmal – hatte ich keine Ahnung davon, daß ich hier gerettet würde.» In Liverpool, als Booths Wagen durch eine Verkehrsstockung aufgehalten wurde, tröstete er seine sich aufregende Wirtin: «Denken Sie an das, was der Gefangene auf dem

* Wortspiel zwischen *converted* und convicted.

Weg zum Schafott zu seinem Wärter sagte: ‹Ohne mich kann die Vorstellung nicht beginnen›.»

Niemals versagte die Anziehungskraft seiner Persönlichkeit. Wenn ein Signal den Expreßzug zum Halten zwang, pflegten sich die Schienenleger oder Gepäckträger vor dem Fenster seines Abteils einzufinden, um mit dem immer zugänglichen General ein paar Worte zu wechseln. Bei einem solchen Halt winkte Booth lächelnd einer Frau zu, die an ihrem Gartentor stand. Sie lief darauf schnell ins Haus und fügte ihrem Testament einen Zusatz hinzu, mit dem sie der Armee 1000 Pfund vermachte. Ein Mann, der gerade in der Badewanne saß, war doch fest entschlossen, Booth einmal zu sehen. Nackt und naß rannte er vor die Tür und winkte Booth zu, als der Zug vorbeifuhr. Bei einer Freiluftversammlung für Kinder sah ein kleines Mädchen mit leuchtenden Augen zu Booth auf. Schließlich flüsterte sie: «Sieht er nicht wie der Weihnachtsmann aus?»

Aber in einem gewissen Sinn waren alle Versammlungen, die Booth abhielt, Versammlungen für Kinder; er wußte, daß die Leute lieber durch Bilder lernen als durch Gebote. Selten gebrauchte er ein Wort, das nicht auch ein Kind des ersten Schuljahrs hätte verstehen können. Auf diese Weise wob er im Lauf der Jahre «mit dem fliegenden Weberschiffchen» seine Botschaft in die Herzen und Sinne von Millionen Menschen in aller Welt. «Gebraucht Worte, die jedes Dienstmädchen verstehen kann», riet er seinen Offizieren, «dann seid ihr sicher, daß ihre Herrin es auch versteht. Aber wenn ihr nur zu ihrer Herrin sprecht, werdet ihr sehr wahrscheinlich sowohl an ihr wie an ihrem Dienstmädchen vorbeireden.»

Nachdem er eines Abends in Rotterdam eine sehr bewegende Ansprache gehalten hatte, kam ein Mann, der seinen Nebenbuhler hatte erschießen wollen, von Reue ergriffen nach vorn und brachte seinen Revolver zur Bußbank. Am Sonntagnachmittag kam seine Freundin mit ihm, und am Sonntagabend sah man sie wieder an der Bußbank zusammen mit dem Rivalen. Unter Tränen lächelnd wandte sich der verhinderte Mörder an das Mädchen: «Nun kannst du von uns beiden den haben, den du am liebsten hast.»

Noch dramatischer war die Reaktion eines sich schuldig fühlenden Mannes in Birmingham's Town Hall. Mit steigender Eindringlichkeit hatte Booth die Seelenqual eines Verführers am Tag des Gerichts geschildert: «Da kommt sie – das Mädchen, das er verführt hat. Ihr goldenes Haar fällt über ihre Schultern – sie ruft: ‹Das ist der Mann! Das ist der Mann!›» Plötzlich ertönte zu aller Entsetzen von der Galerie eine von Qual zerrissene Stimme: «Mein Gott, er meint mich!» Und mit lautem Krachen sprang der Mann vom Balkon auf den Fußboden des Saals, stolperte wunderbarerweise unverletzt den Mittelgang hinunter, um an der Bußbank zusammenzubrechen.

Sportlich bis zuletzt, kämpfte Booth trotzig gegen den Gedanken an, daß er den Lauf vollendet hatte. Als der 81jährige Deutschland besuchte, wies er einen ihm angebotenen bequemen Armstuhl zurück: «Das ist für einen alten Mann!»

Das Höchste, zu dem er sich verstieg, war, daß er mit einem gezwungenen Lächeln einmal zu George Railton sagte: «Manchmal stelle ich mir vor, daß ich einmal aufhören muß, und dann werden wir sehen, was einer von euch fertigbringt!» Aber die Gelegenheit sollte eher kommen, als er dachte. In Newport, Monmouthshire, fand im Juli 1909 Booths sechste Autotour, auf der er in fünf Wochen 1460 Meilen zurücklegen wollte, ein katastrophales Ende. Sein rechtes Auge litt unter dem dauernden Straßenstaub und schmerzte heftig. Booth ließ einen Arzt in sein Quartier kommen, und dessen Urteil war unwiderruflich: Booth mußte die Fahrt abbrechen.

Während der Arzt die Diagnose stellte, erklang plötzlich Booths Stimme: «Doktor, ich kann Sie nicht sehen.» Oberst Hugh Whatmore glaubte den Grund dafür zu kennen. Kurz bevor der Arzt eintrat, hatte er den Stuhl des Generals vom Fenster fortgerückt und das Gas heruntergedreht, um die Augen des alten Mannes zu schonen. «Wenden Sie sich um, General, und schauen Sie in das Licht!» riet er. Es entstand eine Pause, während Booth sich umdrehte. Dann sagte er ohne Erregung und ohne Furcht: «Ich sehe kein Licht. Ich bin blind.»

«Ja, General», gab der Arzt zu. «Ich fürchte, Sie sind es.»

Whatmore schien es, als ob das nun folgende Schweigen ewig dauerte. Schließlich antwortete Booth, immer noch ruhig: «Doktor, Gott hat mir durch manchen Sturm hindurchgeholfen. Er wird mir auch durch diesen helfen.»

In der Tat war Booth noch nicht völlig blind; obwohl sein linkes Auge durch den Star getrübt war, hatte es noch eine gewisse Sehkraft behalten. Am 21. August nahm ein Chirurg in Guy's Hospital sein rechtes Auge heraus. Als Booth nach Hause kam, ließ er sich zuerst seinen Füllfederhalter geben. Was er schrieb, konnte er noch entziffern, und das genügte. Auch ein halbblinder General konnte immer noch im Dienste Gottes arbeiten. Am 6. Mai 1910 – am Abend, da Edward VII. starb – predigte er in Zürich. Schwindelanfälle verursachten ihm Übelkeit und setzten ihm schwer zu. Dennoch kürzte er seine Reisen durch Holland, Dänemark, Deutschland, durch die Schweiz und Italien nicht ab. Kaum nach England zurückgekehrt, trat er seine siebente und letzte Autofahrt an.

Von außen gesehen schien sein Wille, weiterzukämpfen, ungebrochen. Doch am 26. Januar 1912 erschraken Bramwell und Smith heftig, als sie sahen, wie er über die Gürtelschnur seines Schlafrocks stolperte, die Treppe hinunterstürzte und dabei auf den Kopf fiel. Als Bramwell dem Unverletzten aufhalf, äußerte er nur: «Ich hab's euch ja immer gesagt, mein Kopf ist der härteste Teil von mir.» Aber drei Monate später, am 9. Mai 1912, erlebten 7000 Salutisten in der Albert Hall, wie der alte Krieger mit der weißen Mähne sich zum ersten Male als geschlagen bekannte. Er wollte, wie er ihnen sagte, zur Überholung ins Trockendock gehen.

Unglaublich, selbst jetzt waren keine Lautsprecher nötig, als er seine letzte, vielleicht größte Ansprache hielt; ein Kampfruf, um die Herzen zu entflammen: «Solange noch Frauen weinen, wie sie es jetzt tun, will ich kämpfen; solange noch Kinder hungern wie jetzt – will ich kämpfen; solange noch eine Seele im Dunkel ist ohne das Licht Gottes, will ich kämpfen. Ich will kämpfen bis zum Ende.»

Tapfere Worte und tapfer gesprochen – aber zwei Wochen später, vor einer in Hadley Wood durchgeführten Operation an seinem linken Auge, wurde Booth von Vorahnungen heimgesucht. «Chef», platzte er Bramwell gegenüber plötzlich heraus, «das hier überstehe ich nicht mehr.» Bramwell, tief betrübt, wollte ihm raten: «Wenn du es so ansiehst, wollen wir es doch lieber lassen!» «Nein», entschied Booth schließlich. «Ich will die Sache jetzt zu Ende bringen.»

Zur Erleichterung seiner Soldaten waren die ersten Bulletins optimistisch, aber drei Tage später traten Komplikationen ein; die Augenhöhle wurde in der Narkose ausgespült. Der Chirurg, Charles Higgens, der beide Operationen ausgeführt hatte, zog noch einen Arzt hinzu – Edward Treacher Collins. Während sie sich unten berieten, lag Booth ruhig in seinem großen Doppelbett, nervös seine Finger zusammen- und wieder auseinanderfaltend. «Well, General», sagte

Higgens, als sie beide zurückkamen, «was erwarten Sie, daß wir Ihnen sagen?»

«Sie müssen ja wissen, was ich von Ihnen hören möchte», sagte der alte Mann bekümmert. «Sie sollen mir sagen, daß ich mein Augenlicht wiederbekommen werde.»

Jetzt konnte Higgens nicht antworten, und Collins enthüllte ihm die traurige Wahrheit: «Well, General, das haben wir alle gehofft, aber ich fürchte, es gibt nicht viel Aussicht, daß Sie jemals noch irgendeinen Gegenstand werden sehen können.»

Als Booth fühlte, daß Bramwell an der Seite seines Bettes kniete, faßte er die Hand seines Sohnes. «Ich werde dein Gesicht niemals wiedersehen», waren seine ersten Worte. Dann – nach einer Pause – fügte er entschlossen hinzu: «Ich habe für Gott und die Menschen getan, was ich konnte *mit* meinen Augen. Nun werde ich sehen, was ich für Gott und die Menschen tun kann *ohne* meine Augen.»

Aber Booth war dem Tode sehr nahe. Vielleicht wußte er es. Als Eva einst zu einem kurzen Besuch aus Amerika kam und ihm die herrliche Schönheit eines Sonnenuntergangs beschrieb, sagte der General gedankenvoll: «Ich kann nicht mehr sehen, aber ich werde den Morgen heraufdämmern sehen.»

Nun, da er blind war, hielt er die Augen immer noch auf ein großes Erntefeld gerichtet: das war für ihn das Bild der verlassenen Menschen in aller Welt. Das Problem der Heimatlosen beschäftigte seinen Geist bis zuletzt. Immer wieder legte er es Bramwell dringend ans Herz. «Ich will, daß du mehr tust für die Heimatlosen in der Welt. Doch merke es dir wohl, ich denke nicht bloß an dieses Land, sondern an alle Länder in der Welt.»

«Ja, General», versprach Bramwell geduldig. «Ich verstehe schon.»

«Die heimatlosen Frauen – ach, mein Junge, wir wissen ja gar nicht, was das heißt, keine Heimat haben.»

«Ja, General.»

«Und die Kinder, die kein Heim haben. Bramwell, kümmere dich um die Heimatlosen. Versprich es mir!»

Und Bramwell versprach es. So krank Booth auch war, er mußte doch das letzte Wort behalten: «Merk dir, wenn du es nicht tust, komme ich wieder und erscheine dir als Geist!»

Am Sonntag, dem 18. August, verlor er das Bewußtsein. Am folgenden Tag wurde es immer schlimmer mit ihm. Eine leichte Kehlkopflähmung setzte ein, und er konnte keine feste Nahrung mehr zu sich nehmen. Am Dienstag nahm die Schwäche zu, und ein Husten erschütterte seinen alten Körper. Unter den Menschen, die heimlich kamen und gingen, war auch Oberst Theodore Kitching. Er stand einen Augenblick wie gebannt; vom Fenster her schien die Augustsonne auf das weiße Haupt des Patriarchen und ließ es in silbernem Glanz erstrahlen. Booth lag still. Er rührte sich nicht und sprach nicht mehr. Der Tod stand an seinem Bett.

Um 9 Uhr abends, am Dienstag, dem 20. August, fingen sein Herzschlag und der Puls an zu flattern und auszusetzen. Der Atem kam scharf und röchelnd und bewegte das Blut- und Feuerbanner, das auf der Bettdecke lag. Nur die weißen spitzen Finger blieben rastlos. Sie schienen zu zählen und zu zählen, wie sie es getan hatten, als er noch bei Bewußtsein war. Zweiundfünfzig, dreiundfünfzig, vierundfünfzig ... Er war irgendwoanders, weit fort von Hadley Wood, vielleicht in Mile End, und Menschen kamen nach vorn zur Bußbank. Er sah all die blassen Gesichter nicht, die in dem stillen, matt erleuchteten Zimmer auftauchten: Bramwell und seine Kinder, Florence, Lucy Kitching, Major Fred Cox, Dr. Wardlaw Milne, der Arzt.

Fünfundfünfzig, sechsundfünfzig, siebenundfünfzig ... Nun lagen die Finger still auf der Bettdecke.

Gepreßt unterbrach Bramwells Stimme leise die Stille:

«Ist das der Tod, Doktor?»

«Das ist der Tod», bestätigte Milne.

«Jetzt ist er bei unserer Mutter», sagte Bramwell. Er berührte mit seinen Lippen die weiße Stirn und legte Evas Telegramm «Küßt ihn für mich» in die nun ruhigen Finger. Dann beugte er sich wieder nieder und küßte das geliebte Antlitz zum letzten Male.

Als am 21. August um 9 Uhr morgens die Stabsoffiziere im Hauptquartier ankamen, lasen sie erschüttert die schlichten Worte:

«Der General hat sein Schwert niedergelegt.»

Er hatte 83 Jahre, vier Monate und zehn Tage gelebt.

Am 21. August 1912 um Mitternacht hatte der Kadett-Sergeant Bernard Booth wie nie zuvor das Gefühl, ein geschichtliches Ereignis mitzuerleben. Er hatte schon gesehen, wie mehrere Offiziere – darunter sein Vater Bramwell und Kommissär Randolph Sturgess, der dem sozialen Hilfswerk für Männer vorstand – den schweren Sarg auf einen motorisierten Leichenwagen hoben, der auf «Rookestone's» Kiesweg gefahren war. Danach hatte sich Bramwell an Oberst Theodore Kitching gewandt: «Well, Sie wissen, was Sie sagen sollen – jetzt ist es Zeit», und Kitching war zum altmodischen, an der Wand hängenden Telephon getreten. Der 23jährige Bernard ritt neben dem Fahrer des Leichenwagens; er dachte daran, daß jetzt in der Fleet Street und in der Downing Street alle Telephone klingeln, und bald auch die Glocken zu läuten anfangen würden.

Aber was ihm den größten Eindruck machte in dieser unvergeßlichen Nacht, war noch etwas anderes. Als sich der Trauerzug, dem rasselnde Wagen mit Journalisten folgten, durch die zehn Meilen mitternächtlicher Straßen auf Clapton's Congress Hall zu bewegte, flammten plötzlich Oasen hellen Lichtes aus dem Dunkel auf. Vor einer Polizeistation nach der andern brannten alle Lampen, und die Inspektoren und Schutzleute standen entblößten Hauptes in Reih und Glied, um William Booth die letzte Ehre zu erweisen.

An der Huldigung nahm die ganze Nation teil. An dem während drei Tagen in der Kongreßhalle aufgebahrten Sarg des alten Kriegers zogen 150 000 Menschen vorüber. Viele überreichten Major Fred Cox ein zusammengefaltetes Taschentuch mit der Bitte, er möchte damit den gläsernen Deckel des Sarges berühren, damit sie ein sichtbares, persönliches Andenken mit nach Hause nehmen könnten.

Am Dienstag, dem 27. August, wurde Booth nach der Olympia-Halle an der Hammersmith Road gefahren. 40 000 Menschen wohnten dem Trauergottesdienst bei, und vielen schien es, als ob der Geist des Generals die Halle mit Frieden und guten Vorsätzen füllte. Offiziere aus aller Welt – unter ihnen auch Eva aus New York – knieten neben dem Sarg, um sich aufs neue dem Dienste Gottes und der Armee zu weihen. Mit ihnen knieten dort Diebe, Landstreicher und Dirnen, die Verlorenen und Ausgestoßenen, die dem Herzen Booths so nahe gestanden hatten.

Von den meisten nicht erkannt, hatten sich auch Mitglieder der königlichen Familie eingefunden. Ganz hinten saß neben ihrem Lordkämmerer Shaftesbury Königin Mary, eine treue Bewunderin des Generals. Lord Shaftesbury erzählte später einem Oberst der Armee, Isaac Unsworth, die Königin habe sich erst im letzten Augenblick entschlossen, unangemeldet zu kommen, und da war kein anderer Platz mehr frei gewesen. Neben ihr saß auf einem Schemel eine

Rund um das Geburtshaus von William Booth in Nottingham baute die Heilsarmee ein großes Goodwill-Zentrum mit Altenheim, Tagesstätte, drei Wohnungen für Familien in sozialen Schwierigkeiten und einem Museum. Die Türen dieses Dienstleistungszentrums stehen für alle, die Hilfe benötigen, zu jeder Zeit offen. ▶

YOU MAY
LEPHONE
ROM HERE

schäbig, aber sauber gekleidete Frau. Schüchtern vertraute sie der Königin ein Geheimnis an: Sie sei einst eine Dirne gewesen, und nur die Menschen von der Heilsarmee hätten sie vom Tode errettet. Nach Jahren hätte der General ihre Geschichte gehört und ihr freundlich versichert: «Mein Kind, wenn du in den Himmel kommst, wird dir Maria Magdalena einen der besten Plätze geben.»

Die Königin wollte gern wissen, ob die Frau allein deswegen hergekommen sei. – Ja, sagte sie. Deswegen und wegen der Blumen – die einzigen Blumen, die während der Trauerfeier auf Booths Sarg lagen, drei verwelkte rote Nelken. Sie wäre ganz früh hierhergekommen, um einen Sitz am Mittelgang zu bekommen. Der Sarg würde doch dann dicht bei ihr vorbeigetragen werden, und als das wirklich geschah, hatte sie unbemerkt die Blumen auf den Glasdeckel gelegt.

Da hörte eine Königin aus dem Mund einer Dirne William Booths Grabspruch: «Er hat sich auch um solche wie wir gekümmert.»

Am folgenden Tag folgte eine Szene, die niemand, der dabei war, je vergessen wird. Durch das Tor des Hauptquartiers, in dem der Sarg die ganze Nacht gestanden hatte, wurde er auf einen von zwei braunen Pferden gezogenen Leichenwagen getragen. Darüber wehte die weiße Fahne des Sieges. Als sich der Wagen in Bewegung setzte, traten 10 000 uniformierte Heilssoldaten im Gleichschritt an, und vierzig Kapellen spielten den Trauermarsch aus Händels *Saul*.

Durch die menschenerfüllten Straßen der City, vorüber am Mansion House, vor dem, den Zug schweigend grüßend, der Lord-Mayor von London stand, ging Booths letzte Fahrt zum Abney-Park-Friedhof.

Alle Büros in der Stadt waren geschlossen. Die Flaggen aller Nationen hatten sich langsam gesenkt, um ihn zu grüßen. Der Londoner *Daily Mirror* brachte zu seinem Gedächtnis eine Sonderausgabe, und der *Daily Telegraph* bekannte: «Er gehörte zu der Schar der Heiligen». Die *New York Times* schrieb: «Keiner seiner Zeitgenossen tat mehr für die Wohlfahrt seines Volkes als er.» Rund um sein Grab herum lag ein Blumenteppich: die Kränze des Königs und der Königin, der Königin Alexandra, Kaiser Wilhelms II. und des amerikanischen Botschafters Whitelaw Reid. Hoch auf dem Hügel über dem Friedhof standen Tausende, die durch ihr Kommen ihre Anteilnahme bezeigen wollten, und die Straßen waren überfüllt von einer unübersehbaren Menschenmenge.

Als der Zug sich dem Friedhof näherte, stimmte die internationale Stabskapelle ein neues Lied an; die Melodie – wenn auch nicht der in der Armee gesungene Text – war allen bekannt:

Home, home, sweet, sweet home,
There's no friend like Jesus,
There's no place like home.

Heimat, liebliche Heimat
Es gibt keinen wie Jesus
Es gibt keinen Ort
Der meiner Heimat gleicht.

Vielen schossen die Tränen in die Augen. Was die geliebte Weise heute zu bedeuten hatte, ging allen zu Herzen.

Am Grabe stand Bramwell Booth, um die für die Zukunft der Armee einzuhaltende Marschroute festzulegen: «Ich habe ihn geliebt, und ihr habt ihn geliebt. Er ging uns voran, und wir werden ihm weiter folgen.»

Ohne daß die Reihen der Armee auch nur einen Augenblick aus dem Gleichschritt kamen, hatten sie einen General verloren und einen andern General gefunden. Bereits am 21. August um 4 Uhr nachmittags, weniger als 24 Stunden, nachdem sein Vater gestorben war, hatte Bramwell mit den älteren Offizieren wie Cadman, Railton und Sturgess einer Versammlung im Internationalen Hauptquartier beigewohnt. Dort hatten die Rechtsanwälte der Armee, Dr. Alfred Ranger und William Frost, einen Briefumschlag geöffnet, der von William Booth vor zweiundzwanzig Jahren versiegelt worden war. In Übereinstimmung mit dem Recht, das er nach der Gründungsurkunde vom Jahr 1878 beansprucht hatte, ernannte Booth in diesem Schriftstück Bramwell zum zweiten General der Armee.

Die letzten Worte William Booths an seinen Sohn hatten eine Prophezeiung enthalten, die ungeahnterweise in Erfüllung gehen sollte: «Ich hinterlasse dir eine schöne Handvoll, aber Railton wird dir zur Seite stehen.»

Es war in der Tat eine «schöne Handvoll». In 60 Jahren hatte Booth als Evangelist 5 Millionen Meilen durchreist und fast 60 000 Predigten gehalten. Die ihm innewohnende Überzeugungskraft hatte 16 000 Offiziere bewogen, dem Banner der Armee in 58 Ländern zu folgen und das Evangelium in 34 Sprachen zu predigen. Im Jahr 1881, als Booth in die Queen Victoria Street umzog, hatten die Leute des Stabs sich bereits für überfordert gehalten, wenn sie 1000 Briefe in der *Woche* zu bearbeiten hatten. Jetzt wurden sie mit einer Welle von 1000 Briefen an einem *Tag* überflutet.

Aber was für eine «Handvoll» Bramwell wirklich geerbt hatte, das konnte er noch gar nicht wissen. Nach einem Jahr war Railton, der sich überarbeitet hatte, auf dem Bahnhof Köln einem Herzschlag erlegen. Zwei Jahre später fegte der erste Weltkrieg über Europa, und England wurde von einem Fieber des Hasses gegen alles, was deutsch hieß, geschüttelt.

Für Bramwell war der Krieg eine Herausforderung, der die Armee nicht ausweichen konnte. Die ganze Idee der internationalen Einheit stand auf dem Spiel. Auch in Deutschland gab es Salutisten. Aber konnte die Armee auf ihrem Weg des Nichthassens fortschreiten, ohne das Risiko auf sich zu nehmen, eben wegen dieser Haltung selbst gehaßt zu werden? Hatte die Armee nicht die größte Krise durchzustehen seit dem Tag, da Bramwell und William Stead im Fall «Eliza Armstrong» der allgemeinen Ächtung anheimfielen?

Dann kam es Bramwell auf einmal zum Bewußtsein: William Booth hatte diesem Problem selbst auch schon gegenübergestanden. Vor 15 Jahren, beim Ausbruch des Burenkrieges, hatte der alte Mann in seiner seelischen Not geklagt: «Ich bin wie ein Vater, dessen Haushalt aufgespalten ist. Meine Kinder stehen auf beiden Seiten. Wer immer gewinnen mag, ich bin auf jeden Fall der Verlierer!» Und seine Lösung des Dilemmas war für ihn charakteristisch. Eine Gruppe von vier Mitgliedern der Armee war unter Führung von Mary Murray, der Tochter eines indischen Generals, nach Südafrika gefahren, um beiden kämpfenden Parteien, den Buren und den Engländern, in gleicher Weise zu dienen.

Die Gruppe setzte ihre persönlichen Ausgaben auf fünf Schilling pro Kopf herunter. Sie halfen in beiden Armeen als Krankenträger und bei Trauergottesdiensten, wo sie von Kanzeln predigten, die aus Zwiebackbüchsen aufgebaut waren. Unter dem Donner der Kanonen von Ladysmith trugen sie in der Nacht Kakao zu den Schildwachen hinaus und gingen dann hin, um für die Gefallenen die Gräber auszuheben.

Lord Kitchener sagte einmal zu William Booth: «Sie haben uns ein

Beispiel gegeben, wie man als guter Soldat leben und als Held sterben kann.»

Innerhalb weniger Tage hatte Bramwell seinen festen Standpunkt gewonnen. Eine Armee, die keine Schranken der Farbe und des Geschlechts anerkannte, mußte sich über den Rassenhaß erheben. Im zweiten Weltkrieg strichen die Korrektoren das Wort «Feind» jedesmal aus den Druckfahnen des *Kriegsrufs*. Einem Schriftleiter schrieb Bramwell: «Vergeßt nie, daß ihr international seid, wie Jesus Christus es war.» In einer Pressekonferenz formulierte er den Standpunkt der Armee glasklar: «Nichts kann irgendeine Nation retten als die Rückkehr zu Gott.»

Am Ende des Jahres 1915 gab er seinen Truppen die Parole aus: *«Jedes Land ist mein Vaterland, denn jedes Land ist meines Vaters Land.»*

Elf Tage, nachdem der erste Weltkrieg ausgebrochen war, sandte er Oberst Murray an die flandrische Front, um die Lage zu untersuchen. Im September übernahm Kommissar Ulysse Cosandey, ein gebürtiger Schweizer, die Leitung aller Hilfsaktionen für Belgien. Auch die Deutschen wurden nicht vergessen. Der 25jährige, zweisprachige Captain Sidney Carvosso Gauntlett*) reiste jährlich 17 000 Meilen, um die deutschen Gefangenen zu besuchen, und predigte in den Lagern vor 50 000 Männern.

Bramwells zäheste Gegner kamen nicht aus der Bevölkerung, sie saßen im Kriegsministerium. Als Bramwell erfuhr, daß an den Endbahnhöfen die Tommies oft hilflos gestrandet herumlagen, schickte er sofort Leute und Bettzeug nach einer in der Nähe von Liverpool Station gemieteten Unterkunft. Innerhalb weniger Wochen fanden Tausende von Männern in den Heimen der Heilsarmee Verpflegung und Schlafgelegenheit. Aber obwohl die Heilssoldaten in den Kantinen und Lazaretten an der Front arbeiteten, wollte das War Office erst 1918 vier Heilsarmeeoffizieren gestatten, daß sie als Regimentspfarrer Dienst taten.

«Wißt ihr», erklärte Sir Reginald Braid Theodore Kitching gegenüber naserümpfend, «ihr seid uns zu religiös!»

Bramwell konnte nur neiderfüllt feststellen, daß die USA ihnen um zwanzig Jahre voraus waren. Nur mit einer Wolldecke und einem Regenschirm ausgerüstet, hatte Major John Milsaps als erster Heils-

*) Von 1947–1951 Kommandeur der Heilsarmee in Deutschland

armee-Militärpfarrer der USA-Armee bereits im Jahr 1898 den Gefahren des Spanisch-Amerikanischen Krieges die Stirn geboten, indem er verwundeten und in Not befindlichen Filipinos ebenso bereitwillig half wie den amerikanischen Soldaten.

Aber trotz der Feindseligkeit des War Office waren die Leute von Booths Armee Samariter in Uniform, «die Diener aller Menschen». Vom Roten Kreuz aufgefordert, kauften sie zum Stückpreis von 400 Pfund dreißig Buick-Krankenwagen und bemannten sie auch. Eines dieser Fahrzeuge transportierte im Lauf der Zeit allein 1800 Verwundete.

Sir Robert (später Lord) Baden-Powell, der die Front häufig besuchte, stellte den Fahrern der Heilsarmee das Zeugnis aus: «Man kann ihnen mehr als allen andern vertrauen, daß sie ihre Pflichten gewissenhaft erfüllen!»

Aber die Führung des britischen Expeditionskorps davon zu überzeugen, nahm längere Zeit in Anspruch. Als Adjutant Thomas Wells und seine Frau in Honfleur bei Le Havre die erste Baracke der Heilsarmee übernahmen, hießen höhere britische Offiziere sie nicht gerade herzlich willkommen. Sie brachten ihre Gefühle gegenüber der Heilsarmee dadurch klar zum Ausdruck, daß sie ihrer Baracke den Platz vor den Latrinen anwiesen. Adjutant Wells, einem kleinen, sehr wendigen Mann, wurde jede Transportmöglichkeit verweigert. Er mußte von Stadt zu Stadt und von Lager zu Lager zu Fuß wandern und dabei noch große Kisten mit kondensierter Milch mit sich herumschleppen. Aber mit zäher Energie hielt er durch. Am Ende des Krieges standen ihm nicht nur Transportmittel zur Verfügung, sondern er besaß auch eine Baracke, in der 1000 Mann untergebracht werden konnten.

Überall auf dem flandrischen Kriegsschauplatz kämpften die Stoßtrupps Gottes mit der gleichen Unverdrossenheit, oft unter rauheren Bedingungen, als es Salutisten seit den Ziegelsteinschlachten der achtziger Jahre je durchgemacht hatten. Nasse Füße, dumpfe Keller, schneidender Wind waren etwas Alltägliches, und die mit Lehm beschmierten Mäntel wogen 100 Pfund. Und doch, Mary Booth, Bramwells älteste Tochter, fand es der Mühe wert, täglich 1000 Bücklinge zu kochen, wenn sie nur vor der großen Schlacht einen letzten Gottesdienst halten durfte. Dann schien das trübe Licht einer alten Öllampe auf die Gesichter von Männern, die ihren Frieden mit Gott gemacht hatten, obwohl der Tod schon ihre Namen aufrief. Oft zogen sie mit müden Füßen von der Baracke in Etaples zur Kampflinie, an ihren Uniformen die Bänder und Abzeichen der Heilsarmee, und aus dem Dunkel klang ihr letztes Lied zurück: «*When the roll is called up yonder – I'll be there* – Wenn dort oben die Namen aufgerufen werden – dann werde ich dort sein» – ein altes Lied der Armee.

Dann warteten, während des tagelang anhaltenden Grollens des Trommelfeuers von Dünkirchen bis Le Havre, andere Aufgaben auf Marys Helfer: für die Verwandten Vermißte aufspüren, mit den im Kampf miteinander befindlichen Parteien verhandeln, von den Gräbern, die sie pflegten, Aufnahmen machen. Nie würden sie die traurigen, verzweifelten Wendungen in den Briefen der «Letzten Post» vergessen können.

Einige fortschrittlichere Regierungen hatten ihren Truppen vom ersten Tag an 20 Heilsarmeesoldaten als Heeresgeistliche beigegeben, Männer, die noch lange nach dem Waffenstillstandstag ihren heilsamen Einfluß ausübten. Unter ihnen ragte besonders Oberstleutnant William McKenzie hervor, der Kaplan der ersten Brigade des australischen Expeditionskorps, bei den Soldaten bekannt als «Fighting Mac».

Gegen Kugeln und Sonnenstich nur mit einem Spazierstock und einem bunten Taschentuch gewappnet, «kämpfte» McKenzie für seine Truppe lange vor den blutigen Gefechten von Gallipoli im April 1915. In Kairo stationiert, fürchtete er, daß der darmzerfressende Fusel und die aufgeputzten Weiber in den Bordellen die Moral der Soldaten untergraben könnte, noch ehe sie die Kampflinie erreichten. Bald war McKenzies gewaltige Gestalt in den Hintergassen Kairos eine vertraute Erscheinung, wie er von einer Kneipe zur andern stürmte, an die besseren Instinkte der betrunkenen Männer appellierte und viele mit Gewalt aus den Schenken schleppte. Bald war «Fighting Mac» der einzige feste Punkt in einer Kette von randalierenden Betrunkenen, die ihm fast die Arme ausrissen, wenn er sie in eine Straßenbahn verfrachtete.

Aber McKenzie hatte einen größeren Einfluß, als er ahnte. Als er einmal wütend fluchte, die ganze Gegend der Roten Laternen von Wasa verdiente es, daß man sie einfach niederbrenne, nahmen ihn seine forschen Schanzarbeiter beim Wort und überließen dabei nichts dem Zufall. Als die Feuerwehrleute ankamen, um den Brand zu löschen, waren all ihre Schläuche aufgeschlitzt!

Wenn irgend jemand noch Zweifel an McKenzies Schneid hegte – Gallipoli fegte sie hinweg. Von dem felsigen Vorgebirge, in dem in einer Entfernung von knapp 50 Metern die türkischen Schützengräben lagen, brauste ein Feuersturm zu den australischen Stellungen hinüber, und wenn McKenzie den Trauergottesdienst abhielt, mußte er oft auf allen vieren kriechen, während ihm die Geschosse um den Kopf flogen. Einmal hatte er in zehn Tagen 170 Männer zu beerdigen.

Acht Wochen kosteten allein dem IV. Bataillon der Brigade 600 Tote. Aber alle, die diesen Feldzug überlebten, verehrten «Fighting Mac» (Kämpfender Mac) aufrichtig. Am Sonntag ließ das Feuer der türkischen Artillerie nach. Die Männer gewöhnten sich daran, um diese Stunde McKenzie, fröhlich eine Hymne singend, das «Schrapnell-Tal» hinabwandeln zu sehen. Auf allen Seiten tauchten dann – wie Kaninchen – Köpfe aus den zusammenbrechenden Unterständen auf, und die Männer liefen vertrauensvoll hinter Mac her, bis er einen geschützten Platz für seinen Gottesdienst gefunden hatte.

Er scheute keine Mühe, einen geäußerten Wunsch zu erfüllen. Einmal beklagten sich die Krankenträger darüber, daß ein schlüpfriger Zick-Zack-Weg über die Berge den Transport der Verwundeten unnötig gefährdete. In wenigen Tagen hatte McKenzie bequeme Stufen in den Weg gehauen. Daher kam die sprichwörtliche Redensart, wenn einer zu Grabe getragen wurde: «Da ist wieder einer die Stufen des ‹old Mac› hinaufgeklettert!»

An einem Abend im August versteckte sich die Sonne hinter der «einsamen Fichte», um den britischen Angriff auf Suvla Bay zu verschleiern. Die Australier gewannen sieben Victoriakreuze, was 4000 Männern das Leben kostete. Unter den ersten, die in dieser grauenhaften Schlächterei in den türkischen Gräben wieder zur Besinnung kamen, war William McKenzie. Als man die Tapferkeit der Brigade rühmte, spottete McKenzie bloß: «Die Jungens sind eben hinter mir hergerannt, weil ich ihr Geld in meinem Gürtel trug.»

Aber McKenzie verbarg seinen Gram so gut, daß niemand ahnte, wie sehr er sich im geheimen nach dem Tod sehnte. Die schreienden Halbtoten und die stillen Toten, die in drei Schichten übereinanderlagen – das hatte ihm zu tief ins Herz geschnitten. Drei Tage und drei Nächte lang hatte er nur von drei Stück Zwieback und sechs Feldflaschen voll Tee gelebt und 647 Mann begraben. Als seine Männer ihn baten, sich doch nicht unnötig Gefahren auszusetzen, hatte er nur eine Antwort: «Jungens, ich habe zu euch gepredigt und mit euch gebetet – denkt ihr, ich habe Angst, mit euch zu sterben?»

Diese grauenvollen Erlebnisse konnte McKenzie nicht vergessen. Jahrelang kämpfte er gegen die Erinnerung an. Aber als die erste Brigade nach Frankreich verlegt wurde, ging «Fighting Mac» mit, um mit ihnen Passchendaele und den fürchterlichen Winter von 1917 an der Somme zu durchleben. Das Meer von Schlamm war so zäh, daß Männer und Pferde schon allein von der Anstrengung, sich da herauszuarbeiten, starben. Oft konnten Macs aufmunternde Gottesdienste eine halbe Meile weit gehört werden. Aber ein anderer Dienst erforderte größte Heimlichkeit. Wie eine Schlange, auf dem Bauch kriechend, wagte sich McKenzie in der Nacht weiter ins Niemandsland hinein als die Beerdigungsgruppen, um den Toten wertvolle persönliche Dokumente abzunehmen. Immer kehrte er ins Lager zurück mit einem Bündel Erkennungsmarken am Gürtel: Jede einzelne bedeutete, daß er einen Mann mit eigener Hand begraben hatte.

Wenigen der 3000 «Diggers» (Goldgräber), die durch McKenzies aufopferndes Beispiel bekehrt wurden, kam es zum Bewußtsein, was diese Arbeit ihn kostete. Bis zu seinem Tod (1947) waren nur wenige Stunden Schlaf frei von beklemmenden Träumen. Da er förmlich Angst vor dem Bett hatte, schlief er auf dem Fußboden. Stundenlang strömten seine Lippen über von Gebeten, Schreien und Schluchzen: «Ja, Jim, ich werd's ihnen erzählen. – Ja, ich werde sie noch an deiner Statt küssen. – Hier, Junge, trink das – Gott mit dir, mein Junge, Gott mit dir.»

Ein pausenloses Siebentagewoche-Christentum.

Damit allein machten 250 Heilsoffiziere und -soldaten, die von New York nach Frankreich gegangen waren, schließlich Eindruck auf die US-Expeditionsarmee. Aber das war nur ein Teil der Geschichte. Als die erste Gruppe am 12. August 1917 sich auf der *Espagne* in New York einschiffte, kam es zu einem heftigen Zusammenstoß zwischen Eva Booth, dem USA-Kommandeur der Heilsarmee, und General John Pershing, dem Kommandeur der Expeditionsarmee. Pershing hatte bereits verboten, daß der Evangelist Billy Sunday die

Front besuchte, und er sah zunächst keinen Grund, um der Heilsarmee willen eine Ausnahme zu machen.

Wie Millionen anderer Amerikaner – abgesehen von den Bewohnern der Großstadt-Slums und einigen reichen Gönnern – betrachtete der General die Heilssoldaten als Straßeneckenprediger, die mit dem Tamburin besser umgehen konnten als mit einem Scharpiebausch zum Stopfen von Blutungen.

Aber obgleich Pershing schließlich nachgegeben hatte – seine Soldaten waren anderer Ansicht. Der Anblick der ersten Offiziere in Khakiuniformen, auf den Helmen das rote Schild der Heilsarmee, erregte nur Verdacht. Wenn man denen nur ein bißchen entgegenkam, würden sie sofort mit «Religion» hausieren gehen. In Demange, Lothringen, im Sektor der ersten amerikanischen Division, schufteten die frisch von den Schreibtischstühlen gekommenen Salutisten im strömenden Regen tapfer, um zum Wohl der Truppe eine Baracke zu bauen. Niemand sagte ihnen auch nur, wie spät es sei, geschweige, daß einer mit Hand angelegt hätte. Selbst der Kommandeur der Salutisten, Oberstleutnant William Barker, ließ sich seine Arbeit zuteilen. Die einzige ihm zur Verfügung stehende Limousine diente als Büro und Schlafraum und mußte die Arbeiter nach ihren Stationen hin- und zurückbefördern. Oft, nachdem Barker sich zur Ruhe gelegt hatte, mußte der Wagen noch bis zum Morgengrauen im rücksichtsvollen 60-Stundenkilometer-Tempo die Straßen entlangrattern. Auf dem Verdeck lagen hoch aufgetürmt Vorräte für die Kantine, und Mitfahrende klammerten sich krampfhaft an die Stoßstangen. Aber niemand bot der Armee irgendwelche Transportmittel an.

Was schließlich die Truppen bewog, sich auf die Seite der Armee zu stellen, war einfach das praktische Beispiel, das die Heilssoldaten gaben. Weder sie noch die Lassies ließen sich in einer Offiziersmesse sehen. Eva Booth hatte es ihnen verboten. Sie waren nach Frankreich geschickt worden, um den einfachen Soldaten zu dienen. Sie standen beim Empfang des Essens mit ihnen in dem grauen Schlamm, der zäh wie Portlandzement war. In Gondrecourt, wo den Truppen nicht einmal ein Eßraum zur Verfügung stand, aßen sie mit ihnen zusammen im Regen. In Ansauville, im Abschnitt von Toul, herrschte so bittere Kälte, daß die Lassies jeden Morgen über einer Kerze ihre Schuhe auftauen mußten. Wenige Schritte vom Ofen weg gefror die Milch für den Kaffee. Und den Lassies vom Baccarat-Sektor ging es lange Zeit nicht besser. Wasser war so rar, daß sie sich nicht einmal am Morgen richtig waschen konnten, und drei lange Monate war ein Bad ein unbekannter Luxus.

Ein Sektor nach dem andern kam schließlich dahin, die wertvolle Hilfeleistung der Armee anzuerkennen. In Demange fand der erste Gottesdienst während eines heftigen Luftangriffs in einer Boxkampfarena unter freiem Himmel statt. Niemand wird das je vergessen: das gedämpfte Surren der Flugzeuge, das ständige Aufblitzen der Signallichter und das Mädchen, das mit klarer, lieblicher Stimme «Näher mein Gott zu Dir» sang.

Die Sympathien anderer Leute erwarben sie sich durch ihr Vertrauenssystem. Als neue Baracken entstanden, gaben die Lassies den Soldaten für ihre Einkäufe auf ihr gutes Gesicht hin willig Kredit und führten überhaupt nicht Buch darüber. Oft hatte eine Baracke Tausende von Francs Außenstände, aber nach dem Zahltag war alles beglichen.

Wenn es sich darum handelte zu improvisieren, bewiesen sie eine seltene Erfindungsgabe.

In Montiers konnte weder ein Ofen noch ein Feldherd aufgetrieben werden. Da überredeten die Lassies ein paar Veteranen von der mexikanischen Grenze, einen Lehmherd zu bauen und ihn mit Blechplatten zu überdachen. Drei Längen eines alten Abflußrohrs wurden ineinandergeschoben, und schon hatten sie einen Ofen. Abgesehen von den Tagen, an denen der Wind aus Westen wehte, rauchte er jämmerlich, doch die Mädchen konnten immerhin genug Essen darauf kochen, um die ganze Mannschaft einer Munitionskolonne zu ernähren. Aber was ihnen einen Ehrenplatz in den Herzen der amerikanischen Soldaten verschaffte, war ein aus bitterer Not geborener Einfall. Es hatte in Montiers 36 Tage lang geregnet. Alle Vorräte waren nahezu erschöpft. Nur Mehl, Speck und Zucker waren noch vorhanden. Da gab Captain Margaret Sheldon, die in den Chicagoer Slums so erfolgreich als Krankenschwester gearbeitet hatte, eine Anregung, die in die Geschichte eingehen sollte: «Warum bakken wir ihnen denn keine Pfannkuchen (doughnuts)?»

Sie hatten zwar weder Rollholz noch Kuchenmesser, und ihr Zelt war vom Sturm niedergerissen worden, aber für Salutisten gilt, daß ihre Kräfte mit der Schwierigkeit ihrer Aufgabe wachsen. Zusammen mit Captain Helen Purviance, einer stämmigen New Yorkerin, hockte Margaret Sheldon im Regen und knetete den Teig. Eine leere Fruchtsaftflasche diente als Rollholz, und mit einem einfachen Messer schnitten sie den Teig kreisrund aus.

Diese ersten über einem Holzfeuer gebackenen Pfannkuchen waren ein Triumph der Improvisation. Um das Fett heiß genug zu halten, galt es, den Feuerplatz stetig mit Brennholz zu versorgen. Aber obgleich sie auf der kleinen Pfanne immer nur sieben zugleich backen konnten, brachten sie es doch fertig, mit 150 fetten, zuckerbestreuten Pfannkuchen aufzuwarten.

Am folgenden Tag waren es schon 300. In Sanzay, im Toulsektor, standen heimwehkranke Soldaten um einen Gratispfannkuchen manchmal stundenlang an.

«Wenn das der Krieg ist, kann er meinetwegen noch lange dauern», meinte einer. Aber bald sollten die Truppen merken, daß die Salutisten sie nicht einmal in der vordersten Linie vergaßen. Offiziere wie z. B. Florence Turkington, krochen unter Granatfeuer durch schlammige Gräben, um Pfannkuchen und Kaffee zu verteilen. Briefe, die das Lob der Heilsarmee sangen, flogen in die Heimat, und die Armeezeitung *Stars and Stripes* brachte ein launiges Gedicht.

Über Nacht waren die darob ganz verwirrten Mädchen zu Nationalheldinnen geworden. Bald buken sie 500 doughnuts pro Tag, so daß manche sich das Handgelenk verrenkten. Der Sonderkorrespondent der *New York Times* sandte eine Depesche: «Wenn die Memoiren dieses Krieges geschrieben werden, müssen auch die doughnuts und die Apfelpasteten der Heilsarmee einen Platz in der Geschichte einnehmen.»

Aber die tiefe Verehrung, die der gemeine Soldat den «doughnuts-girls» gegenüber empfand, hatte andere Gründe. Ihre Kaltblütigkeit war sprichwörtlich. In L'Hermitage bei Nancy ging ein Munitionszug in die Luft, doch die Heilsarmeeoffiziere und Lassies luden weiter 100 Dutzend Eier von einem Lastwagen ab. Obgleich riesige Detonationen 100 Meter weit vom Einschlag die Erde wanken ließen, arbeiteten sie ruhig weiter; die Eier kosteten fünf Francs das Dutzend! – Ein anderer Offizier, «Major» John Atkins, «The little Major», war bereits 53 Jahre alt, als er sich entschloß, mit Theodore Roosevelts 26. Infanterie-Bataillon in den vordersten Gräben zu leben. Wie jeder Soldat trug er einen 70 Pfund schweren Tornister auf dem

Rücken und schlief auf dem Maschendrahtbett. Um Schreibblocks, Seife und Süßigkeiten für seine Leute zu holen, ging er einmal 20 Kilometer weit; wenn er seine Socken auszog, schälten sich Fleischfetzen von seinen geschwollenen, mit Blasen bedeckten Füßen ab.

Protestanten, Katholiken, Juden – «Der kleine Major« betete mit allen. Aber am meisten gewann er sich die uneingeschränkte Hochachtung des Bataillons durch seinen geistlichen Einfluß auf einen Menschen, der sein Leben schon verwirkt hatte. Ein gemeiner Soldat war so gewalttätig, daß man ihn mit Ketten gefesselt hatte. Er erwartete die Todesstrafe wegen eines grauenhaften Mordes und hatte bis zum Tag der Hinrichtung jeden religiösen Zuspruch abgelehnt. Ganz unerklärlicherweise verlangte er jetzt, mit Atkins zu sprechen. Als «The little Major» die Zelle betrat, stand vor ihm ein Mensch, der einem wilden Tier glich, unrasiert, degradiert, mit dem Wahnsinnsblick eines Fanatikers.

Atkins redete ihn mit leiser Stimme an: «Du mußt in großer Not sein, Bruder. Kann ich dir helfen?»

Der Mann wendete sich brüsk nach ihm um: «Ihr nennt mich Bruder; Ihr wißt, weswegen ich hier bin, und Ihr nennt mich Bruder! Warum?»

Geduldig erklärte es ihm Atkins. Christus hätte die Todesqual am Kreuz erduldet, um alle Menschen zu retten. Atkins, der Mörder, und alle Menschen wären Brüder, für die Christus starb. Tränen strömten dem Unglücklichen über das Gesicht. «Kann ich denn noch ein besserer Mensch werden?» An Atkins' Seite kniend zählte er gewissenhaft die lange Reihe seiner Sünden auf. Dann rief er aus: «Es ist wahr, was Ihr sagt. Christus hat mir wirklich vergeben. Nun kann ich sterben wie ein Mensch.» Mit einem Lächeln auf den Lippen stieg er die Stufen hinauf zum Galgen.

Wie groß die Gefahren auch immer sein mochten, die Salutisten waren stets bereit, sie mit den Soldaten zu teilen. In Neuilly in den Argonnen wurde eine Lassie von einem Granatsplitter getroffen, so daß sie hinkte. Sie fürchtete, wenn sie ein Lazarett aufsuchte, könnte ihr alle Arbeit an der Frontlinie verboten werden. So humpelte sie tapfer weiter und sagte, sie hätte Hühneraugen. In Baccarat arbeiteten die Mädchen so dicht an den deutschen Linien, daß sie aus Angst vor den Horchposten flüstern mußten. Wenn sie Kaffee und doughnuts nach vorn brachten, bestand ihre ganze Predigt in einem freundschaftlichen Auf-die-Schulter-Klopfen. Sie gaben sich unendliche Mühe. Lastwagen holperten durch eine pechschwarze Nacht 200 Meilen der Front entlang, weil ein Bataillon sich nun gerade auf Apfelsinen (Orangen) kapriziert hatte. Ihre Findigkeit war grenzenlos. Als eine Fliegenplage im Mont-Fontaine-Hospital im Land der Jeanne d'Arc eine Wundbrandgefahr heraufbeschwor, durchkämmte Oberstleutnant Barker ganz Paris vergeblich nach Moskitonetzen. Unverzagt kaufte er in den vornehmen Modehäusern wie *Schiaparelli* und *Molyneux* einfach für 10000 Dollar weißen Schleierstoff.

Als die Lobsprüche sich häuften, protestierte Eva Booth: «Die Heilsarmee hat keinen neuen Erfolg errungen; wir haben nur das uns Altgewohnte in altgewohnter Weise getan.» Aber die meisten Amerikaner sahen die Heilsarmee zum erstenmal. Im August 1917 erfuhr man, daß die Salutisten 900000 Dollar für Rasträume, Barakken und Herbergen ausgegeben hatten. Manche zeigten über der Tür einen riesigen Pfannkuchen als Wappen. Bei einer Nachkriegsparade richteten sich 200 Verwundete, die aus einem Heimatlazarett stammten, und von denen einige die Gliedmaßen und das Augenlicht verloren hatten, hoch auf und riefen wie wild Hurra, als eine Abteilung der Heilsarmee vorbeimarschierte. Vom Atlantik bis zum Pazifik schloß sich die Nation dieser Huldigung an. Sie zeichnete die bisher nie erreichte Summe von 13 Millionen Dollar, damit die Armee ihre Schulden begleichen konnte.

In London hatte Bramwell kein solches Glück. Der Zentralfonds der Armee, der für neue Entwicklungen und Grundstückskäufe bestimmt war, benötigte allein 200000 Pfund. Soldatenherbergen und die Arbeit in Flandern verschlangen 50000 Pfund im Jahr. Überdies drängte es ihn, den letzten Wunsch des Vaters zu erfüllen: die Arbeit der Armee noch in andern Ländern aufzunehmen; in Rußland und sogar in China. Obgleich sich unter den Abonnenten des *Kriegsrufs* so berühmte Russen befanden wie Graf Leo Tolstoi, der bereits durch seinen Roman *Krieg und Frieden* Weltruhm erlangt hatte, leistete Zar Nikolaus II. bis zu seiner Abdankung der Heilsarmee Widerstand, weil er fürchtete, mit der Kirche in Konflikt zu kommen.

Aber China war noch jungfräulicher Boden. «Versprich mir, daß du anfangen wirst, in China zu arbeiten», hatte William dringend gebeten, und Bramwell hatte es ihm widerstrebend versprochen. Obgleich die Armee nun im Ruf stand, ein Vermögen von 30 Millionen Pfund zu besitzen, litt sie unter chronischem Geldmangel. Dauernd warnte Bramwell Oberst George Jolliffe, den Chef der Subskriptionsabteilung: «Ich werde im nächsten Jahr wieder 10000 Pfund nötig haben, Jolliffe.» Jolliffe stöhnte. Er wußte, daß die Last der Generalswürde Bramwell wie seinem Vater schlaflose Nächte bereitete, wenn er fürchtete, durch seine Pläne Jolliffes Budget aus dem Gleichgewicht zu bringen.

In Tsinan, 1917, erregte es im britischen Klub erhebliches Aufsehen, als ein deutscher Offizier in Uniform im Eingeborenenviertel auf einer Seifenkiste stehend die Kulis in fließendem Chinesisch anredete. Der britische Konsul John Pratt beruhigte die Klubmitglieder, das wäre kein deutscher Offizier, sondern ein Abgesandter der «Rettet die Welt»-Armee, dessen 40 Mitglieder starke Truppe zur rechten Zeit am Vorabend des Karfreitag auf der Ch'ien-Men-Eisenbahnstation in Peking eingetroffen war.

Es war eine Aufgabe, die selbst William Booth hätte entmutigen können. Nach Bramwells Überschlag würden die ersten drei Jahre 60000 Pfund verschlingen; aber Geld war das geringste der Probleme seiner Offiziere. Ehe sie noch irgendeinen Erfolg davontragen konnten, mußten sich Pioniere, wie der Kanadier Captain Hal Bekkett und Oberst Charles Rothwell, ein sprachgewandter Lancashire-Mann, mit allen Problemen, angefangen von den sprachlichen bis zur Hungersnot, auseinandersetzen, und das in einem Land, in dem nach dem Fall der Mandschu-Dynastie ein völliges Chaos herrschte. Von 1911 an schmachteten 400 Millionen des Schreibens und Lesens beinahe unkundiger Chinesen unter dem Joch einer Regierung der Kriegsherren, und mitten drin mühten sich die Männer und Frauen der Heilsarmee ab.

In Cheng Ting Fu, dem am weitesten vorgeschobenen Außenposten der Armee, 200 Meilen südwestlich von Peking, lernte Hal Bekkett, was es bedeutete, in einem Gebiet von 800 Quadratmeilen der einzige Pastor zu sein. Der nächste Europäer, ein Arzt, wohnte 100 Meilen weit davon entfernt. Bald sprachen Beckett und seine Frau nur noch chinesisch; ja, sie dachten sogar chinesisch. Aber wenn man auch 25 Verse aus dem Johannesevangelium auswendig konnte, so reichte das nicht, um die idiomatischen Feinheiten zu unterscheiden.

Bei einer Versammlung hörte Nordchinas Territorialkommandeur zu seinem Staunen, daß die Heilsarmee Leute aus der Gosse rettete. Zu seiner Bestürzung fand Beckett, daß der Dolmetscher ganz wörtlich übersetzt hatte. «In dem Vaterlande des Großen Kommissars sind die Menschen so verkommen, daß sie in die Abflußlöcher für den Regen fallen, und die Heilsarmee zieht sie da heraus.»

Selbst die Persönlichkeit Christi gab Anlaß zu Mißverständnissen. Ein an der Bußbank kniender Chinese wurde gefragt: «Hast du auch zu dem Herrn Jesus gebetet?» Mit der Miene eines Mannes, der schnell seine Geduld verliert, antwortete er: «Wer von den weißen Männern auf der Plattform ist denn der Herr Jesus?»

Dennoch waren die Seelen der Soldaten von jubelnder Hoffnung erfüllt. Wenn William Booth um Chinas willen Tränen vergossen hatte, dann wollten sie keine Mühe scheuen, Chinas Not zu erleichtern. Ein Jahr nach ihrer Ankunft sah sich die Armee einer solchen Aufgabe in Tientsin gegenübergestellt. Überschwemmungen hatten die Wohnstätten von 7000 Menschen hinweggespült. Sofort übernahmen es die Offiziere und Soldaten, für 400 Flüchtlinge 100 Hütten zu bauen. Eine alte Chinesin sagte voll Anerkennung: «Das sind Leute, die in ihren Herzen Liebe für ihre Mitmenschen haben.»

Die in China herrschenden harten Lebensbedingungen wurden in einem Artikel der *Far Eastern Times* zutreffend geschildert. In den ersten Tagen des Februar 1918 hatte die Pekinger Polizei 479 unbekannte, auf den Straßen erfrorene Menschen beerdigt. Die Armee machte sich sofort an die Arbeit. Man mietete leere Grundstücke im Herzen der Stadt, errichtete aus geflochtenen Strohmatten eine behelfsmäßige Schutzwand und stellte eine Batterie von Kesseln auf, um darin Hirsebrei zu kochen, die Hauptnahrung der Armen. Hier wurden täglich Hunderte von lahmen, blinden und pockennarbigen Menschen dem Leben zurückgegeben.

Aber Pekings Notleidende zählten ja nicht nach Hunderten, sondern nach Tausenden. Die Armee eröffnete eine zweite Küche, dann eine dritte. Auf der Suche nach einem Grundstück für eine vierte Küche stieß Beckett auf Schwierigkeiten. Der einzige verfügbare Platz war der Hof eines buddhistischen Tempels, und der Priester nahm eine ausgesprochen feindliche Haltung ein.

Aber da half Gott der Armee, indem Er Herz und Sinn des Generals Chao Er Hsun bewegte. Er war ein feiner, alter chinesischer

Aristokrat und einst Gouverneur der Mandschurei und der Mongolei gewesen. Das Los der Armen bereitete ihm bitteren Kummer. Seine Diener wußten nicht mehr ein noch aus. Obgleich der gebrechliche alte Mann über achtzig war, weigerte er sich zu essen oder sich in der Nacht warm zuzudecken, ehe nicht jemand den Armen zu essen und eine warme Schlafstelle gegeben hätte. Eines Tages kam einer seiner Diener in heller Aufregung zu ihm ins Zimmer gestürmt: Jemand nahm sich jetzt wirklich der Armen an! Er hatte zufällig eine Heilsarmeeküche zu Gesicht bekommen.

«Sagt den Kulis, sie sollen die Pferde an den Wagen schirren», kommandierte der General. «Vier Diener in Livree sollen mich begleiten. Dann fahrt mich zu diesem Ort der Zuflucht für die Armen!»

Bald sah der General in atemlosem Staunen, wie eine junge weiße Frau an eine lange Reihe von verlassenen Menschen Hirsebrei austeilte. Sie hätte leider keine Zeit, den erlauchten Besucher herumzuführen. Sie hätte gerade 600 Gäste zu bewirten.

Als der General ihr dünnes, baumwollenes Kleid sah, zog er seinen blaugeblümten, mit schneeweißem Lammfell gefütterten *Makua* aus und legte ihn der Frau um die Schultern. Dann befahl er seinen Dienern: «Fahrt mich zum Hauptquartier der ‹Rettet die Welt›-Armee!»

Als der General hörte, daß Beckett den Tempelbezirk für eine Volksküche begehrte, ließ er sich sofort dahin fahren, und ohne von dem Priester Notiz zu nehmen, bat er Beckett, ihm seine Pläne zu erläutern. Beckett war gern dazu bereit; hier sollten die Küchen stehen. Ein mit Matten ausgelegter und geheizter Saal sollte den Gästen als Versammlungsraum zur Verfügung stehen. In einem dritten Raum sollten sie hintereinander zum Empfang des Essens antreten. Der alte Diplomat nickte zustimmend. Dann wandte er sich an den Priester: «Vom ersten Tag des nächsten Monds an wird auf diesem Teil eures Tempelhofs eine Hirsebreiküche der ‹Rettet die Welt›-Armee stehen.»

Der Priester wußte, daß er das Spiel verloren hatte. Sich bis in den Staub verneigend, wimmerte er: «Dieser unwürdige Hof wird berühmt werden wegen der menschenfreundlichen Taten des Großen Generals!»

Von der Zeit an war General Chao einer der einflußreichsten Freunde der Armee. Er sammelte jährlich 1500 Pfund, um ihre Arbeit zu unterstützen.

Pocken, Cholera, Typhus – die Armee führte gegen alle drei Seuchen einen erbitterten Kampf. Oft wurde die Stille der engen Straßen von Cheng Ting Fu durch den mittelalterlichen Pestruf unterbrochen: «Bringt eure Toten heraus!» Das erste, 700 Meilen entfernt in Tingchow gelegene Heilsarmee-Hospital war immer überfüllt. Die nächsten Überschwemmungen suchten die Provinz Chihli heim. Die Wasser waren schneller als die Frauen mit ihren verkrüppelten Füßen. Männer, die blieben, um ihr Vieh zu retten, wurden von den Fluten verschlungen. Hungersnot folgte, Frauen backten Brot, indem sie die letzte Handvoll Mehl mit Blättern, zerstoßener Baumrinde, ja sogar mit Erde streckten.

Am Ufer des Gelben Flusses waren die Bedingungen in den zwanziger Jahren noch schlimmer. Die Hungersnot war so groß, daß auf den Märkten ganz offen Menschenfleisch verkauft wurde. Eltern, die ihre vielen kleinen Kinder nicht mehr ernähren konnten, setzten sie in den Wäldern aus, wo sie verhungerten. Auf dem Höhepunkt der Krise teilte die Armee täglich 50000 Töpfe Hirsebrei aus.

Theoretisch wohnten in Becketts Haus 60 chinesische Kinder. Die Wirklichkeit übertraf Becketts Zahlen, die er in den Telegrammen an seine Frau nannte. Nach einer vierundzwanzigstündigen Reise mit dem Zug, auf Ochsenkarren und Dschunken, kam er zum Frühstück einmal mit 37 verhungerten chinesischen Mädchen an. Das Telegramm, in dem er Violet Nachricht gab, war glücklicherweise niemals abgeliefert worden.

Inmitten solcher schier unüberwindlichen Schwierigkeiten hatte die Heilsarmee außerdem mit dem Anmarsch kriegführender, auf Plünderung versessener Armeen zu kämpfen. Friedliche Gottesdienste lösten sich in Panik auf, und Offiziere und Bekehrte zerstreuten sich, um in Heuballen ein Versteck zu finden. Sie wagten kaum zu atmen, während die Banditen das Gebäude durchsuchten. Aber es gab dafür auch Erfreulicheres als Ausgleich. Die Versammlungen in den Dörfern, inmitten der aus Lehmziegeln gebauten Häuser, wo schwarzhaarige Schweine im Dreck wühlten, hatten einen eigenartigen Reiz. Das jährliche Dankfest für Bettler war eine ergreifende Begebenheit, wenn blinde Jungen ihre blinden Großväter an der Hand führten und die Aussätzigen ihre Reisschalen an langen Bambusstangen hinhielten, damit niemand mit ihnen in Berührung kommen sollte.

Denkwürdig war auch Hal Becketts erstes Weihnachtsfest in Cheng Ting Fu – ein Fest, das ja zunächst für chinesische Kinder ebensowenig bedeutete wie etwa der Geburtstag des Konfuzius für unseren Achtjährigen. Am Heiligabend gab es noch keine aufgeregten Spekulationen über Sankt Nikolaus; die Kinder gingen ruhig zu Bett. Dann aber machten sich Violet und Hal an die Arbeit. Sie hatten sich das Versprechen gegeben – und wenn sie die ganze Nacht arbeiten müßten – dies sollte ein für Cheng Ting Fu unvergeßliches Weihnachtsfest werden. Es war schon 1 Uhr morgens, ehe sie die Strümpfe ihrer eigenen Kinder füllten und ins Bett krochen.

Am Weihnachtsmorgen läutete die Glocke um 6 Uhr früh zum Aufstehen. Die Kinder, die von den Vorbereitungen nichts gemerkt hatten, sammelten sich im Hof zur Andacht, bevor sie sich zerstreuten, um im Haus zu helfen. Einige rannten nach dem Eßsaal, andere zur Schulstube. Da standen sie wie festgenagelt. Rote und goldene Papiergirlanden zogen sich von Wand zu Wand. Ein riesiger, mit bunten Paketen beladener Weihnachtsbaum prangte in der Mitte des Eßsaals, niedliche japanische Zelluloidpuppen mit lustigen, seidenen Röckchen, die Violet aufgetrieben hatte, baumelten an den Zweigen. Auf jedem Tisch standen Reisschalen, gefüllt mit Nüssen, kandierten Süßigkeiten und getrockneten Melonenkernen.

«*Ai-ya!* Wer ist denn hier gewesen?» klang es von allen Seiten, bis ein gewitztes Mädchen bemerkte: «Das ist das Christfest, von dem sie uns immer erzählt haben!» Hal und Violet sahen sich an. Sie hatten manches Christfest erlebt, aber die Gesichter der Jungen und Mädchen, in denen zum erstenmal der Sinn des Weihnachtsfestes aufleuchtete – das würden sie nie vergessen.

Der mit dem Auspacken der Pakete und dem Singen fröhlicher Weihnachtslieder ausgefüllte Tag ging nur zu bald zu Ende. Es wurde Zeit, zu Bett zu gehen. Im Schlafzimmer der kleinen Mädchen standen die weißgekleideten Gestalten mit den glänzend schwarzen, schön geflochtenen Zöpfen. Sie hatten die Hände gefaltet und beteten: «Lieber Herr Jesus, wir danken Dir für diesen wundervollen Tag, an dem wir zum erstenmal erfahren haben, daß Du auch einen Geburtstag gehabt hast.»

Monate später, als die Selbstverleugnungswoche herannahte, hörten die Kinder zum erstenmal davon, wie William Booth Geld nötig gehabt hatte und wie John Carleton sich entschloß, auf seinen Pudding zu verzichten. An jenem Abend gab es noch viel aufgeregtes Flüstern in den Schlafräumen. Konnten denn weiße Männer wirklich eine ganze Woche gehungert haben, bloß damit die Kinder von Cheng Ting Fu am Leben blieben? Sie staunten darüber ebenso wie über die Geschichten in der Bibel.

Am folgenden Morgen kam zu Becketts Beklemmung eine Deputation von Kindern an seine Tür. «Wir haben beschlossen», sagte der Sprecher würdevoll, «in der nächsten Woche jeden Tag auf unser Mittagessen zu verzichten, um andern Kindern in Not zu helfen.»

Beide Becketts protestierten energisch. Das einzige, was die Kinder tun könnten, wäre beten, daß genug Geld zusammenkomme. Sie würden ihre eigene Gesundheit aufs Spiel setzen, wenn sie auf das Essen verzichteten. Und damit auch alles, was ihnen sonst gehörte: Kleider und Bücher, und was die Armee ihnen geschenkt hatte. «Wir haben das beschlossen», sagte der Sprecher mit fester Stimme, «und wenn ihr uns Essen vorsetzt, dann werden wir es nicht essen!»

Die Becketts waren schließlich bereit, erst einmal abzuwarten. Die Kinder könnten ja für einen Tag auf das Mittagessen verzichten, und zur Sicherheit würden sie ihnen zum Tee etwas mehr zu essen geben.

Am Mittag des ersten Tages der Selbstverleugnungswoche taten 60 tobende Kinder, als ob sie die offenen Türen des Eßsaales gar nicht sähen, und rannten zum Spielplatz, wo sie herumtollten und spielten, wie sie es nie zuvor in ihrem Leben getan hatten. Beckett dachte, sie würden sich bald eines andern besinnen, aber die ganze Woche gab es kein Mittagessen, und niemand verlangte eines. Am Wochenende erschien die Deputation wieder. Der Sprecher erklärte: «Als wir noch in unserem Dorf lebten und es nichts zu essen gab, da hat uns der Bauch weh getan. Aber jetzt haben wir eine so schöne Woche gehabt, und wir sind gar nicht hungrig gewesen. Das muß wohl so sein, weil wir das für den Herrn Jesus getan haben. Wir sind hierhergekommen, weil wir gern eine zweite Selbstverleugnungswoche haben möchten!»

Beckett war entsetzt. «Kommt nicht in Frage!» sagte er streng. «Ihr habt euch wunderbar gehalten, aber eine Woche ist genug!»

Aber Chinas Kinder ließen sich nicht so leicht abweisen. Eine halbe Stunde später kam noch einmal eine Deputation kleiner, entschlossener Mädchen in Becketts Arbeitszimmer. Sie hielten ihre

Hände wie eine Schale geöffnet. Die Älteste redete Hal und Violet an: «Vater und Mutter! Alles, was wir haben, habt ihr uns gegeben. Das einzige, was uns noch gehört, sind die wertlosen Schmuckstücke, die wir mitgebracht haben. Wollt ihr sie an eure Freunde im Ausland verkaufen und das Geld mit dem zusammentun, was wir durch den Verzicht auf das Essen gespart haben, und alles dem Herrn Jesus schenken?» Und dann schütteten sie auf Becketts Schreibtisch eine glitzernde Menge von Messingringen und Email-Ohrringen, Nadeln und Broschen.

Ein paar Tage später konnte Beckett dem internationalen Selbstverleugnungsfonds zum erstenmal in der Geschichte der Armee 40 chinesische Dollars hinzufügen. Ihm wurden die Augen feucht; er fand keine Worte.

Im Jahr 1928 hatte die Armee in Nord-China 212 ausgebildete chinesische Offiziere, Frauen wie Männer. Langsam begann ihre Arbeit in 84 Zentralen Wurzel zu fassen. Keiner konnte ahnen, was für einen bitteren Rückschlag die Armee durch den Japanisch-Chinesischen Krieg erleiden würde, oder die herzzerbrechende Vertreibung der Armee aus dem Roten China im Jahr 1951. Sie betrachteten sich als Pfadfinder auf dem Weg, den ihnen William Booth vorgezeichnet hatte.

Aber inzwischen sahen sich Bramwell und die Armee einer Krise gegenüber, von der William Booth nie geglaubt hatte, daß sie sich ereignen könnte.

Jetzt öffnet sich die Tür ...

1928

Am 6. März 1928, zwei Tage vor seinem zweiundsiebzigsten Geburtstag, trat General Bramwell Booth in das Arbeitszimmer seiner Frau in der Queen Victoria Street. Er sah bleich und erschüttert aus und hielt in seiner Hand einen Brief. Florence hat seine ersten Worte nie vergessen: «Liebling, das bedeutet Kummer.»

So, wie Bramwell es ansah, war dieser von neun seiner höchsten Offiziere unterzeichnete Brief ein Schlag gegen die von William Booth niedergelegte Verfassung der Armee. In höflichen, aber bestimmten Worten wurde der General dringend aufgefordert, zu einem Vorschlag von Eva Booth Stellung zu nehmen. Bramwell sollte erklären, er sei der letzte General, der seinen Nachfolger selbst bestimmte. Unter den Unterzeichneten waren eine Reihe von William Booths frühesten Pionieren – John Carleton, der Begründer der Selbstverleugnungswoche, Frederick Booth-Tucker, David Lamb, einer der ersten Leiter der Hadleigh Farm-Kolonie –, alle waren einer Meinung: Die Armee bedurfte dringend einer Erneuerung in demokratischem Sinn.

Trotz Bramwells Bestürzung war die Streitfrage nicht völlig neu. Schon im Jahr 1920 waren Bramwell und Eva, als US-Kommandeurin, gänzlich verschiedener Meinung gewesen. Nachdem Eva sechzehn Jahre in Amerika amtiert hatte, informierte Bramwell seine Schwester, sie müsse in Kürze mit einer Versetzung rechnen. Evas heftiger Protest brachte ihr eine Fristverlängerung von zwei Jahren ein, aber als 1922 eine Abberufung erneut in Erwägung gezogen wurde, war es nicht Eva allein, die dagegen protestierte. US-Geschäftsleute ersten Ranges, wie John Wanamaker, Warenhauschef und Führer der Republikanischen Partei, drohten heimlich damit, ihre finanzielle Unterstützung einzustellen. Ein Protesttelegramm war von zwanzig

Leuten unterzeichnet worden. Darunter fanden sich so bedeutende Namen wie Herbert Hoover, Henry W.Taft und Rabbi Joseph Silverman. 3000 Meilen weit entfernt, war es für Bramwell in London schwer, sich eine klare Vorstellung davon zu machen, daß seine so überaus lebhafte, rothaarige Schwester mit ihrer vibrierenden Stimme die Verkörperung der Heilsarmee geworden war.

Und daß Eva auf längst fällige Reformen drängte, fand Zustimmung in den Herzen der Amerikaner. Wenn sie für sich das Recht beanspruchte, ihre eigenen Divisionsoffiziere zu ernennen – was nach den von William Booth ausgestellten Regeln verboten war –, so stimmten dem die meisten Amerikaner zu. Ein dem Offizierskorps der Armee angehöriger ungenannter Artikelschreiber hatte verlangt, daß, war der General der Armee britisch, der Chef seines Stabes Amerikaner sein mußte. Befand sich nicht fast die Hälfte des Grundbesitzes der Armee in Amerika?

Bramwell kam es darauf an, die Entstehung von drei verschiedenen Heilsarmeen zu vermeiden, und so gab er nach. Eva konnte in New York bleiben.

Aber Eva war zu sehr die Tochter ihres Vaters, als daß sie bereit gewesen wäre, ein Prinzip aufzugeben. Sie kam in London an, mit einem aus 15 Punkten bestehenden Memorandum in ihrer Aktentasche. Die meisten waren Variationen über den Hauptpunkt Nr. 4: «Es wird fast allgemein gehofft, daß der gegenwärtige General der letzte sein werde, der von seinem Vorgänger ernannt worden ist.»

Und Eva verfocht ihre Idee mit aller Energie. Wenn andere religiöse Gemeinschaften ihre Verfassung ändern konnten, warum nicht die Heilsarmee? Der nach der Umbenennung der Christian Mission aufgestellte Grundsatz, nach dem jeder Offizier einverstanden sein sollte, William Booth die alleinige höchste Autorität zuzuerkennen, konnte nicht für immer gelten. In Zukunft müßten die Generäle durch ein Konklave der ersten Offiziere gewählt werden, das den Namen *High Council* (Hoher Rat) tragen sollte.

Es war seltsam: Zwei weltberühmte Männer, ein victorianischer Staatsmann und ein amerikanischer Industriefürst, hatten, ohne es zu wissen, eine Rolle in dem nun folgenden Drama gespielt. Der High Council war zurückzuführen auf eine Anregung des britischen Premierministers William Ewart Gladstone. Schon am 21. Dezember 1896 hatte er in seinem Heim in Hawarden, Denbighshire, in der großen – «The Temple of Peace» genannten – Bibliothek mit William Booth geplaudert. Im Lauf der Unterhaltung hatte Booth beiläufig erwähnt, daß die Gründungsurkunde aus dem Jahr 1878, welche die *Christian Mission* in *The Salvation Army* umwandelte, jedem General das alleinige Recht zubilligte, seinen Nachfolger zu ernennen.

Gladstone, der gerade Holz auf das Kaminfeuer nachlegte, hielt entsetzt damit inne: «Entschuldigen Sie meine Frage», sagte er, «angenommen, der General wird unwürdig, er wird abtrünnig, verliert seinen Glauben? Nicht einmal der Papst genießt doch eine solche uneingeschränkte Autorität! Sein Nachfolger wird durch das Kollegium der Kardinäle gewählt. Was ist denn in der Verfassung der Heilsarmee vorgesehen, einen unwürdigen General abzusetzen?»

William Booth mußte zugeben, daß ein solcher Fall nicht vorgesehen war. Aber er verteidigte seine Auffassung, der General sei doch nach dem Gesetz der zur Verwaltung des Vermögens der Heilsarmee Bevollmächtigte. Wenn er als solcher versagte, könne er durch einen Beschluß des Appellationsgerichts abgesetzt werden.

Gladstone schüttelte ungeduldig den Kopf. Ein solcher Appell sei zu umständlich und zu kostspielig, und in der Zwischenzeit hätte ein ungeeigneter General die volle Verfügung über das inzwischen auf 1 Million Pfund angewachsene Vermögen der Armee. Warum sollte man nicht eine Verfassung einführen, nach der ein General, der nachweislich unfähig («unfit») war, durch einen Mehrheitsbeschluß abgesetzt werden könnte?

Damals erklärte sich Bramwell mit einem solchen Vorschlag völlig einverstanden. Auf seines Vaters Bitte holte er den Rat der drei bedeutendsten englischen Juristen ein: Lord Haldane, Herbert Asquith und Charles Sergeant. Während sieben Jahren auf höchster Ebene durchgeführte Verhandlungen endeten mit der Ausarbeitung des Begriffs eines *High Council.* Er sollte aus den aktiven Kommissären und allen Territorialkommandeuren, gleich welchen Ranges, bestehen. Als Konklave, das vom Stabschef und vier Kommissären oder auch allein durch beliebige sieben Kommissäre einberufen werden konnte, sollte der Hohe Rat befugt sein, darüber zu entscheiden, ob ein General noch fähig war, sein Amt weiterzuführen.

In dieser Magna Charta der Heilsarmee war bestimmt worden, daß ein General, der geistig oder körperlich krank war oder sich sonst eines Vergehens schuldig gemacht hatte, durch eine Zweidrittelsmehrheit abgesetzt werden konnte.

Aus diesem Grund verteidigte Eva so hartnäckig ihren Standpunkt. Führende amerikanische Persönlichkeiten hatten ihr gegenüber nur höchstes Erstaunen ausgedrückt, daß eine, wenn auch wohlwollende, Autokratie bis ins zwanzigste Jahrhundert hatte überleben können. Als Präsident Calvin Coolidge hörte, daß die amerikanischen Salutisten nicht einmal durch einen Gesandten in London vertreten waren, konnte er gar keine Worte finden.

Bei einer Unterredung mit John D. Rockefeller hatte Eva ihm beiläufig erklärt, wie die Generäle der Armee ernannt wurden. Rockefeller war sprachlos vor Erstaunen: «Dann wird euer künftiger General gewissermaßen durch das Los bestimmt?» fragte er ungläubig. «Er kann euch alle beherrschen, und ihr kennt nicht einmal die Farbe seines Haars?»

Aber Bramwell wollte nicht nachgeben. Er war ein treuer Sohn; William Booth war für ihn auch nach dem Tod immer noch «Der General», und er konnte sich nicht dazu entschließen, an der Schöpfung des geliebten Vaters irgend etwas zu ändern. Er hatte das Eva mit aller Bestimmtheit zu verstehen gegeben. Doch jetzt, am 6. März 1928, bewies der von den Kommissaren gemeinsam unterschriebene Brief, daß auch andere Evas Ansichten teilten.

Am 12. April 1928 schloß Bramwell sein offizielles Tagebuch mit der Bemerkung, «nach Hadley Wood abgereist». Er konnte damals noch nicht wissen, daß er die Schwelle des Hauses Queen Victoria Street 101, zum letztenmal überschritten hatte. Nach wenigen Tagen zwangen ihn hoher Blutdruck und nervöse Überanstrengung, sich in ärztliche Behandlung zu begeben. Die Ärzte rieten ihm, sich von aller Büroarbeit zu beurlauben und wichtige Arbeiten nur in seinem in Southwold, an der Küste von Suffolk, gelegenen Landhaus zu erledigen. Der Zusammenbruch kam nicht überraschend. Noch mit 72 Jahren verzehrte er sich im Dienste der Armee nicht weniger, als es William Booth getan hatte. Er gab pro Jahr durchschnittlich 1000 Interviews, nahm an 80 Ratssitzungen teil und sprach auf 150 Versammlungen. Wenn er sich um 7 Uhr morgens an seinen Schreibtisch setzte, machte es ihm nichts aus, noch um 11 Uhr nachts 21 Telegramme zu dechiffrieren und zu beantworten.

Unter Ferienerholung verstand er, seine Korrespondenz auf bloß 30 wichtige Briefe pro Tag zusammenschrumpfen zu lassen.

Seine Familie bekam es zu spüren; er lebte nur für die Armee. Selbst ein Schachspiel endete allmählich in einer Diskussion über die Angelegenheiten der Armee. Vor allem lag ihm die Wohlfahrt seiner Offiziere am Herzen. Als er einmal, luchsäugig wie immer, merkte, daß jemand, den er zum Tee eingeladen hatte, nur auf einer Seite kaute, schickte er ihn sofort zu seinem eigenen Zahnarzt. Er führte einen Minimumsold für aktive Offiziere ein, ferner die Zahlung des halben Solds an Alterspensionäre und Zulagen für Kinder unter 16 Jahren.

Im Herbst 1928 lähmte eine Nervenentzündung seinen rechten Arm. Da er dauernd an Schlaflosigkeit litt, sank sein Körpergewicht in besorgniserregender Weise. Bald verbot ihm ein Spezialarzt sogar Spaziergänge; nur durch vollkommene Bettruhe war noch Besserung zu erhoffen. Von Mitte November ab schlief Bramwell nur noch mit Hilfe narkotischer Mittel. Er war besessen von der Furcht, seine Krankheit könnte die Einberufung eines High Council beschleunigen.

Einmal schlich er sich mitten in der Nacht in sein Arbeitszimmer hinunter, um im Lexikon nachzulesen, was «unfit» *wirklich* bedeutete. Da stand es gedruckt: «Verlust der Kraft, des Geschicks oder anderer Eigenschaften, die zur Erfüllung einer Aufgabe oder eines Zwecks erforderlich sind; zum Beispiel Krankheit, die einen Menschen unfähig macht zu arbeiten.» Von dieser Nacht an merkten die ihm Nahestehenden, daß die Furcht vor der Krankheit seine Schmerzen noch verschlimmerte. Bramwell war damals zu krank, um es zu erfahren, aber die Armee verlangte immer entschiedener nach Reformen. Aus Australien hatten 43 führende Offiziere ihm dringend nahegelegt, Evas Vorschlag anzunehmen. 31 Neuseeländer äußerten sich in ähnlicher Weise. Als Edward Higgins, Bramwells Chef des Stabes, von sieben Kommissären aufgefordert wurde, zum erstenmal den High Council einzuberufen, sah er keine Ausweichmöglichkeit.

Nach der Meinung der Führer der Armee war die Bestimmung eines Nachfolgers für den General nicht das einzige zur Debatte stehende Problem. Von der Nervenentzündung gequält, konnte sich Bramwell kaum noch bewegen und nur mit Schwierigkeit sprechen. Die Armee war in der Tat ohne Führer. Das Haus, das William Booth gebaut hatte, war ein Komplex von vielen «Trusts», die nach der augenblicklich noch bestehenden Verfassung nur ein Mann legal verwalten durfte. Bramwell konnte seinen Namen nur unter die wichtigsten der vielen Dokumente setzen, die auf seine Unterschrift warteten, und doch mußte die Arbeit der Armee weitergehen.

Am 8. Januar 1929 versammelten sich 63 Männer und Frauen, die den ersten High Council der Armee bildeten, in Sunbury Court, einem sehr schönen, an der Themse gelegenen herrschaftlichen Wohnhaus, um ein die Absetzung des Generals betreffendes Memorandum zu unterzeichnen. Viele weinten und konnten kaum ihren Namen daruntersetzen. Sie waren alle von tiefstem Mitlied bewegt, aber sie wußten, das Werk, zu dessen Erfüllung sie Booth berufen hatte, war größer als sie alle.

Gerade jetzt, als die Armee ihr Haus in Ordnung brachte, stand ein mächtiger, noch von Bramwell vorbereiteter Kreuzzug unmittelbar bevor.

Acht Monate waren nun vergangen, seit Charles Péan, ein lebhafter junger Kapitän, den dringenden Befehl erhalten hatte, sich im Pariser Büro des Kommissärs Albin Peyron zu melden. Dieser stellte ihm eine Frage, auf die er nicht gefaßt war: «Was weißt du von der Teufelsinsel?»

Péan dachte scharf nach. Er ahnte, was jeder Franzose wußte: nämlich, daß die berüchtigte Sträflingssiedlung in Französisch-Guayana ein lebendes Grab für 10 000 Menschen war. Von den vielen, die zu den Schrecken der «trockenen Guillotine» verurteilt wurden, kehrten nur wenige zurück, um davon zu erzählen.

Peyron drückte sich nun genauer aus. Achtzehn Jahre lang hatte das zum Himmel schreiende Unrecht der Teufelsinsel ihn bis in seine Träume verfolgt. Er hatte an die aufeinanderfolgenden Justizminister Anträge gestellt, der Armee zu gestatten, in der Kolonie zu arbeiten. Aber sie waren alle abgelehnt worden; ja, seine Briefe waren sogar unbeantwortet geblieben. Dann hatte eine zufällige Begegnung mit dem Kolonialminister den Ausschlag gegeben, und voller Sympathie hatte Bramwell darauf gedrungen, sofort einen jungen, französisch sprechenden Offizier dahin abzuordnen, einen Junggesellen, der alle seine Sinne beisammen hatte.

«Jetzt öffnet sich die Tür . . .», sagte der Kommissar zu dem erstaunten Péan, «und du sollst hingehen.»

Als Péan sich am 5. Juli 1928 auf der *Puerto Rico* in St. Nazaire einschiffte, hatte er nur geringe Ahnung von dem, was ihm bevorstand. Drei Wochen später, als er durch den steinernen Torbogen von St. Laurent-du-Maroni, der Hauptstadt der Kolonie, schritt, sank ihm das Herz. Nicht einmal in Angstträumen hatte er sich ein solches Elend ausgemalt: von Ungeziefer wimmelnde Hütten, halbnackte Männer mit tierischen Gesichtern, in sonnengebleichte Sackleinwand gekleidet, dazu die stinkenden, von Moskitos verseuchten Sümpfe.

Zuerst suchte Péan den stellvertretenden Gouverneur von Guayana, Jean Galmot, auf. Er polterte heraus: «Es erscheint im 20. Jahrhundert unmöglich, daß Frankreich über 400 Angestellte in einer Strafkolonie beschäftigt, die als einzigen Erfolg die physische und moralische Erniedrigung von 10 000 Menschen buchen kann!»

Der Gouverneur zuckte mit den Schultern: «Ich stimme mit Ihnen überein, Fähnrich. Aber es hat keinen Zweck. Das hier ist eine kleine Hölle, an der kein Mensch etwas ändern kann.» Er lächelte müde. «Vielleicht ist das sogar für Gott eine zu schwere Aufgabe.»

«Das, Euer Exzellenz, bleibt abzuwarten!» antwortete Péan grimmig entschlossen.

Trotz seiner jugendlichen Begeisterung war Péan ein durchaus praktisch veranlagter Mensch. Er wußte, daß die schlagendsten Waffen in seiner Hand Tatsachen sein würden. Wenn das französische Publikum sich so wenig um die Verhältnisse in der Strafkolonie kümmerte, so lag das daran, daß es zu wenig davon wußte. Er mußte jedes Lager und jede Siedlung besuchen und die Dinge mit eigenen Augen sehen.

Drei Monate lang lebte er getreu diesem Entschluß. In einer Piroge, einem schmalen, aus einem ausgehöhlten Baumstamm gefertigten Kanu glitt er durch den feuchten, malariaverseuchten Irrgarten der Mangrovensümpfe, wo winzige, leuchtend gelbe Schmetterlinge von Blatt zu Blatt flatterten. Oft wurde die Totenstille meilenweit nur durch das Plätschern der Paddel und die kreischenden Schreie der grünen und roten Papageien durchbrochen. Er besuchte jede Siedlung, sogar die 680 Acre große Teufelsinsel, die vor 34 Jahren befestigt worden war, um Hauptmann Alfred Dreyfus aufzunehmen. Péan füllte mit seinen Notizen ein kleines Bücherbrett voller Schulhefte.

Eigentlich war jede Insel des Teufels Gebiet. Die Sträflinge, die dort starben, wurden in ihren Ketten begraben. Aber es gab schlimmere Qualen als den Tod. Ein Mann, der zu fliehen versuchte, konnte noch immer zu einer Sturzflut von 200 Peitschenhieben auf den nackten Körper verurteilt werden. Vor kurzem erst hatten die in blauen, silberverbrämten Uniformen herumstolzierenden Aufseher eine neue Strafe ersonnen, um widerspenstige Arbeiter anzutreiben: Nackt und mit Zuckersirup beschmiert wurden sie einen ganzen Tag auf einem Ameisenhaufen festgebunden.

Überall sah Péan Bilder, die ihm das Herz zerrissen. Im St. Josephs Camp verfaulten zu Einzelhaft verurteilte Männer drei Monate lang in ihren Zellen. Die dünnen Seitenwände, die sie von den Zellen der wahnsinnig Gewordenen trennten, konnten das nächtelange Schreien und Heulen der Unglücklichen nicht abdämpfen. Die Selbstachtung war so gesunken, daß sich 100 Männer um den mit Vorteilen verbundenen Posten des Henkers bewarben. Die Männer, die mit dem Spital in Verbindung standen, betrieben einen geheimen Handel mit Lepra- und Tuberkulosebazillen; das Glück, in einem Spitalbett liegen zu dürfen, war den Sträflingen das Risiko jeder Ansteckung wert. Bei Arztbesuchen wurden den Patienten oft die Hände auf den Rücken gebunden, denn ein entdeckter Simulant würde auch vor einem Mord nicht zurückschrecken.

Was Péan dort durchmachte, hinterließ physisch und geistig Spuren für sein ganzes Leben. Oft, wenn er die übelriechende Nahrung der Sträflinge mitgegessen hatte, mußte er schnell weglaufen, um sich qualvoll zu erbrechen. Einmal fiel er, von einem Hitzschlag getroffen, auf der Straße besinnungslos um. Immer, wenn er von Hoffnung reden wollte und dann die wachsbleichen Gesichter der Schwindsüchtigen, die Syphilitiker und die Männer mit den nässenden Krebsgeschwüren sah, blieben ihm die Worte im Halse stecken. Als der Stapel seiner Notizbücher immer höher anwuchs, war seine weiße Uniform von den quälenden Moskitostichen mit Blutflecken besudelt. Ein heftiger Malariaanfall kostete ihn fast das Leben. Der Sträflingskrankenpfleger hatte das verschriebene Chinin verkauft und unsterilisiertes Wasser verabreicht. Die Folge waren wieder einsetzende innere Abszesse, deretwegen sich Péan dreimal größeren Operationen unterziehen mußte.

Dann machte er noch eine erschütternde Entdeckung. Vor fast 3000 Männern lag eine noch schwärzere Zukunft als die der Sträflinge. Nach dem schändlichen System der «doublage» – der «Zeitverdopplung», wurden die sogenannten «Befreiten» gezwungen, noch einmal die ihrem ursprünglichen Urteilsspruch entsprechende Zeit in Guayana weiter zu leben. Ein von Kaiser Napoleon im Jahr 1852 unterzeichnetes Gesetz verfolgte damit zwei Zwecke: erstens die Versorgung der Kolonie mit weißen «Sklaven», nun, da das französische Kaiserreich den Handel mit schwarzen Sklaven abgeschafft hatte; und zweitens die lebenslängliche Absonderung von Gewohnheitsverbrechern in Quarantänelagern. Die «Befreiten» pflegten zu sagen: «Wenn wir frei sind, dann beginnt erst unsere Strafzeit!»

Die Zwangslage der Befreiten wurde Péan durch Albert Vignon zur Kenntnis gebracht. Ein gewandter, weißgekleideter Mann, eine lederne Aktentasche in der Hand, stellte sich als Präsident des Klubs der befreiten Männer vor. Er führte den Fähnrich in den auf der ersten Etage eines leeren Hauses in Cayenne gelegenen Klubraum und machte ihn mit 15 sauber gekleideten, selbstbewußten Männern bekannt, die alle als gewandte Händler Beschäftigung gefunden hatten. «Aber wir werden von der Zivilbevölkerung geächtet», erklärte Vignon. «Wir dürfen in kein Café gehen, und im Kino gibt es für uns besondere Sitze.»

Auf der Straße, wo das Thermometer fast 40 Grad zeigte, sah Péan ein mehr der Wirklichkeit entsprechendes Bild. Dutzende von arbeitslosen «freien» Männern saßen im Schatten der Marktbuden am Straßenrand «wie die Schwalben auf den Telegraphendrähten». Er fürchtete, daß sie ihn um seine Jugend beneiden würden, und versuchte vergebens, ihre Blicke zu vermeiden. Einer fauchte ihn an: «Gib uns lieber eine Kruste Brot, anstatt zuzusehen, wie wir hier verfaulen!»

Aber Péan wußte, diese Männer brauchten mehr als bloß ein Stück Brot: Sie brauchten Hoffnung. Neun Zehntel von ihnen waren arbeitslos, ohne Ausbildung und dem Hungertod nahe. Sträflinge erhielten wenigstens Essen und Unterkunft. Freie Menschen mußten sich das erst selbst beschaffen. Ihre soziale Stellung war so verachtet, daß ihnen sogar die Kirche verschlossen blieb. Die Leiche eines «freien» Mannes wurde in aller Hast vor die Tür der Kirche gebracht, und der Priester besprengte sie mit etwas Weihwasser.

Was Péan schließlich in seinem Entschluß bestärkte, den Freigelassenen den Vorrang vor den Sträflingen einzuräumen, war der bewegende Abschied, der den Höhepunkt seines Besuches bildete. An dem Tag, da er Guayana verließ, wartete eine kleine Abordnung von

Männern auf ihn, die sich die Ehre streitig machten, seinen Koffer zum Landungsboot zu tragen. «Seht Ihr», sagte einer von ihnen schlicht, «es ist, als ob Gott selbst zu uns gekommen wäre.» Zu seinem Erstaunen sah Péan, wie am Ufer über 300 freie Männer standen, um ihm Lebewohl zuzuwinken. Einige drängten ihm Briefe an ihre Frauen und Kinder auf, und einer brachte ihm einen Strauß tropischer Blumen. Als die Pfeife des Boots zur Abfahrt nach dem außerhalb des flachen Hafenbeckens verankerten Dampfer schrillte, riefen 300 Männer wie aus einem Munde: «Kommt wieder! Kommt wieder! Bitte, kommt wieder!»

Während der langen Heimreise klangen Péan die Rufe immer noch in den Ohren.

«Jene vergessenen Menschen», entsann er sich später, «riefen nicht nur mit ihren Stimmen, sondern auch mit ihren Augen und ihren Herzen.» Mit fliegender Feder schrieb er seinen offiziellen Bericht, in dem er die Greuel der Kolonie mit allen Einzelheiten schilderte. Er brannte darauf, noch vor Jahresende dahin zurückzukehren. Er wußte nicht, daß jene unheilvolle Spritze, die er dort bekommen hatte, ihn fast zwei Jahre lang zu einem halben Krüppel machen sollte. Aber Kommissär Peyron hatte nun genug Munition, um seine die Front aufbrechende Kampagne in Gang zu bringen. Menschenwürdige Lebensbedingungen mußten in Guayana geschaffen werden. Die öffentliche Meinung in Frankreich mußte bis zum Siedepunkt erhitzt werden, so daß die völlige Abschaffung der Strafkolonie verlangt würde.

Inzwischen hatte in England der High Council, wenn auch mit Bedauern und Widerstreben, mit 55 gegen 8 Stimmen General Bramwell seines Amtes enthoben. Bramwell selbst war zwar überzeugt, daß er sich mit der Zeit wieder erholen würde, aber Kommissär Gunpei Yamamuro hatte die Meinung der Allgemeinheit dahingehend zusammengefaßt, daß es eine unverantwortliche Grausamkeit wäre, ihm die Last des hohen Amtes noch einmal aufzubürden. Sieben Kommissare machten die lange Reise nach Southwold durch die schneebedeckte Landschaft, um ihm die Nachricht in schonender Weise zu überbringen. Der Anblick des zusammengesunkenen, von der Nervenentzündung geplagten, alten Mannes bestärkte sie nur in der von ihnen getroffenen Entscheidung. Aber selbst bei dieser letzten Sitzung hatte Bramwell gebetet, Gott möge die dort Versammelten leiten. «Herr, dies ist eine besondere Angelegenheit. Hilf ihnen, daß sie mir jetzt helfen. Hilf ihnen, daß sie das Rechte tun, und daß sie es in der rechten Weise tun. Gib dem High Council einen besonderen Segen.»

Mit 42 gegen 17 Stimmen wählte der Council Bramwells Stabschef, Kommissar Edward Higgins, zum General der Heilsarmee. Durch Parlamentsakt war dieser Wahlmodus als der allein rechtmäßige erklärt worden. Doch es sollten noch drei Generäle, darunter Eva Booth selbst, gewählt werden, bevor das Werk, das Bramwell für die Sträflinge in Guayana eingeleitet hatte, zu einem guten Ende geführt wurde. Erst 1933 war die Bearbeitung der öffentlichen Meinung in Frankreich so weit fortgeschritten, daß Kolonialminister Albert Sarraut der Heilsarmee gestatten konnte, die Arbeit in Französisch-Guayana zu beginnen. Am 5. Juli fuhren Péan und sechs andere Offiziere dorthin, um eine Mission in Angriff zu nehmen, die zwanzig lange Jahre dauern sollte.

Zuerst ließ sich das Abenteuer gut an. Die erste Herberge, die Péan in der Rue Malouet in Cayenne eröffnete, wurde von den Befreiten selbst renoviert. Für den Eßsaal und die Schlafräume stellte Péan andere von ihnen als Köche und Helfer an. Einer, ein Künstler vom linken Seineufer, der seine Geliebte getötet hatte, malte ein Schild für das Portal: *L'Armée du Salut: Le Foyer.* Aber bald kam es überall zu kritischen Situationen. Péans Plan, die Einweihung des Heims durch eine freie Mahlzeit für alle Besucher zu feiern, fiel total ins Wasser. Am Eröffnungstag hatten sich schon um 10 Uhr morgens alle seine Köche und Helfer an *Tafia* sinnlos betrunken. *Tafia* war ein Rum, der aus zerstoßenem Zuckerrohr destilliert wurde. Péan und seine Offiziere zogen sich die Röcke aus und tischten mit hochroten Gesichtern die Mahlzeiten für 2000 Besucher selbst auf. In der Nacht kamen die Gäste noch einmal zurück, um fast alle Vorräte, Teller, Messer und Gabeln, die Stricke zum Aufziehen der Fahne und die Mütze des Kochs zu stehlen.

Zuerst waren sehr wenige freie Männer bereit, überhaupt irgendeine Arbeit anzunehmen. Viele waren so tief gesunken, daß ihr einziger Ehrgeiz war, während der Zeit ihrer *doublage* in einem Zustand halbwacher Trunkenheit herumzulungern. Ein Hindernis war auch die seltsame Politik der Regierung, für die noch in Haft befindlichen Verbrecher Land zu reservieren. Oft konnten freie Männer, die sich als Bauern niederlassen wollten, nicht einmal Pachtland bekommen. Andere wiederum waren so schwach oder krank, daß sie nur ganz leichte Arbeiten verrichten konnten.

Aber Péan wollte nun das, was er als seine Lebensarbeit ansah, nicht im Stich lassen. In dem acht Meilen von Cayenne gelegenen Montjoly pachtete er eine völlig verwahrloste Farm und setzte einen Leutnant und zwanzig freie Männer ein, um des wild wuchernden Unterholzes Herr zu werden. Jeder Meter mußte hart erkämpft werden. Wenn ein Stück Boden frei gemacht war, wurde es abgebrannt, um die Säure zu neutralisieren, und dann mit Wassergräben eingefaßt, um die Heere der Ameisen abzuwehren. Und das war noch nicht alles. Oft war der Wind mit Staub von Schmetterlingsflügeln geladen, der auf den schwitzenden Körpern juckende Pusteln erzeugte. Vampire saugten den Schweinen der Kolonie das Blut aus den Adern. Jeder Koben mußte mit einem starken Gitter aus Maschendraht gesichert werden.

In mühevoller Arbeit wurden Meter für Meter des Landes von Montjoly erschlossen. Die freien Männer bauten ein Hühnerhaus und richteten einen Fischereibetrieb ein, indem sie einen Bach durch ein Gitter abschirmten und bei Ebbe die zurückbleibenden Fische sammelten. Inzwischen wuchsen in einer Lichtung auf der Hügelkuppe von den freien Männern gebaute Bungalows, Hütten und Schuppen wie die Pilze aus dem Boden.

Innerhalb von Monaten hatte sich der Stab verdoppelt, und Péan ging daran, das Land zu kultivieren: eine Ananas-Plantage, Zitronen- und Bananenhaine, dazu eine Verpackungsabteilung, um die Produkte auf dem Markt zu verkaufen. Jedes Jahr lieferten allein die Bananenbäume sechs Tonnen sahniger Früchte. Als die Kolonie immer größer wurde, arbeiteten Handwerker daran, Bänke, Stühle und Faltbetten herzustellen. Bis zum Oktober 1933 hatte Péan in St. Laurent-du-Maroni, 150 Meilen weit weg, eine Zimmerwerkstatt eröffnet.

Es gab jedoch immer Leute, die dem Unternehmen übelwollten. Die Hehler gestohlener Gegenstände, umherziehende Tafiahändler, Prostituierte, bestechliche Gefängniswärter – alle sahen Péans Kreuzzug, die Seelen der Männer zu gewinnen, als eine schwere Beeinträchtigung ihrer eigenen Geschäfte an. Wenn er am Morgen seine Post öffnete, war immer wieder eine anonyme Drohung darunter:

«Macht, daß Ihr aus Guayana rauskommt oder sonst...» Stämmige Wegelagerer lauerten in der Nacht den Salutisten auf. Einem Leutnant wurde der Kiefer dreifach gebrochen.

Aber allmählich gewann man doch Menschen, die sich helfen ließen. Für viele war der Grund einfach der, daß Péan ihnen ein unerschütterliches Vertrauen entgegenbrachte. Ein Betrüger wurde mit der Buchhaltung der Armee betraut. Ein Mann, der seine Frau vergiftet hatte, wurde Montjolys erster Koch. Andere ließen sich für die Sache der Armee gewinnen, als sie merkten, daß die Offiziere dasselbe Gehalt bezogen wie die von ihnen beschäftigten freien Männer.

Für die körperlich Schwächeren seiner Pflegebefohlenen ersann Péan eine ganz besondere Beschäftigungsmöglichkeit – die Jagd auf Schmetterlinge. Mitten im Dschungel, auf eiserne Rationen angewiesen, bauten sich freie Männer primitive Verstecke und machten sich daran, für die Sammler in New York und Paris seltene Schmetterlinge und Insekten zu fangen: Tarantelspinnen, Kolibris und die blauen, rotbraunen und gelben Menelaus-Schmetterlinge. Als das Geschäft blühte, exportierten sie in einer Saison monatlich 100 Taranteln und 10 000 Schmetterlinge nach Paris.

Péan spornte seine Leute an: «Je mehr Schmetterlinge, desto mehr Geld auf der Bank!»

Er betrachtete jedoch all dies nur als zeitweilige Notmaßnahmen. Ihm schwebte nichts Geringeres vor als wahre Freiheit für alle «Befreiten». Das Hauptproblem war die Finanzierung eines solchen Projekts. Ein Verbrecher wurde auf Regierungskosten nachGuayana transportiert, aber schon ein einziges Zwischendecksbillett kostete 1750 Francs (ungefähr 22 Pfund). Péan grübelte und grübelte. Schließlich kam ihm der Gedanke, ein Couponsystem einzuführen, das dem freien Mann neue Hoffnung gab und ihm den Reisepaß in ein neues Leben verschaffte. Wenn ein Mann 20 Monate hindurch ohne Unterbrechung arbeitete, verdiente er genug, um sich eine Fahrkarte dritter Klasse nach Frankreich zu kaufen. War er erst einmal dort, würden ihm Salutisten Nahrung, Kleidung und einen Arbeitsplatz verschaffen.

Es war ein ergreifender Augenblick für Péan, als die ersten 67 Heimkehrer Cayenne verließen. Unter ihnen befand sich Le Rouge, ein Schiffsbauer aus Lyon, der wegen Mordes 16 Jahre abgesessen hatte. Als er auf das Landungsboot zuschritt, rief ihm ein Herumstreicher höhnisch nach: «Dir bezahlt die Armee die Überfahrt!» Da drehte sich Le Rouge mit geballten Fäusten um und schrie in leidenschaftlichem Stolz: «Je l'ai gagné – Ich habe sie mir verdient!»

Péan war tief bewegt. Er war Zeuge davon geworden, wie ein Mensch seine Selbstachtung wiedergewonnen hatte.

Im Februar 1936 schlurften in St. Nazaire die ersten Heimkehrer wie die Überlebenden eines Schiffbruchs über die Fallreepsplanke der *Flandre*. Einige trugen beschmutzte Tropenhelme, andere, Afrikaner, hatten sich Turbane aus Handtüchern um den Kopf gewunden. Péan war voll gespannter Erwartung. Übelwollende Journalisten hatten vorausgesagt, «Péans Parias» würden eine neue Welle von Verbrechen auslösen.

Tatsächlich bekamen aber von den ersten 804 in die Heimat gesandten Männern nur drei wieder etwas mit der Polizei zu tun. Immerhin durchlebte Péan doch einige angstvolle Stunden. An einem bitterkalten Wintertag stürmte um fünf Uhr nachmittags ein junger Kapitän vor Erschöpfung keuchend, unangemeldet in sein Büro in der Rue de Rome. Vor zwanzig Minuten hatte sich ein Heimkehrer, der nach Annemasse, einer kleinen Stadt an der Schweizer Grenze fuhr, aus dem Abteilfenster gelehnt und ihm, als der Zug abdampfte, ein Geheimnis anvertraut: Daß seine Familie ihn zu Hause erwartete, wäre eine Lüge gewesen.

«Ich habe zwanzig Jahre Zwangsarbeit durchgestanden wegen einer falschen Aussage eines Gendarmen», blubberte er heraus. «Und der Mann hat meine Frau geheiratet. Jetzt habt ihr mir mein Billett gekauft. Nun kann ich ihn umbringen!»

Péan war wie elektrisiert. Die ganze Nacht hing er am Telefon. Er wußte: jetzt ein Verbrechen – und mit der Heilsarmee war es aus in Frankreich! Die Presse würde die Hysterie des Pöbels bis zum Wahnsinn anfachen und der Armee vorwerfen, sie habe Frankreich mit dem Abschaum der Menschheit überflutet. Aber die Stunden der Nacht gingen dahin, und es zeigte sich kein Hoffnungsschimmer. Der Polizeichef von Annemasse wußte nur, daß der Gendarm aus dem Dienst ausgeschieden und nach einem andern Ort verzogen war. Es war schon spät in der Nacht. Vielleicht könnte die Polizei ihn am Morgen ausfindig machen?

Ja, und das könnte der Mörder auch! dachte Péan und hing den Hörer ein.

Dann geschah etwas, was sich Péan nur als das Eingreifen einer höheren Macht erklären konnte. Die ganze Nacht hindurch bahnte sich der Expreßzug seinen Weg durch wirbelnde Schneestürme, und gerade in einem Wagen dritter Klasse versagte die Heizung. Am folgenden Morgen wurden die halberfrorenen Passagiere aus dem Zug getragen und sofort ins Krankenhaus gebracht. Die meisten waren kräftig genug, die Strapaze zu überstehen, aber nicht der Mann von der Teufelsinsel. Er starb eine Woche später an Lungenentzündung.

Péan bekannte später: «Ich bin Gott niemals dankbarer gewesen.» Unermüdlich fuhr er zwischen Cayenne und Paris hin und her. Er reiste durch ganz Frankreich und Algerien und setzte sich leidenschaftlich für die Abschaffung der Sträflingskolonie ein. Tausende kamen in die 600 von ihm überall gehaltenen Vorträge, und das Gewissen der Nation wurde aufgerüttelt. Endlich, im Jahr 1937, ging der Deputiertenkammer ein Gesetzentwurf zur Abschaffung der Sträflingskolonie zu. Aber die Räder der Gesetzgebungsmaschine drehten sich zu langsam; wenn das Los des Sträflings auch erträglicher wurde, er blieb immer noch ein deportierter Verbrecher. Erst im Juni 1938 wurde die Teufelsinsel als Sträflingskolonie offiziell abgeschafft.

Im zweiten Weltkrieg kam das ganze Heimführungssystem zum Stillstand. Da das Tragen der Heilsarmeeuniform durch Nazi-Verordnung verboten wurde, nahm sich Péan in Paris der verlassenen Kinder an. Ohne daß er es selbst wußte, unterstützte die Exilregierung von General de Gaulle die meisten seiner Pläne. 1946 bestimmte Kolonialminister Paul Giaccobi eine große Summe für die Heimführung aller freien Männer und Sträflinge, und Péan und die Heilsarmee wurden mit der Durchführung des Projekts beauftragt. Péan wurde als einzige nicht der Regierung angehörige Persönlichkeit zum Mitglied des obersten Rats der Gefängnisverwaltung ernannt. Er flog nach Guayana, mit dem Dokument in der Tasche, das die Sträflingskolonie abschaffte. In Cayenne erwarteten ihn Brigadier Chastagnier und seine Frau Helen, die ihrem Auftrag acht lange Jahre treu geblieben waren. Am Karfreitag fuhr Péan mit dem Boot den Maronifluß hinauf nach St. Laurent. Keiner wußte, daß er kam.

Durch die dunklen Straßen suchte er seinen Weg zum Heim der Armee. Die erleuchteten Fenster gaben den Blick frei auf eine unvergeßliche Szene. Einer von den 18 Armeeoffizieren, die im Lauf der Jahre in Guayana Dienst getan hatten, erzählte einer Gruppe von schweigend zuhörenden Männern die Geschichte von der Kreuzigung.

Am Sonntag wurde zu Péans Ehren eine Massenversammlung abgehalten. Die Sträflinge und die freien Männer kamen meilenweit her, um ihm einen Teppich von Blumen zu Füßen zu legen. Von einer rohgezimmerten Plattform aus blickte Péan über das Meer gebräunter Gesichter – der Männer, deren Seelen er mit der Leidenschaft gesucht hatte, die ihm einst William Booth zur Pflicht gemacht hatte.

Es herrschte tiefes Schweigen unter der Menge, die seine Botschaft hören wollte. Péan stand hochaufgerichtet unter der Fahne, die achtzehn Jahre über St. Laurent-du-Maroni geweht hatte. Er konnte keine Worte finden. Schließlich sagte er nur: «Wie es sich doch trifft, daß diese Versammlung gerade am Ostermorgen stattfinden sollte!» Seine Zuhörer verstanden, daß sie sich damit zufrieden geben mußten. Triumph und Mühsal stritten in seiner Seele, und er weinte, als ob ihm das Herz brechen wollte.

Im Jahre 1952 holten die Offiziere, die als letzte St. Laurent verließen, die Fahne der Armee ein. Heute liegt sie in braunes Papier eingewickelt in Kommissär Charles Péans Safe in der Rue de Rome 76 in Paris. Sonne und Regen haben ihr Rot braun gefärbt. Alle Elemente haben sich bemüht, sie zu durchlöchern. Das Tuch ist zerrissen, weil ein an Dysenterie sterbender Mann sich ein Stück als Windel abgerissen hatte. Aber für Péan ist es das kostbare Symbol eines großen christlichen Kreuzzuges, der durchgefochten und gewonnen wurde.

Heute ist die Armee aus Französisch-Guayana fortgezogen, und doch ist das Werk, das ihr William Booth als Vermächtnis hinterlassen hat, eine Herausforderung für die noch kommenden Jahre. In der Herbertstraße in Hamburg sieht Major Walter Flade hinter den wachsbleichen Gesichtern der Frauen unsterbliche Seelen. In Paris würden in jeder Nacht 150 Männer hungrig auf den kalten Steinen den Schlaf suchen, wenn Major Georgette Gogibus sich nicht in liebevoller Geduld ihrer annähme. Die 25 000 Alkoholiker von New York's Bowery leiden alle unter der gleichen Krankheit, aber sie haben auch alle zwei verläßliche Freunde: Hazel und Franklin Hoffman. Das sind die Aufgaben, die heute nacht und jede Nacht auf Lösung durch die Armee warten. Der Krieg gegen Sünde und Elend hat noch nicht den Tag des endgültigen Sieges gesehen.

Vor langer Zeit fragte ein entrüsteter Bürger William Booth, warum er es wage, seine Soldaten und sogar seine Mädchen unter so verkommenen Leuten arbeiten zu lassen. Vielleicht würde der alte General heute die gleiche Antwort geben wie damals. Sein Gesicht nahm einen betrübten Ausdruck an, den das Funkeln in seinen Augen Lügen strafte. Er breitete beredt seine Hände aus. Und dann – im verzweifelten Tonfall eines Vaters, der alle Gewalt über seine Kinder verloren hat – bekannte er: «Sehen Sie, ich kann sie ja nicht zurückhalten! Sie wollen das nun einmal tun!»

Und seine Lippen umspielte ein Lächeln.

Einige Angaben über die Heilsarmee

Seit ihrer Gründung im Jahr 1878 sind wenige religiöse Gemeinschaften in aller Welt so oft besprochen, gepriesen, geschmäht und auch gründlich mißverstanden worden wie die Heilsarmee.

Versuchen wir, einige der am meisten gestellten Fragen zu beantworten.

Wie stark ist die Armee? Nach vorsichtiger Schätzung gibt es drei Millionen Mitglieder der Heilsarmee. Die meisten von ihnen sind Männer und Frauen, die an Werktagen ihrem Beruf nachgehen und die Uniform nur anziehen, wenn sie am Wochenende oder nach den Bürostunden für die Armee arbeiten. Unter ihnen findet man Arbeiter, Hausfrauen, Würdenträger der Universität Cambridge, Bankbeamte, Rechtsanwälte und Sekretäre. Ende 1978 betrug die Zahl der Offiziere 24 745 (16 381 aktive und 8364 pensionierte Offiziere). Aber diese Zahl steigt steil an, wenn man noch 102 000 Lokaloffiziere (ehrenamtliche Laienhelfer), 35 000 Korpskadetten und mehr als 330 000 Mitglieder des Heimbundes dazurechnet.

Wo arbeitet die Armee? In 83 Ländern. In den Ländern jenseits des Eisernen Vorhangs ist das Wirken der Heilsarmee unmöglich gemacht. Aber sie glaubt daran, daß viele Salutisten in den kommunistischen Ländern ihrer Berufung treu bleiben. Die Anzahl der Sprachen, in denen die Heilsbotschaft gepredigt wird, beträgt jetzt 112, angefangen vom Afrikaans bis zum Zulu.

Woran glauben die Salutisten? Religion ist, wie es der Gründer der Armee, William Booth, sah, eine sehr einfache Sache. «Du sollst Gott von ganzem Herzen lieben und deinen Nächsten wie dich selbst.» Andere Glaubenssätze im Credo der Armee sind die göttliche Inspiration der Bibel, die Dreieinigkeit, die Erlösung aller Menschen durch den ihnen in Gnaden verliehenen Glauben; die Unsterblichkeit der Seele, die Auferstehung des Leibes und das Gericht am Ende der Welt.

Die Salutisten wollen die Menschen dazu bringen, Gott zu suchen.

Sie gehen nicht darauf aus, Gläubige aus den Kirchen und Gemeinschaften, in denen sie aufgewachsen sind, zu entfremden.

Die soziale Arbeit der Heilsarmee ist weit gefächert. Sie reicht von der medizinischen und sozialen Betreuung von Alkoholikern bis zu Ferienlagern für Kinder, Berufsbildungszentren, Kliniken und Krankenhäusern und vielem anderen mehr. Besondere Bedeutung hat der neu ins Leben gerufene internationale Katastrophen- und Flüchtlingshilfsdienst der Heilsarmee – SARRO, der weltweit kurz- und langfristige Hilfe für Flüchtlinge und Katastrophenopfer organisiert. Er arbeitet sowohl in den Flüchtlingslagern Asiens und Afrikas als auch im Erdbeben- und Überschwemmungsgebiet in Italien und auf den Philippinen.

Wie bringt die Armee die von ihr benötigten Gelder auf?

Die Arbeit der Heilsarmee wird durch Beiträge ihrer Mitglieder und Spenden finanziert. Die Heilssoldaten geben einen Teil ihres Einkommens – üblich sind 10 Prozent – an die Heilsarmee ab. Zweimal jährlich ruft die Heilsarmee die Öffentlichkeit und ihre Mitglieder zu besonderen Spendenaktionen auf. Durch Spenden von Freunden und gerichtlich angeordnete Bußgelder wird ein Großteil der geistlichen und sozialen Arbeit finanziell getragen. Dazu kommen Vermächtnisse und Zuschüsse der öffentlichen Hand, hauptsächlich bei Bauvorhaben.

Hält sich die Armee abseits von anderen religiösen Gemeinschaften und Wohlfahrtsorganisationen?

Die Heilsarmee legt großen Wert auf gute Kontakte zu Christen anderer Denominationen und Organisationen, die ähnliche soziale Ziele verfolgen. Weltweit besteht eine gute Zusammenarbeit mit christlichen Kirchen und Wohlfahrtsorganisationen. In Deutschland ist die Heilsarmee in der Arbeitsgemeinschaft Christlicher Kirchen (ACK), in der Evangelischen Allianz und im Deutschen Paritätischen Wohlfahrtsverband vertreten.

Wie wählt die Armee ihre Leiter?

Seit 1929 werden die Generäle der Armee durch einen High Council gewählt. Er setzt sich aus Stabsoffizieren und Territorialleitern zusammen. Jeder General muß durch eine Zweidrittelmehrheit gewählt werden. Auf General Bramwell Booth, den zweiten General der Armee, sind nacheinander gefolgt: General Edward Higgins (1929–1934); General Evangeline Booth (1934–1939); General George Carpenter (1939–1946); General Albert Orsborn (1946–1954); General Wilfred Kitching (1954–1963); General Frederick Catts (1963–1969); General Erik Wickberg (1969–1974); General Clarence Wiseman (1974–1977); General Arnold Brown (1977–).

Was ist die Heilsarmee?

Die Bewegung, die 1878 als «The Salvation Army» (Die Heilsarmee) bekannt wurde, entstand aus den Versammlungen der «Christian Mission» (Christliche Mission). Seit 13 Jahren war der Methodistenprediger William Booth ihre stärkste Antriebskraft.

Das Hauptziel der Heilsarmee ist, das Evangelium von Jesus Christus Männern und Frauen nahezubringen, die von anderen christlichen Einflüssen unberührt bleiben.

Die Christliche Mission in Ostlondon wuchs und übertraf dabei alle Erwartungen. Im Laufe der Zeit wurde eine militärähnliche Form der Organisation gewählt, um wirksamere Feldzüge gegen das Böse zu führen.

Um die Massen zu erreichen, die nie einen Gottesdienst besuchten, organisierte man Freiversammlungen und Zeugnismärsche. Weitere Evangelisationsmittel wahren Fahnen, Blasmusik und christliche Liedtexte zu volkstümlichen Melodien.

Alle Mitglieder der Bewegung bekennen sich dazu, von Schuld und Macht der Sünde durch die Gnade Gottes errettet zu sein. Sie sollen sich bewußt sein, daß sie «gerettet sind, um zu retten» – Soldaten, die andere für Jesus Christus gewinnen. Daher kommen die aggressiven Methoden der Heilsarmee – Zeitschriftenverkauf (Der Kriegsruf) von Tür zu Tür, in Gastwirtschaften und anderswo, persönlicher Kontakt zu Unbekehrten, Besuche und Gebete in häuslicher Atmosphäre usw.

Heilssoldaten gehen diesen Aktivitäten in ihrer Freizeit nach und erhalten keine finanzielle Entschädigung. Offiziere – hauptamtliche Mitarbeiter, die besonders ausgebildet sind und ihr Leben vollzeitlich in den Dienst Gottes stellen, erhalten ein bescheidenes Unterhaltsgeld zur Deckung ihrer persönlichen Bedürfnisse.

Alle Heilssoldaten verzichten auf den Gebrauch von Tabak, Alkohol und anderen Drogen zu anderen als zu medizinischen Zwecken. Die Heilsarmee ist die größte Abstinenzbewegung der Welt.

Die Heilsarmee ist überzeugt, daß Kinder bereits Gottes Liebe erfahren können und ihm dienen; sie hat ein breit gefächertes Angebot an Jugend- und Kinderarbeit.

Die Stellung der Frau in der Heilsarmee ist einmalig in der Geschichte. Schon im vorigen Jahrhundert setzte sich Catherine Booth, die Frau des Gründers, William Booth, aktiv für die Gleichbehandlung der Frauen in der Heilsarmee ein. Weibliche Offiziere haben die gleichen Rechte und Pflichten wie ihre männlichen Kameraden. Auch in fernöstlichen Ländern haben weibliche Salutisten eine große Rolle in der Gleichbehandlung der Frauen gespielt.

General Bramwell Booth nannte die Salutisten «Diener aller Menschen». Diese hohe Berufung spiegelt sich in allen Aktivitäten wider, besonders auch in der Sozialarbeit, die als offene Fürsorge in den Korps und in besonderen Sozialanstalten für Männer und Frauen, für Kinder und Alte betrieben wird.

Die Heilsarmee ist inzwischen über die ganze Welt verbreitet. Sie macht dabei keinen Unterschied nach Klasse, Glaube, Hautfarbe oder Stand der Menschen – jeder ist ein Mensch, für den Jesus Christus gestorben ist.

In Deutschland gibt es die Heilsarmee seit rund 100 Jahren. Sie hat den Rechtsstatus einer «Religionsgemeinschaft des öffentlichen Rechts». Sie arbeitet hauptsächlich in größeren Städten in ca. 50 Korps (Gemeinden) und 30 Sozialeinrichtungen.

Die Heilsarmee in der Schweiz besteht ebenfalls seit rund 100 Jahren. Dort und in Österreich gibt es ca. 100 Korps und ebensoviele Sozialeinrichtungen.

EDITION C

C = Allgemeine Themen

EDITION C

79 Gary Inrig, Gottes Kraft reicht weiter
81 Adolf Köberle, Universalismus der endzeitlichen Botschaft
82 Martin Schacke, Der Römerbrief
83 Arno Pagel, Mütter
84 Erich Läufer, Spurensuche im Lande Jesu
85 Gerd Schimansky, Ich lüge mich an die Wahrheit heran
86 Philipp Keller, Ein Laie betrachtet das Gebot des Herrn
87 Erich Schnepel, Erleben mit Jesus im 20. Jahrhundert
88 Rüdiger Durth, Bonner Zwischenrufe
90 Brandt/Landrum, Mit Liebe und Humor
91 Lloyd-Jones, Geistliche Krisen und Depressionen
92 Elisabeth Elliot, Licht ist stärker als Finsternis
93 J. M. Drescher, Siegeszeichen
94 Arno Pagel, Prof. Theodor Christlieb
95 Dieter Boddenberg, Meine Fragen – Gottes Antwort
96 Emmy Arnold, Gegen den Strom
101 Dieter Boddenberg, Und wenn er heute käme?
102 Larry Poland, Aus dem vollen leben
103 J. A. Ader-Appels, Wir waren im Widerstand
104 Arno Schleyer, Im Spannungsfeld Psychotherapie – Seelsorge
106 Friso Melzer, Gott oder Götze
107 Corrie ten Boom, Randnotizen aus meinen Tagebüchern
108 David Jaffin, . . . der bringt viel Frucht
109 Betsy Burnham, Die letzten Jahre mit dem Schwerkranken
111 Hans Steinacker, Wendepunkte
112 Günther Carqueville, In der Stunde des Glaubens
113 Kurt Scherer, . . . wenn's hoch kommt, so sind's achtzig Jahre
126 Anny Wienbruch, Die fröhliche Familie
127 Anny Wienbruch, Wir waren unser elf
130 Marius Baar, Nahost-Auftakt zu Weltbrand oder Weltfrieden
131 Hildegard Krug, Im Licht der Weihnachtssonne
132 Arthur P. Johnston, Umkämpfte Weltmission
133 Kurt Heimbucher, Diener Jesu Christi
134 Siegfried Schlieter, Haie unter Haien
135 Jay Robinson, Caligulas Umkehr
136 Sally Magnusson, Stunde des Siegers
138 Barbara Müller/Charles, Paul Conn., . . . als wäre nichts geschehen
139 Marie Chapian, Morgendämmerung
140 Edith Schaeffer, Überlebenshilfe
141 Joan W. Brown, Nie wieder allein
142 Heinrich Kemner, Von Gott geprägt
143 Erwin Scharrer, Psychisches Fehlverhalten und die Heilung . . .
144 Jim Wallis, Wiederbelebung
145 Katharina Koob, Eine Frau als Geisel im Iran
146 Hansjörg Bräumer, Glauben wagen
148 Karl-Ernst Evertz, Warten auf Heil
149 David Jaffin, Die Heiligkeit Gottes in Jesus Christus
150 Sandy A. Atkinson/Jan Markell, Sklavin meiner Wünsche
151 Willi Stegmaier, Im finstern Tal

B = Bibelkommentare

1 Gerhard Maier, Matthäus-Evang. 1. Halbbd.
2 Gerhard Maier, Matthäus-Evangelium, 2. Halbbd.
10 H. Krimmer, Bibelkommentar Bd. 10
13 H. Krimmer, Bibelkommentar Bd. 13
24 Fritz Grünzweig, Bibelkommentar Bd. 24
25 Fritz Grünzweig, Offenbarung des Johannes, 2. Halbbd.